# Der digitale Nachlass und der postmortale Schutz personenbezogener Daten

Europäische Hochschulschriften Recht

European University Studies in Law

Publications Universitaires Européennes de Droit

Band/Volume 6686

Bastian Biermann

# Der digitale Nachlass und der postmortale Schutz personenbezogener Daten

## Eine Untersuchung zur Erforderlichkeit eines postmortalen Datenschutzes

PETER LANG

**Bibliografische Information der Deutschen Nationalbibliothek**
Die Deutsche Nationalbibliothek verzeichnet diese Publikation in der Deutschen Nationalbibliografie; detaillierte bibliografische Daten sind im Internet über http://dnb.d-nb.de abrufbar.

Zugl.: Speyer, Dt. Hochsch. für Verwaltungswiss., Diss., 2021

Gedruckt auf alterungsbeständigem, säurefreiem Papier.

Sp 3
ISSN 0531-7312
ISBN 978-3-631-86373-2 (Print)
E-ISBN 978-3-631-86633-7 (E-PDF)
E-ISBN 978-3-631-86634-4 (EPUB)
DOI 10.3726/b19017



Diese Publikation wurde begutachtet.

www.peterlang.com

*Meinem Vater*

# Vorwort

Die vorliegende Arbeit wurde im Sommersemester 2021 von der Deutschen Universität für Verwaltungswissenschaften Speyer als Dissertation angenommen. Rechtsprechung und Literatur konnten bis Juni 2021 berücksichtigt werden.

Mein Dank gilt zunächst meinem Doktorvater Professor Dr. Mario Martini für die umfassende Betreuung im Rahmen der Erstellung meiner Arbeit und den gewinnbringenden Diskussionen zu den spannenden, auch rechtspolitisch bedeutungsvollen Fragen nach dem Umgang mit personenbezogenen Daten nach dem Ableben einer Person.

Ferner danke ich Herrn Professor Dr. Christian Koch für die sehr zügige Erstellung des Zweitgutachtens.

Unterstützt haben mich durch zahlreiche wissenschaftliche Diskussionen insbesondere Herr Dr. Simon Apel, Herr Tobias Böser und Herr Malte Thiele.

Meinen Eltern Susanne und Jürgen Biermann gilt mein Dank insbesondere dafür, dass Sie mir meinen Werdegang ermöglich haben und mich in allen Lebenslagen stets kompromisslos unterstützt haben.

Mein besonderer Dank gilt meiner Ehefrau Miriam für Ihre bedingungslose und ununterbrochene Unterstützung in jedem Lebensbereich und dem steten Zuspruch.

Juli 2021
Bastian Biermann

# Inhaltsverzeichnis

# A. Einführung

## I. Anlass der Untersuchung

Das Internet ist aus der Gesellschaft nicht mehr wegzudenken: 90 % der deutschen Bevölkerung nutzen es; 68 % hiervon kommunizieren elektronisch (bspw. über Messengerdienste wie WhatsApp, Facebook oder per E-Mail) und 55 % sind Mitglied eines sozialen Netzwerkes.[1] Zudem haben sich viele Bereiche zunehmend vollumfänglich aus der analogen in die digitale Welt verlagert.[2] Die fortschreitende Digitalisierung[3] beeinflusst das Leben der Menschen und deren Verhalten aufgrund der Vielseitigkeit der Nutzungsmöglichkeiten des Internets.[4] Deren Nutzer geben hierbei – dies zeigt insbesondere das Nutzerverhalten in Bezug auf soziale Netzwerke oder sog. Mikroblogging-Dienste wie etwa Twitter – ihre Privatheit in weiten Bereichen auf.[5] Hierdurch gelangen – teilweise sensible – persönliche Daten in den Herrschaftsbereich der Anbieter von Onlinedienstleistern (sog. Provider).[6] Mit Zunahme gespeicherter personenbezogener Daten entstehen digitale Identitäten von Personen, welche wegen der grundsätzlich nicht gegebenen Vergänglichkeit von Daten das Ableben einer Person überdauern.[7] Die mit dem Internet einhergehende Entgrenzung von Raum und Zeit[8] stellt den maßgeblichen Unterschied zur analogen Welt dar: Dort werden persönliche Informationen über eine Person (z.B. Tagebücher, Briefe etc.) in der

---

1 Statistisches Bundesamt, Stand 1. Quartal 2020, https://www.destatis.de/DE/Themen/Gesellschaft-Umwelt/Einkommen-Konsum-Lebensbedingungen/IT-Nutzung/_inhalt.html [zuletzt abgerufen am 7.9.2020].

2 Vgl. insoweit etwa die Ausführungen bei *Falk*, CR 2017, 480 ff. und *Härtel*, LKV 2019, 49 (54); *Herzog/Pruns*, Der digitale Nachlass, S. 3; *Seidler*, Der digitale Nachlass, S. 8.

3 Hierzu instruktiv *Härtel*, LKV 2019, 48 ff.

4 Vgl. hierzu Süddeutsche Zeitung: „Wie die Digitalisierung unsere Welt verändert“: https://www.sueddeutsche.de/thema/Digitales_Morgen [zuletzt abgerufen am 5.9.2020].

5 *Martini*, in: Hill/Martini/Wagner, Facebook, Google und Co., S. 79.

6 Vgl. *Martini*, in: Hill/Martini/Wagner, Facebook, Google und Co., S. 79 f.

7 Vgl. *Kutscher*, Der digitale Nachlass, S. 16; *Martini*, in: Hill/Martini/Wagner, Facebook, Google und Co., S. 79 mit dem prägenden Begriff des „digitalen Abziehbildes einer Person“; *Schröder*, JZ 2019, 953 ff.

8 Vgl. *Kutscher*, Der digitale Nachlass, S. 16; *Martini*, in: Hill/Martini/Wagner, Facebook, Google und Co., S. 79.

Regel in privaten Räumlichkeiten aufbewahrt und befinden sich im jederzeitigen Zugriffs- und Kontrollbereich der betreffenden Person. Im Hinblick auf die mit einer Person verbundenen Daten lässt sich nach einer gewissen Zeit indes kaum mehr nachvollziehen, wo diese noch gespeichert sind und wer hierauf zugreifen kann. So hinterlässt ein Mensch während seines Lebens eine Vielzahl an digitalen Fußspuren, verbunden mit der Preisgabe personenbezogener Daten.[9] Der digitale Nachlass macht nach alledem einen bedeutenden Teil des Nachlasses einer verstorbenen Person aus.

Vor dem Hintergrund, dass der digitale Nachlass nicht nur personenbezogene, sondern auch vermögenswerte Daten (elektronisch gespeicherte Vertragsdokumente, Onlinebanking-Accounts etc.) enthält, hat dieser für die Erben über den ideellen Wert hinaus auch einen materiellen Wert. An dieser Stelle wird die Problematik des rechtlichen Umgangs mit dem digitalen Nachlass deutlich. Während sowohl die Erben als auch der Erblasser ein Interesse an einer uneingeschränkten Vererbbarkeit vermögenswerter Daten haben werden, liegt die Interessenlage hinsichtlich personenbezogener Daten ohne Vermögenswert regelmäßig anders: Für den, der sich nicht bewusst dazu entscheidet, über seinen Tod hinaus in Erinnerung zu bleiben,[10] sind Internetmedien nur ein Mittel der Spontankommunikation, deren Nutzfunktion sich im Zweck effizienter Informationsübermittlung und der Kommunikation in der Gegenwart erschöpft.[11] Das Hinterlassen von digitalen Fußspuren und die Gefahr einer posthumen Erstellung des Persönlichkeitsbildes sowohl in der Öffentlichkeit als auch im Familien- oder Bekanntenkreis möchten die überwiegenden Internetnutzer verhindern.[12] Zudem treten im Zusammenhang mit dem digitalen Nachlass noch die Interessen Dritter, nämlich der Kommunikationspartner des Erblassers, an der Geheimhaltung von persönlichen Kommunikationsinhalten hinzu. Der digitale Nachlass steht damit in einem Spannungsfeld zwischen dem Erbrecht, insbesondere dem fundamentalen Grundsatz der Universalsukzession (§ 1922 Abs. 1 BGB)[13], und dem persönlichkeitsrechtlich – und damit

---

9 So treffend *Martini*, in: Hill/Martini/Wagner, Facebook, Google und Co., S. 79; *Seidler*, Der digitale Nachlass, S. 8; *Wunderlin/Bielajew*, IPRB 2014, 223.

10 Vgl. den öffentlichen Kampf gegen den Tod der US-amerikanischen Bloggerin Jessica Joy Rees, https://www.livenet.ch/themen/people/216899_wie_die_12jaehrige_jessica_joy_rees_zum_vorbild_wurde.html [zuletzt abgerufen am 8.9.2020].

11 *Martini*, in: Hill/Martini/Wagner, Facebook, Google und Co., S. 80.

12 *Martini*, in: Hill/Martini/Wagner, Facebook, Google und Co., S. 80; Seidler, Der digitale Nachlass, S. 8.

13 Hierzu *Leipold*, MüKoBGB, § 1922 Rn. 3; *Müller-Christmann*, BeckOK, BGB, § 1922 Rn. 15; *Uhrenbacher*, Digitales Testament und digitaler Nachlass, S. 165; *Sorge*, MMR 2018, 372 (373).

verfassungsrechtlich – geprägten Datenschutzrecht, einschließlich des Telekommunikationsrechts.[14] Diese stellen unterschiedliche Rechtsgebiete dar, deren Regelungen und zugrundeliegende Wertungen miteinander in Einklang zu bringen sind.[15]

Das Erbrecht wurde über lange Zeit von den Herausforderungen der Digitalisierung nicht tangiert. Der digitale Nachlass ist erst (beginnend mit dem grundlegenden Beitrag von *Hoeren*[16]) seit dem Jahr 2005 Gegenstand kontroverser Diskussionen in der juristischen Literatur[17] und seit 2015 auch in der Rechtsprechung[18] Thema geworden. Der Bundesgerichtshof (BGH) hat das vorgenannte Spannungsfeld mit seinem Urteil vom 12.7.2018[19] schließlich zugunsten des Erbrechts aufgelöst und damit zunächst eine klare Rechtslage hinsichtlich des digitalen Nachlasses geschaffen.[20] Für die Rechtspraxis ist dies zwar erfreulich; die Annahme einer uneingeschränkten Vererbbarkeit des digitalen Nachlasses auch in Bezug auf personenbezogene Daten stößt indes mit Blick auf einen damit außer Acht gelassenen Persönlichkeitsschutz des Erblassers auf Bedenken. Dies vor dem Hintergrund, dass eine Person mit dem Wissen um die Tatsache, dass sämtliche personenbezogenen Daten nach ihrem Ableben der Möglichkeit eines Zugriffs der Erben ausgesetzt sind, ihr Internet- und Kommunikationsverhalten entsprechend anpasst. Damit geht wiederum die Gefahr der Behinderung der freien Entfaltung der Persönlichkeit zu Lebzeiten einher:[21] Das Wissen um den Umgang mit Daten nach dem Tod beeinflusst den lebzeitigen Umgang mit diesen.

---

14 Vgl. hierzu *Biermann*, ZErb 2017, 210.

15 So auch *Bock*, AcP 2017, 371 (372).

16 *Hoeren*, NJW 2005, 2113.

17 Vgl. nur *Alexander*, K&R 2016, 30; *Biermann*, ZErb 2017, 210; *Bock*, AcP 2017, 371; *Brisch/Müller-ter Jung*, CR 2013, 446; *Budzikiewicz*, AcP 218, 558; *Deusch*, ZEV 2014, 2; *Deusch*, ZEV 2016, 189; *Herzog*, NJW 13, 3745; *Hoeren*, NJW 2005, 2113; *Gloser*, DNotZ 2013, 497; *Klas/Möhrke-Sobolewski*, NJW 2015, 3473; *Lange/Holtwiesche*, ZErb 2016, 125; *Pruns*, ZErb 2017, 217 ff.; *Preuß*, NJW 2018, 3146; *Raude*, ZEV 2017, 433; *Salomon*, NotBZ 2016, 324; *Sorge*, MMR 2018, 372.

18 LG Berlin, Urt. v. 17.12.2015 – 20 O 172/15; KG, Urt. v. 31. Mai 2017 – 21 U 9/16; BGH, 12.07.2018 – III ZR 183/17 (= BGHZ 219, 243) und daran anknüpfend: LG Berlin, 13.02.2019 – 20 O 172/15; KG, 03.12.2019 – 21 W 11/19; BGH, 27.08.2020 – III ZB 30/20.

19 BGHZ 219, 243.

20 Hierzu ausführlich unter C.I.4.

21 *Martini*, in: Hill/Martini/Wagner, Facebook, Google und Co., S. 102; *Martini*, JZ 2012, 1145 (1149).

## II. Ziel der Untersuchung

Im Rahmen des rechtstheoretischen Umgangs mit dem digitalen Nachlass wird persönlichkeitsrechtlichen Aspekten sowohl in der Rechtsprechung als auch der überwiegenden Literatur nur eine untergeordnete Bedeutung zugemessen. Der Umgang mit dem digitalen Nachlass wirft hingegen nicht lediglich datenschutzrechtliche Bedenken auf, sondern tangiert auch das grundrechtlich verankerte allgemeine Persönlichkeitsrecht (Art. 2 Abs. 1, Art. 1 Abs. 1 GG) des Erblassers.[22]

Die Frage nach dem Bestehen oder der Schaffung eines postmortalen Datenschutzes wird im derzeitigen rechtswissenschaftlichen Diskurs nur rudimentär behandelt.[23] Anders als andere Länder, sowohl in Europa als auch die USA[24], hat der nationale Gesetzgeber bislang davon abgesehen, gesonderte Regelungen zum digitalen Nachlass zu treffen. Dies trotz ausdrücklicher Empfehlungen sowohl aus dem Kreis der Politik[25] als auch der Rechtswissenschaft.[26]

Im Rahmen der vorliegenden Abhandlung wird die vom BGH nachgezeichnete Rechtslage zum Umgang mit dem digitalen Nachlass zum Anlass genommen, Möglichkeiten eines postmortalen Datenschutzes herauszuarbeiten. In diesem Zusammenhang ist zunächst zu untersuchen, ob ein solcher bereits aus geltendem Recht hergeleitet werden kann.[27] Ist dies nicht der Fall, ist es Ziel der Arbeit, ein postmortales Datenschutzrecht verfassungsrechtlich herzuleiten und schließlich auf einfachgesetzlicher Ebene zu etablieren.[28]

---

22 *Martini*, in: Hill/Martini/Wagner, Facebook, Google und Co., S. 102; *Martini*, JZ 2012, 1145 (1149).

23 Ausführlich, soweit ersichtlich, nur *Martini*, in: Hill/Martini/Wagner, Facebook, Google und Co., S. 102; *Martini*, JZ 2012, 1045.

24 Hierzu unter E.I.

25 BT-Drs. 19/14044; kritisch hierzu *Lieder/Berneith*, ZRP 2020, 87; Koalitionsvertrag zwischen CDU, CSU und SPD vom 12.3.2018, Zeile 6175 f.

26 Deutscher Anwaltsverein, Stellungnahme zum digitalen Nachlass, Nr. 34/2013, S. 6 ff.; *Biermann*, ZErb 2018, 210; *Bräutigam*, in: Burandt/Rojahn, Erbrecht, nach § 1922 Rn. 19; *Kuntz*, jM 2016, 190 (191); *Leeb*, K&R 2014, 693 (699); *Lange/Holtwiesche*, ZErb 2016, 125 (127, 130); *Lange/Holtwiesche*, ZErb 2016, 157 (159); *Martini*, JZ 2012, 1145 (1154 ff.); *Litzenburger*, FD-ErbR 2017, 392155; *Solmecke/Köbrich/Schmitt*, MMR 2015, 291 (295).

27 Hierzu unter C.II.

28 Hierzu unter D. und E.

# B. Terminologische Grundlagen und der rechtliche Umgang mit Daten

## I. Digitaler Nachlass

Zunächst ist der Versuch einer Definition des Begriffes „digitaler Nachlass“ zu unternehmen. Hierbei handelt es sich nicht um einen Rechtsbegriff, sondern vielmehr um einen Sammelbegriff, hinter welchem sich eine Reihe von größtenteils noch ungeklärten Fragestellungen verbirgt, die aus der zunehmenden Digitalisierung der Gesellschaft resultieren.[29] Als Ausgangspunkt für eine Definition kann der weitgefasste Begriff der „digitalen Fußspuren“[30] herangezogen werden. Unter diesem ist die Gesamtheit all jener Daten zu verstehen, die nach dem Ableben einer Person von dieser im Internet zurückgelassen werden.[31] Da grundsätzlich keine Daten ohne die Mitwirkung der Person, welcher die konkreten Daten zugerechnet werden, gelöscht werden, muss zunächst von der Annahme ausgegangen werden, dass alle Daten, die jemals von einer Person im Netz abgespeichert oder verbreitet worden sind, auch nach ihrem Ableben auf den jeweiligen Servern der genutzten Dienstanbieter verbleiben.[32] Digitaler Nachlass sei demnach die „Gesamtheit des digitalen Vermögens einer Person“.[33] Dieses wiederum setze sich zum einen aus all jenen Rechtsverhältnissen zusammen, die vom Erblasser im Hinblick auf die digitale Infrastruktur eingegangen worden sind;[34] gemeint sind also alle rechtlichen Absprachen, die im Zusammenhang mit informationstechnischen Systemen erfolgt sind.[35] Zum anderen gehören hierzu aber auch alle Daten, die der Erblasser im Rahmen der genannten Rechtsverhältnisse auf den jeweiligen Servern der Absprachepartner gespeichert hat oder speichern hat lassen.

---

29 *Bräutigam*, in: Burandt/Rojahn, Erbrecht, nach § 1922 Rn. 3; *Herzog*, NJW 2012, 3745; *Herzog/Pruns*, Der digitale Nachlass, S. 7; *Preuß*, in: BeckOGK, BGB, § 1922 Rn. 376.

30 So geprägt von *Martini*, JZ 2012, 1045.

31 Ähnlich *Hohenstein*, K&R 2018, 5 (7).

32 *Ohr*, in: Schwartmann, Praxishandbuch Medienrecht, Kap. 11 Rn. 43.

33 *Klas/Möhrke-Sobolewski*, NJW 2015, 3473, mit Verweis auf *Bräutigam*, DAV-Stellungnahme 34/2013, 93.

34 *Deusch*, ZEV 2014, 2.

35 So *Hohenstein*, K&R 2018, 5 (7).

Der Deutsche Anwaltsverein (DAV) geht von einem ähnlichen Begriffsverständnis aus, begrenzt allerdings das Verständnis dessen, was unter den Begriff des digitalen Vermögens fällt, auf solche Daten, die über die Infrastruktur des Internets auch tatsächlich erreichbar sind und es weiterhin bleiben.

Von *Deusch*[36] und sich diesem anschließend auch von *Hohenstein*[37] ist in diesem Fall zu Recht eingewandt worden, dass bei qualitativer Betrachtung kein Unterschied zwischen Daten, die im Netz abgespeichert sind und bleiben, und solchen, die etwa auf Speichermedien oder Smartphones gespeichert sind, bestehe und es deshalb an einer greifbaren Unterscheidung eines Unterscheidungsgrundes zwischen diesen beiden Datenmengen mangele.[38] Auch der Umstand, dass die Art und Weise der Speicherung technisch betrachtet identisch sei und mithin die Daten unverändert blieben – unabhängig davon, ob sie im Internet selbst oder auf solchen Speichermedien abgespeichert verblieben –, spreche für eine Gleichbehandlung aller hinterlassenen Daten als digitaler Nachlass und gegen eine zu restriktive Lesart.[39]

Aufgrund der Schnelllebigkeit der Gesellschaft und der sich ständig fortentwickelnden digitalen Angebote ist eine abschließende Definition des „digitalen Nachlasses“ nicht möglich. Eine solche ist aus Gründen der Rechtssicherheit mithin so weit wie möglich zu fassen, sodass der Begriff des „digitalen Nachlasses“ auch zukünftige Entwicklungen der Digitalisierung erfassen kann.[40] Nach alledem ist unter dem Begriff des digitalen Nachlasses

> *die Gesamtheit der Rechtsverhältnisse des Erblassers betreffend informationstechnische Systeme einschließlich des gesamten Datenbestandes*

zu verstehen.[41] Unter dem Terminus der „informationstechnischen Systeme“ ist jegliche Art elektronischer datenverarbeitender Systeme zu begreifen.[42] Nach

---

36 *Deusch*, ZEV 2014, 2 (3).

37 *Hohenstein*, K&R 2018, 5 (7).

38 *Hohenstein*, K&R 2018, 5 (7).

39 *Hohenstein*, K&R 2018, 5 (7).

40 Vgl. *Biermann*, in: Scherer, MAH Erbrecht, § 50 Rn. 2; *Thiesen*, Daten in der Erbmasse, S. 15.

41 *Biermann*, in: Scherer, MAH Erbrecht, § 50 Rn. 2; *Bräutigam*, DAV-Stellungnahme Nr. 34/2013, S. 93; *Bräutigam*, in: Burandt/Rojahn, Erbrecht, nach § 1922 Rn. 3; *Deutsch*, ZEV 2014, 2 f.; *Herzog*, in: Kroiß/Horn/Solomon, Kap. 9 Rn. 1 f.; *Klas/Möhrke/Lange/Holtwiesche*, ZErb 2016, 125; *Kunz*, in: Staudinger, BGB, § 1922 Rn. 595; *Sobolewski*, NJW 2015, 3473; *Steiner/Holzer*, ZEV 2015, 262; *Pockrandt*, Digitaler Nachlass, S. 19.

42 Vgl. auch Fragenkatalog des deutschen Bundesministeriums der Justiz im Zusammenhang mit Onlinedurchsuchungen vom 22.08.2007: https://netzpolitik.org/wp-upload/fragen-onlinedurchsuchung-BMJ.pdf [zuletzt abgerufen am 18.10.2020].

der Rechtsprechung des Bundesverfassungsgerichts (BVerfG) ist auch das Internet in seiner Gesamtheit als informationstechnisches System anzusehen.[43]

Damit gehört zu dem digitalen Nachlass insbesondere der gesamte Datenbestand des Erblassers, unabhängig davon, ob dieser auf einem physischen Medium, welches im Eigentum des Erblassers stand, oder auf einem Server eines Providers (bspw. Clouddaten,[44] E-Mails oder Daten betreffend die soziale Kommunikation) gespeichert ist.[45]

## II. Rechtliche Einordnung und Behandlung von Daten

Im Mittelpunkt der vorliegenden Untersuchung steht der Begriff der Daten. Es ergibt sich damit die Notwendigkeit, dass vor einer weiteren Untersuchung der rechtlichen Handhabe des digitalen Nachlasses zuerst erläutert wird, was unter diesem Begriff zu verstehen ist. Ebenfalls stellt sich die Frage, wie Daten vor dem Hintergrund des § 1922 Abs. 1 BGB vererbt werden. Für die letztere Frage ist es wichtig zunächst zu klären, ob an Daten absolute Rechtspositionen (insbesondere Eigentum) begründet werden können.

### 1. Der Datenbegriff

#### *a) Offener Datenbegriff*

Eine gesetzliche Definition von Daten gibt es nicht. Damit hat der Gesetzgeber den Begriff für neue Entwicklungen in der Informationstechnologie offengehalten.[46] Als Anhaltspunkt für den Datenbegriff, wie er insbesondere im Strafrecht verwendet wurde, kann zunächst der technische Datenbegriff der Norm DIN 44300, wonach Daten durch Zeichen oder kontinuierliche Funktionen aufgrund bekannter oder unterstellter Abmachungen zum Zwecke der Verarbeitung dargestellte Informationen sind, zugrunde gelegt werden.[47] Der technisches Datenbegriff wird unter anderem auch von dem internationalen Industriestandard ISOIIEC 2383-1 Nr. 01.01.02 geprägt: Danach handelt es ich bei Daten um eine in einer formalisierten Art und Weise verfügbare und deshalb immer wieder aufs Neue interpretierbare Repräsentation von Informationen, die zur

---

43 BVerfGE 120, 274.

44 Hierzu LG Münster, Urt. v. 24.4.2019 – Az.: 014 O 565/18.

45 *Biermann*, in: Scherer, MAH Erbrecht, § 50 Rn. 3.

46 *Lenckner/Winkelbauer*, CR 1986, 483 (484).

47 *Kargl*, in: Kindhäuser/Neumann/Paeffgen, StGB, § 202a Rn. 4; vgl. auch BT-Drs. V/4094, S. 37.
*Lenckner/Winkelbauer*, CR 1986, 483 (484).

Kommunikation, Auswertung oder zur Verarbeitung genutzt werden kann.[48] Da sich der rechtliche Datenbegriff indes auch auf Informationen ohne Verarbeitungszweck erstreckt, sind unter Daten Informationen zu verstehen, die in einer für eine Datenverarbeitungsanlage erkennbaren Form codiert sind, unabhängig davon, ob und in welcher Form sie verarbeitet werden.[49] Der Datenbegriff kann in drei Ebenen unterteilt werden: die Information als solche (sog. Bedeutungsebene)[50], die konkrete Zeichenabfolge als syntaktische Darstellungsebene der Information (sog. Zeichenebene)[51] und schließlich das Datum als Gesamtgebilde.[52] Letzteres wird auch als Repräsentation oder als Code der mit einem Datum verbundenen konkreten Information bezeichnet.[53]

### *b) Der Begriff der personenbezogenen Daten*

Im Hinblick auf nicht personenbezogene Daten besteht in der Regel keine Notwendigkeit eines postmortalen Persönlichkeitsschutzes, sodass in dieser Hinsicht auch kein Konflikt zwischen dem Erb-, dem Datenschutz- und dem Persönlichkeitsschutzrecht begründet wird. Ein solcher besteht nur hinsichtlich personenbezogener Daten des Erblassers. Für den Begriff der personenbezogenen Daten ist auf die Legaldefinition in Art. 4 Nr. 1 der Datenschutzgrundverordnung (DSGVO) zurückzugreifen. Demnach sind personenbezogene Daten

> *„alle Informationen, die sich auf eine identifizierte oder identifizierbare natürliche Person (im Folgenden ‚betroffene Person') beziehen; als identifizierbar wird eine natürliche Person angesehen, die direkt oder indirekt, insbesondere mittels Zuordnung zu einer Kennung wie einem Namen, zu einer Kennnummer, zu Standortdaten, zu einer Online-Kennung oder zu einem oder mehreren besonderen Merkmalen identifiziert werden kann, die Ausdruck der physischen, physiologischen, genetischen, psychischen, wirtschaftlichen, kulturellen oder sozialen Identität dieser natürlichen Person sind."*

Nach der herrschenden Meinung in der Literatur muss der Begriff des personenbezogenen Datums weit ausgelegt werden, da nur so ein möglichst effektiver

---

48 Vgl. *Thiesen*, Daten in der Erbmasse, S. 16.

49 BGH, Beschl. v. 16.4.2015 – 1 StR 490/14 (NStZ 2016, 42); vgl. auch *Zech*, GRUR 2015, 1151 (1153).

50 *Alexander*, K&R 2016, 301 (302); *Sieber*, NJW 1989, 2569 (2672); *Thiesen*, Daten in der Erbmasse, S. 16; *Zech*, Information als Schutzgegenstand, S. 51 f.

51 *Thiesen*, Daten in der Erbmasse, S. 16 f.; *Zech*, GRUR 2015, 1151 (1153); *Zech*, Information als Schutzgegenstand, S. 57.

52 *Hoeren/Völkl*, in: Hoeren, Big Data und Recht, S. 12.

53 *Thiesen*, Daten in der Erbmasse, S. 17; vgl. auch *Zech*, CR 2015, 137 f.

und umfassender Schutz des Persönlichkeitsrechts des Betroffenen gewährleistet werden kann.[54] Der Schutz der Daten bei deren Verarbeitung ist kein reiner Selbstzweck: Ziel der DSGVO ist nicht vorrangig der (technische) Schutz der personenbezogenen Daten, sondern die Wahrung und Beachtung der Grundrechte und Grundfreiheiten der von der Verarbeitung betroffenen Person.[55] Das Datenschutzrecht weist damit eine erhebliche grundrechtliche Relevanz auf, was für den Umgang mit dem digitalen Nachlass und die Entwicklung eines postmortalen Datenschutzrechts von Relevanz ist.

## 2. Rechte an Daten

Daten sind nicht greifbar. Im Hinblick auf den Umgang mit dem digitalen Nachlass und die Frage nach der Vererblichkeit von Daten, stellt sich zuvörderst die Frage, welche Rechtspositionen an Daten bestehen, insbesondere ob an Daten Eigentum erworben werden kann. Dies hätte nicht nur die Folge, dass die Frage der Vererbbarkeit von Daten in diesem Fall aufgrund einer klaren dinglichen Zuordnung von Daten unproblematisch möglich wäre, sondern auch dass die Regelungen der §§ 929 ff. BGB (Regelungen zum sog. Eigentümer-Besitzer-Verhältnis) Anwendung fänden, mit der Folge, dass den Erben gegenüber den jeweiligen Providern, welche dann als Besitzer der Daten anzusehen wären, ein jederzeitiger Herausgabeanspruch zustünde (§ 929 Abs. 1 BGB).

Einigkeit besteht insoweit, als durch die Digitalisierung und die unübersichtliche Masse an Daten, die jeder Einzelne durch seine Onlineaktivitäten hinterlässt, Datensammlungen entstehen, die von besonderem (zivilrechtlichem) Interesse für den Rechtsverkehr sind.[56] Für den rechtlichen Umgang mit Daten ist in diesem Zusammenhang von wesentlicher Bedeutung, welche Informationen Daten enthalten.[57] Die konkrete Schutzbedürftigkeit der Daten ergibt sich mithin aus deren Informationsgehalt.[58]

Die Frage, ob an Daten Eigentum und Besitz begründet werden kann, ist umstritten (a f.). Hieran schließt sich die Frage nach der grundsätzlichen Möglichkeit der „Vererbbarkeit von Daten“ an (3).

---

54 Vgl. nur EuGH, Urt. v. 20.05.2003 – C-465/00; *Karg*, in: Simitis/Hornung/Spiecker, Datenschutzrecht, Art. 4 DSGVO Rn. 3.

55 *Karg*, in: Simitis/Hornung/Spiecker, Datenschutzrecht, Art. 4 DSGVO Rn. 3.

56 *Amstutz*, AcP 218, 438 (439); *Richter*, PinG 2018, 198.

57 *Richter*, PinG 2018, 198 (199).

58 *Amstutz*, AcP 218, 438 (441).

### *a) Divergierende Auffassung in der Literatur*

Ob der Rechtsverkehr absolute Rechte an Daten zulässt, ist derzeit noch nicht abschließend geklärt und Gegenstand vielfältiger Diskurse.[59] So wird teilweise vertreten, dass Daten Gegenstand eines Eigentumsrechts nach § 903 BGB (Befugnisse des Eigentümers) sein können.[60] Teilweise wird in diesem Zusammenhang für eine analoge Anwendung des § 903 BGB plädiert.[61] Begründet wird dies insbesondere unter Bezugnahme auf die strafrechtlichen Regelungen der §§ 202a f., 303a StGB: Wenn eine strafrechtliche Rechtsposition besteht, muss auch zivilrechtlich ein klarer Zuweisungsgehalt bestehen.[62] Diese Rechtsauffassung wird jedoch überwiegend abgelehnt.[63] Dies insbesondere vor dem Hintergrund, dass Daten mangels Körperlichkeit keine Sachen im Sinne des § 90 BGB darstellen können, sodass in dieser Konsequenz hieran auch weder Eigentum noch unmittelbarer Besitz begründet werden kann.[64]

### *b) Weiterführender Ansatz*

Anknüpfend an die vorstehend aufgezeigte Ansicht, wonach an Daten bereits aufgrund der fehlenden Sacheigenschaft keine dinglichen Rechte begründet werden können, kann noch der nachfolgende Gedanke unterstützend herangezogen werden: Die Rechte im Zusammenhang mit Daten erschöpfen sich nach dem erkennbaren Willen des Gesetzgebers an den Rechten betreffend deren Inhalten

59 Für eine Rechtskonstruktion, die ein Dateneigentum vorsieht, etwa *Amstutz*, AcP 218, 438 (551); dagegen bspw. *Schmid*, jurisPR-ITR 17/2018 Anm. 2.

60 Vgl. *Hoeren*, MMR 2013, 486 (487).

61 Vgl. *Hoeren*, MMR 2013, 486 (487); *Zech*, CR 2015, 137 (144).

62 Vgl. auch *Dauster/Braun*, NJW 2000, 313 (315).

63 Etwa *Dorner*, CR 2014, 617 (618); *Richter*, PinG 2018, 198 (199); *Kilian/Heussen/Czychowski/ Siesmayer*, Computerrechts-Handbuch, Rn. 19 ff.

64 So im Ergebnis auch OLG Brandenburg, Urt. v. 6.11.2019 – 4 U 123/19 (BeckRS 2019, 2106); OLG Dresden, Beschl. v. 5.9.2012 – 4 W 961/12 (NJW-RR 2013, 27); vgl. auch *Dorner*, CR 2014, 617 (618); *Alexander*, K&R 2016, 301 (302); *Biermann*, MAH Erbrecht, § 50 Rn. 8; *Bock*, AcP 217, 370 (380); *Börding/Jülicher/Röttgen/v. Schönfeld*, CR 2017, 134; *Fritsche*, in: BeckOK, BGB, § 90 Rn. 25; *Ellenberger*, in: Palandt, BGB, § 90 Rn. 2; *Fußeder*, Soziale Netzwerke im Nachlass, S. 24; *Härting*, CR 2016, 134; *Kutscher*, Der digitale Nachlass, S. 27; *Peschel/Rockstroh*, MMR 2014, 571 (572); *Sattler*, JZ 2017, 1036 (1037); *Schuster/Hunzinger*, CR 2015, 277 (279); a.A. *König*, Das Computerprogramm im Recht, 1991, Rn. 269-403; Differenzierend zur Möglichkeit des Datenbesitzes und für die analoge Anwendung der besitzrechtlichen Vorschriften des BGB (§§ 854 ff. BGB): *Hoeren*, MMR 2019, 5; hierzu auch *Michl*, NJW 2019, 2729.

(vgl. nur § 2 Abs. 1 Nr. 1 Urheberrechtsgesetz (UrhG), §§ 69a ff., 87a ff. UrhG). Da diese den eigentlichen Wert eines Datums ausmachen, bedarf es für Daten keines gesonderten Besitz- oder Eigentumsschutzes, sodass auch eine analoge Anwendung des § 903 BGB nicht in Betracht kommt. Die analoge Anwendung einer gesetzlichen Regelung bedarf des Vorliegens einer sog. planwidrigen Regelungslücke und einer vergleichbaren Interessenlage.[65] Eine Regelungslücke liegt vor, wenn der konkrete Sachverhalt nicht unter den Wortlaut einer gesetzlichen Regelung subsumierbar ist.[66] Dies kann für Daten im Hinblick auf die Regelung des § 903 BGB vorliegend noch angenommen werden, da diese unmittelbar auf eine Sache (legaldefiniert in § 90 BGB) Bezug nimmt. Planwidrig ist eine solche Regelungslücke dann, wenn der zu beurteilende Sachverhalt in rechtlicher Hinsicht soweit mit dem Tatbestand vergleichbar ist, den der Gesetzgeber geregelt hat, dass angenommen werden kann, der Gesetzgeber wäre bei einer Interessenabwägung, bei der er sich von den gleichen Grundsätzen hätte leiten lassen wie bei dem Erlass der herangezogenen Gesetzesvorschrift, zu dem gleichen Abwägungsergebnis gekommen.[67] Dies kann vorliegend vor dem Hintergrund nicht angenommen werden, dass der Gesetzgeber, insbesondere mit den vorstehend genannten Regelungen (§ 2 Abs. 1 Nr. 1 UrhG, §§ 69a ff., 87a ff. UrhG), den rechtlichen Umgang mit Daten ausdrücklich geregelt und die mit Daten verbundenen Rechte gerade nicht eigentumsbezogen ausgestaltet hat.

Nach alledem ist der vorstehend dargelegten Auffassung, wonach eine Begründung von absoluten Rechten an Daten abzulehnen ist,[68] zu folgen.

### 3. Vererbbarkeit von Daten

Mangels eines Eigentumsrechts an Daten stellt sich grundsätzlich die Frage, wie diese vererbt werden können. Im Hinblick auf die erbrechtliche Behandlung von Daten muss unterschieden werden zwischen dem Recht der Erben, auf Daten des Erblassers zuzugreifen (a), und dem ferner dem Recht, deren konkreten Inhalt zu nutzen (b).

---

65 BGH, Urt. v. 13. März 2003 – I ZR 290/00 (NJW 2003, 1932); *Kuhn*, JuS 2016, 104; *Larenz/Canaris*, Methodenlehre der Rechtswissenschaft, S. 194 ff.

66 *Larenz/Canaris*, Methodenlehre der Rechtswissenschaft, S. 194 ff.

67 BGHZ 105, 140 (143); 110, 183 (193); 120, 239 (252); BGH, Urt. v. 13. März 2003 – I ZR 290/00 (NJW 2003, 1932).

68 Hierzu oben, unter B.II.2.a).

### *a) Vererbbarkeit des Rechts auf Datenzugriff*

Im Hinblick auf die Frage nach der Vererbbarkeit des Zugriffsrechts ist weiter danach zu unterscheiden, ob Daten auf einem verkörperten, im Eigentum des Erblassers stehenden Speichermedium oder auf dem Server eines Providers gespeichert sind.

#### *(aa) Daten auf einem Speichermedium des Erblassers*

Befinden sich die Daten auf einem im Eigentum des Erblassers stehenden Speichermedium, so geht das Zugriffsrecht der Erben auf die darauf gespeicherten Daten mit dem Eigentum an dem Speichermedium (Festplatte eines PCs oder externes Speichermedium) gemäß § 1922 Abs. 1 BGB auf die Erben über.[69]

#### *(bb) Daten auf dem Server eines Providers*

Daten des Erblassers, welche auf dem Server eines Providers gespeichert sind, gehen mangels Verkörperung auf einem Speichermedium nicht automatisch mit dessen Ableben auf dessen Erben über. Die Erben treten indes gemäß § 1922 Abs. 1 BGB grundsätzlich in das jeweilige Vertragsverhältnis zwischen dem Erblasser und dem Provider ein[70], sodass dadurch jedenfalls ein vertraglicher Zugriffsanspruch der Erben gegenüber dem jeweiligen Provider erlangt wird.[71]

### *b) Übergang des Datennutzungsrechts auf die Erben*

Davon zu unterscheiden ist das damit jeweils verbundene Nutzungsrecht hinsichtlich des Inhalts der Daten. Grundsätzlich sind Nutzungsrechte an Daten – wie allgemein auch Urheberrechte (§ 28 Abs. 1 UrhG) – uneingeschränkt vererbbar. Die Regelung des § 34 Abs. 1 UrhG, wonach ein Nutzungsrecht grundsätzlich nur mit Zustimmung des Urhebers übertragen werden kann, steht einer Vererbbarkeit nicht entgegen.[72] Ebenso wenig handelt es sich bei der Vererbung von (elektronischen) Werkstücken um eine Verbreitung im Sinne des

69 Vgl. *Biermann*, MAH Erbrecht, § 50 Rn. 10; *Bräutigam*, Stellungnahme DAV, S. 20; *Herzog/Pruns*, Der digitale Nachlass, S. 22; *Seidler*, Digitaler Nachlass, S. 121; *Weidlich*, in: Palandt, BGB, § 1922 Rn. 8.

70 Hierzu noch ausführlich unten, unter C.II.3.

71 Vgl. *Biermann*, MAH Erbrecht, § 50 Rn. 10; hierzu noch ausführlich unten, unter C.II.3.

72 *Dreier*, in: Dreier/Schulze, UrhG, § 34 Rn. 8.

§ 17 Abs. 1 UrhG, da dies nur das Anbieten oder das Verbreiten eines Werkes in der Öffentlichkeit betrifft,[73] was auf den Erbfall nicht zutrifft.[74]

### *c) Exkurs: Anwendbarkeit des urheberrechtlichen Erschöpfungsgrundsatzes auf digital in den Verkehr gebrachte Werkexemplare*

Befinden sich elektronische Medien (bspw. E-Books, Musik- und Videodownloads, Softwarelizenzen etc.) im Nachlass, so ist im Hinblick auf das Verfügungsrecht der Erben hierüber der sog. urheberrechtliche Erschöpfungsgrundsatz zu berücksichtigen: Demnach ist das (alleinige) Verbreitungsrecht des Urhebers verbraucht, wenn es erstmals mit dessen Zustimmung im Europäischen Wirtschaftsraum veräußert wurde (§ 17 Abs. 2, 69c Nr. 3 S. 2 UrhG).[75] Unstreitig findet der urheberrechtliche Erschöpfungsgrundsatz jedenfalls bei körperlichen Werkstücken wie bspw. Büchern, CDs etc. Anwendung. Äußerst umstritten ist indes, ob der urheberrechtliche Erschöpfungsgrundsatz auch für erstmals digital in den Verkehr gebrachte Werkexemplare (wie bspw. Audio-/E-Books oder Film-/Musikdateien etc.) gilt.

#### *(aa) Rechtsprechung des EuGH*

Der EuGH hat sich mit der Frage der Anwendbarkeit des urheberrechtlichen Erschöpfungsgrundsatzes auf digitale Werkexemplare im Hinblick auf Computerprogramme (§ 69a UrhG), welche über das Internet erstveräußert und heruntergeladen wurden, befasst und dessen Anwendbarkeit unter Verweis auf den klaren Wortlaut des Art. 4 Abs. 2[76] der Richtlinie 2009/24/EGF[77] (sog. „Computerprogramm-Richtlinie“) bejaht.[78] Allerdings nur insoweit, als der Ersterwerber die verwendete Softwarelizenz nicht mehr nutzt und die eigene Kopie unbrauchbar macht.[79]

---

73 *Dreier*, in: Dreier/Schulze, UrhG, § 17 Rn. 4; *Thiesen*, Daten in der Erbmasse, S. 26.

74 *Dreier*, in: Dreier/Schulze, UrhG, § 17 Rn. 8.

75 Hierzu *Steiner/Holzer*, ZEV 2015, 262 (264).

76 *„Mit dem Erstverkauf einer Programmkopie in der Gemeinschaft durch den Rechtsinhaber oder mit seiner Zustimmung erschöpft sich in der Gemeinschaft das Recht auf die Verbreitung dieser Kopie; ausgenommen hiervon ist jedoch das Recht auf Kontrolle der Weitervermietung des Programms oder einer Kopie davon.“*

77 Richtlinie des Europäischen Parlaments und des Rates vom 23.4.2009 über den Rechtsschutz von Computerprogrammen.

78 EuGH, Urt. v. 3.7.2012 – C-128/11 (UsedSoft GmbH/Oracle International Corp.) (NJW 2012, 2565).

79 EuGH, NJW 2012, 2565 (2568).

*(bb) Rechtsprechung nationaler Gericht*

In der deutschen Rechtsprechung wird eine Übertragung der vorgenannten Rechtsprechung des EuGH und damit die Anwendbarkeit auf andere Werkarten als Computerprogramme durchgehend abgelehnt.[80] Dies regelmäßig mit der Argumentation, dass die Computerprogramm-Richtlinie gerade nicht auf andere Werkarten anwendbar sei und eine analoge Anwendung des § 17 Abs. 2 UrhG aufgrund des später in Kraft getretenen § 19a UrhG vom Gesetzgeber bewusst keine Erschöpfungsklausel erhalten habe.[81] Die Richtigkeit dieser Auffassung wird in der Literatur kontrovers diskutiert.[82] Eine höchstrichterliche Entscheidung hierzu ist bislang nicht ergangen. Auch von einer Vorlage an den EuGH wurde bis dato abgesehen, was in der Literatur auf berechtigte Kritik gestoßen ist.[83]

---

80 Vgl. nur OLG Stuttgart, Urt. v. 13.11.2011 – 2 U 49/11 (ZUM 2012, 811); [Vorinstanz] LG Stuttgart, Urt. v. 14.4.2011 – 17 O 513/10; OLG Hamm, Urt. v. 15.5.2014 – I-22 U 60/13 (ZUM 2014, 715); [Vorinstanz] LG Bielefeld, Urt. v. 5.3.2013 – 4 O 191/11 (ZUM 2013, 688); OLG Hamburg, Beschl. v. 24.3.2015 – 10 U 5/11 (BeckRS 2015, 08175); [Vorinstanz] LG Hamburg, Urt. v. 20.9.2011 – 312 O 414/10 (BeckRS 2013,19556); LG Berlin. Urt. v. 11.3.2014 – 16 O 73/13 (ZUM-RD 2014, 438) sowie Urt. v. 21.1.2014 – 15 O 56/13 (ZUM-RD 2014,504); hierzu *Apel*, ZUM 2015, 640; *Biermann*, MAH Erbrecht, § 50 Rn. 17; *Steiner/Holzer*, ZEV 2015, 262 (265).

81 OLG Hamburg, Beschl. v. 24.3.2015 – 10 U 5/11 (BeckRS 2015, 08175); hierzu auch *Apel*, ZUM 2015, 640 (644).

82 Ablehnend z.B. *Druschel*, Die Behandlung digitaler Inhalte im Gemeinsamen Europäischen Kaufrecht (GEKR), 2014, S. 141; *Druschel*, GRUR Int. 2015, 125 (132 f.); *Ganzhorn*, CR 2014, 492 (497); *Hoeren/Jakopp*, MMR 2014, 646; *Hoeren/Försterling*, MMR 2012, 642 (647); *Kubach*, CR 2013, 279; *Lehmann*, in: Conrad/Grützmacher, Recht der Daten und Datenbanken im Unternehmen, 2014, § 11 Rn. 11; *Malevanny*, CR 2013, 422 (426 f.); *Neuber*, WRP 2014, 1274; *Peifer*, AcP 2013, 89 (90 ff.); *Redeker*, CR 2014, 73 (77); *Schneider/Spindler*, CR 2012, 489 (497); *Schmitt*, MR 2012, 256 (259 f.); *Scholz*, ITRB 2013, 17 (20 f.); *Terhaag/Telle*, K&R 2013, 549 (551 ff.).
Zustimmend z.B. *Apel*, ZUM 2015, 640 (645 ff.); *ders.*, UFITA 2015/I, 230, (236 f.); *Bäcker/Höfinger*, ZUM 2013, 623 (640); *Dietrich*, NJ 2014, 194; *Dreyer*, in: Grünberger/Leible, Die Kollision von Urheberrecht und Nutzerverhalten, 2014, S. 131 (143); *Haberstumpf*, in: Büscher/Dittmer/Schiwy, Gewerblicher Rechtsschutz, Urheberrecht, Medienrecht, § 17 UrhG Rn. 12; *Hansen*, GRUR-Prax 2013, 207; *Hauck*, NJW 2014, 3616; *Hilgert*, CR 2014, 354 (355); *Jani*, in: Wandtke/Ohst, Praxishandbuch Medienrecht, Kap. 1 Rn. 125; *Krüger/Biehler/Apel*, MMR 2013, 760; *Rauer/Ettig*, GRUR-Prax 2015, 202 (204); *Stieper*, ZUM 2012, 668 (670).

83 Hierzu *Apel*, ZUM 2015, 640 (644 f.).

# C. Die rechtliche Behandlung des digitalen Nachlasses de lege lata

Im Rahmen des nachfolgenden Abschnitts wird die rechtliche Behandlung des digitalen Nachlasses nach der derzeitigen Rechtslage dargestellt und kritisch gewürdigt. In diesem Zusammenhang wird zunächst die in Bezug auf den digitalen Nachlass bestehende Rechtsprechung analysiert (I). Sodann wird auf die einzelnen rechtlichen Implikationen des digitalen Nachlasses eingegangen und in diesem Zusammenhang untersucht, ob bereits nach derzeitigem Recht ein (ausreichender) postmortaler Datenschutz besteht (II.).

## I. Der digitale Nachlass im Lichte der Rechtsprechung

Die Frage des digitalen Nachlasses im Zusammenhang mit der Vererbbarkeit von Konten in den sozialen Netzwerken erlangte im Zusammenhang mit dem zwischen 2015 und 2018 ausgetragenen Rechtsstreit, welcher sich vom Landgericht Berlin[84] über das Kammergericht[85] bis zum Bundesgerichtshof[86] zog, große mediale Aufmerksamkeit. Im Rahmen des vorgenannten Rechtsstreits musste sich die Rechtsprechung erstmals mit der rechtlichen Behandlung des digitalen Nachlasses befassen.

### 1. Zugrunde liegender Sachverhalt[87]

Die damals 15-jährige Erblasserin (nachfolgend: „**Erblasserin**") war im Jahr 2012 von einer U-Bahn erfasst worden. Die genauen Umstände des Todes konnten nicht aufgeklärt werden. Insbesondere konnte nicht geklärt werden, ob die Erblasserin Suizid begangen hatte oder ob es sich um einen Unfall handelte. Von einem Suizid ging aber der Fahrer der U-Bahn aus, der in diesem Zusammenhang die Eltern der Verstorbenen, als deren Erben (nachfolgend: „Erben"), zur Zahlung von Schadensersatz in Form eines Schmerzensgeldes (§§ 1922 Abs. 1, 823, 253 BGB) aufforderte.

---

84 LG Berlin, Urt. v. 17.12.2015 – 20 O 172/15.

85 KG, Urt. v. 31.5.2017 – 21 U 9/16.

86 BGHZ 219, 243.

87 Nach LG Berlin, Urt. v. 17.12.2015 – 20 O 172/15 und *Herzog/Pruns*, Der digitale Nachlass, S. 4 f.

Die Erben versuchten sich in diesem Zusammenhang bei dem Benutzerkonto der Erblasserin bei Facebook anzumelden, um hieraus Aufschluss über die Umstände des Todes der Erblasserin zu gewinnen.

Facebook hatte indes zwischenzeitlich vom Ableben der Erblasserin erfahren und ihr Benutzerkonto unverzüglich in den sog. „Gedenkzustand" versetzt. Auf ein in den Gedenkzustand versetztes Benutzerkonto kann man selbst dann nicht mehr zugreifen, wenn man sich im Besitz der Zugangsdaten befindet. Mithin war es den Erben nicht möglich, sich unter dem Benutzerkonto der Erblasserin bei Facebook anzumelden. Facebook verweigerte auf Nachfrage die Zugangsverschaffung und begründete dies insbesondere mit dem Hinweis auf seine Nutzungsbedingungen und auf den Schutz des Fernmeldegeheimnisses der Kommunikationspartner der Verstorbenen (§ 88 Abs. 3 Telekommunikationsgesetz (TKG)). Darüber hinaus argumentierte Facebook noch mit einer aus seiner Sicht grundsätzlichen Unverwertbarkeit von personenbezogenen Daten sowie mit einer Zugangsverschaffung zu Gunsten der Erben entgegenstehenden datenschutzrechtlichen Aspekten.

Im Kern wirft der digitale Nachlass drei Fragen auf: *erstens*, ob Vertragsverhältnisse einer verstorbenen Person zu Anbietern von Kommunikationsdienstleistungen sowie die Rechte an den zugehörigen online gespeicherten, in der Regel überwiegend personenbezogenen, Daten nach § 1922 Abs. 1 BGB überhaupt vererblich sind; *zweitens*, ob eine Rechtsnachfolge von Todes wegen durch Allgemeine Geschäftsbedingungen (AGB) wirksam ausgeschlossen werden kann, und *drittens*, ob das in § 88 Abs. 3 TKG geregelte Fernmeldegeheimnis oder das Datenschutzgesetz einem Zugriff der Erben auf die Daten des Erblassers entgegensteht.[88]

## 2. Urteil des LG Berlin

Mit Urteil vom 17. Dezember 2015 verurteilte das LG Berlin[89] in erster Instanz Facebook dazu, den Eltern der Erblasserin als deren Erben vollumfänglichen Zugang zu dem Nutzerkonto und den darin enthaltenen Kommunikationsinhalten zu gewähren. Das LG Berlin stützte sein Urteil maßgeblich auf den Grundsatz der Gesamtrechtsnachfolge (§ 1922 BGB), wonach grundsätzlich auch sämtliche lebzeitig begründeten Rechtsverhältnisse eines Erblassers, mithin auch der zwischen der Erblasserin und Facebook geschlossene Nutzungsvertrag mit deren

88 *Biermann*, ErbR 2018, 1.

89 LG Berlin, Urt. v. 17.12.2015 – 20 O 172/15.

Ableben auf deren Erben übergegangen sei.[90] Gegenstand des Nutzungsvertrages zwischen der Erblasserin und Facebook sei insbesondere ein Zugriffsrecht der Erblasserin gewesen, welches diese dazu berechtigte, auf die Inhalte der Server von Facebook zuzugreifen, solange sich ein solcher Zugriff im Rahmen der Nutzungsbedingungen bewegte. Dieses Zugriffsrecht sei daher durch den Erbfall – ebenso wie das übrige Vertragsverhältnis – auf die Erbengemeinschaft übergegangen.[91]

Im Rahmen des ergangenen Urteils hat sich das LG Berlin auch mit dem in der Literatur erhobenen Einwand auseinandergesetzt, die Kommunikationsinhalte seien deshalb nicht vererbbar, weil es sich nicht um vermögensrechtliche Bestandteile des Nachlasses handele. Hierzu führte das Gericht aus, dass das Erbrecht eine Differenzierung in vermögenswerte und nichtvermögenswerte Bestandteile eines Nachlasses grundsätzlich nicht kennt.[92] Vielmehr sei aus den Regelungen der §§ 2373, 2047 BGB implizit zu schlussfolgern, dass der Gesetzgeber eine solche Unterscheidung gerade nicht treffen wollte.[93] Aber auch losgelöst von dieser systematischen Lesart der betreffenden gesetzlichen Bestimmungen würde eine Unterscheidung im streitgegenständlichen Fall nicht in Betracht kommen, da es im Rahmen des digitalen Nachlasses praktisch unmöglich sei, zwischen solchen Kommunikationsinhalten, die dem rein vermögensrechtlichen, und solchen, die dem nichtvermögensrechtlichen Bestandteil des Nachlasses zuzuordnen seien, zu differenzieren.[94] Die Allgemeinen Geschäftsbedingungen von Facebook, wonach der Account einer verstorbenen Person in einen Gedenkzustand versetzt wird, seien nach § 307 Abs. 1, 2 Nr. 1 BGB unwirksam: Diese Regelung beschränke in pauschaler Weise die grundsätzlich von der Rechtsordnung in § 1922 Abs. 1 BGB vorgesehene Vererblichkeit von Rechten.[95] Weder das Fernmeldegeheimnis (§ 88 Abs. 3 TKG) noch datenschutzrechtliche Belange stünden einem Übergang personenbezogener Daten des Erblassers auf dessen Erben entgegen: Das LG Berlin sah den Tatbestand des § 88 Abs. 3 TKG zunächst als gegeben an und setzte sich sodann mit der Frage einer tatbestandausschließenden Einwilligung der Kommunikationspartner des Erblassers auseinander. Im Ergebnis sei eine solche nicht erforderlich, da das

90 LG Berlin, Urt. v. 17.12.2015 – 20 O 172/15, Rn. 23 (zitiert nach juris).
91 LG Berlin, Urt. v. 17.12.2015 – 20 O 172/15, Rn. 23 (zitiert nach juris).
92 LG Berlin, Urt. v. 17.12.2015 – 20 O 172/15, Rn. 25 (zitiert nach juris).
93 LG Berlin, Urt. v. 17.12.2015 – 20 O 172/15, Rn. 25 (zitiert nach juris).
94 LG Berlin, Urt. v. 17.12.2015 – 20 O 172/15, Rn. 25 (zitiert nach juris).
95 LG Berlin, Urt. v. 17.12.2015 – 20 O 172/15, Rn. 23 (zitiert nach juris).

Verschaffen von Kommunikationsinhalten im Rahmen des für die geschäftsmäßige Erbringung erforderlichen Maßes im Sinne von § 88 Abs. 3 TKG liege.[96] Datenschutzrechtliche Belange der Kommunikationspartner des Erblassers müssten im Übrigen hinter dem Erbrecht im Wege der praktischen Konkordanz zurückstehen: Die Erben treten in die Stellung des Erblassers von Gesetzes wegen ein, worin kein Eingriff in die Rechte Dritter zu sehen sei.[97] Schließlich stünde auch das postmortale Persönlichkeitsrecht des Erblassers (Art. 1 Abs. 1 GG) einem Übergang dessen personenbezogener Daten auf dessen Erben nicht entgegen: Das LG Berlin stellte darauf ab, dass eine Verletzung des postmortalen Persönlichkeitsrechts im konkreten Fall von vornherein nicht drohe, da die Erben der Erblasserin als deren Erziehungsberechtigte auch zugleich die Wahrnehmungsberechtigten deren postmortalen Persönlichkeitsrechts sind.[98]

### 3. Urteil des Kammergerichts (Berufungsinstanz)

Facebook legte gegen das Urteil des LG Berlin das Rechtsmittel der Berufung ein. Das Kammergericht (KG) urteilte in eine gänzlich andere Richtung als das LG Berlin und hob dessen Urteil auf. Zwar gelangt zunächst auch das KG zu der Auffassung, dass die Erben grundsätzlich gemäß § 1922 Abs. 1 BGB in das Rechtsverhältnis der Erblasserin mit Facebook eingetreten seien. Jedoch könnten die Erben ihre vertraglichen Ansprüche vorliegend nicht durchsetzen, da diesen die Regelung des § 88 Abs. 3 TKG[99] entgegenstünde.[100] Das KG schloss sich damit im Ergebnis der Argumentation von Facebook an, indem es den Tatbestand der rechtlichen Unmöglichkeit (§ 275 BGB)[101] als gegeben ansah: Im Falle einer Herausgabe der Daten der Erblasserin an deren Erben verstieße Facebook gegen das Telekommunikationsgeheimnis und setze sich dadurch ggf. einem Bußgeldanspruch aus.[102]

Wie auch das LG Berlin geht auch das KG davon aus, dass die Regelungen von Facebook zum sog. „Gedenkzustand“ gemäß § 307 Abs. 1, 2 unwirksam seien und damit einer grundsätzlichen Vererbbarkeit des Vertragsverhältnisses nicht entgegenstehen können.

---

96 LG Berlin, Urt. v. 17.12.2015 – 20 O 172/15, Rn. 34 (zitiert nach juris).

97 LG Berlin, Urt. v. 17.12.2015 – 20 O 172/15, Rn. 42 f. (zitiert nach juris).

98 LG Berlin, Urt. v. 17.12.2015 – 20 O 172/15, Rn. 32 (zitiert nach juris).

99 Instruktiv hierzu *Pruns*, ZErb 2017, 217 ff.

100 KG, Urt. v. 31. Mai 2017 – 21 U 9/16, Rn. 53 (zitiert nach juris).

101 Hierzu instruktiv *Ernst*, in: MüKoBGB, § 275 Rn. 41 ff.

102 KG, Urt. v. 31. Mai 2017 – 21 U 9/16, Rn. 74 (zitiert nach juris).

Ferner stellte das KG fest, dass eine Differenzierung zwischen personenbezogenen, unter Umständen höchstpersönlichen und nichtpersönlichen Inhalten vor einer Zugangsverschaffung zugunsten der Erben für den jeweiligen Provider regelmäßig unzumutbar sei.[103] Dieses Argument wird von dem KG dadurch untermauert, dass derjenige Provider, der eine solche Differenzierung im Einzelfall vornehme, um auf deren Grundlage den Erben Zugang zu den nichtpersonenbezogenen Inhalten zu gewähren, bereits durch die Sichtung der Inhalte im Ergebnis gegen § 88 Abs. 3 TKG verstoße,[104] da § 88 Abs. 3 TKG auch untersagt, sich selbst Kenntnis vom Inhalt oder von den näheren Umständen der Telekommunikation zu verschaffen.

Schwerpunkt der Entscheidung des KG ist das Fernmeldegeheimnis (§ 88 Abs. 3 TKG), welches nach der Auffassung des KG einer Vererbbarkeit eines Vertragsverhältnisses zu einem Kommunikationsdienstleister entgegenstünde. Das KG geht zunächst davon aus, dass auch die Erben einer verstorbenen Person „andere" im Sinne des § 88 Abs. 3 TKG sein können.[105] Für das KG entscheidend ist die Einordnung dessen, was als „erforderliches Maß" im Sinne des § 88 Abs. 3 S. 1 TKG anzusehen sei. Während das LG Berlin noch davon ausgegangen war, dass die Bereitstellung des Zugangs zum Account der Erblasserin zugunsten der Erben als geschäftsmäßige Erbringung durch Facebook und damit als „erforderlich" im vorbezeichneten Sinne anzusehen sei, entschied das KG in eine gänzlich andere Richtung:[106] Die sich aus dem zugrundeliegenden Rechtsverhältnis ergebenden Verpflichtungen von Facebook erschöpften sich in der Bereitstellung und der Instandhaltung der notwendigen Kommunikationsinfrastruktur; darüber hinausgehende Verpflichtungen, insbesondere gegenüber den Erben eines verstorbenen Nutzers bestünden hingegen nicht: Facebook habe in der Zeit der Nutzung derer Dienste durch die Erblasserin gerade nicht vorgesehen, dass andere Personen als die Erblasserin diese Dienstleistungen in Anspruch nehmen.[107] Der Zugriff der Erben sei daher nicht für die Erbringung der Dienstleistungen von Facebook erforderlich.[108] Begründet wird dies unter anderem mit der Inbezugnahme des § 138 StGB im Tatbestand des § 88 Abs. 3 S. 4 TKG,

103 So etwa *Bräutigam*, MMR 2012, 635, (650).
104 KG, Urt. v. 31.5.2017 – 21 U 9/16, Rn. 70 (zitiert nach juris).
105 Vgl. KG, Urt. v. 31.5.2017 – 21 U 9/16, Rn. 91 (zitiert nach juris); a.A. *Biermann*, ZErb 2017, 210, (214); *Herzog/Pruns*, Der digitale Nachlass, S. 85.
106 KG, Urt. v. 31.5.2017 – 21 U 9/16, Rn. 88 (zitiert nach juris).
107 KG, Urt. v. 31.5.2017 – 21 U 9/16, Rn. 88 (zitiert nach juris).
108 Vgl. *Deusch*, ZEV 2017, 399.

wonach der Begriff des geschäftsmäßig Erforderlichen restriktiv ausgelegt werden müsse, da anderenfalls die Einbeziehung des § 138 StGB überflüssig wäre.[109] Für eine Weitergabe von Daten an Personen, die nicht an dem jeweiligen Telekommunikationsvorgang beteiligt sind, fehle es schließlich an einer gesetzlichen Erlaubnis nach § 88 Abs. 3 S. 3 TKG (sog. „kleines Zitiergebot“) und sie sei auch nicht nach den datenschutzrechtlichen Regelungen der §§ 91 ff. TKG zulässig.[110] Die Regelung des § 88 Abs. 3 TKG trete auch nicht im Wege der praktischen Konkordanz hinter die Regelungen der §§ 1922 ff. BGB zurück: Das verfassungsrechtliche Institut der praktischen Konkordanz sei indes nur die „Person“, die zur Lösung eines Grundrechtskonflikts berufen ist, mithin der Gesetzgeber.[111] Der vorliegende Konflikt zwischen dem nach Art. 14 GG geschützten Erbrecht und dem nach Art. 10 GG geschützten Fernmeldegeheimnis könne daher nur im Rahmen eines Gesetzgebungsvorhabens oder einer verfassungsrechtlichen Überprüfung des § 88 Abs. 3 TKG eine Rolle spielen.[112] Eine Zugangsgewährung zugunsten der Erben sei schließlich auch nicht aufgrund einer Einwilligung der am Telekommunikationsvorgang beteiligten Telekommunikationspartner möglich, da eine solche in der Regel weder tatsächlich gegeben ist noch konkludent angenommen werden könne.[113]

## 4. Urteil des BGH (Revision)

Gegen das Urteil des KG legten schließlich die Erblasser das Rechtsmittel der Revision ein. Der BGH gab der Revision der Klägerin statt und entschied im Ergebnis, im Einklang mit dem Urteil des LG Berlin, dass Rechtsverhältnisse eines verstorbenen Nutzers zu einem Provider grundsätzlich nach § 1922 Abs. 1 BGB vererbbar sind und dass einem damit verbundenen Zugangsverschaffungsanspruch der Erben insbesondere weder die Allgemeinen Geschäftsbedingungen der Provider noch das in § 88 Abs. 3 TKG geregelte Telekommunikationsgeheimnis oder das postmortale Persönlichkeitsrecht sowie schließlich auch nicht datenschutzrechtliche Aspekte entgegenstehen.[114]

Der BGH führt im Rahmen seiner Entscheidung zunächst aus, dass sich die Vererbbarkeit eines Nutzungsvertrages mit einem Provider nach dem

109 KG, Urt. v. 31.5.2017 – 21 U 9/16, Rn. 88 (zitiert nach juris).
110 KG, Urt. v. 31.5.2017 – 21 U 9/16, Rn. 92 f. (zitiert nach juris).
111 KG, Urt. v. 31.5.2017 – 21 U 9/16, Rn. 98 (zitiert nach juris).
112 KG, Urt. v. 31.5.2017 – 21 U 9/16, Rn. 98 (zitiert nach juris).
113 KG, Urt. v. 31.5.2017 – 21 U 9/16, Rn. 103 ff. (zitiert nach juris).
114 BGHZ 219, 243 (247).

allgemeinen Grundsatz des § 1922 BGB, wonach grundsätzlich auch Ansprüche und Verbindlichkeiten aus schuldrechtlichen Verträgen auf die Erben übergehen, richte.[115] Einer Vererbbarkeit eines solchen Nutzungsvertrages stünden zunächst nicht die Regelung zum sog. „Gedenkzustand" von Facebook entgegen, da diese aufgrund der damit einhergehenden erheblichen Beeinträchtigung der vertraglichen Rechte der in den Nutzungsvertrag eintretenden Erben gemäß § 307 Abs. 1, 2 Nr. 1 BGB unwirksam sei. Schließlich ergebe sich auch aus dem konkreten Wesen eines Online-Nutzungsvertrages nichts anderes: Eine Unvererbbarkeit eines Rechtsverhältnisses kommt unter Berücksichtigung des Rechtsgedankens der §§ 399, 38 BGB dann in Betracht, wenn der Inhalt des jeweiligen Rechtsverhältnisses in einem solchen Maß auf die Person des Berechtigten zugeschnitten ist, dass bei einem Subjektwechsel die Leistung in ihrem Wesen verändert würde.[116] Bei einem Vertrag mit einem Kommunikationsdienstleister handle es sich indes nicht um ein solches, höchstpersönliches Rechtsverhältnis: Nicht die Leistungen des Providers, die bei jedem Nutzer gleich sind, sondern nur die – von der Vertragspartei unabhängigen – Inhalte, die von den Nutzern geschaffen und kommuniziert werden, seien persönlichkeitsrelevant.[117] Die Tatsache, dass ein solches Vertragsverhältnis insoweit auf den Kontoberechtigten zugeschnitten und damit personenbezogen ist, als nur dieser unter seinem Account Inhalte veröffentlichen und kommunizieren darf, führe nicht zu Unvererbbarkeit, sondern wenn überhaupt nur zu einem Verbot einer aktiven Weiternutzung des Accounts und damit des Profils des Erblassers durch die Erben.[118] In diesem Zusammenhang hebt der BGH hervor, dass vertragliche Verpflichtungen von Facebook zur Übermittlung und Bereitstellung von Nachrichten und sonstigen Inhalten kontobezogen seien: Wegen der grundsätzlich möglichen Anonymität des Nutzers können die Verpflichtungen von Facebook nicht gegenüber einer bestimmten Person, sondern nur gegenüber einem konkreten Account angenommen werden.[119]

Nach der Auffassung des BGH ist auch eine Differenzierung der Vererbbarkeit des Nutzerkontos nach dessen Inhalt abzulehnen.[120] In diesem Zusammenhang

115 BGHZ 219, 243 (248).
116 BGHZ 219, 243 (252).
117 BGHZ 219, 243 (252).
118 BGHZ 219, 243 (252), in Anlehnung an die Rechtsprechung zum Girovertrag: BGHZ 131, 60 (64); vgl. hierzu auch *Naczinsky*, ZEV 2021, 227 (228).
119 BGHZ 219, 243 (255).
120 BGHZ 219, 243 (258 ff.).

werden in der Literatur eine „Infektion" des gesamten Nutzerkontos aufgrund der bloßen Existenz von persönlichen Inhalten[121] und auch eine mögliche (durch Dritte durchzuführende) Trennung zwischen vermögensrechtlichen und höchstpersönlichen Inhalten eines Nutzerkontos[122] diskutiert. Der BGH begründet seine Auffassung unter Rekurs auf die Regelungen der §§ 2047 Abs. 2[123], 2373 S. 2[124] BGB und die damit verbundene gesetzgeberische Intention, dass grundsätzlich auch höchstpersönliche Inhalte eines Nachlasses unabhängig von deren Vermögenswert nachlasszugehörig sein können.[125] Ferner würde anderenfalls eine Privilegierung digitaler gegenüber analoger Kommunikation stattfinden, für die es im Erbrecht keinen Anhaltspunkt gebe.[126] Ein Vertraulichkeitsinteresse des Erblassers und der Kommunikationspartner habe nach den Grundsätzen der Gesamtrechtsnachfolge gegenüber dem Erben zurückzustehen: Die Rechtsordnung ordne, diese zeigen die §§ 2047 Abs. 2, 2373 S. 2 BGB, das Geheimhaltungsinteresse des Erblassers und der Kommunikationspartner dem durch Art. 14 Abs. 1 S. 1 GG geschützten Erbrecht grundsätzlich unter.[127]

Weiterhin ging der BGH in seiner Entscheidung auch auf die in der Literatur vertretene Auffassung ein, wonach eine Vererbbarkeit des Nutzerkontos deshalb ausscheiden müsse, weil Nutzer grundsätzlich die – berechtigte – Erwartungshaltung hätten, dass persönliche Kommunikationsinhalte auch nach ihrem Tod nicht von Dritten eingesehen würden.[128] Hierzu führte der BGH aus, dass eine solche Erwartungshaltung nicht die Unvererbbarkeit personenbezogener Daten zur Folge haben könne: Der Absender einer Nachricht könne zwar darauf vertrauen, dass seine Nachricht von dem Provider nur für das von ihm ausgewählte Empfängerkonto bereitgestellt wird; er muss aber damit rechnen, dass Dritte dennoch Kenntnis vom Inhalt der Nachricht erhalten können.[129] Dies

---

121 Hierzu *Bräutigam*, Stellungnahme DAV, 16 (24 f.); *Rott/Rott*, NWB-EV 2013, 160 (164); *Kutscher*, Der digitale Nachlass, S. 105 f.

122 Hierzu *Martini*, JZ 2012, 1145 (1152).

123 „*Schriftstücke, die sich auf die persönlichen Verhältnisse des Erblassers, auf dessen Familie oder auf den ganzen Nachlass beziehen, bleiben gemeinschaftlich.*"

124 „*Ein Erbteil, der dem Verkäufer nach dem Abschluss des Kaufs durch Nacherbfolge oder infolge des Wegfalls eines Miterben anfällt, sowie ein dem Verkäufer zugewendetes Vorausvermächtnis ist im Zweifel nicht als mitverkauft anzusehen. Das Gleiche gilt von Familienpapieren und Familienbildern.*"

125 BGHZ 219, 243 (259).

126 BGHZ 219, 243 (259).

127 BGHZ 219, 243 (265).

128 Vgl. *Martini*, JZ 2012, 1145 (1152).

129 BGHZ 219, 243 (255 f.).

gelte sowohl zu Lebzeiten des Kontoberechtigten als auch im Todesfall im Hinblick auf die Vererbung des Vertragsverhältnisses.[130] Der BGH führt in diesem Zusammenhang aus, dass digitale Kommunikationswege bereits ihrem Wesen nach stets eine latente Gefahr der Einsichtnahme durch Dritte mit sich brächten, sodass – unabhängig von der Problemstellung der Einsichtnahme durch die Erben – auch zu Lebzeiten und auch gegenüber anderen Dritten eine solche Erwartungshaltung schlechterdings nicht berechtigt aufgebaut werden könne.[131] Durch das Absenden einer Nachricht begebe sich der Versender insoweit der Verfügungsbefugnis über die Nachricht.[132]

Anders als noch das KG beschäftigte sich der BGH nicht schwerpunktmäßig mit der Frage, ob einer Vererbbarkeit des digitalen Nachlasses das in § 88 Abs. 3 TKG geregelte Telekommunikationsgeheimnis entgegenstehen kann. Für den BGH kam es auf die konkreten Tatbestandsvoraussetzungen des § 88 Abs. 3 TKG und damit auf die einfachrechtliche Ausgestaltung des Telekommunikationsgeheimnisses nicht entscheidend an, da nach seiner Ansicht die Erben einer verstorbenen Person bereits keine „anderen" im Sinne des § 88 Abs. 3 TKG seien, sodass der Tatbestand des § 88 Abs. 3 TKG nicht eröffnet sei.[133] Eine anderweitige Beurteilung würde ohne nachvollziehbaren Grund zu einer Durchbrechung des erbrechtlichen Grundsatzes der Universalsukzession führen, ohne dass dies im Telekommunikationsgesetz eine Anknüpfung finde.[134]

Schließlich stehen der Vererbbarkeit eines Nutzerkontos nach Ansicht des BGH weder das postmortale Persönlichkeitsrecht noch datenschutzrechtliche Belange entgegen. Zum postmortalen Persönlichkeitsrecht führt der BGH aus, dass dieses lediglich im Falle eines Eingriffs den nächsten Angehörigen des Verstorbenen Abwehrrechte in Form von Unterlassungs- und Widerrufsansprüchen einräume, ein dem Erbrecht vorgehendes Recht der nächsten Angehörigen am digitalen Nachlass wird nach der Auffassung des BGH nicht begründet.[135]

---

130 BGHZ 219, 243 (257); vgl. hierzu auch *Pruns*, AnwZert ErbR 13/2018, Anm. 2.

131 BGHZ 219, 243 (257 f.).

132 BGHZ 219, 243 (256).

133 BGHZ 219, 243 (262).

134 BGHZ 219, 243 (265).

135 BGHZ 219, 243 (261). Der BGH musste sich mit dem postmortalen Persönlichkeitsrecht indes nicht ausführlicher befassen, da es sich bei den Erben im konkreten Fall zugleich um die nächsten Angehörigen der Erblasserin handelte. Davon losgelöst hat der BGH die Frage, ob das postmortale Persönlichkeitsrecht dazu geeignet ist, einen Übergang von personenbezogenen Daten generell auszuschließen (so *Martini*, JZ 2012, 1145 (1152)), gänzlich unangetastet gelassen.

Datenschutzrechtliche Belange könnten, so der BGH, dem Übergang des digitalen Nachlasses weder im Hinblick auf eine Schutzbedürftigkeit des Erblassers noch im Hinblick auf dessen Kommunikationspartner entgegenstehen.[136] Hinsichtlich eines Datenschutzes des Erblassers hebt der BGH hervor, dass ein solcher nach der Datenschutzgrundverordnung (DSGVO) und dem Bundesdatenschutzgesetz (BDSG) nur für lebende Personen bestünde.[137] In Bezug auf die (noch lebenden) Kommunikationspartner des Erblassers gelangt der BGH zu der Ansicht, dass die Verarbeitung der personenbezogenen Daten der Kommunikationspartner der Erblasser durch die Übermittlung und dauerhafte Bereitstellung der jeweiligen Inhalte für die Erben sowohl nach Art. 6 Abs. 1 lit. b Var. 1 DSGVO als auch nach Art. 6 Abs. 1 lit. f DSGVO zulässig sei (Rechtmäßigkeit der Verarbeitung von Daten für den Fall, dass dies zur Vertragserfüllung erforderlich ist).[138]

## 5. Rezeption des Urteils des BGH

### a) *Bewertung des Urteils des BGH vom 12.07.2018 durch den Gesetzgeber*

Der Gesetzgeber hat nach dem Urteil des BGH von der ursprünglichen, noch im Koalitionsvertrag verankerten, Intention einer gesetzgeberischen Regelung des digitalen Nachlasses Abstand genommen, da durch den BGH nunmehr eine klare Rechtslage hinsichtlich des Umgangs mit dem digitalen Nachlass geschaffen wurde, sodass diesbezüglich kein Regelungsbedarf bestehe.[139] Zwar sei insoweit nicht ausgeschlossen, dass in Zukunft ein legislativer Handlungsbedarf entstehen könnte, doch die gerichtlichen Wertungen des BGH würden zumindest in absehbarer Zeit und unter dem Vorbehalt, dass die von den Dienstanbietern aus dem Urteil gezogenen Schlüsse nichts Anderweitiges veranlassen, ein gesetzgeberisches Handeln nicht erforderlich erscheinen lassen.[140] Beachtlich ist in jedem Fall jedoch, dass der Gesetzgeber auch im Rahmen dieser Erklärung

136 BGHZ 219, 243 (265 ff.).
137 BGHZ 219, 243 (266).
138 BGHZ 219, 243 (267).
139 hib – heute im bundestag Nr. 671 vom 18.9.2018, online einsehbar unter: https://www.bundestag.de/hib#url=L3ByZXNzZS9oaWIvLS81NjkzNDA=&mod=mod454590 [zuletzt abgerufen am 13.10.2018].
140 hib – heute im bundestag Nr. 671 vom 18.9.2018; online einsehbar unter: https://www.bundestag.de/hib#url=L3ByZXNzZS9oaWIvLS81NjkzNDA=&mod=mod454590 [zuletzt abgerufen am 13.10.2018].

darauf hingewiesen hat, dass digital gespeicherte Inhalte privaten Charakters wie Mitteilungen zwischen privaten Konten in sozialen Netzwerken *„für einen längeren Zeitpunkt gespeichert werden und die Dienstanbieter darauf zurückgreifen können"*, sodass ein *„erhöhter Schutzbedarf"* hinsichtlich der Vorkehrungen zur Datensicherheit begründet würde.[141]

### *b) Auswirkungen des Urteils des BGH auf die Rechtspraxis*

Welche Folgen das besprochene Urteil hinsichtlich der Praxis der Rechtsdurchsetzung durch die betroffenen Erben tatsächlich haben wird, wird sich erst zeigen. Die Vergangenheit – und nicht zuletzt der dem Urteil des BGH zugrundeliegende Sachverhalt – hat allerdings deutlich gemacht, dass Erben bei der Geltendmachung des nunmehr vom BGH eingeräumten Rechts auf die Offenlegung der Konten in den sozialen Netzwerken durchaus auf erheblichen Widerstand von Seiten der Provider treffen können. Zwar ist mit dem Urteil des BGH nun zumindest in materiell-rechtlicher Hinsicht vorerst ein Schlusspunkt gesetzt und Rechtssicherheit geschaffen worden. Inwieweit allerdings die Dienstanbieter ggf. dazu berechtigt sind, entsprechende Nachweise von den Erben in Bezug auf deren Erbenstellung zu verlangen, und welche Anforderungen hieran zu stellen sind, ist nach wie vor nicht geklärt.[142] Mithin stehen Erben eines verstorbenen Nutzers weiterhin vor dem Problem der Durchsetzung ihrer Ansprüche gegen die jeweiligen Provider.

Verschärft wird diese Problematik durch den Umstand, dass die Mehrzahl der entsprechenden Provider ihren Unternehmenssitz im Ausland hat. Nicht nur in sprachlicher, sondern insbesondere auch in rechtlicher Hinsicht kann dies zu großen Problemen bei einer ggf. nötigen gerichtlichen Durchsetzung führen.[143] Schließlich muss ein titulierter Zugangsverschaffungsanspruch auch gegenüber dem Provider im Wege der Zwangsvollstreckung durchgesetzt werden können, was – auch dies belegt der dem Urteil des BGH zugrundeliegende

---

141 hib – heute im bundestag Nr. 671 vom 18.9.2018; online einsehbar unter: https://www.bundestag.de/hib#url=L3ByZXNzZS9oaWIvLS81NjkzNDA=&mod=mod454590 [zuletzt abgerufen am 13.10.2018]; vgl. insoweit auch den Koalitionsvertrag zwischen CDU, CSU und SPD für die 19. Legislaturperiode „Ein neuer Aufbruch für Europa – Eine neue Dynamik für Deutschland – Ein neuer Zusammenhalt für unser Land", Rn. 6175 f. Online einsehbar unter: https://www.cdu.de/system/tdf/media/dokumente/koalitionsvertrag_2018.pdf?file=1 [zuletzt abgerufen am 1.2.2019].

142 Hierzu unter C.II.5.b).(ee).(c). und F.IV.2.

143 *Gloser*, MittBayNot 2016, 12 (18).

Sachverhalt – nicht ohne Erschwerungen für die Erben möglich ist: Facebook hatte sich nach dem Urteil des BGH zunächst geweigert, den Erben der verstorbenen Nutzerin Zugang zu dem Konto zu gewähren, und hat jenen lediglich eine über 1000 Seiten umfassende PDF-Datei mit sämtlichen Daten, indes auf Englisch, zukommen lassen. Das LG Berlin hat daraufhin gegen Facebook einen Zwangsgeldbeschluss erlassen, welchen das KG wieder aufgehoben hat.[144] Der BGH hat der Beschwerde der Erben der verstorbenen Nutzerin gegen die Entscheidung des KG stattgegeben und den Beschluss des LG Berlin bestätigt.[145]

## II. Rechtliche Implikationen des digitalen Nachlasses

Der digitale Nachlass ist zwar originär ein erbrechtlich geprägtes Thema. Die Problematik im Hinblick auf den rechtlichen Umgang mit dem digitalen Nachlass fußt indes nicht auf dem Erbrecht, sondern – wie auch die vorstehend dargestellte Rechtsprechung[146] zeigt – vielmehr auf grund- und datenschutzrechtlichen Aspekten. Nachfolgend wird daher – vom Erbrecht ausgehend – auf die verschiedenen rechtlichen Implikationen des digitalen Nachlasses eingegangen.

### 1. Erbrechtliche Implikationen

Die vorstehend dargestellte Entscheidung des BGH[147] steht hinsichtlich der Frage nach der erbrechtlichen Behandlung des digitalen Nachlasses im Einklang mit der vorherrschenden Auffassung in der Literatur und wird nachstehend – aufgrund des datenschutzrechtlichen Schwerpunkts dieser Arbeit – nur in gebotener Kürze behandelt. Ausführlicher wird in diesem Zusammenhang lediglich auf streitige Aspekte eingegangen bzw. auf solche Aspekte, welche bislang weder von der Rechtsprechung noch der juristischen Literatur erörtert wurden.

---

144 KG, Beschl. v. 9.12.2019 – 21 W 11/19 (ErbR 2020, 341, m. Anm. *Biermann*); hierzu ausführlich unter F.VI.3.

145 BGH, Beschl. v. 27.08.2020, Az. III ZB 30/20; hierzu unter F.IV.2.(aa) ff.

146 C.I.1 ff.

147 Hierzu oben, unter C.I.4.

### *a) Der digitale Nachlass im Lichte des § 1922 BGB*

Mangels spezialgesetzlicher Regelungen für den digitalen Nachlass[148] ist es auch im Kontext des digitalen Nachlasses zunächst notwendig, sich den Rechtsfragen von der erbrechtlichen Fundamentalnorm des § 1922 BGB ausgehend zu nähern.

#### *(aa) Der Grundsatz der Universalsukzession (§ 1922 Abs. 1 BGB)*

§ 1922 BGB bestimmt, dass das Vermögen des Erblassers auf dessen Erben in seiner Gesamtheit übergeht (Grundsatz der Universalsukzession), soweit eine Sonderrechtsnachfolge nicht ausnahmsweise gesetzlich angeordnet ist.[149] Die Sonderrechtsnachfolge ist dadurch gekennzeichnet, dass bestimmte Nachlassgegenstände losgelöst von der übrigen Erbfolge unmittelbar mit dem Erbfall einer anderen Person als dem Gesamtrechtsnachfolger zufallen.[150] Die Erbschaft ist die Summe der Rechte und Verbindlichkeiten des Erblassers.[151] Es handelt sich dabei zum einen um einen *einheitlichen* und zum anderen um einen *automatischen* Vermögensübergang (Prinzip des Vonselbsterwerbs[152]), mit der Folge, dass weder einzelne Rechte noch einzelne Pflichten auf den Erben übertragen werden müssen.[153] Der Grundsatz der Universalsukzession sichert die Kontinuität im Rechtsverkehr und schafft klare Zuordnungsverhältnisse über den Tod hinweg (sog. Kontinuitätsfunktion).[154] Der Grundsatz der Universalsukzession stellt damit sicher, dass das Vermögen des Erblassers einem neuen Träger – dem Erben – zugeordnet wird.[155] Ferner wird dadurch erreicht, dass Gegenstände, die im Eigentum des Erblassers stehen, mit dessen Tod nicht herrenlos werden.[156] Dies ist vor allem dann von Relevanz, wenn

---

148 Vgl. auch *Bock*, AcP 2017, 371 (373).

149 *Leipold*, in: MüKoBGB, § 1922 Rn. 192.

150 *Große-Boymann*, in: Burandt/Rojahn, Erbrecht, § 1922 Rn. 23; *Jendrek*, ZEV 2002, 60.

151 *Große-Boymann*, in: Burandt/Rojahn, Erbrecht, § 1922 Rn. 21.

152 *Große-Boymann*, in: Burandt/Rojahn, Erbrecht, § 1922 Rn. 20; *Preuß*, in: BeckOGK, BGB, § 1922 Rn. 1.

153 *Große-Boymann*, in: Burandt/Rojahn, Erbrecht, § 1922 Rn. 20; *Müller-Christmann*, in: BeckOK, BGB, § 1922 Rn. 17.

154 *Dutta*, Warum Erbrecht?, S. 477 f.; *Kunz*, in: Staudinger BGB (2017), § 1922 Rn. 10; *Große-Boymann*, in: Burandt/Rojahn, Erbrecht, § 1922 Rn. 21 f.; *Lange*, Erbrecht, § 8 Rn. 21, 24: *„Das Prinzip der Universalsukzession dient der Rechtsklarheit, da es berufungsneutral für sämtliche Berufungsgründe gilt"*; *Leipold*, in: MüKoBGB, § 1922 Rn. 180; *Pockrandt*, Digitaler Nachlass, S. 22.

155 *Kunz*, in: Staudinger BGB (2017), § 1922 Rn. 10.

156 *Kunz*, in: Staudinger BGB (2017), § 1922 Rn. 9.

die Herrenlosigkeit die Allgemeinheit belasten würde: Gehört zum Vermögen des Erblassers bspw. ein Grundstück, auf dem sich nur wertlose und unter erheblichem Kostenaufwand zu entsorgende Gegenstände befinden, führte Herrenlosigkeit dazu, dass die Entsorgung dieser Gegenstände im Ergebnis der Allgemeinheit aufgebürdet werden würde.[157] Schließlich ist durch § 1922 BGB sichergestellt, dass Forderungen des Erblassers, aber auch Verbindlichkeiten, mit seinem Tod nicht einfach erlöschen, sondern auch weiterhin ein Haftungsgegner und eine Haftungsmasse vorhanden sind.[158]

Der Vermögensbegriff in § 1922 Abs. 1 BGB ist weit zu verstehen:[159] Zum Vermögen nach § 1922 Abs. 1 BGB gehören nicht nur geldwerte Bestandteile, sondern auch nichtvermögensrelevante Rechtspositionen.[160] Ferner sind von dem Vermögensbegriff des § 1922 Abs. 1 BGB grundsätzlich auch sämtliche Rechtsverhältnisse des Erblassers, gleich, ob es sich dabei um gesetzliche oder vertragliche Schuldverhältnisse handelt, erfasst.[161]

Eine Ausnahme hiervon wird dann angenommen, wenn es sich um höchstpersönliche Rechte des Erblasser handelt.[162] In Anlehnung an die Rechtsgedanken der §§ 399, 38 BGB ist die Höchstpersönlichkeit eines Rechts dann anzunehmen, wenn der Inhalt des jeweiligen Rechts in einem solchen Maß auf die Person des Berechtigten zugeschnitten ist, dass bei einem Subjektwechsel die Leistung in ihrem Wesen verändert würde.[163]

### *(bb) Keine Sonderbehandlung des digitalen Nachlasses de lege lata*

Nach der vorstehend dargestellten Entscheidung des BGH unterfällt auch der digitale Nachlass vollumfänglich den Regelungen der §§ 1922 ff. BGB und ist im

---

157 *Kunz*, in: Staudinger BGB (2017), § 1922 Rn. 9.

158 *Kunz*, in: Staudinger BGB (2017), § 1922 Rn. 9.

159 Zu einer (mittlerweile überholten) differenzierten Auffassung: *Leipold*, in: MüKoBGB, § 1922 Rn. 21.

160 *Herzog*, NJW 2013, 3745 (3747); *Kunz*, in: Staudinger BGB (2017), § 1922 Rn. 64 ff. (sog. „*elastischer Vermögensbegriff*"); *Kutscher*, Der digitale Nachlass, S. 93; *Leipold*, in: MüKoBGB, § 1922 Rn. 21.

161 *Große-Boymann*, in: Burandt/Rojahn, Erbrecht, § 1922 Rn. 11; *Leipold*, in: MüKoBGB, § 1922 Rn. 17; *Müller-Christmann*, in: BeckOK, BGB, § 1922 Rn. 12; vgl. auch BGHZ 32, 367 (369).

162 Vgl. *Hoeren*, in: Schulze, BGB, § 1922 Rn. 7 ff.; VG Gelsenkirchen, Beschl. v. 3.9.2010 – 6 L 825/10 (ZEV 2011, 94).

163 BGHZ 219, 243 (252).

Ergebnis nicht anders zu behandeln als der sog. analoge Nachlass.[164] Diese rechtliche Beurteilung steht im Einklang mit dem geltenden Erbrecht: Das deutsche Erbrecht ist mit dem Grundsatz der Universalsukzession technologieneutral ausgestaltet.[165] Betreffend den digitalen Nachlass gibt es vor diesem Hintergrund kein „Sondererbrecht"[166], sodass auch digitale Inhalte eines Nachlasses – de lege lata – nach den Grundsätzen der §§ 1922 ff. BGB grundsätzlich vollumfänglich auf die Erben übergehen.[167] Der Erbe tritt mithin gemäß § 1922 Abs. 1 BGB insbesondere in die von dem Erblasser zu Lebzeiten begründeten Rechtsverhältnisse mit den jeweiligen Providern ein. In dieser Konsequenz stehen dem Erben gegenüber dem jeweiligen Provider grundsätzlich die gleichen Rechte zu wie dem Erblasser gegenüber dem Provider zu Lebzeiten.[168] Dies betrifft insbesondere die vertraglichen Hauptleistungspflichten des Providers, nämlich die Zugangsgewährung zu dem jeweiligen Account.[169] Ferner stellt es eine vertragliche Nebenpflicht eines Providers dar, seinem Vertragspartner, mithin auch dessen Erben, die maßgeblichen Log-in-Daten mitzuteilen, wenn ihm diese nicht bekannt sind.[170]

##### *(cc) Genereller Ausschluss der Vererbbarkeit der Inhaberschaft eines Accounts bei einem Onlineprovider?*

Teilweise wird in der Literatur vertreten, dass die Inhaberschaft eines jeden Accounts, gleich ob es sich um einen E-Mail-Account, Clouddatenspeicher oder um einen Account bei einem sozialen Netzwerk handelt, von vornherein nicht vererblich sein soll.[171] Insbesondere nach der Auffassung von *Bräutigam* ist die Inhaberschaft eines Accounts strikt von dessen Inhalt zu trennen.[172] Die Inhaberschaft sei als höchstpersönliches Recht ausgestaltet und an die Person des Erblassers geknüpft;

---

164 Hierzu oben, unter C.I.4; so auch LG Münster, Urt. v. 16.4.2019 – 14 O 565/18 (ErbR 2019, 455 m. Anm. *Pruns*).

165 *Thiesen*, Daten in der Erbmasse, S. 13.

166 So auch *Alexander, K&R 2016, 301 (302); Bock, AcP 2017, 371 (373).*

167 Vgl. nur *Fußeder*, Soziale Netzwerke im Nachlass, S. 91; *Kutscher*, Der digitale Nachlass, S. 91 ff.; *Herzog/Pruns*, Der digitale Nachlass, S. 29 ff.

168 Vgl. *Leipold*, in: MüKoBGB, § 1922 Rn. 20, 25.

169 *Biermann*, in: Scherer, MAH Erbrecht, § 50 Rn. 12.

170 *Herzog*, NJW 2013, 3745 (3749); *Klas/Möhrke-Sobolewski,* NJW 2015, 3473 (3474); *Raude*, RNotZ 2017, 17 (20).

171 *Bräutigam*, in: Burandt/Rojahn, Erbrecht, Anh. zu § 1922 Rn. 5; *Brisch/Müller-ter Jung*, CR 2013, 446 (449); *Haase,* in: Taeger, Tagungsband DSRI-Herbstakademie 2013, S. 384 f.; *Leeb*, K&R 2014, 693 (694).

172 *Bräutigam*, in: Burandt/Rojahn, Erbrecht, Anh. zu § 1922 Rn. 5.

zudem komme einer Inhaberschaft an einem Account kein Vermögenswert zu.[173] Nach dieser Auffassung soll dies auch dann gelten, wenn der Datenbestand lediglich auch einen höchstpersönlichen Inhalt hat, was dann zu einer „Infektion" des gesamten Accounts als höchstpersönlich führen soll.[174] Dieser Ansatz ist – jedenfalls in dieser generalisierenden Form[175] – nicht überzeugend: Gegen die Einordnung der Inhaberschaft eines Accounts als höchstpersönlich spricht zunächst die Praxis der überwiegenden Provider, wonach in der Regel bei der Eröffnung eines Accounts (unabhängig davon, ob es sich um einen Account bei einem E-Mail-Provider, einem Cloud-Dienstleister oder um einen Anbieter eines sozialen Netzwerks handelt) keine Identitätsprüfung durchgeführt wird und es damit bereits seitens des jeweiligen Providers von vornherein an einer Ausgestaltung der Inhaberschaft als höchstpersönliches Rechtsverhältnis fehlt.[176] Es ist vor diesem Hintergrund möglich, sich eines Fantasienamens oder gar einer falschen Identität zu bedienen. Ferner ergibt sich die fehlende Höchstpersönlichkeit des Rechtsverhältnisses auch daraus, dass der jeweilige Provider einer Online-Dienstleistung seine Leistung nicht persönlich von dem jeweiligen Nutzer abhängig macht: Stellt man am Beispiel eines E-Mail-Accounts oder eines Accounts bei einem sozialen Netzwerk eine technische Betrachtung an, so wird deutlich, dass sich die Hauptleistung des jeweiligen Providers maßgeblich darin erschöpft, dass dieser lediglich eine allgemeine Kommunikationsplattform mit der Zielrichtung der Selbstdarstellung, des Austauschs und der Speicherung von Informationen, der Kommunikation und Interaktion und schließlich des Aufbaus und der Pflege sozialer und auch geschäftlicher Beziehungen zur Verfügung stellt, welche potentiell jedermann zur Nutzung zur Verfügung steht.[177] Eine individuelle Personenbezogenheit des Rechtsverhältnisses ergibt sich daraus nicht, sodass der in diesem Zusammenhang regelmäßig herangezogene Rechtsgedanke des § 399 Alt. 1 BGB nicht trägt.[178]

---

173 *Bräutigam*, in: Burandt/Rojahn, Erbrecht, Anh. zu § 1922 Rn. 5.

174 *Bräutigam*, Stellungnahme DAV, S. 24; *Leeb*, K&R 2014, 693 (695); *Rott/Rott*, NWB-EV 2013, 160 (164); *Salomon*, NotBZ 2016, 324 (326).

175 Für eine differenzierende Betrachtung unten, unter C.II.2.a).(dd).(2).

176 BGHZ 219, 243 (253 f.); *Martini*, JZ 2012, 1145 (1147).

177 *Kutscher*, Der digitale Nachlass, S. 45; vgl. auch *Redeker*, in: Hoeren/Sieber/Holznagel, MultimediaR-Hdb, Teil 12 Rn. 420 f.; zur vertragstypologischen Einordnung eines Vertrages mit einem sozialen Netzwerk instruktiv *Bräutigam*, MMR 2012, 635 (640); *Brinkert/Stolze/Heidrich*, ZD 2013, 153 (154); *Jandt/Roßnagel*, MMR 2011, 637 (639); *Redeker*, IT-Recht, Rn. 1174; *Redeker*, in: Hoeren/Sieber/Holznagel, MultimediaR-Hdb, Teil 12 Rn. 422 ff.

178 So auch BGHZ 219, 243 (252).

Überzeugender ist es, eine Unterscheidung nicht zwischen der Inhaberschaft betreffend einen Account und dessen Inhalt anzustellen, sondern vielmehr zwischen der Inhaberschaft und dem Recht auf die (Weiter-)Nutzung des Accounts des Erblassers durch die Erben: Analog zu der unstreitig nicht vererbbaren Identität des Erblassers ist auch von einer Unvererbbarkeit des aktiven Nutzungsrechts eines Accounts des Erblassers auszugehen.[179] Diese Betrachtungsweise geht mit dem oben dargestellten Grundsatz der Kontinuitätsfunktion der Gesamtrechtsnachfolge konform, wonach nicht die Persönlichkeit des Erblassers, sondern lediglich dessen lebzeitig begründete Rechtsverhältnisse über den Tod hinaus fortbestehen und durch die Erben abgewickelt werden können.[180]

#### *(dd) Vermögensrechtliche und nichtvermögensrechtliche Rechtspositionen im Nachlass*

Teilweise wird ferner in der Literatur vertreten, dass im Hinblick auf die Vererbbarkeit digitaler Inhalte eines Nachlasses grundsätzlich zwischen vermögens- und nichtvermögensrechtlich relevanten Daten unterschieden werden müsse, mit der Folge, dass nur der vermögenswerte Bestandteil des digitalen Nachlasses auf die Erben übergehen soll.[181]

#### *(1) Grundsätzlich keine Trennung zwischen vermögens- und nichtvermögenswerten Rechtspositionen im Nachlass*

Dieser Auffassung kann zunächst entgegengehalten werden, dass das deutsche Erbrecht eine Unterscheidung zwischen vermögens- und nichtvermögenswerten Rechtspositionen im Nachlass nicht kennt.[182] Dies geht auf die Motive zum BGB zurück. Es heißt dort:

> *„Keines der in Deutschland geltenden Rechte erfordert für die Beerbung, daß der Erblasser Vermögen habe oder hinterlasse. Die Erbrechtsnormen befassen sich mit der Succession in das Vermögen. Auf dem Gebiete des Rechts der Schuldverhältnisse ist anerkannt, daß zum Wesen der Obligation nicht ein vermögensrechtliches Interesse des Gläubigers gehört. Auch solche Obligationen unterliegen den allgemeinen Successionsgrundsätzen.“*[183]

---

179 Vgl. zum Girokonto: BGHZ 131, 60.

180 Siehe oben, unter C.II.2.a).(aa).

181 *Brinkert/Stolze/Heidrich*, ZD 2013, 153 (155); *Hoeren*, NJW 2005, 2113 (2114); *Martini*, JZ 2012, 1145 (1152); *ders./Kienle*, JZ 2019, 235.

182 Hierzu ausführlich: *Otte*, in: Staudinger, BGB, § 1922 Rn. 60 ff.; *Uhrenbacher*, Digitales Testament und digitaler Nachlass, S. 165.

183 *Mugdan*, V, S. 2.

Darüber hinaus würde der Ausschluss der Vererbbarkeit nichtvermögenswerter Rechtspositionen in der Praxis zu kaum überwindbaren Schwierigkeiten führen. Im Fall einer regelmäßig gegebenen Vermischung von vermögenswerten und personenbezogenen Daten im Zusammenhang mit einem Account müsste in diesem Fall durch eine von den Erben unabhängige Person zunächst eine Sichtung sämtlicher Daten des Erblassers vorgenommen werden, bevor den Erben ein – dann nur eingeschränkter – Zugriff auf die noch übrigen, vermögenswerten Daten gewährt wird.[184] Der Erblasser könnte auch dann nicht verhindern, dass jedenfalls irgendeine Person Kenntnis von den von ihm hinterlassenen personenbezogenen Daten erlangt.[185] Fraglich ist in diesem Zusammenhang, wem diese Aufgabe zufallen soll: In diesem Zusammenhang wird in der Literatur vertreten, dass zunächst den Nachlassgerichten diesbezüglich eine entsprechende Kompetenz fehle[186] und eine Heranziehung der jeweiligen Provider ebenfalls nicht möglich sei, da eine Erhebung der Daten zu diesem Zweck – de lege lata – nicht von den §§ 91 ff. TKG, §§ 11 ff. TMG erfasst wird und dies zudem mit erheblichen Kosten verbunden wäre.[187] Die nächsten Angehörigen des Erblassers kämen hierfür ebenfalls nicht in Betracht: Diese nehmen zwar grundsätzlich den postmortalen Persönlichkeitsschutz des Erblassers wahr, dieser beschränke sich indes nur auf die Abwehr einer konkreten Persönlichkeitsrechtsverletzung.[188] Zudem würde diesen dadurch ein Zugriff auf den gesamten Bestand des digitalen Nachlasses gewährt, was lediglich den Erben zustehen solle.[189]

Hieran anknüpfend kann noch das folgende Argument angeführt werden: Mit einem kategorischen Ausschluss der Vererbbarkeit nichtvermögensmäßiger Rechtspositionen geht eine (pauschale) Unterstellung einher, dass der Erblasser regelmäßig seine personenbezogenen Daten den Erben nicht zur Verfügung stellen möchte. Dies ist indes nicht grundsätzlich interessengerecht, denn somit würde man einer Person von vornherein die Möglichkeit nehmen, bestimmte Rechtspositionen zu vererben. Hieran kann durchaus – bspw. im Fall

---

184 Hierzu auch BGHZ 219, 243 (260).

185 So auch *Bock*, AcP 2017, 371 (392).

186 *Bock*, AcP 2017, 371 (392); *Kutscher*, Der digitale Nachlass, S. 113.

187 *Bock*, AcP 2017, 371 (392); *Brisch/Müller-ter Jung*, CR 2013, 446 (449); Gloser, MittBayNot 2016, 12 (16); *Kutscher*, Der digitale Nachlass, S. 114; *Seidler*, Digitaler Nachlass, S. 111 f.; a.A. *Martini*, JZ 2012, 1145 (1152).

188 *Bock*, AcP 2017, 371 (392).

189 *Bock*, AcP 2017, 371 (392); *Gloser*, MittBayNot 2016, 12 (17); *Herzog*, DAV-Stellungnahme, S. 30, 53.

einer Person des öffentlichen Lebens – ein berechtigtes Interesse des Erblassers bestehen.

### *(2) Gebotenheit einer anderweitigen Betrachtung bei sozialen Netzwerken?*

Fraglich ist, ob – losgelöst von den soeben dargestellten erbrechtlichen Grundsätzen – im Hinblick auf soziale Netzwerke eine differenzierte Betrachtung vorgenommen werden muss.[190] Dies insbesondere vor dem Hintergrund, dass das vorstehend angeführte Argument einer Vermischung von vermögens- und nichtvermögenswerten Daten im Hinblick auf soziale Netzwerke regelmäßig nicht zu greifen vermag: Lässt man einmal das rein geschäftlich genutzte Profil eines Nutzers bei einem sozialen Netzwerk[191] außen vor, werden die im Zusammenhang mit einem Account bei einem sozialen Netzwerk gespeicherten Daten überwiegend personenbezogen sein.

### *(a) Die Besonderheit des überwiegend personenbezogenen Inhalts eines Profils bei einem sozialen Netzwerk*

Wie vorstehend dargelegt, treten die Erben einer verstorbenen Person grundsätzlich vollumfänglich gemäß § 1922 Abs. 1 BGB in deren lebzeitig begründete Vertragsverhältnisse ein, soweit diese nicht ausnahmsweise als höchstpersönlich einzuordnen sind.[192] Unabhängig von der konkreten typologischen Einordnung eines Vertrages zu einem Online-Kommunikationsanbieter (teilweise wird von einem Vertrag sui generis, der dienst-, miet- und werkvertragliche Elemente enthält,[193] oder von einem reinen Dienstvertrag[194] ausgegangen; andere sehen darin ein Auftragsverhältnis[195])[196] weist dieser keine besonderen, personenbezogenen Elemente auf. Etwas anderes gilt indes für die überwiegenden Daten, welche im

---

190 In diese Richtung auch *Martini/Kienle*, JZ 2019, 235: Wer den Zugang zu einem Facebook-Benutzerkonto erhält, taucht immerhin ungefiltert in die digitale Kommunikation ein, als sei er Zeuge eines Telefongesprächs.

191 In diesem Zusammenhang wird man in der Regel davon ausgehen können, dass die ein solches Profil betreffenden Daten nicht zum Vermögen im Sinne des § 1922 Abs. 1 BGB einer Person gehören, sondern dem jeweiligen Unternehmen zuzuordnen sind.

192 Hierzu oben, unter C.II.1.a).(aa).

193 *Bräutigam*, MMR 2012, 635 (640); *Brinkert/Stolze/Heinrich*, ZD 2013, 153 (154).

194 *Jandt/Roßnagel*, MMR 2011, 637 (639).

195 *Redeker*, in: Hoeren/Sieber/Holznagel/Redeker, MultimediaR-Hdb, Teil 12 Rn. 422 ff.; *Redeker*, IT-Recht, Rn. 1174.

196 Hierzu auch *Kutscher*, Der digitale Nachlass, S. 46 f.

Rahmen der Nutzung eines Kommunikationsdienstes entstehen und auf dem Server des Kommunikationsanbieters gespeichert werden.[197] Diese Dichotomie des zunächst nicht personenbezogenen Vertragsverhältnisses mit einem Provider eines sozialen Netzwerks einerseits und dem konkreten Inhalt eines entsprechenden Accounts in Form von in der Regel höchstpersönlichen Daten andererseits weist die Besonderheit des (erb-) rechtlichen Umgangs mit dem digitalen Nachlass im Zusammenhang mit sozialen Netzwerken aus.

#### *(b) Dogmatischer Ansatz: Inhalt der Daten als maßgeblicher Anknüpfungspunkt für die Einordnung eines Rechtsverhältnisses als höchstpersönlich*

An dieser Stelle ließe sich ein anderer als der gegenwärtig bevorzugte Ansatzpunkt für die Beantwortung nach der Frage der Vererbbarkeit des digitalen Nachlasses diskutieren, indem nicht das Rechtsverhältnis als solches als vererbbare Rechtsposition betrachtet wird, sondern vielmehr die Daten selbst, welche der Erblasser zu Lebzeiten erzeugt hat.

In diesem Zusammenhang könnte an eine in der Literatur vertretene Auffassung angeknüpft werden, wonach im Hinblick auf die Frage nach der Vererbbarkeit jedenfalls dann maßgeblich auf die konkrete Ausgestaltung des Rechtsverhältnisses abgestellt werden soll, wenn der konkrete Leistungsinhalt offensichtlich als überwiegend personenbezogen einzuordnen ist.[198] Hiervon wird man bspw. bei Kommunikationsdienstleistern wie Facebook (einschließlich Instagram), WhatsApp etc., aber auch bei Partnerschaftsportalen wie Parship etc. grundsätzlich ausgehen können, da der damit verbundene Datenbestand überwiegend aus personenbezogenen Daten besteht.[199] Damit ließe sich die Annahme einer grundsätzlichen Unvererbbarkeit entsprechender Rechtsverhältnisse vertreten.[200]

Gegen einen solchen Ansatz lässt sich jedoch zunächst das bereits vorstehend angeführte Argument anbringen, dass ein pauschaler Ausschluss der Vererbbarkeit im Hinblick auf überwiegend personenbezogene Rechtsverhältnisse nicht zwingend im Interesse des Erblassers ist.[201] Diesem die Möglichkeit

---

197 In diese Richtung schon *Hoeren*, NJW 2005, 2113 (2114).

198 In diese Richtung *Martini*, JZ 2012, 1145 (1148); *Hoeren*, NJW 2005, 2113 (2115); *Klas/Möhrke-Sobolewski*, NJW 2015, 3473 (3474).

199 So auch *Klas/Möhrke-Sobolewski*, NJW 2015, 3473 (3474).

200 Vgl. auch *Klas/Möhrke-Sobolewski*, NJW 2015, 3473 (3474); a.A. *Bock*, AcP 217, 371 (393).

201 C.II.1.a).(dd).

zu nehmen, seinen Erben auch seine personenbezogenen Daten zu überlassen, mutet paternalistisch an und widerspricht dem Grundgedanken der Universalsukzession (§ 1922 Abs. 1 BGB). Hinzu kommt, dass der Gesetzgeber bei einigen Rechtsbeziehungen, die besonders personenbezogen ausgestaltet sind, die Unvererbbarkeit ausdrücklich geregelt hat.[202] Die Unvererbbarkeit wegen eines besonderen Personenbezuges ohne ausdrückliche gesetzliche Regelung kann vor dem Hintergrund der hinter dem Grundsatz der Universalsukzession stehenden Intention der Kontinuität der Rechtsverhältnisse[203] regelmäßig nicht angenommen werden. Dies zeigt auch der Umgang mit Accounts verstorbener Nutzer von Online-(Kommunikations-)Dienstleistern, welche grundsätzlich – es sei denn dem Nutzer wurde lebzeitig die Möglichkeit eingeräumt anderweitiges zu bestimmen – nicht automatisch deaktiviert oder, nebst Inhalt, endgültig gelöscht werden.[204] Mithin müssen auch solche Rechtsverhältnisse nach dem Ableben eines Nutzers abgewickelt werden. Ferner muss dafür gesorgt werden, dass die damit verbundenen Daten gelöscht werden. Beides ist nur möglich, wenn entsprechende Rechtsverhältnisse mit den Rechtsnachfolgern des Nutzers fortgesetzt werden.[205] Überzeugender ist es vor diesem Hintergrund einem Nutzer die Möglichkeit einzuräumen, selbst über den postmortalen Umgang mit gewissen, personenbezogenen Rechtsverhältnissen und den damit verbundenen Daten bestimmen zu können, was – vor dem Hintergrund des § 1922 Abs. 1 BGB – einer expliziten Normierung bedarf, da damit eine Durchbrechung des Grundsatzes der Universalsukzession einhergeht.[206]

#### *(3) Schlussfolgerung und Zwischenergebnis*

Grundsätzlich ist auch der digitale Nachlass im Hinblick auf die Frage nach einer differenzierten Behandlung von vermögens- und nichtvermögenswerten Nachlasspositionen gleich zu behandeln wie auch die übrigen Bestandteile eines Nachlasses. Dies ergibt sich aus der Dogmatik des derzeit geltenden Erbrechts, wonach eine Unterscheidung zwischen vermögens- und nichtvermögenswerten, höchstpersönlichen Rechtspositionen des Erblassers grundsätzlich nicht erfolgt.

---

202 *Große-Boymann*, in: Burandt/Rojahn, Erbrecht, § 1922 Rn. 75: So ist insbesondere ein Vorkaufsrecht nach § 473 BGB grundsätzlich nicht vererblich. Auch ein Rentenversprechen erlischt mit dem Tod (§ 520 BGB).

203 Hierzu oben, unter C.II.1.(aa).

204 Hierzu ausführlich unter C.II.4; So auch Bock, AcP 2017, 371 (393).

205 So auch *Bock*, AcP 2017, 371 (393).

206 Hierzu unten, unter E.II. ff.

Das gilt insbesondere für Daten, welche in einer Cloud gespeichert sind (Bilder, Schriftstücke etc.), aber auch für E-Mails, Chat-Nachrichten oder Inhalte von Posts, welche sich auf einem Server eines Providers befinden. Ein Argument in diesem Zusammenhang ist die Zufälligkeit des Speicherorts: Würden sich höchstpersönliche, intime Daten des Erblassers auf dessen PC oder einem verkörperten Speichermedium (bspw. einem USB-Stick) befinden, so gehen diese gemäß § 1922 Abs. 1 BGB mit dem Eigentum an dem jeweiligen Speichermedium auf die Erben über.[207] Das erbrechtliche Schicksal von Daten kann nicht davon abhängen, an welchem Ort diese gespeichert sind. Eine Durchsicht des gesamten Nachlasses nach höchstpersönlichen, intimen Daten des Erblassers vor dem Vermögensübergang auf die Erben sieht das derzeit bestehende Recht nicht vor.[208] Dass sich persönliche und nichtvermögenswerte Rechtspositionen im Nachlass befinden können, implizieren vielmehr die Regelungen der §§ 2047 Abs. 2, 2373 S. 2 BGB.

Eine von diesen Grundsätzen abweichende Ansicht und eine ausnahmsweise vorzunehmende Differenzierung zwischen vermögens- und nichtvermögenswerten Rechtspositionen ließe sich indes im Hinblick auf Inhalte eines Accounts bei Kommunikationsdienstleistern vertreten, deren Datenbestand überwiegend als personenbezogen einzuordnen ist, was insbesondere bei sozialen Netzwerken der Fall ist. Dogmatisch ließe sich dies auf die bislang bereits bestehende Rechtslage im Hinblick auf Rechtspositionen, die so eng an die Person des Erblassers geknüpft sind, dass damit der Ausschluss der Vererbbarkeit verbunden ist, sowie auf die hinter der Regelung des § 399 BGB stehende Intention stützen. Allerdings sprechen die besseren Argumente dafür, dass dem Erblasser – entweder im Rahmen der erbrechtlichen Regelungen des BGB (§§ 1922 ff. BGB) oder auf der Ebene des Datenschutzrechts – eine Wahlmöglichkeit hinsichtlich des Umgangs mit seinen überwiegend personenbezogenen Rechtsverhältnissen eingeräumt wird, anstatt von einer grundsätzlichen Unvererbbarkeit solcher Rechtsverhältnisse auszugehen.

---

207 So zutreffend auch BGHZ 219, 243 (259 f.).

208 *Herzog/Pruns*, Der digitale Nachlass, S. 64; *Kutscher*, Der digitale Nachlass, S. 115 f.; *Kunz*, in: Staudinger, BGB, § 1922 Rn. 596.8.

### *b) Die Bedeutung des gesetzlichen Erbrechts des Staates nach § 1936 BGB*

Eine Norm, die bislang im Rahmen der Diskursbeiträge zum digitalen Nachlass nicht mit einbezogen wurde,[209] ist § 1936 BGB. Die vorgenannte Regelung konstituiert das gesetzliche Erbrecht des Staates und bestimmt, dass der Fiskus – sofern es keinen anderen gesetzlichen Erben gibt – in die Erbenstellung eintritt.[210] Damit soll die geordnete Abwicklung von Nachlässen auch in Konstellationen, in denen keine nahen Angehörigen oder Lebenspartner existieren bzw. auffindbar sind, sichergestellt werden.[211] Für die nachfolgende Betrachtung ist das Verständnis dieser Norm und ihrer Auswirkungen vor dem Hintergrund des digitalen Nachlasses unerlässlich, da im Falle des Erbrechts des Staates dieser einen vollumfänglichen Zugriff auf sämtliche Datenbestände des Erblassers erhält.

#### *(aa) Tatbestandsvoraussetzungen des § 1936 BGB und Rechtsfolge*

Der Staat kommt grundsätzlich nur dann als Erbe in Betracht, wenn „kein Verwandter, Ehegatte oder Lebenspartner des Erblassers vorhanden" ist, vgl. § 1936 S. 1 BGB. Grundsätzlich geht daher jedes Verwandtschafts- und Angehörigenverhältnis dem gesetzlichen Erbrecht des Staates voraus.[212] Der Begriff des Vorhandenseins ist in der Lesart des § 1936 BGB dahingehend zu verstehen, dass nicht lediglich ein lebender Verwandter existieren, sondern dieser vielmehr auch als gesetzlicher Erbe in Frage kommen muss. Ein solches Herausfallen eines lebenden Verwandten kann hierbei durch Erbverzicht, Ausschlagung des gesetzlichen Erbes, Erbausgleich, Erbunwürdigkeit oder Enterbung bedingt sein.[213] Weiterhin kann der Staat auch nur insoweit in die Erbenstellung eintreten, als der Erblasser nicht vollständig über seinen Nachlass verfügt hat.[214] Sollte der Erblasser nur über einen Teil des Nachlasses verfügt haben, so beschränkt sich das gesetzliche Erbrecht des Staates auf den Bruchteil des Nachlasses, der von dieser Verfügung nicht betroffen ist.[215]

---

209 Erwähnung findet sie soweit ersichtlich nur bei *Deusch*, ZEV 2018, 687 ff.

210 OLG München, Beschl. v. 5.5.2011 – 31 Wx 164/11, FGPrax 2011, 187 (188).

211 *Hoeren,* in: Schulze, BGB, § 1936 Rn. 1; *Tegelkamp,* in: BeckOGK, BGB, § 1936 Rn. 2.

212 *Große-Boymann*, in: Burandt/Rojahn, Erbrecht, § 1936 Rn. 3; *Leipold,* in: MüKoBGB, § 1936 Rn. 6.

213 *Leipold,* in: MüKoBGB, § 1936 Rn. 6.

214 *Müller-Christmann,* in: BeckOK, BGB, § 1936 Rn. 4.

215 *Müller-Christmann,* in: BeckOK, BGB, § 1936 Rn. 3.

Sind diese Voraussetzungen erfüllt, kommt zunächst jenes Land, in dem der Erblasser seinen festen Wohnsitz hatte, als Erbe in Betracht.[216] Ersatzweise ist darauf abzustellen, in welchem Land der Erblasser seinen ständigen Wohnsitz hatte.[217] Vorrangig ist daher rechtlich nach dem Wohnsitz, nachrangig nach der tatsächlichen Niederlassung des Erblassers zu fragen. Sofern der Erblasser mehr als nur einen Wohnsitz hatte, bilden die Länder, in denen sich diese Wohnsitze befinden, eine Erbengemeinschaft.[218] Sind schließlich weder die Voraussetzungen für die Feststellung des Wohnsitzes des Erblassers noch diejenigen für die Feststellung des tatsächlichen Aufenthaltsortes gegeben, so tritt der Bund in die gesetzliche Erbenstellung des Staates ein.[219]

### *(bb) Erbenermittlung durch den Staat*

Festgestellt wurde, dass das Eintreten des Fiskus in die gesetzliche Erbenstellung nur subsidiär erfolgen soll und dadurch andere gesetzliche Erben dem Staat vorgehen.[220] Der Staat wird insoweit auch als Noterbe bezeichnet.[221] Aus dieser nachrangigen Stellung des Staates folgt, dass zunächst verpflichtend Maßnahmen zur Feststellung der Existenz anderer gesetzlicher Erben vorgenommen werden müssen.[222] Diese Pflicht wiederum befindet sich in einem Spannungsfeld mit dem Prinzip des Vonselbsterwerbs, das das deutsche Erbrechtssystem charakterisiert.[223] Einerseits muss daher nach dem Erbfall ermittelt werden, ob anderweitige Erben in Betracht kommen, andererseits stehen diese Ermittlungen aufgrund ihres zeitlichen Umfangs im Gegensatz zum Grundsatz, dass der Erwerb ipso iure anfallen soll und damit einen zeitlich versetzten Erwerb, der etwa den Antritt der Erbschaft voraussetzen könnte,[224] ausschließen soll.[225] Dieses Spannungsfeld versucht § 1964 BGB aufzulösen, der bestimmt, dass nur innerhalb einer „den Umständen entsprechenden“ Frist nach möglichen anderen gesetzlichen Erben ermittelt werden muss. Sofern innerhalb dieser „den Umständen entsprechenden“ Frist kein anderer gesetzlicher Erbe ermittelt wird,

---

216 *Hoeren*, in: Schulze, BGB, § 1936 Rn. 2; *Krätzschel*, in: Firsching/Graf, Nachlassrecht, § 5.
217 *Leipold*, in: MüKoBGB, § 1936 Rn. 13.
218 *Leipold*, in: MüKoBGB, § 1936 Rn. 15.
219 *Leipold*, in: MüKoBGB, § 1936 Rn. 17.
220 *Müller-Christmann*, in: BeckOK, BGB, § 1936 Rn. 1.
221 *Müller-Christmann*, in: BeckOK, BGB, § 1936 Rn. 1.
222 *Tegelkamp*, in: BeckOGK, BGB, § 1936 Rn. 10.
223 *Mayer*, ZEV 2010, 445 (446).
224 *Tegelkamp*, in: BeckOGK, BGB, § 1936 Rn. 10.
225 *Mayer*, ZEV 2010, 445 (446).

tritt der Fiskus in die Erbenstellung ein. Insofern begründet die Feststellung, es gebe keinen anderen gesetzlichen Erben die Vermutung, dass die gesetzliche Erbenstellung des Staates nach § 1936 BGB tatbestandlich erfüllt ist.[226]

Diese Verfahrensweise ist insoweit problematisch, als der Staat durch die Festsetzung dessen, was als eine „den Umständen entsprechende" Frist im Einzelfall anzusehen ist, selbst bestimmt, mit welchem Ermittlungsaufwand im Einzelfall vorgegangen wird.[227] Denn dabei kann nicht ausgeschlossen werden, dass der Staat in gewissen Fällen selbst ein Interesse daran haben könnte, dass die Ermittlungen überhaupt nicht erfolgreich verlaufen, und damit er selbst in die Stellung des Erben eintritt.[228]

#### *(cc) Bedeutung des § 1936 BGB für den digitalen Nachlass*

§ 1936 BGB ist für den digitalen Nachlass aus unterschiedlichen Aspekten von Relevanz. Schon im Rahmen des analogen Nachlasses hat *Mayer* festgehalten, dass der Staat beim Verfahren der Feststellung von anderen gesetzlichen Erben als dem Staat selbst zum „Richter in eigener Sache"[229] wird. Seine Bedenken waren insoweit darauf gerichtet, dass § 1936 S. 1 BGB vorsieht, dass zunächst das Land und erst bei Nichtvorliegen eines festen Wohnsitzes oder eines ständigen Aufenthaltsortes des Erblassers der Bund subsidiär in die gesetzliche Erbenstellung des Staates eintreten soll. Die Länder können aber besondere ökonomische Interessen daran haben, dass ein anderer gesetzlicher Erbe gar nicht erst ermittelt werden kann, da je nach Umfang des Nachlasses dem Land signifikante Mittel zufließen können.[230] Das Interesse des Staates bei analogen Nachlässen betrifft regelmäßig nur geldwertes Vermögen, sodass persönlichkeitsrechtliche Bedenken in den meisten Fällen eine nur untergeordnete Rolle spielen werden. Anders verhält es sich hingegen mit dem digitalen Nachlass.

#### *(dd) Die Interessenlage von Bund und Ländern in Bezug auf den digitalen Nachlass*

Das Interesse der Länder im Rahmen der gesetzlichen Erbfolge des § 1936 S. 1 BGB könnte im Rahmen des digitalen Nachlasses vorrangig denjenigen Daten zuteilwerden, die als personenbezogen im Sinne von Art. 4 Nr. 1 DSGVO

---

226 *Tegelkamp*, in: BeckOGK, BGB, § 1936 Rn. 10.
227 *Mayer*, ZEV 2010, 445 (448).
228 *Mayer*, ZEV 2010, 445 (448).
229 *Mayer*, ZEV 2010, 445.
230 *Mayer*, ZEV 2010, 445 (450).

anzusehen sind.[231] Hierunter können auch solche Daten fallen, die für die polizeiliche Tätigkeit im Rahmen der Gefahrenabwehr eine Rolle spielen. Bedeutsam ist dies vor allem vor dem Hintergrund der Tatsache, dass der Staat selbst feststellt, in welchem Umfang die Ermittlung anderer gesetzlicher Erben erfolgen muss. Je höher das Interesse an dem Einblick in die digitale Persönlichkeit ist, umso niedriger wird das hoheitliche Interesse daran ausfallen, dass andere gesetzliche Erben als der Staat ermittelt werden können. Bspw. kann es sich dabei um Konstellationen handeln, in denen der Erblasser aus dem Hooligan-Bereich stammt, dem politisch-aktivistischen Bereich zuzuordnen ist oder lebzeitig als Gefährder eingestuft wurde. In diesem Zusammenhang ist es denkbar, dass für den Fall, dass kein gesetzlicher Erbe gefunden werden kann und infolgedessen der Fiskus in die Erbenstellung eintritt, die Polizeibehörden des betroffenen Landes ein entsprechendes Erkenntnisinteresse an diesen Daten haben. Zu Lebzeiten einer Person bestehen vor dem Hintergrund des grundrechtlich geschützten Rechts auf informationelle Selbstbestimmung[232] sowie des Rechts auf Gewährleistung der Vertraulichkeit und Integrität informationstechnischer Systeme[233] (Art. 2 Abs. 1, 1 Abs. 1 GG) für einen staatlichen Zugriff auf personenbezogene Daten einer Person erhebliche Hürden. De lege lata entfallen diese mit dem Ableben einer Person gänzlich.

## 2. Grundrechtliche Implikationen

### *a) Die Erbrechtsgarantie aus Art. 14 Abs. 1 GG*

Art. 14 Abs. 1 S. 1 GG gewährleistet das Erbrecht sowohl als Individualgrundrecht der an einem Erbgang Beteiligten als auch als ein Rechtsinstitut.[234] Die enge Verknüpfung der grundrechtlich geschützten Eigentumsgarantie und des Erbrechts fußt auf der Intention, dass das Privateigentum als Grundlage eigenverantwortlicher Lebensgestaltung auch nach dem Ableben einer Person durch das Erbrecht perpetuiert wird[235]: Eigentum und Erbrecht sind gleichermaßen

231 Zum Begriff der Personenbezogenheit nach Art. 4 Nr. 1 DSGVO etwa *Ernst*, in: Paal/Pauly, DSGVO, Art. 4 Rn. 3 ff.

232 BVerfGE 65, 1; hierzu *Simitis/Hornung/Spiecker*, in: Simitis/Hornung/Spiecker, Datenschutzrecht, Einleitung Rn. 28 ff.

233 BVerfGE 120, 274; hierzu *Sachs/Krings*, JuS 2008, 481.

234 BVerfGE 19, 202 (206); 44, 1 (17); 67, 329 (340); 91, 346 (358); 97, 1 (6); 99, 341 (350); 112, 332 (348); *Papier/Shirvani*, in: Maunz/Dürig, Grundgesetz-Kommentar, Art. 14 Rn. 404.

235 Vgl. BVerfGE 91, 346 (358).

essentielle Grundelemente einer auf Privatautonomie gründenden Vermögens- und Gesellschaftsordnung.[236] Es stellt sich somit die Frage, ob die Etablierung eines postmortalen Datenschutzes mit der Konsequenz, dass einzelne – insbesondere personenbezogene – Nachlassbestandteile von dem Grundsatz der in § 1922 Abs. 1 BGB normierten Gesamtrechtsnachfolge ausgenommen sein können, aufgrund der Erbrechtsgarantie des Art. 14 Abs. 1 S. 1 GG ausgeschlossen ist. Hiergegen lässt sich bereits einwenden, dass der Gesetzgeber gemäß Art. 14 Abs. 1 S. 2 GG dazu berechtigt ist, Inhalt und Schranken sowohl der Eigentums- als auch der Erbrechtsgarantie festzulegen. Dies bedarf freilich einer Abwägung der im konkreten Fall kollidierenden Rechtsgüter. Im Hinblick auf den digitalen Nachlass stünden sich diesbezüglich das – im Rahmen dieser Arbeit zu untersuchende – Recht des Erblassers auf einen postmortalen Datenschutz und das durch Art. 14 GG geschützte Erbrecht der Erben des Erblassers gegenüber. In diesem Zusammenhang kommt dem subjektiven Gehalt der grundgesetzlich geschützten Erbrechtsgarantie Bedeutung zu: Art. 14 Abs. 1 GG schützt sowohl das Recht des Erblassers hinsichtlich seines Vermögens frei zu testieren als auch das Recht des testamentarischen, aber auch des gesetzlichen Erben auf die in § 1922 Abs. 1 BGB normierte Gesamtrechtsnachfolge.[237] Daraus folgt, dass das Verfügungsrecht des Erblassers über dessen Eigentum und das Eigentumserwerbrechts des Erben miteinander korrespondieren und gleichermaßen der gesetzlichen Inhalts- und Schrankenbestimmung des Art. 14 Abs. 1 S. 2 GG unterliegen.[238] An dieser Stelle kann eine Abwägung der vorgenannten Rechtsgüter offengelassen werden, da die in Art. 14 Abs. 1 S. 1 GG normierte Erbrechtsgarantie einer Unvererbbarkeit konkreter Vermögensgüter nicht von vornherein entgegensteht. Jedenfalls kann der Erwerbsanspruch des Erben im Hinblick auf höchstpersönliche Bestandteile des digitalen Nachlasses nicht höher bewertet werden als das Recht des Erblassers auf Geheimhaltung solcher Daten gegenüber den Erben. Hinsichtlich der vermögenswerten Bestandteile des digitalen Nachlasses mag dies vor dem Hintergrund des vorskizzierten Perpetuierungsgedankens anders sein.

---

236 *Papier/Shirvani*, in: Maunz/Dürig, Grundgesetz-Kommentar, Art. 14 Rn. 404.

237 *Papier/Shirvani*, in: Maunz/Dürig, Grundgesetz-Kommentar, Art. 14 Rn. 406; vgl. auch BVerfGE 91, 346 (360); 93, 165 (174); 97, 1 (6); 99, 341 (349); 101, 397 (407).

238 *Papier/Shirvani*, in: Maunz/Dürig, Grundgesetz-Kommentar, Art. 14 Rn. 406.

### b) *Das allgemeine Persönlichkeitsrecht und seine Bedeutung für den digitalen Nachlass*

Für die rechtliche Behandlung des digitalen Nachlasses ist vor dem Hintergrund, dass es sich in der Regel bei dem Großteil der Daten im Nachlass um personenbezogene Daten des Erblassers handelt, das allgemeine Persönlichkeitsrecht, welches sich, als sog. Kombinationsgrundrecht, aus Art. 2 Abs. 1 i.V.m. Art. 1 Abs. 1 GG ergibt,[239] von maßgeblicher Bedeutung.

#### *(aa) Der Schutzbereich des allgemeinen Persönlichkeitsrechts*

#### *(1) Das allgemeine Persönlichkeitsrecht als Abwehrrecht*

Nach einer klassischen Definition sind Grundrechte „aus staatlich positivierten, konstitutionellen, normativen und aktuellen Grundrechtsbestimmungen abgeleitete, fundamentale Rechte im Staat-Bürger-Verhältnis, die dem einzelnen eine Rechtsmacht oder Ansprüche verleihen und – typischerweise gerichtlich – durchsetzbar sind".[240] Eine besondere Bedeutung kommt den sog. Freiheitsrechten und der damit verbundenen Abwehrdimension (sog. *status negativus*) zu.[241] Freiheitsrechte sollen dem Bürger einen Freiraum gewährleisten, in welchen der Staat nicht ohne eine besondere Rechtfertigungsgrundlage eingreifen darf.[242] Das allgemeine Persönlichkeitsrecht ist ein klassisches Abwehrrecht des Grundrechtsträgers gegenüber dem Staat und mithin ein sog. Freiheitsgrundrecht.[243]

#### *(2) Schutzgut des allgemeinen Persönlichkeitsrechts*

Das allgemeine Persönlichkeitsrecht ist im Grundgesetz nicht ausdrücklich normiert. Es wurde von dem BVerfG – und bereits zuvor vom BGH[244] – als selbstständiges Grundrecht neben dem Recht auf allgemeine Handlungsfreiheit (Art. 2 Abs. 1 GG) entwickelt und damit aus der Verfassung ein umfassendes Schutzsystem der Persönlichkeit gegenüber Eingriffen Dritter geschaffen.[245] Schutzgut des allgemeinen Persönlichkeitsrechts sind Verhaltensweisen, die einen besonderen

---

239 *Thiesen*, Daten in der Erbmasse, S. 4.

240 Vgl. *Merten*, in: Merten/Papier, Handbuch der Grundrechte, § 35 Rn. 129; *Schröder*, JZ 2019, 953 (954).

241 Vgl. *Sachs*, in: Sachs, GG, vor Art. 1 Rn. 42; *Schröder*, JZ 2019, 953 (954).

242 Vgl. *Grzeszick*, in: Maunz/Dürig, GG, Art. 20 Rn. 27; *Schröder*, JZ 2019, 953 (954).

243 *Di Fabio*, in: Maunz/Dürig, GG, Art. 2 Rn. 132; *Kunig*, in: v. Münch/Kunig, GG, Art. 2 Rn. 40.

244 BGHZ 13, 334 (Lesebriefe).

245 *Martini*, JA 2009, 839.

Konnex mit der Würde des Menschen (Art. 1 Abs. 1 GG) aufweisen und daher eines stärkeren Schutzes bedürfen als alle sonstigen Verhaltensweisen, die im Übrigen von Art. 2 Abs. 1 erfasst werden.[246] Wie der Zusammenhang mit Art. 1 Abs. 1 GG zeigt, enthält das allgemeine Persönlichkeitsrecht ein Element der „freien Entfaltung der Persönlichkeit", das sich als Recht auf Respektierung des geschützten Bereichs der Privatsphäre von dem „aktiven" Element der allgemeinen Handlungsfreiheit abhebt.[247] Das vom allgemeinen Persönlichkeitsrecht erfasste Recht auf Privatsphäre soll eine Distanzierung des Einzelnen von der Gemeinschaft ermöglichen und sicherstellen.[248] Damit wird jeder Person unter anderem ein Recht auf Selbstfindung im Alleinsein und in enger Beziehung zu ausgewählten Vertrauten eingeräumt.[249] Damit einher geht das Recht einer jeden Person auf die Wahrung ihrer Privat- und Intimsphäre und damit die Integrität der Persönlichkeit selbst, d.h. das Sein im Unterschied zum Tun.[250]

Der auf die Sphäre der Persönlichkeit zugeschnittene Schutz des allgemeinen Persönlichkeitsrechts hat einen eher passiven Status zum Gegenstand, wohingegen der allgemeinen Handlungsfreiheit aufgrund der weiten, gegenüber neuen Entwicklungen offenen Schutzbereichsauslegung die Aufgabe zukommt, das auf Veränderung ausgerichtete Verhalten des Grundrechtsträgers grundrechtlich zu umfangen, und sie sich damit dem aktiven Element der Entfaltung der Persönlichkeit zuordnen lässt.[251] Demgemäß müssen auch die tatbestandlichen Voraussetzungen des allgemeinen Persönlichkeitsrechts enger gezogen werden als diejenigen der allgemeinen Handlungsfreiheit, wonach jegliches Handeln und Unterlassen einer Person geschützt ist[252]: Es erstreckt sich nur auf Eingriffe, die geeignet sind, die engere Persönlichkeitssphäre, mithin das Recht auf Privatheit, zu beeinträchtigen.[253] Ferner greift der Schutzbereich des allgemeinen Persönlichkeitsrechts nur dann, wenn Elemente der Persönlichkeit nicht Gegenstand

---

246 *Jarass*, NJW 1989, 857; vgl. auch BVerfGE 54, 148 (153).

247 Vgl. BVerfGE 54, 148 (153); *Lang*, in: BeckOK, GG, Art. 2 Rn. 31.

248 *Jarass*, NJW 1989, 857 (859), der das Person-Sein im Sinne des APR als Recht des Menschen auf Selbstfindung und in enger Beziehung zu *ausgewählten* Vertrauten begreift; ausdrücklich auch bei BVerfGE 35, 202 (220).

249 *Jarass*, NJW 1989, 857 (859).

250 *Martini*, JA 2009, 839.

251 *Dreier*, in: Dreier, GG, Art. 2 Abs. 1 Rn. 27; *v. Arnauld*, ZUM 1996, 286 (287).

252 Vgl. BVerfGE 6, 32 (36); BVerfGE 54, 143 (144); *Jarass*, NJW 1989, 857.

253 BVerfGE 27, 1 (6); BVerfGE 27, 344 (350 f.); BVerfGE 32, 373 (379); BVerfGE 34, 238 (245); BVerfGE 54, 148 (153); BVerfGE 106, 28 (29); BVerfGE 114, 339 (346); BVerfGE 120, 180 (198); BVerfG, Beschl. v. 6.11.2019 – BvR 16/13 (NJW 2020, 300 (306)).

besonderer, grundrechtlich geschützter Freiheitsgarantien (bspw. Art. 4, 5, 8 GG) sind.[254] Damit kommt dem allgemeinen Persönlichkeitsrecht – wie auch dem Recht auf allgemeine Handlungsfreiheit – ein Auffangcharakter zu.[255]

Das allgemeine Persönlichkeitsrecht dient indes nicht lediglich dem Schutz der Persönlichkeitsentfaltung des Betroffenen, sondern soll in dogmatisch-systematischer Hinsicht auch und gerade der Ermöglichung des Schritthaltens des verfassungsrechtlichen Schutzniveaus mit den gesellschaftlichen und technischen Entwicklungen der Zukunft dienen.[256] Solche Entwicklungen sind nach Ansicht des BVerfG stets dazu geeignet, neue Gefährdungen für das grundgesetzliche Schutzniveau in sich zu bergen, mit der Folge, dass durch den sozialen und technischen Fortschritt Schutzlücken innerhalb der Verfassungsgarantien entstehen können. Diese Schutzlücken sollen dynamische Grundrechte mittels weiter Anwendungsbereiche nach Möglichkeit verhindern.[257] Das allgemeine Persönlichkeitsrecht, als dynamisches Grundrecht, schließt mithin Lücken, die sich aus neuartigen Gefährdungslagen ergeben.[258]

### *(bb) Ausprägungen des allgemeinen Persönlichkeitsrechts*

Durch das allgemeine Persönlichkeitsrecht geschützt ist letztlich ein Bündel einzelner Persönlichkeitsausprägungen, die zumeist im Wege richterlicher Rechtsfortbildung einen besonderen, fallgruppenorientierten Schutz aus Art. 2 Abs. 1 i.V.m. Art. 1 Abs. 1 GG erfahren haben.[259]

Die Reichweite des allgemeinen Persönlichkeitsrechts wurde sukzessive durch das BVerfG weiterentwickelt.[260] In diesem Zusammenhang sind im Ergebnis drei elementare Schutzrichtungen[261] herausgearbeitet worden, nämlich das *Recht auf Selbstbewahrung* (Recht auf Vertraulichkeit und Integrität informationstechnischer Systeme; sog. Computergrundrecht[262]), *Recht auf Selbstdarstellung*

254 *Martini*, JA 2009, 839 (840).
255 Vgl. hierzu *Schröder*, JA 2016, 641 (648).
256 BVerfGE 65, 1 (41); BVerfGE 54, 148 (153); *Martini*, JA 2009, 839 (840).
257 BVerfGE 54, 148 (153).
258 *Martini*, JA 2009, 839 (840).
259 *Lang*, in: BeckOK, GG, Art. 2 Rn. 31.
260 So auch jüngst durch die Schaffung eines Grundrechts auf Suizid: BVerfG, Urt. v. 26.2.2020 – 2 BvR 2347/15 (NJW 2020, 905); hierzu: *Boehme-Neßler*, NVwZ 2020, 1012.
261 Instruktiv hierzu *Martini*, JA 2009, 839 (840).
262 BVerfGE 80, 367 („Onlinedurchsuchung"); hierzu: *Papier*, NJW 2017, 3025 (3027).

(insbesondere das Recht am eigenen Bild[263], Wort[264] und Namen[265], das Recht auf Gegendarstellung[266] sowie die Selbstbelastungsfreiheit im Strafverfahren[267]) und das *Recht auf Selbstbestimmung* (Kenntnis der eigenen Abstammung[268], sexuelle Selbstbestimmung[269], informationelle Selbstbestimmung[270]).

##### *(cc) Das Recht auf informationelle Selbstbestimmung und seine Reichweite*

Dem Recht auf informationelle Selbstbestimmung kommt eine entscheidende Bedeutung für den Datenschutz und mithin auch für den Umgang mit dem digitalen Nachlass zu. Seit dem Jahr 2009 findet es als sog. „Grundrecht auf Datenschutz" in Art. 8 GRCh europaweit eine ausdrückliche Normierung und Anerkennung.[271] Auf Ebene der nationalen Verfassung wurde bislang von einer expliziten Normierung abgesehen.[272]

Die Erweiterung der Schutzsphäre des allgemeinen Persönlichkeitsrechts um das Recht auf informationelle Selbstbestimmung wurde durch das BVerfG im Rahmen des sog. Volkszählungsurteils[273] geschaffen. Gegenstand dieser Entscheidung waren die Frage nach der Reichweite der Zulässigkeit der Verarbeitung personenbezogener Daten durch den Staat sowie die damit verbundene Frage des Vertrauens in die sichere Handhabung sensibler Daten durch den Staat im Zeitalter einer erst aufkommenden automatisiert betriebenen Datenverarbeitung.[274]

---

263 BVerfGE 34, 238 (246); BVerfGE 101, 361 (381) (Caroline von Monaco); *Di Fabio*, in: Maunz/Dürig, GG, Art. 2 Rn. 193 f.

264 BVerfGE 34, 238 (246 f.); BGHZ 27, 284 (286); BGHSt 14, 358 (359 f.); BVerfG, Beschl. v. 19.12.1991 – 1 BvR 382/85 (NJW 1992, 815); *Di Fabio*, in: Maunz/Dürig, GG, Art. 2 Rn. 196 f.

265 BVerfGE 78, 38 (49); 97, 391 (399); BVerfG, Beschl. v. 11.4.2001 – 1 BvR 1646/97 (NJWE-FER 2001, 193); BGHZ 30, 7; *Di Fabio*, in: Maunz/Dürig, GG, Art. 2 Rn. 203 f.

266 BVerfGE 63, 131 (142); *Grabenwarter* in: Maunz/Dürig, GG, Art. 2 Rn. 896.

267 BVerfGE 56, 37 (49); BGHSt 52, 11 (17); *Kasiske*, JuS 2014, 15.

268 BVerfGE 90, 263 (270); *Degenhart*, JuS 1992, 361 (367); *Di Fabio*, in: Maunz/Dürig, GG, Art. 2 Rn. 212 f.

269 BVerfGE 47, 46 (73); BVerwGE 34, 149 (153); *Di Fabio*, in: Maunz/Dürig, GG, Art. 2 Rn. 200 f.

270 BVerfGE 65, 1 („Volkszählung").

271 *Weichert*, Postmortaler Datenschutz, S. 5.

272 Für eine explizite Normierung vor dem Hintergrund einer zunehmenden Digitalisierung: *Werner*, NJOZ 2019, 1041 (1042).

273 BVerfGE 65, 1.

274 Hierzu *Kühling*, NJW 2017, 3069.

Obwohl das BVerfG das Recht auf informationelle Selbstbestimmung zunächst im Blick auf neuartige Gefahren der Datenverarbeitung entwickelt hat, geht sein Schutz über die automatisierte Datenverarbeitung hinaus und erfasst generell die staatliche Erhebung und Verarbeitung personenbezogener, auch manuell registrierter Daten.[275]

Das Recht auf informationelle Selbstbestimmung umfasst das Recht des Einzelnen, grundsätzlich selbst darüber zu entscheiden, wann und innerhalb welcher Grenzen persönliche Lebenssachverhalte offenbart werden.[276] Es flankiert und erweitert den grundrechtlichen Schutz von Verhaltensfreiheit und Privatheit, indem es ihn schon auf der Stufe der Persönlichkeitsgefährdung beginnen lässt, die bereits im Vorfeld konkreter Bedrohungen benennbarer Rechtsgüter entstehen kann, insbesondere wenn personenbezogene Informationen in einer Art und Weise genutzt und verknüpft werden, die der Betroffene weder überschauen noch beherrschen kann.[277] Instruktiv führt das BVerfG in diesem Zusammenhang aus:

> *„Wer nicht mit hinreichender Sicherheit überschauen kann, welche ihn betreffende Informationen in bestimmten Bereichen seiner sozialen Umwelt bekannt sind, und wer das Wissen möglicher Kommunikationspartner nicht einigermaßen abzuschätzen vermag, kann in seiner Freiheit wesentlich gehemmt werden, aus eigener Selbstbestimmung zu planen oder zu entscheiden. Mit dem Recht auf informationelle Selbstbestimmung wären eine Gesellschaftsordnung und eine diese ermöglichende Rechtsordnung nicht vereinbar, in der Bürger nicht mehr wissen können, wer was wann und bei welcher Gelegenheit über sie weiß. Wer unsicher ist, ob abweichende Verhaltensweisen jederzeit notiert und als Information dauerhaft gespeichert, verwendet oder weitergegeben werden, wird versuchen, nicht durch solche Verhaltensweisen aufzufallen. Wer damit rechnet, daß etwa die Teilnahme an einer Versammlung oder einer Bürgerinitiative behördlich registriert wird und daß ihm dadurch Risiken entstehen können, wird möglicherweise auf eine Ausübung seiner entsprechenden Grundrechte (Art. 8, 9 GG) verzichten. Dies würde nicht nur die individuellen Entfaltungschancen des einzelnen beeinträchtigen, sondern auch das Gemeinwohl, weil Selbstbestimmung eine elementare Funktionsbedingung eines auf Handlungs- und Mitwirkungsfähigkeit seiner Bürger begründeten freiheitlichen demokratischen Gemeinwesens ist.“*[278]

---

275 BVerfGE 65, 1 (43; Leitsatz Nr. 2); *Di Fabio*, in: Maunz/Dürig, GG, Art. 2 Rn. 176; *Gallwas*, NJW 1992, 2785 ff.; *Simitis*, NJW 1984, 398 ff.

276 BVerfGE 65, 1 (42); *Bieresborn*, in: Forgó/Helfrich/Schneider, Betrieblicher Datenschutz, Kap. 4 Rn. 2.

277 BVerfGE 65, 1 (42); BVerfGE 113, 29 (45 f.); BVerfGE 115, 320 (342); *Bieresborn*, in: Forgó/Helfrich/Schneider, Betrieblicher Datenschutz, Kap. 4 Rn. 2

278 BVerfGE 65, 1 (42).

Das Recht auf informationelle Selbstbestimmung schützt damit vor einer unbegrenzten Erhebung, Speicherung, Verwendung und Weitergabe der persönlichen Daten.[279] In den Schutzbereich des Rechts auf informationelle Selbstbestimmung fallen alle Informationen, denen eine Aussage über personenbezogene Daten entnommen werden kann.[280] Die einfachgesetzliche Ausprägung des Rechts auf informationelle Selbstbestimmung findet sich in dem Bundesdatenschutzgesetz (BDSG) und den einzelnen Datenschutzgesetzen der Bundesländer. Erweitert wurde das Recht auf informationelle Selbstbestimmung um das Recht auf Gewährleistung der Vertraulichkeit und Integrität informationstechnischer Systeme[281]. Letzteres soll bestehende Schutzlücken des Rechts auf informationelle Selbstbestimmung schließen und dient dem Schutz einer „digitalen Privatsphäre".[282]

### *(1) Reichweite des Schutzbereichs des Rechts auf informationelle Selbstbestimmung über den Tod einer Person hinaus?*

Das BVerfG hat – wie vorstehend dargelegt – grundsätzlich anerkannt, dass das Wissen um einen fehlenden Datenschutz das Recht auf freie Entfaltung der Persönlichkeit einer Person beeinträchtigen kann. Dieselbe Problematik besteht im Hinblick auf den Umgang mit dem digitalen Nachlass: Wer nicht um das Schicksal seiner Daten nach dem Zeitpunkt des Ablebens weiß, wird sein Onlineverhalten zu Lebzeiten entsprechend anpassen und versuchen, den Umfang sensibler Daten gering zu halten. Damit stellt sich die Frage, ob das Recht auf informationelle Selbstbestimmung auch Daten verstorbener Personen erfasst, sodass sich daraus ein Recht auf postmortalen Datenschutz ableiten lässt.

Grundsätzlich endet der grundrechtliche Würdeschutz mit dem Ableben eines Menschen,[283] sodass auch Träger des allgemeinen Persönlichkeitsrechts, mithin auch im Hinblick auf dessen Ausprägung des Rechts auf informationelle Selbstbestimmung, nur lebende Personen sein können.[284] Art. 2 Abs. 1 GG dient

279 BVerfGE 65, 1 (43); *Martini*, JA 2009, 839 (841): „*Das informationelle Selbstbestimmungsrecht als Meilenstein des Datenschutzes*"; *Spilker*, DÖV 2015, 54 (56).

280 *Spilker*, DÖV 2015, 54 (56).

281 BVerfGE 80, 367.

282 Vgl. *Albrecht*, in: Hoeren/Sieber/Holznagel, MultimediaR, Teil 28 Rn. 33 f.; *Weichert*, Postmortaler Datenschutz, S. 5; *Sachs/Krings*, JuS 2008, 481.

283 *Herdegen*, in: Maunz/Dürig, GG, Art. 1 Rn. 56; *Maurer*, DÖV 1980, 7 (9).

284 BVerfGE 30, 173 (194) – Mephisto; *Culmsee*, DSRITB 2013, 413; *Epping*, Grundrechte, Rn. 626; *Herdegen*, in: Maunz/Dürig, Grundgesetzkommentar, Art. 1 Rn. 56; *Lang*, in: Epping/Hillgruber, GG, Art. 2 Rn. 48; *Weichert*, DuD 2002, 133 (137); *Wunderlin/*

dem Schutz der Freiheitsbetätigung von lebenden Personen und kann nicht zu einem allgemeinen Rechtsinstitut für einen postmortalen Schutz einer Person umgedeutet werden.[285] Mithin kann eine Person nur zu Lebzeiten unter Berufung auf das Recht auf informationelle Selbstbestimmung grundsätzlich – unter Beachtung der geltenden Datenschutzgesetze – frei darüber entscheiden, was mit ihren personenbezogenen Daten geschieht. Ein postmortaler Datenschutz lässt sich nach alledem nicht unmittelbar aus dem allgemeinen Persönlichkeitsrecht und folglich auch nicht aus dem Recht auf informationelle Selbstbestimmung ableiten.[286]

#### *(2) Vererbbarkeit des allgemeinen Persönlichkeitsrechts?*

Nachfolgend ist zu untersuchen, ob und inwieweit das allgemeine Persönlichkeitsrecht einer Person auf deren Erben übergehen kann, mit der Folge, dass auch das Recht auf informationelle Selbstbestimmung einer Person über deren Ableben hinaus fortbesteht.

#### *(a) BGH: Vererbbarkeit nur vermögensrechtlicher Bestandteile des allgemeinen Persönlichkeitsrechts*

Nach den vorstehenden Ausführungen gehen auch persönlichkeitsbezogene Rechte einer Person mit deren Ableben grundsätzlich unter und können grundsätzlich nicht auf deren Erben übergehen.[287] Der BGH erkennt indes ein über den Tod hinauswirkendes allgemeines Persönlichkeitsrecht grundsätzlich an.[288] Eine Vererbbarkeit wird nach der Rechtsprechung des BGH seit seiner Marlene-Dietrich-Entscheidung von 1999 indes nur für die vermögensmäßigen Bestandteile des allgemeinen Persönlichkeitsrechts angenommen, nicht hingegen für dessen ideellen Bestandteile.[289] Dies mit der Folge, dass den Erben nur bei der Verletzung vermögenswerter Bestandteile des allgemeinen Persönlichkeitsrechts

---

*Bielajew*, IPRB 2014, 223 (224); *Spilker*, DÖV 2015, 54; zum postmortalen Persönlichkeitsschutz siehe sogleich unter C.II.1.c).

285 *Bizer*, NVwZ 2993, 653 (654); *Enders*, in: Friauf/Höfling, GG, Art. 1 Rn. 119; *Spilker*, DÖV 2015, 54; *Spilker*, DÖV 2014, 1.

286 So auch *Culmsee*, DSRITB 2013, 413; a.A. *Weichert*, Postmortaler Datenschutz, S. 6.

287 *Götting*, GRUR 2004, 801 (805); *Kunze*, in: Staudinger, BGB, § 1922 Rn. 300.

288 BGHZ 15, 249 (259) – Cosima Wagner; BGHZ 50, 133 – Mephisto.

289 BGHZ 143, 214 – Marlene Dietrich; hierzu *Schack*, JZ 2000, 1060; BVerfG, Beschl. v. 25.8.2000 – 1 BvR 2707/95 – Abschiedsmedaille Willy Brandt; hierzu auch *Kutscher*, Der digitale Nachlass, S. 161; kritisch hierzu: *Leipold*, MüKoBGB, § 1922 Rn. 152 ff. und *Ludyga*, ZEV 2014, 333 (335).

Schadensersatzansprüche zustehen können.[290] Die Annahme, dass das Persönlichkeitsrecht nur in seinem vermögensrechtlichen Gehalt vererblich ist, fußt darauf, dass die zu Lebzeiten durch ein einheitliches allgemeines Persönlichkeitsrecht verklammerten ideellen und vermögensrechtlichen Interessen einer Person durch den Tod getrennt werden.[291] Die ideellen immateriellen Rechtsgüter sind so eng mit der Persönlichkeit des Rechtsträgers verknüpft, dass sie aufgrund ihrer höchstpersönlichen Natur mit dem Ende der Rechtsfähigkeit erlöschen und lediglich eine postmortale Ausstrahlungswirkung entfalten können.[292] Damit orientiert sich der BGH im Rahmen seiner vorzitierten Rechtsprechung im Ergebnis an dem Vermögensbegriff des § 1922 Abs. 1 BGB.[293] Für die Verletzung der ideellen Bestandteile des allgemeinen Persönlichkeitsrechts soll das postmortale Persönlichkeitsrecht zugunsten der nächsten Angehörigen des Verstorbenen[294] eingreifen.[295]

#### *(b) Vererbbarkeit des allgemeinen Persönlichkeitsrechts als Ganzes?*

Sowohl in der Rechtsprechung als auch in der Literatur wird die vorstehend zitierte Rechtsprechung des BGH teilweise kritisiert.

##### *(i) Abweichende Entscheidungen in der Rechtsprechung*

Abweichend von der Rechtsprechung des BGH zur nur partiellen Vererbbarkeit des allgemeinen Persönlichkeitsrechts plädieren das LG Dessau-Roßlau sowie das OLG München für dessen umfassende Vererbbarkeit.[296] Nach dem OLG München ist es nicht einzusehen, dass der Schutz des postmortalen Persönlichkeitsrechts im kommerziellen Bereich verstärkt, der ideelle Bereich aber den Zugriffen der Medien deutlich schutzloser freigegeben wird. Nach der Fortschreibung des Persönlichkeitsschutzes im wirtschaftlichen (vererblichen)

290 BGHZ 143, 214 – Marlene Dietrich; BGHZ 141, 267 – Der blaue Engel; BGHZ 201, 45 – Peter Alexander; *Ahrens*, ZEV 2006, 237; kritisch hierzu: *Ludyga*, ZEV 2014, 333.

291 *Götting*, GRUR 2004, 801 (806).

292 *Götting*, GRUR 2004, 801 (806).

293 Vgl. *Kutscher*, Der digitale Nachlass, S. 161; *Liechtenstein*, Der Idealwert und der Geldwert des zivilrechtlichen Persönlichkeitsrechts vor und nach dem Tode, S. 293, 295.

294 Hierzu unter C.II.2.c).

295 BGHZ 143,214 (220 ff.) – Marlene Dietrich; BGH, NJW 1974, 1371 – Fiete Schulze; *Ahrens*, ZEV 2006, 237 (238).

296 LG Dessau-Roßlau, Urt. v. 16.01.2014 – 4 O 792/13 (BeckRS 2014, 04821); OLG München, Urt. v. 9.8.2002 – 21 U 2654/02 (NJW 2000, 2195); so auch *Leipold*, in: MüKoBGB, § 1922 Rn. 152 ff.; a.A. *Götting*, GRUR 2004, 801.

Bereich sei nunmehr der Schutz auch im ideellen Bereich weiterzuentwickeln. Art. 1 Abs. 1 GG enthalte einen „Schutzauftrag", der die Anerkennung eines Geldentschädigungsanspruchs der Erben bei postmortaler Verletzung des allgemeinen Persönlichkeitsrechts verlange.[297]

*(ii) Anerkennung eines „Persönlichkeitsgüterrechts"?*

Nach einer in der Literatur vertretenen Auffassung soll im Hinblick auf das den Tod überdauernde Persönlichkeitsbild (sog. Image einer Person) ein vererbliches „Persönlichkeitsgüterrecht" anerkannt werden.[298] Im Ergebnis soll damit dem Persönlichkeitsbild einer Person ein Vermögenswert zukommen.[299] Dem wird entgegengehalten, dass nur solche Rechte vererbbar sein können, die auch schon zu Lebzeiten des Verstorbenen existiert haben: Das Persönlichkeitsbild einer Person ist aber schon zu Lebzeiten nicht Gegenstand eines Vermögensrechts; darüber hinaus kommt dem Image einer Person keine Rechtsqualität zu.[300] Zudem könne das allgemeine Persönlichkeitsrecht nicht in einen ideellen und einen materiellen Teil aufgespalten werden: Das allgemeine Persönlichkeitsrecht stelle ein einheitliches Rahmenrecht dar, das nicht nur dem Schutz von ideellen Interessen dient, sondern im Sinne eines „wirtschaftlichen Persönlichkeitsrechts" auch den Schutz materieller Interessen umfasst.[301]

*(iii) Dogmatischer Ansatz: Übertragung der Grundsätze der Vererbbarkeit des sog. Urheberpersönlichkeitsrechts*

Der Rechtsprechung des BGH wird in der Literatur vereinzelt entgegengehalten, dass diese zwar mit dem erbrechtlichen Grundsatz, wonach höchstpersönliche Rechtsverhältnisse grundsätzlich mit dem Ableben einer Person erlöschen, vereinbar ist; hierbei sei indes die darüberhinausgehende Privatrechtsordnung im Hinblick auf das Urheberrecht außer Acht gelassen worden.[302] Ein untrennbarer Bestandteil des Urheberrechts ist das sog. Urheberpersönlichkeitsrecht. Dieses schützt die persönlichen und geistigen Beziehungen des Urhebers zu seinem

297 Hierzu auch *Kutscher*, Der digitale Nachlass, S. 162.

298 *Beuthien*, NJW 2003, 1220 (1222).

299 *Beuthien*, NJW 2003, 1220 (1222); vgl. auch *Beuthien/Schmölz*, Persönlichkeitsschutz durch Persönlichkeitsgüterrechte, S. 25 ff.

300 So zutreffend *Götting*, GRUR 2004, 801 (804).

301 *Götting*, GRUR 2004, 801 (804); *Götting*, Persönlichkeitsrechte als Vermögensrechte, S. 139.

302 *Ludyga*, ZEV 2014, 333 (335 f.).

Werk[303] und ist im Einzelnen in §§ 12-14 UrhG geregelt. Das Urheberrecht ist gemäß § 28 UrhG vererbbar.[304] Nach der im Urheberrecht herrschenden sog. monistischen Theorie (im Unterschied zu der für die Vererbbarkeit des allgemeinen Persönlichkeitsrechts zugrundeliegenden dualistischen Betrachtungsweise) können vermögensrechtliche und nichtvermögensrechtliche Bestandteile, wie insbesondere das Urheberpersönlichkeitsrecht, nur einheitlich vererbt werden.[305] Strukturell seien das allgemeine Persönlichkeitsrecht und das Urheberpersönlichkeitsrecht, Letzteres als besonderes Persönlichkeitsrecht[306], vergleichbar.[307] Eine Anlehnung an die monistische Theorie diene der Rechtsklarheit und biete den Vorteil, keine Rechtsunsicherheiten in das Erbrecht hineinzutragen, wenn es um die Ermittlung vermögens- und nichtvermögensrechtlicher Bestandteile des allgemeinen Persönlichkeitsrechts geht.[308]

#### *(iv) Argumente für die Aufrechterhaltung einer dualistischen Betrachtungsweise*

Gegen die Übertragung der im Urheberrecht vertretenen monistischen Theorie spricht zunächst, dass der Gesetzgeber mit den Regelungen der §§ 12-14 UrhG für das Urheberpersönlichkeitsrecht eine einfachgesetzliche Grundlage geschaffen hat, sodass sich die monistische Betrachtungsweise des Urheberrechts nicht ohne Weiteres auf das verfassungsrechtlich verankerte allgemeine Persönlichkeitsrecht übertragen lässt. Zudem schützt das Urheberpersönlichkeitsrecht unmittelbar nur die Interessen des Urhebers an seinem Werk und sichert mithin das zwischen dem Urheber und dessen Werk bestehende „geistige Band".[309] Nach dem Ableben einer Person existiert folglich noch ein dieser zuzuordnendes Werk und damit auch noch das bereits zu Lebzeiten bestandene „geistige Band". Dies kann nicht mit einem lebzeitigen Abbild einer Person (sog. Image) verglichen werden, welchem bereits zu Lebzeiten kein Rechtscharakter zukommt.[310]

---

303 *Wiebe*, in: Spindler/Schuster, Elektr. Medien, Vorbem. §§ 12 ff. UrhG Rn. 1.

304 Hierzu oben, unter B.II.3.b).

305 *Wiebe*, in: Spindler/Schuster, Elektr. Medien, § 28 Rn. 1; *Lettl*, Urheberrecht, S. 134; *Ludyga*, ZEV 2014, 333 (335); *Schulze*, in: Dreier/Schulze, UrhG, § 28 Rn. 2.

306 *Kutscher*, Der digitale Nachlass, S. 163.

307 *Ludyga*, ZEV 2014, 333 (336).

308 *Ludyga*, ZEV 2014, 333 (336); *Wortmann*, Die Vererblichkeit vermögensrechtlicher Bestandteile des Persönlichkeitsrechts, S. 292.

309 *Schack*, GRUR 1985, 352 (354); *Schack*, Urheberrecht, Rn. 339.

310 Vgl. hierzu oben, unter C.II.2.b).(cc).(2).(b).(ii); a.A. *Kutscher*, Der digitale Nachlass, S. 163 f.; *Ludyga*, ZEV 2014, 333 (336).

Schließlich wird der zum allgemeinen Persönlichkeitsrecht vertretene Dualismus dahingehend, dass nur sein vermögensrechtlicher Bestandteil vererbbar ist und die ideellen Interessen über das postmortale Persönlichkeitsrecht einer Person von deren nächsten Angehörigen wahrgenommen werden, auch von der Intention des Gesetzgebers gestützt: Mit den Regelungen des § 189 i.V.m. § 77 Abs. 2 StGB obliegt es den nahen Angehörigen einer verstorbenen Person, diese vor Verunglimpfungen zu schützen. Das Gleiche gilt gemäß § 22 S. 3 Kunst- und Urhebergesetz (KUG) sowie § 60 UrhG in Bezug auf das Recht am eigenen Bild des Verstorbenen. Ferner stehen nach § 76 S. 4 UrhG die Persönlichkeitsrechte des ausübenden Künstlers ausdrücklich dessen Angehörigen zu. Ein Anstoß seitens der Literatur, die Regelung des § 76 S. 4 UrhG gänzlich zu streichen und stattdessen die für Urheber geltenden §§ 28, 29 UrhG auf ausübende Künstler entsprechend anzuwenden,[311] wurde vom Gesetzgeber bislang nicht aufgegriffen.[312] Die dualistische Betrachtung des allgemeinen Persönlichkeitsrechts ist mithin als bewusste Entscheidung des Gesetzgebers anzusehen.[313]

### *(3) Postmortale Fortwirkung der lebzeitigen Ausübung des Rechts auf informationelle Selbstbestimmung?*

Nachdem das allgemeine Persönlichkeitsrecht im Hinblick auf seine ideellen Bestandteile mit dem Ableben einer Person untergeht, ist nachstehend zu untersuchen, ob dem allgemeinen Persönlichkeitsrecht in seiner Ausgestaltung als Recht auf informationelle Selbstbestimmung eine postmortale Fortwirkung zugeschrieben werden kann. Dies mit der Folge, dass eine Entscheidung, welche eine Person unter Ausübung des Rechts auf informationelle Selbstbestimmung getroffen hat, auch nach deren Ableben Bestand hat.

#### *(a) Auffassung in der Literatur*

Nach einer in der Literatur vertretenen Auffassung soll ein im Rahmen der lebzeitigen Ausübung des Rechts auf informationelle Selbstbestimmung festgelegter *Status quo* aufgrund einer sog. postmortalen Reflexwirkung des Selbstbestimmungsrechts auch über den Tod hinaus fortgelten.[314] Für den Fall, dass eine Person keine ausdrückliche Einwilligung in eine postmortale Datenverarbeitung

---

311 *Krüger*, ZUM 2003, 122 (126); *Kutscher*, Der digitale Nachlass, S. 166.

312 *Kutscher*, Der digitale Nachlass, S. 166.

313 So auch *Kutscher*, Der digitale Nachlass, S. 166.

314 *Bock*, AcP 2017, 371 (391); *Bizer*, NVwZ 1993, 653 (654); *Spilker*, DÖV 2014, 637 (640 f.); *Spilker*, DÖV 2015, 54 ff.

erteilt hat, sei eine solche auch nach ihrem Ableben nicht möglich.[315] Als Kernargument wird in diesem Zusammenhang angeführt, dass ein postmortaler Schutz allgemein dann zu gewährleisten sei, wenn postmortale Angelegenheiten im Schutzbereich eines Grundrechts zu Lebzeiten geregelt werden können, was auf die hinter dem Recht auf informationelle Selbstbestimmung stehende verfassungsrechtliche Wertentscheidung gestützt werden könne.[316] Eine postmortale Reflexwirkung kenne auch Art. 14 Abs. 1 S. 1 GG (Schutz und Gewährleistung des Erbrechts), sodass eine letztwillige Verfügung einer Person nach deren Ableben Berücksichtigung finden und Eingriffe Dritter durch den Staat abgewehrt werden müssen.[317] Schließlich sei das BDSG, insbesondere die Regelung des § 3 BDSG (Verarbeitung personenbezogener Daten), verfassungskonform auszulegen.[318]

### *(b) Eigene Auffassung*

Der vorstehend dargestellten Auffassung in der Literatur ist zunächst insoweit zuzustimmen, dass Entscheidungen, die eine Person zum Umgang mit ihren personenbezogenen Daten lebzeitig aktiv getroffen hat, grundsätzlich auch nach ihrem Ableben fortgelten.[319] Dies kann indes nur für den Fall gelten, dass eine Person dies bezüglich einer positiven Handlung, bspw. im Sinne einer individualvertraglichen Vereinbarung mit einem Provider, vorgenommen hat.[320] Hieran sind *post mortem* sowohl der Provider als auch die Erben des Verstorbenen gebunden.[321] Die postmortale Berücksichtigung einer fehlenden Einwilligung einer Person in eine postmortale Datenverarbeitung kann aus dem Grund nicht angenommen werden, da es – de lege lata – an einer gesetzlich normierten Möglichkeit einer entsprechenden Einwilligungserklärung fehlt. Vor diesem Hintergrund kann auch dem von *Spilker* herangezogenen Vergleich zur Erbrechtsgarantie des Art. 14 Abs. 1 GG und einer damit verbundenen Pflicht zur Berücksichtigung des lebzeitig gebildeten Willens einer Person auch nach deren Ableben nicht gefolgt werden: Der Gesetzgeber hat, basierend auf Art. 14 Abs. 1

---

315 So *Spilker*, DÖV 2015, 54 (57).

316 *Spilker*, DÖV 2015, 54 (57; 59); *Spilker*, DÖV 2014, 637 (641).

317 *Spilker*, DÖV 2015, 54 (55); *Spilker*, DÖV 2014, 637 (641).

318 *Bergmann/Möhrle/Herb*, Datenschutzrecht, § 3 Rn. 7; *Martini*, JZ 2012, 1145 (1149); *Spilker*, DÖV 2015, 54 (57 f.); *Thiesen*, Daten in der Erbmasse, S. 135 ff.

319 *Bock*, AcP 2017, 371 (391); *Schönberger*, Postmortaler Persönlichkeitsschutz, S. 84 f.

320 So auch *Heinemann/Heinemann*, DuD 2013, 242 (243).

321 *Bock*, AcP 2017, 371 (391).

GG, mit den §§ 1922 ff. BGB ein einfachgesetzliches Regime geschaffen, welches sowohl die Möglichkeiten als auch die Grenzen einer lebzeitigen Verfügungsbefugnis über den Nachlass vorsieht. Etwas Vergleichbares sehen derzeit weder die DSGVO noch das BDSG oder die Datenschutzgesetze der Bundesländer vor. Die Annahme, dass Daten *post mortem* nur bei einem ausdrücklichen oder vermuteten Einverständnis des Erblassers zugunsten dessen Erben verarbeitet werden dürfen, findet im Gesetz keine Stütze und steht zudem im Widerspruch zu der hinter den Regelungen der §§ 1922 ff. BGB stehenden verfassungsrechtlichen Wertentscheidung (Art. 14 Abs. 1 S. 1 GG).[322] Hinzu kommt, dass auch nach der Intention des Gesetzgebers ein postmortaler Datenschutz nur dann anerkannt ist, soweit dies einfachgesetzlich explizit geregelt ist.[323] Dies zeigt bspw. die Regelung des § 630g Abs. 3 BGB, wonach der Gesetzgeber geregelt hat, dass das Recht eines Patienten zur Einsichtnahme in die Patientenakte nach dem Ableben der betroffenen Person deren Erben dann zusteht, wenn ihr ausdrücklicher oder mutmaßlicher Wille einem solchen Einsichtsrecht nicht entgegensteht. Auf eine Verallgemeinerung dieser Regelung in Bezug auf sämtliche personenbezogen Daten einer Person kann daraus nicht geschlossen werden.[324]

Die Vornahme einer verfassungskonformen Auslegung eines Gesetzes, welches im Wege der Umsetzung europäischen Rechts entstanden ist, ist ungeachtet des Grundsatzes des Anwendungsvorrangs europäischen Rechts[325] möglich: Das Prinzip des uneingeschränkten Vorrangs des Europarechts, wie dies der EuGH aus europarechtlicher Sicht entwickelt hat,[326] findet seine Grenze in den nationalen Verfassungen.[327] Gegen eine verfassungskonforme Auslegung des BDSG dahingehend, dass dessen Anwendungsbereich auch die Daten verstorbener Personen erfasst, lässt sich allerdings folgendes Argument anführen: Hinter dem Institut der verfassungskonformen Auslegung steht der Gedanke der Schonung des Gesetzgebers, dem das Verdikt des verfassungswidrigen Handelns erspart

322 Hierzu oben, unter C.II.2.a).

323 Vgl. nur § 203 Abs. 1, 2 StGB, § 35 Abs. 5 SGB I, § 120 BetrVG, § 11 Abs. 2 BArchG; § 22 S. 3 KunstUrhG; § 43a Abs. 2 S. 1 BRAO, § 18 Abs. 1,2 BnotO; hierzu *Bizer*, NVwZ 1993, 653 ff.; *Fußeder*, Soziale Netzwerke im Nachlass, S. 131 ff.

324 So auch *Arens*, RDV 2018, 127 (130).

325 Hierzu *Geismann*, in: von der Groeben/Schwarze/Hatje, Europäisches Unionsrecht, Art. 288 AEUV Rn. 5.

326 EuGH, Urt. v. 17.12.1970 – Rechtssache 11/70 (NJW 1971, 343).

327 *Geismann*, in: von der Groeben/Schwarze/Hatje, Europäisches Unionsrecht, Art. 288 AEUV Rn. 5; hierzu grundlegend: BVerfGE 89, 155 (174 f.) („Maastricht") sowie BVerfGE 123, 267 („Lissabon").

werden soll, wenn der Verfassungsverstoß durch eine Auslegung vermieden werden kann.[328] Gleichzeitig darf dem Gesetzgeber unter Vornahme einer verfassungskonformen Auslegung keine Entscheidung aufgedrängt werden, die er so, bewusst, nicht getroffen hat.[329] Der europäische Gesetzgeber hat ausdrücklich klargestellt, dass die DSGVO nicht dem Schutz von Daten Verstorbener dient.[330] Gleichwohl wurde den Mitgliedsstaaten die Möglichkeit eingeräumt, einen postmortalen Datenschutz zu schaffen.[331] Hiervon hat der nationale Gesetzgeber im Rahmen der Umsetzung der DSGVO bewusst abgesehen.[332] Diese Entscheidung des Gesetzgebers kann nicht durch eine verfassungskonforme Auslegung unterlaufen werden.

### *c) Die Bedeutung des postmortalen Persönlichkeitsrechts für den digitalen Nachlass*

Nach alledem ist weiter zu untersuchen, ob sich aus dem – ebenfalls grundrechtlich verankerten – postmortalen Persönlichkeitsrecht ein postmortaler Datenschutz und damit ein Einfluss auf den Umgang mit dem digitalen Nachlass herleiten lässt.

Das postmortale Persönlichkeitsrecht findet, wie auch das allgemeine Persönlichkeitsrecht, im Grundgesetz keine ausdrückliche Normierung. Das postmortale Persönlichkeitsrecht baut vielmehr auf dem allgemeinen Persönlichkeitsrecht auf. Die verfassungsgerichtliche Rechtsprechung erkennt mit dem postmortalen Persönlichkeitsrecht einen über das Leben hinauswirkenden Würdeschutz an, der sich vor allem auf das Lebensbild des Verstorbenen in der Wahrnehmung der Nachwelt bezieht.[333]

---

328 BVerfGE 2, 266 (282); *Walter*, in: Maunz/Dürig, GG, Art. 93 Rn. 112 f.

329 *Walter*, in: Maunz/Dürig, GG, Art. 93 Rn. 112: „*Bedrohung der gesetzgeberischen Gestaltungsfreiheit durch verfassungskonforme Auslegung*".

330 Erwägungsgrund 27 S. 1 zur DSGVO.

331 Erwägungsgrund 27 S. 2 zur DSGVO; hierzu *Arens*, RDV 2018, 127 (129).

332 Dem Bundesinnenministerium lag im Rahmen der Umsetzung der Vorgaben der DSGVO ein Rechtsgutachten des Deutschen Forschungsinstituts für öffentliche Verwaltung, Speyer vor, worin ein Vorschlag für eine nationale Regelung zum Schutz von personenbezogenen Daten Verstorbener enthalten war (*Kühling/Martini*, Die Datenschutzgrundverordnung und das nationale Recht, S. 21 ff., S. 457 ff.); hierzu auch *Arens*, RDV 2018, 127 (129).

333 BVerfG 30, 173 (204); *Herdegen*, in: Maunz/Dürig, Grundgesetzkommentar, Art. 1 Rn. 56; a.A. *Gröschner*, Menschenwürde und Sepulkralkultur in der grundgesetzlichen Ordnung, S. 35.

*(aa) Schutzbereich des postmortalen Persönlichkeitsrechts*

Die Achtung einer verstorbenen Persönlichkeit fußt auf der nachwirkenden Respektierung der – allen Grundrechten übergeordneten – Menschenwürde der verstorbenen Person.[334] Zwar endet auch der Schutz des Art. 1 Abs. 1 GG grundsätzlich mit dem Ableben einer Person.[335] Die Garantie der Menschenwürde betrifft indes auch einen allgemeinen sozialen Wert- und Achtungsanspruch, der dem Menschen wegen seines Menschseins zukommt, sowie den sittlichen, personalen und sozialen Geltungswert, welchen eine Person durch ihre eigene Lebensleistung erlangt hat und der in der Zeit nach ihrem Tod fortwirkt.[336] Das postmortale Persönlichkeitsrecht wird somit unmittelbar aus Art. 1 Abs. 1 GG abgeleitet.[337] Sinn und Zweck eines postmortalen Persönlichkeitsrechts ist nach einer treffenden Formulierung von *Herdegen* das lebzeitige Aufgehobensein des Einzelnen im Wissen um den fortwirkenden Schutz seines Lebensbildes und der Würdeanspruch der in der unmittelbaren Erinnerungsfähigkeit der Lebenden – noch – präsenten Persönlichkeit.[338]

Der postmortale Persönlichkeitsschutz stellt damit eine Fortsetzung des lebzeitigen Persönlichkeitsschutzes dar,[339] welcher nach der Rechtsprechung des Bundesgerichtshofs („*Mephisto*") nicht zeitlich uneingeschränkt besteht, sondern mit dem Laufe der Zeit nach dem Ableben einer Person abnimmt.[340]

Vor dem Hintergrund der Annahme eines nur zeitlich beschränkten postmortalen Würdeschutzes wird in der Literatur vereinzelt vertreten, dass das Recht auf Schutz der Würde eines Verstorbenen nur dessen Angehörigen und nicht dem Verstorbenen selbst zustehen soll.[341] Der postmortale Würdeschutz könne nicht die Menschenwürde des Verstorbenen betreffen, denn diese unterliegt gemäß Art. 79 Abs. 3 GG der Ewigkeitsgarantie. Es könne sich daher nur um ein – in den Schutzbereich des allgemeinen Persönlichkeitsrechts – fallendes

334 *Maurer*, DÖV 1980, 7 (9); *Spilker*, DÖV 2014, 54.

335 *Herdegen*, in: Maunz/Dürig, GG, Art. 1 Rn. 52; hierzu auch BVerfGE 87, 207 (228).

336 BVerfGE 30, 173 (193 ff.) (Mephisto); 87, 209 (228); 93, 266 (293); *Hufen*, JuS 2010, 1 (6); *Martini*, in: Hill/Martini/Wagner, Facebook, Google & Co., S. 101; hierzu ebenfalls *Hager*, in: Staudinger, BGB, 2017, § 823 Rn. C 34; *Spilker*, DÖV 2015, 54; *Spilker*, DÖV 2014, 637.

337 BVerfGE 30, 173 (195).

338 *Herdegen*, in: Maunz/Dürig, Grundgesetzkommentar, Art. 1 Rn. 57; BVerfGE 30, 173 (204) (Mephisto); vgl. auch *Spilker*, DÖV 2015, 54.

339 So auch *Martini*, JZ 2012, 1145 (1150).

340 BGHZ 50, 133 (136).

341 *Bizer*, NVwZ 1993, 653 (655).

subjektives Recht der Angehörigen des Verstorbenen handeln, welche ein Interesse an dem Schutz des Andenkens an den Verstorben haben.[342] Dieser Auffassung ist entgegenzuhalten, dass die Garantie der Menschenwürde auch einen objektiv-rechtlichen Gehalt hat, welcher sich in der Werteordnung des Grundgesetzes widerspiegelt und eine über den Tod hinauswirkende Schutzpflicht des Staates begründet.[343] Nach dem BVerfG ist es mit dem

> *„Gebot der Unverletzlichkeit der Menschenwürde unvereinbar, wenn der Mensch, dem Würde kraft seines Personseins zukommt, in diesem allgemeinen Achtungsanspruch nach seinem Tode herabgewürdigt oder erniedrigt werden dürfte."*[344]

### (bb) Gewährleistung eines postmortalen Datenschutzes durch das postmortale Persönlichkeitsrecht?

Fraglich ist, ob das postmortale Persönlichkeitsrecht dazu geeignet ist, einen ausreichenden postmortalen Datenschutz zu gewährleisten. Vor dem Hintergrund der Möglichkeit einer Reflexwirkung der Ausübung des Rechts auf informationelle Selbstbestimmung in die Zeit nach dem Tod des Grundrechtsträgers[345] sind im Hinblick auf den lebzeitigen Umgang mit personenbezogenen Daten entsprechend hohe Anforderungen an einen postmortalen Datenschutz zu stellen: Ziel muss es sein, dass der Erblasser lebzeitig die Möglichkeit hat, eine Offenlegung seiner personenbezogenen Daten nach seinem Ableben zu verhindern, ohne dies zu Lebzeiten mit jedem einzelnen Provider gesondert und individualvertraglich vereinbaren zu müssen (was derzeit im Übrigen im Hinblick auf die Mehrzahl der Provider nicht möglich ist)[346]. Der postmortale Datenschutz muss in dieser Konsequenz dem lebzeitigen Datenschutz gleichgestellt sein.[347]

---

342 *Bizer*, NVwZ 1993, 653 (655); *Stein*, FamRZ 1986, 7 (10,14 f.); *Westermann*, FamRZ 1969, 561 (566 ff.).

343 *Spilker*, DÖV 2014, 657 (638); in dieser Konsequenz ist auch ein Verzicht einer Person auf deren Menschenwürde nicht möglich: BVerwGE 64, 274 (279) (Peepshow); BVerwGE 115, 189; BGHSt 49, 34; *Hufen*, JuS 2010, 1 (10).

344 BVerfGE 30, 174 (204) (Mephisto).

345 Vgl. *Martini*, JZ 2012, 1145 (1151); *Spilker*, DÖV 2015, 54 (55); hierzu unten, unter D.I.2.

346 Siehe hierzu unten, unter C.II.4.b).(aa).

347 So auch *Spilker*, DÖV 2015, 54 (55).

### *(1) Bestehende Ansätze in der Literatur*

Als grundlegendes Argument für einen sich aus dem postmortalen Persönlichkeitsrecht ableitbaren postmortalen Datenschutz wird angeführt, dass der Tod die zu Lebzeiten einer Person gereifte Persönlichkeit nicht rückwirkend auslösche.[348] Vielmehr lebe das Persönlichkeitsbild einer Person weiter und bleibt verletzbar.[349] Zum postmortalen Persönlichkeitsschutz gehöre vor diesem Hintergrund, dass der Einzelne auch nach seinem Tod gegen die Ausforschung seiner Persönlichkeit durch unbefugte Dritte geschützt bleibt, wobei „Dritte" in diesem Sinne auch Erben oder eigene Angehörige sein können.[350] Der nachwirkende, postmortale Persönlichkeitsschutz stelle somit einen Garant der vollständigen Persönlichkeitsentfaltung zu Lebzeiten dar.[351] Damit wird dem postmortalen Persönlichkeitsrecht de facto eine Vorwirkung auf das lebzeitige Verhalten einer Person zugeschrieben.

In diesem Zusammenhang wird vertreten, dass das grundrechtlich verankerte postmortale Persönlichkeitsrecht der Vererbbarkeit von personenbezogenen Daten grundsätzlich entgegenstehe, wobei der vermögensrechtliche Teil des digitalen Nachlasses den Erben uneingeschränkt zur Verfügung stehen soll.[352] In diesem Zusammenhang wird darüber hinaus zwischen sog. nichtöffentlichen Daten, welche im Zusammenhang mit Accounts von Verstorbenen gespeichert sind, und jedermann zugänglichen Onlineinformationen unterschieden.[353] Letzteren komme aufgrund der bereits durch den Erblasser selbst veranlassten Veröffentlichung kein besonderer Geheimhaltungsschutz zu.[354] Im Hinblick auf personenbezogene, nicht öffentlich zugängliche Daten wird der Ausschluss der Vererbbarkeit nach § 1922 Abs. 1 BGB damit begründet, dass mit dem Fortdauern der Menschenwürde nach dem Ableben einer Person die Verpflichtung des Staates einhergehe, Verstorbene auch postmortal vor der Ausforschung der engeren Lebenssphäre zu schützen.[355]

---

348 *Martini*, JZ 2012, 1145 (1149).

349 *Martini*, JZ 2012, 1145 (1149).

350 *Martini*, JZ 2012, 1145 (1150): „*Es ist die Erkenntnis, dass sich der Mensch bei all seinem Handeln auch und gerade von zukünftigen Entwicklungen leiten lässt.*"

351 *Martini*, JZ 2012, 1145 (1151).

352 *Martini*, JZ 2012, 1145 (1152).

353 *Martini*, in: Hill/Martini/Wagner, Facebook, Google & Co., S. 89.

354 *Martini*, in: Hill/Martini/Wagner, Facebook, Google & Co., S. 112.

355 *Martini*, in: Hill/Martini/Wagner, Facebook, Google & Co., S. 101.

Daraus lässt sich schließen, dass nach der vorstehend aufgezeigten Auffassung bereits ein ausreichender grundrechtlicher Schutz des Erblassers vor dem Übergang seiner personenbezogenen Daten auf seine Erben besteht und es der Schaffung eines postmortalen Datenschutzrechts nicht bedarf.

Ein weiterer Ansatz ist die Annahme einer postmortalen Wirkung des lebzeitigen Datenschutzes, wenn eine Person zu Lebzeiten unter Wahrnehmung ihrer informationellen Selbstbestimmung Verfügungen für die Zeit nach dem Tod getroffen hat.[356] In diesem Zusammenhang soll dem allgemeinen Persönlichkeitsrecht eine postmortale Wirkung zukommen, wenn bei einer hypothetischen Prüfung des Grundrechtsschutzes für einen Lebenden eine Verletzung anzunehmen wäre.[357] *Schack* plädiert, hieran anknüpfend, im Hinblick auf einen postmortalen Datenschutz – ohne indes näher darauf einzugehen, wie dieser ausgestaltet sein soll – für die gesetzliche Etablierung einer Zehn-Jahres-Frist zur Fortgeltung der datenschutzrechtlichen Vorschriften le lege ferenda.[358]

### *(2) Eigene Auffassung*

Zunächst ist der vorstehend dargelegten Auffassung insoweit grundsätzlich zu folgen, als es eines postmortalen Datenschutzes vor dem Hintergrund bedarf, dass mit dem Wissen einer Person um die Tatsache, dass personenbezogene Daten mit dem Tod vollumfänglich auf die Erben übergehen, eine Beeinträchtigung der freien, grundrechtlich geschützten, Entfaltung der Persönlichkeit einhergeht: Wer davon ausgehen muss, dass personenbezogene Daten nach seinem Tod der Möglichkeit einer Ausforschung durch seine Erben ausgesetzt sind, muss nicht nur damit rechnen, dass sein lebzeitiges Abbild posthum, ggf. negativ, verändert wird. Vielmehr kann dies zu einem lebzeitig restriktiven Umgang mit der digitalen Kommunikation und insbesondere auch mit der Meinungsäußerung führen. Diese Erkenntnis lässt sich nahtlos in die Rechtsprechung des Bundesverfassungsgerichts zur Vorratsspeicherung von Telekommunikationsdaten einreihen. Das Bundesverfassungsgericht führt in diesem Zusammenhang aus, dass das damit einhergehende „*diffuse Gefühl des Beobachtetseins eine unbefangene Wahrnehmung der Grundrechte in vielen Bereichen beeinträchtigen kann.*“[359]

---

356 So *Weichert*, Postmortaler Datenschutz, S. 6.

357 *Weichert*, Postmortaler Datenschutz, S. 6; in diese Richtung auch *Heinemann/Heinemann*, DuD 2013, 242 (245), welche mit einer Fortwirkung des Art. 4 BDSG argumentieren; *Spilker*, DÖV 2015, 54 (55 f.).

358 *Schack*, JZ 2019, 864 (868).

359 BVerfGE 125, 260 (320); kritisch hierzu *Pagenkopf*, in: Sachs, Grundgesetzkommentar, Art. 10 Rn. 8.

##### *(a) Postmortales Persönlichkeitsrecht kann einer generellen Vererbbarkeit personenbezogener Daten nicht entgegenstehen*

Indes bestehen Bedenken gegen die Annahme, dass dem Institut des postmortalen Persönlichkeitsrechts ein postmortaler Datenschutz dahingehend entnommen werden kann, dass personenbezogene Daten grundsätzlich von der Vererbbarkeit ausgeschlossen sind. Das postmortale Persönlichkeitsrecht schützt – wie vorstehend[360] dargelegt – den allgemeinen Achtungsanspruch, der Menschen kraft ihres Personseins zukommt, so wie den sittlichen, personalen und sozialen Geltungswert, welchen eine Person durch ihre eigene Lebensleistung erlangt hat.[361] Mit dem Ableben einer Person geht gemäß § 1922 Abs. 1 BGB der gesamte Nachlass, mithin auch die dazugehörigen Daten, auf die Erben über. Das postmortale Persönlichkeitsrecht existiert allerdings nicht bereits vor dem Erbfall und kann schon vor diesem Hintergrund eine Durchbrechung des Grundsatzes der Universalsukzession nicht verhindern.

Ferner ist die Schutzwirkung des postmortalen Persönlichkeitsrechts nicht mit der des allgemeinen Persönlichkeitsrechts identisch, sondern bleibt hinter diesem zurück.[362] Die Schutzwirkung eines postmortalen, sich aus dem postmortalen Persönlichkeitsrecht ableitenden Datenschutzrechts kann nicht weiter reichen als die des allgemeinen, zu Lebzeiten bestehenden, allgemeinen Persönlichkeitsrechts[363]: Nach der derzeitigen Rechtslage verhindert das nationale Datenschutzrecht, welches auf dem allgemeinen Persönlichkeitsrecht fußt, nicht die Vererbbarkeit von Daten.[364] Folgerichtig kann sich auch aus dem postmortalen Persönlichkeitsrecht grundsätzlich kein Ausschluss der Vererbbarkeit von Daten ergeben.[365]

Gegen die Annahme eines Ausschlusses der Vererbbarkeit von personenbezogenen Daten durch das postmortale Persönlichkeitsrecht lässt sich zudem dessen Charakter als Abwehrrecht anführen: Ein solches entsteht nur für den

---

360 C.II.2.b).(cc).(1).

361 Hierzu ebenfalls *Hager*, in: Staudinger, BGB, § 823 Rn. C 34.

362 OLG Köln Urt. v. 30.11.2017 – 15 U 67/17 (ZD 2018, 489): „*Der Schutzbereich des postmortalen Persönlichkeitsrechts bleibt deutlich hinter dem Schutz zurück, der Lebenden gegen fremde Äußerungen i.R.d. allgemeinen Persönlichkeitsrechts zukommt*" (1. LS); so auch *Hager*, in: Staudinger, BGB, 2017, § 823 Rn. C 34 m.w.N.

363 So auch *Martini*, in: Hill/Martini/Wagner, Facebook, Google & Co., S. 100.

364 Hierzu unter C.II.3.c.

365 So auch *Kubis et al.*, Der digitale Nachlass, S. 103: „*Wollen Verbraucher einem völligen Kontrollverlust über die Daten nach dem Tod vorbeugen, müssen sie bereits zu Lebzeiten selbst vorsorglich tätig werden.*"

Fall einer konkreten Verletzung des postmortalen Persönlichkeitsrechts des Erblassers.[366] Dem postmortalen Persönlichkeitsrecht kommt mithin keine „rechtsvernichtende" Wirkung zu. Die Geltendmachung entsprechender Abwehrrechte steht grundsätzlich – soweit der Erblasser hierzu lebzeitig keine gesonderten Bestimmungen getroffen hat – den nächsten Angehörigen des Erblassers zu.[367]

Die Annahme einer generellen Unvererbbarkeit personenbezogener Daten wäre nur dann nachvollziehbar, wenn bereits mit Übergang der entsprechenden Daten auf die jeweiligen Erben eine Verletzung des postmortalen Persönlichkeitsrechts des Erblassers angenommen werden kann. Mit dem nach § 1922 Abs. 1 BGB grundsätzlich uneingeschränkten Übergang auch der personenbezogenen Daten auf die Erben einer verstorbenen Person geht indes nicht zwingend eine Beeinträchtigung des Geltungswertes einer Person einher.[368] Vielmehr kann dies nur in Einzelfällen gegeben sein, so es sich bei personenbezogenen Daten bspw. um kompromittierende Daten oder sonstige intime Informationen handelt, welche dazu geeignet sind, das lebzeitige Bild des Erblassers nach dessen Ableben zu beeinträchtigen. Ist dies der Fall, so steht den vom Erblasser hierfür bestimmten Personen oder seinen nahen Angehörigen das Recht zu, das postmortale Persönlichkeitsrecht des Verstorbenen zu verteidigen, was – für den Fall einer rechtswidrigen Verwendung der personenbezogenen Daten des Erblassers durch Dritte – zu einem Unterlassungsanspruch gemäß §§ 823 Abs. 1, 1004 BGB führen kann. Fallen die Erben und die nächsten Angehörigen des Erblassers auseinander, so können Erstere, so mit dem Übergang der personenbezogenen Daten eine Verletzung des postmortalen Persönlichkeitsrechts des Erblassers einhergeht, Abwehrrechte gegenüber den Erben geltend machen und in diesem Zusammenhang bspw. die Löschung bestimmter Daten verlangen.[369] Sind Erben und nächste Angehörige indes nicht personenverschieden, so ist der Erblasser im Hinblick auf einen postmortalen Datenschutz von der Gesinnung der Erben abhängig. In diesem Zusammenhang wird ein Dilemma deutlich: Die ggf. kompromittierenden Daten gehen nach der vorstehenden Auffassung zunächst einmal auf die Erben über, bevor Abwehrrechte überhaupt geltend gemacht werden können. In diesen Fällen kann eine Verletzung

---

366 Vgl. *Götting*, GRUR 2004, 801 (802); *Raff*, in: MüKoBGB, § 1004 Rn. 37.

367 *Hager*, in: Staudinger, BGB, 2017, § 823 Rn. C 10 m.w.N.

368 So auch *Herzog/Pruns*, Der digitale Nachlass, S. 41: *„Durch die Kenntnisnahme besonderer persönlicher Aufzeichnungen verletzen die Erben den Achtungsanspruch des Erblassers nicht."*

369 So auch *Herzog*, NJW 2013, 3745 (3750) und *Kubis et al.*, Der digitale Nachlass, S. 104.

des postmortalen Persönlichkeitsrechts des Erblassers, welches mit der Kenntnisnahme der Daten durch die Erben eintritt, nicht verhindert werden. Dies ist indes ein dem postmortalen Persönlichkeitsschutz immanentes Problem, da eine Rechtsverletzung regelmäßig bereits eingetreten oder beendet ist, bis die Anspruchsberechtigten davon Kenntnis erlangen.[370] Vor dem Hintergrund, dass eine Verletzung des postmortalen Persönlichkeitsrechts allein aufgrund des Übergangs von personenbezogenen Daten jedoch regelmäßig vereinzelt eintreten kann und nicht sämtliche personenbezogenen Daten des Erblassers betrifft, ist dies an dieser Stelle hinzunehmen. Dies spricht vielmehr für die Etablierung eines postmortalen Datenschutzregimes, wonach eine Person selbst entscheiden kann, welche ihrer Daten auf ihre Erben übergehen sollen.[371]

##### *(b) Vererbbarkeit personenbezogener Daten kann sowohl im Interesse des Erblassers als auch der Erben liegen*

Im Übrigen erscheint der Ansatz, dass das postmortale Persönlichkeitsrecht einer Vererbbarkeit personenbezogener Daten generell entgegensteht, nicht zwingend interessengerecht: Die Interessen des Erblassers müssen nicht zwingend einem Übergang der personenbezogenen Daten auf seine Erben entgegenstehen, denn so bleibt immerhin gewährleistet, dass diese nicht jeglicher Verfügungsgewalt entzogen sind und sich ausschließlich in dem Herrschaftsbereich des entsprechenden Providers befinden. Dies fußt auf der hinter dem erbrechtlichen Grundsatz der Universalsukzession stehenden Intention der Kontinuität der Rechtsverhältnisse des Erblassers: § 1922 Abs. 1 BGB statuiert zwar keine Fortsetzung der Erblasserpersönlichkeit im Diesseits, aber die Fortsetzung der Rechts- und Pflichtenstellung des Erblassers.[372] Die Erben einer verstorbenen Person können ebenfalls ein Interesse an deren personenbezogenen Daten haben. Dies mag die Aufarbeitung eines (positiven) Persönlichkeitsprofils sein oder auch – dies zeigt der hinter dem im Rahmen dieser Arbeit diskutierten Urteil des BGH zum digitalen Nachlass stehende Sachverhalt[373] – die Aufklärung des Todesumstandes zur Durchsetzung eigener Interessen oder auch der Interessen des Erblassers.

---

370 Vgl. BGHZ 143, 214; *Götting*, GRUR 2004, 801 (802).

371 Hierzu unter E.II.

372 Vgl. *Kunz*, in: Staudinger, BGB (2017), § 1922 Rn. 11; *Dutta*, in: Staudinger, BGB (2016), Vorbem. 7 zu §§ 1967-2017.

373 Hierzu oben, unter C.I.1.

#### *(c) Vermeidung der Schaffung eines „Datenfriedhofes"*

Schließlich hätte die Annahme einer generellen Unvererbbarkeit personenbezogener Daten zur Konsequenz, dass diese nach dem Ableben einer Person für unbestimmte Zeit auf den Servern der entsprechenden Provider verbleiben. Da es mangels Personen, welche an diesen Daten berechtigt sind, diesbezüglich keinen Datenschutz mehr gibt, stünden diese grundsätzlich uneingeschränkt dem jeweiligen Provider zur Verfügung, welcher diese für seine eigenen Zwecke verwenden könnte. Die betreffenden Daten dürften in diesem Fall auch der Kontrolle der Bundes- bzw. Landesdatenschutzbehörden entzogen sein, da das Datenschutzrecht einer Person mit deren Ableben, wie vorstehend dargestellt, endet.[374]

### *d) Das Fernmeldegeheimnis in Art. 10 GG*

Dem in Art. 10 GG geregelten Brief-, Post- und Fernmeldegeheimnis kommt in der Verfassung ein hoher Rang zu, denn es gewährleistet, so das BVerfG, *„die freie Entfaltung der Persönlichkeit durch einen privaten, vor den Augen der Öffentlichkeit verborgenen Austausch von Nachrichten, Gedanken und Meinungen (Informationen) und wahrt damit die Würde des denkenden und freiheitlich handelnden Menschen."*[375]

Art. 10 GG stellt eine objektive Wertentscheidung des Grundgesetzes dar und soll durch den Entzug der individuellen Kommunikation vor staatlichem Zugriff die Freiheit des Gedankenaustauschs sicherstellen.[376] Mit dem entsprechend hohen Schutz des Art. 10 GG soll somit ein Einschüchterungseffekt und damit eine Einschränkung der Kommunikation vermieden werden, sodass Art. 10 GG ein mittelbarer Persönlichkeitsschutz zugeschrieben wird.[377] Art. 10 GG stellt den Inhalt einer Kommunikation unter verfassungsrechtlichen Schutz, ohne dabei zwischen den Inhalten des Informations- und Gedankenaustauschs zu unterschieden, die in diesem Fall private, politische oder geschäftliche Themenfelder betreffen können, oder nach der Ausdrucksform und der Übermittlungsart zu differenzieren.[378]

---

374 So auch *Arens*, RDV 2018, 127 (129).

375 BVerfGE 67, 157 (171); *Durner*, in: Maunz/Dürig, GG, Art. 10 Rn. 1.

376 *Durner*, in: Maunz/Dürig, GG, Art. 10 Rn. 2.

377 *Durner*, in: Maunz/Dürig, GG, Art. 10 Rn. 56.

378 Vgl. *Korge*, Die Beschlagnahme elektronisch gespeicherter Daten, S. 74; vgl. auch BVerfGE 125, 260 (Vorratsdatenspeicherung), hierzu: *Papier*, NJW 2017, 3025 (3027).

Für die vorliegende Arbeit von Bedeutung ist insbesondere das Fernmeldegeheimnis: Dieses schützt die Vertraulichkeit der unkörperlichen Übermittlung von Informationen an individuelle Empfänger mit Hilfe des Telekommunikationsverkehrs.[379] Der Schutz des Fernmeldegeheimnisses erstreckt sich auf sehr unterschiedliche Übertragungsformen, unabhängig davon, welche Übermittlungsart oder Ausdrucksform genutzt wird.[380] Erfasst werden nicht nur die für den öffentlichen Verkehr bestimmten Fernmeldeanlagen, sondern alle technisch verfügbaren Mittel der unkörperlichen Kommunikation.[381] Einfachgesetzliche Ausprägung des in Art. 10 GG verankerten Schutzes des Fernmeldegeheimnisses ist das in § 88 TKG normierte Fernmeldegeheimnis.[382]

*(aa) Erstreckung des Schutzbereichs des Art. 10 GG auf sog. „ruhende Nachrichten"?*

Im Rahmen des Fernmeldegeheimnisses beschränkt der Normzweck des Art. 10 GG, nämlich die Vertraulichkeit der Kommunikation, den Schutzbereich zeitlich auf die Dauer des Kommunikationsvorgangs.[383] Demnach endet der Schutz des Fernmeldegeheimnisses in dem Moment, in dem die Nachricht im Herrschaftsbereich des Empfängers angekommen, der Übertragungsvorgang also beendet ist und damit die spezifischen Gefahren der räumlich distanzierten Kommunikation nicht mehr gegeben sind.[384] Nach diesen Maßstäben endet der Schutz des Fernmeldegeheimnisses in dem Moment, in dem die Nachricht bei dem Empfänger angekommen und der Übertragungsvorgang beendet ist.[385] Es stellt sich damit die Frage, ob bspw. E-Mails, die im Posteingang gespeichert sind, oder Chatverläufe im Hinblick auf eine Kommunikationsplattform wie bspw. Facebook – analog zu den noch nicht abgeschickten oder bereits zugestellten Briefen – überhaupt unter dem Schutz des Art. 10 Abs. 1 GG stehen können. Nach der Rechtsprechung des BVerfG sind grundsätzlich auch bereits abgeschlossene Kommunikationsvorgänge von dem Schutzbereich des Art. 10

379 BVerfGE 67, 157 (172); BVerfGE 106, 28 (35 f.); BVerfGE 115, 166 (182); *Durner*, in: Maunz/Dürig, GG, Art. 10 Rn. 106.

380 BVerfGE 120, 274 (307).

381 *Durner*, in: Maunz/Dürig, GG, Art. 10 Rn. 106.

382 *Eckhardt*, in: Spindler/Schuster, Elektr. Medien, § 88 TKG Rn. 1; hierzu ausführlich unter C.II.3.d).

383 *Durner*, in: Maunz/Dürig, GG, Art. 10 Rn. 124.

384 BVerfGE 115, 166 (184); BVerfGE 120, 274 (307 f.); BVerfGE 124, 43 (54); *Durner*, in: Maunz/Dürig, GG, Art. 10 Rn. 124.

385 BVerfGE 115, 166 (184).

GG umfasst, soweit sich die entsprechenden Daten noch auf dem Server des Providers befinden.[386] E-Mails oder sonstige Kommunikationsdaten, die sich noch auf dem jeweiligen Server eines Providers befinden und jederzeit erneut abgerufen werden können, sind sowohl dem Zugriff des Providers als auch dem des Staates jederzeit ausgesetzt und damit für den Betroffenen nicht beherrschbar.[387] Vor diesem Hintergrund besteht das Schutzbedürfnis des Betroffenen insoweit auch nach Beendigung eines Kommunikationsvorgangs fort. Art. 10 GG greift indes dann nicht mehr, wenn Kommunikationsdaten nach Beendigung des Kommunikationsvorgangs auf ein Speichermedium eines Kommunikationspartners heruntergeladen und dort gespeichert werden.

*(bb) Grundrechtsbindung privater Unternehmen*

Private Unternehmen, wie dies insbesondere Anbieter von Kommunikationsdienstleistungen darstellen, sind nicht unmittelbar an Art. 10 GG gebunden, soweit es sich bei ihnen nicht ausnahmsweise um ein staatlich beherrschtes oder sich in der Hand des Staates befindendes Unternehmen handelt.[388] In seinem Wesenskern vermittelt Art. 10 GG vornehmlich Abwehrrechte des Bürgers gegen den Staat.[389] Demnach stellt der Staat selbst den Adressaten der verfassungsrechtlichen Garantie des Art. 10 GG dar.[390] Diesem obliegt es sicherzustellen und für die Zukunft zu gewährleisten, dass die Infrastruktur des Fernmeldeverkehrs vor einer Einsichtnahme durch unberechtigte Dritte geschützt wird. Damit ist zunächst der Staat in der Gewährleistungspflicht, den Schutz dieser Infrastruktur – etwa durch gesetzliche Regelungen – sicherzustellen. Insoweit ist der Schutz des Fernmeldeverkehrs eine Verlängerung des Schutzes der Privatsphäre als solcher.[391] Das Recht auf Privatheit, wie sie das Grundgesetz versteht, setzt voraus, dass der Bürger auch in seiner Kommunikation mit anderen Personen Schutz hinsichtlich der ausgetauschten Kommunikationsinhalte genießt.[392] Die Freiheit der Privatsphäre ist nur dann gewährleistet, wenn dieser auch eine

---

386 BVerfGE 115, 166 (184); 120, 274 (307 f.); *Apel*, ZD 2018, 486; *Gloser*, MittbayNot 2016, 12 (18); *Günther*, NStZ 2006,641 (643); *Ludyga*, ZEV 2018, 1 (5 f.); *Mayen*, in: Scheurle/Mayen, TKG, § 88 Rn. 23.

387 Vgl. BVerfGE 124, 43 (54 f.); *Fußeder*, Soziale Netzwerke im Nachlass, S. 150.

388 BVerfGE 128, 226 (Fraport); *Durner*, in: Maunz/Dürig, GG, Art. 10 Rn. 106 ff.; *Ogorek*, in: BeckOK GG, Art. 10 Rn. 12; *Ruffert*, JuS 2020, 1 ff.

389 *Epping*, Grundrechte, Rn. 14; *Voßkuhle/Kaiser*, JuS 2011, 411.

390 *Epping*, Grundrechte, Rn. 696.

391 Vgl. BVerfGE 67, 157 (171); BVerfGE 106, 28.

392 Vgl. *Durner*, in: Maunz/Dürig, GG, Art. 10 Rn. 56.

Freiheit privater Kommunikation immanent ist. Gerade in der Möglichkeit, Personen in eine von der restlichen Öffentlichkeit abgeschirmte Kommunikation einzubeziehen, bzw. Personen aus einer solchen Kommunikation auszuschließen, liegt das Wesen der Privatheit: Die Herrschaft über eine Differenzierung unterschiedlicher Kommunikationsebenen in öffentliche und private (gemeint ist mithin: nichtöffentliche) Belange.[393]

Dieser Argumentation folgend ist die Ausgestaltung des Fernmeldegeheimnisses als Verlängerung des Schutzes der Privatheit zu verstehen. Wann immer eine Mehrzahl an Personen in der analogen Welt sozial interagiert, steht es jeder dieser Personen frei, Entscheidungen über die eigene Privatheit zu fällen. Diese Entscheidungen können die Teilhabe an bestimmten Kommunikationsvorgängen betreffen, aber auch die Auswahl der Adressaten dieser Kommunikationsvorgänge. Nichts anderes soll im Rahmen des Fernmeldegeheimnisses im Fernmeldeverkehr gewährleistet werden, wenn der Staat dazu verpflichtet ist, entsprechende Schutzmechanismen bereitzustellen.[394] Dies ist mit der einfachgesetzlichen Ausgestaltung des Fernmeldegeheimnisses in § 88 TKG erfolgt, woran schließlich private Unternehmen gebunden sind.[395] Das BVerfG hat in seiner „Fraport-Entscheidung“ zudem deutlich gemacht, dass für den Schutz der Kommunikation bei privaten Unternehmen, welche die Bereitstellung der Rahmenbedingungen öffentlicher Kommunikation selbst übernehmen und damit in Funktionen eintreten, die früher dem Staat als Aufgabe der Daseinsvorsorge zugewiesen waren, die mittelbare Grundrechtsbindung „*einer Grundrechtsbindung des Staates nahe oder auch gleich kommen*“ kann.[396] Dies ist in der Regel bei Post- und Telekommunikationsdienstleistern der Fall.[397] Auf Anbieter von Kommunikationsplattformen wird dies üblicherweise nicht zutreffen.[398]

---

393 In diese Richtung *Gusy*, in: von Mangoldt/Klein/Starck, GG, Art. 10 Rn. 15.

394 Vgl. *Mayen*, in: Scheurle/Mayen, TKG, § 88 Rn. 2.

395 BVerfGE 106, 28 (37); *Klesczewski*, in: Säcker, § 88 TKG Rn. 9; *Mayen*, in: Scheurle/Mayen, TKG, § 88 Rn. 2.

396 BVerfGE 128, 226 (249 f.); *Mayen*, in: Scheurle/Mayen, TKG, § 88 Rn. 2.

397 BVerfGE 128, 226 (249 f.); 124, 43 (54 f).

398 A.A. *Mayen*, welcher sämtliche Provider einer gleichen Grundrechtsbindung aussetzen will wie den Staat; *Mayen*, Stellungnahme DAV, S. 73.

### 3. Datenschutzrechtliche Implikationen

#### a) *Europarechtliche Verankerung des Datenschutzrechts*

Auf der europäischen Ebene sind neben dem Grundrecht auf Datenschutz aus Art. 8 der Europäischen Grundrechtecharta (GRCh) die grundrechtlichen Gewährleistungen zum Schutz des Privatlebens in Art. 7 GRCh und Art. 8 der Europäischen Menschenrechtskonvention (EMRK) von Bedeutung.[399] Mit Art. 8 der Europäischen Menschenrechtskonvention (EMRK) wurde dem Datenschutz eine menschenrechtliche Bedeutung zugewiesen. Art. 8 EMRK kommt im Hinblick auf die Auslegung der Art. 7 und 8 GRCh eine sog. Prägefunktion zu.[400] Bislang nicht abschließend geklärt ist das Verhältnis zwischen Art. 7 und Art. 8 GRCh: Art. 7 GRCh schützt allgemein „*das Recht auf Achtung ihres Privat- und Familienlebens, ihrer Wohnung sowie ihrer Kommunikation*", während Art. 8 GRCh konkret den Schutz personenbezogener Daten vorsieht. In diesem Zusammenhang wird vertreten, dass zwischen den beiden Regelungen ein Exklusivverhältnis besteht: Demnach stellen Art. 7 und 9 GRCh zwei Kreise ohne Schnittmenge dar: Während Art. 8 GRCh seine Funktion im Schutz vor der Verarbeitung personenbezogener Daten hat, schützt Art. 7 GRCh alle anderen Aspekte des Privatlebens.[401] Demgegenüber wird vertreten, dass der Datenschutz dagegen eine Teilmenge des Privatlebens darstelle, sodass im Falle der Eröffnung des Schutzbereichs von Art. 8 GRCh das „allgemeinere" Grundrecht des Art. 7 GRCh verdrängt würde.[402] Das Datenschutzverständnis des Europäischen Gerichtshofs ist hingegen von dem Umstand geprägt, dass die dogmatische Einordnung des Datenschutzes keinem bestimmten sachlichen Schutzbereich der Art. 7 und 8 GRCh zuzuordnen ist, sondern vielmehr Aspekte der beiden vorbezeichneten Rechte betrifft.[403] Vor diesem Hintergrund wird das grund- bzw. menschenrechtliche Fundament des Datenschutzes auch als Kombinationsgrundrecht bezeichnet.[404]

---

399 *Gusy/Eichenhofer*, in: BeckOK Datenschutzrecht, § 1 BDSG Rn. 43.

400 *Gusy/Eichenhofer*, in: BeckOK Datenschutzrecht, § 1 BDSG Rn. 43.

401 *Gusy/Eichenhofer*, in: BeckOK Datenschutzrecht, § 1 BDSG Rn. 43.

402 *Kingreen*, in: Calliess/Ruffert, Das Verfassungsrecht der Europäischen Union, Art. 8 GRCh Rn. 1.

403 Vgl. EuGH, Urt. v. 09.11.2010 – C-92/09, C-93/09 (EuZW 2010, 939); EuGH, Urt. v. 06.10.2015 – C-362/14 (EuZW 2015, 881); a.A. *Kingreen*, in: Calliess/Ruffert, Das Verfassungsrecht der Europäischen Union, Art. 8 GRCh Rn. 1.

404 *Veil*, NVwZ 2018, 686 (694).

Wie auch im Hinblick auf das allgemeine Persönlichkeitsrecht (Art. 2 Abs. 1 GG) sowie auf das Fernmeldegeheimnis (Art. 10 GG) endet der persönliche Schutzbereich der Art. 7 und 8 GRCh mit dem Ableben einer Person.[405] Ein postmortaler Datenschutz lässt sich nach alledem aus den europarechtlichen Vorgaben zum Datenschutz nicht unmittelbar herleiten.

### *b) Das Datenschutzrecht als Ausprägung des grundrechtlich verankerten Rechts auf informationelle Selbstbestimmung*

Wie bereits vorstehend[406] dargelegt, stellt der Schutz personenbezogener Daten einen notwendigen Bestandteil des Persönlichkeitsschutzes dar.[407] Das Fehlen eines starken Datenschutzes ist grundsätzlich dazu geeignet, das Online- und – im Hinblick auf Kommunikationsdaten – auch das Kommunikationsverhalten von Personen zu beeinflussen. Wer nicht weiß, was mit seinen Daten zu Lebzeiten und auch nach seinem Ableben geschieht, wird dazu geneigt sein, Daten restriktiv zu generieren.

Das Datenschutzrecht ist die einfachgesetzliche Ausgestaltung des grundrechtlich verankerten Rechts auf informationelle Selbstbestimmung (Art. 1 Abs. 1, 2 Abs. 1 GG) und des in Art. 10 Abs. 1 GG geregelten Fernmeldegeheimnisses sowie der Europäischen Datenschutzgrundverordnung (DSGVO)[408], welche ebenfalls eine Grundlage des nationalen Datenschutzrechts darstellt.[409] Vor diesem Hintergrund ist auch die Europäische Grundrechtecharta zentraler Ansatz für verfassungsrechtliche Fragen; sie ist auch bei der Anwendung der DSGVO durch deutsche Behörden und Gerichte maßgeblich und insoweit sogar der Maßstab der Kontrolle durch das BVerfG.[410] Ein Datenschutzrecht im Sinne eines allumfassenden Gesetzeswerkes gibt es nicht. Vielmehr existieren einzelne Gesetze, die auf den Schutz personenbezogener Daten gerichtet sind: Schutzvorschriften ergeben sich in diesem Zusammenhang in erster Linie aus dem Telemediengesetz (TMG) sowie aus der DSGVO, dem – auf der

---

405 Vgl. *Bernsdorff*, in: Meyer/Hölscheidt, GRCh, Art. 8 Rn. 25.

406 Siehe oben, unter C.II.2.b).(cc).

407 Vgl. auch *Redeker*, IT-Recht, Rn. 1008.

408 Verordnung (EU) 2016/679 des Europäischen Parlaments und des Rates vom 27. April 2016 zum Schutz natürlicher Personen bei der Verarbeitung personenbezogener Daten, zum freien Datenverkehr und zur Aufhebung der Richtlinie 95/46/EG.

409 *Leeb/Liebhaber*, JuS 2018, 534; *Redeker*, IT-Recht, Rn. 1002.

410 BVerfG, Beschl. v. 6.11.2019 – 1 BvR 276/17 (GRUR 2020, 88 (91)); *Redeker*, IT-Recht, Rn. 1002.

DSGVO fußenden – Bundesdatenschutzgesetz (BDSG) sowie den einzelnen Datenschutzgesetzen der Länder. Nicht zum Datenschutzrecht im engeren Sinne zählt das Telekommunikationsgesetz (TKG), welches aber, insbesondere mit dem in § 88 TKG geregelten Telekommunikationsgeheimnis, datenschutzrechtlichen Charakter aufweist. Das TKG und das TMG stehen zu der DSGVO und dem BDSG grundsätzlich in einem Lex-specialis-Verhältnis.[411] Die sog. sektorspezifischen Datenschutzregeln greifen mithin vorrangig (vgl. § 1 Abs. 2 BDSG) und sind auch nach dem Inkrafttreten der DSGVO grundsätzlich weiterhin anwendbar.[412]

### c) *DSGVO und nationale Datenschutzgesetze*

Mit Inkrafttreten der Datenschutzgrundverordnung (DSGVO)[413] am 25. Mai 2018 wurde das Datenschutzrecht basierend auf dem (ersten) Datenschutz-Anpassungs- und Umsetzungsgesetz EU (DSAnpUG-EU)[414] nicht nur in Deutschland, sondern in der gesamten Europäischen Union auf eine einheitliche Rechtsgrundlage gestellt.[415] Auf Bundesebene wurde das Bundesdatenschutzgesetz (BDSG) vollständig reformiert und auch das übrige nationale Recht an die Vorgaben der DSGVO angepasst.[416] Noch nicht erfolgt ist die Umsetzung der sog. Whistleblower-Richtlinie,[417] wonach ebenfalls Auswirkungen auf das nationale Datenschutzrecht erwartet werden.[418]

---

411 Umstritten im Hinblick auf die Regelungen der §§ 11 ff. TMG im Verhältnis zur DSGVO, hierzu: *Sesing*, MMR 2019, 347 (348 ff.).

412 Vgl. *Bock*, in: Beck'scher TKG-Kommentar, § 88 Rn. 11; *Ernst*, in: Paal/Pauly, DSGVO/BDSG, § 1 BDSG Rn. 6; *Munz*, in: Taeger/Gaebel, BDSG, Einführung Rn. 3.

413 Datenschutz-Grundverordnung (EU) 2016/679; einführend instruktiv *Albrecht*, CR 2016, 88 ff.; *Freiherr von dem Bussche/Zeiter/Brombach*, DB 2016, 1359 ff.; *Kühling/Martini*, EuZW 2016, 448 ff.; *Schantz*, NJW 2016, 1841 ff.; kritisch *Veil*, NVwZ, 686 ff.

414 Am 23.11.2019 ist das zweite DSAnpUG-EU in Kraft getreten, womit bereichsspezifische Ergänzungen zu dem ersten DSAnpUG-EU vorgenommen wurden, hierzu *Nägele/Apel/Stolz/Thiele*, DB 2020, 1498 f.

415 *Nägele/Apel/Stolz/Thiele*, DB 2020, 1498.

416 *Nägele/Apel/Stolz/Thiele*, DB 2020, 1498.

417 RL EU 2019/1937 vom 23.10.2019 zum Schutz von Personen, die Verstöße gegen das Unionsrecht melden.

418 Hierzu *Baranowski/Glaßl*, CB 2018, 271 ff.; *Garden/Hiéramente*, BB 2019, 963 ff.

### (aa) Verdrängung der Regelungen des TMG durch die DSGVO?

Ob und inwieweit die datenschutzrechtlichen Regelungen des TMG weiterhin Geltung haben respektive Anwendung finden werden, ist derzeit noch Gegenstand eines angeregten Diskurses.[419] In diesem Zusammenhang wird vertreten, dass die datenschutzrechtlichen Regelungen des TMG durch das Inkrafttreten der DSGVO in vollem Umfang verdrängt worden sind.[420] Diese Auffassung wird auch vom deutschen Gesetzgeber geteilt,[421] wenngleich die entsprechenden Bestimmungen dennoch bislang nicht aufgehoben worden sind.[422] Maßgeblich für die Zulässigkeit der Verarbeitung personenbezogener Daten sind daher die in Art. 6 Abs. 1 DSGVO verankerten Maßstäbe sowie diejenigen Bestimmungen des BDSG, die ebendiese Wertungen in das nationale Recht transferieren.[423]

Es ließe sich in diesem Zusammenhang weiter diskutieren, ob datenschutzrechtliche Wertungen des TMG auch auf die Rechtsanwendungspraxis unter der DSGVO übertragen werden können. Hiergegen spricht allerdings, dass Art. 6 Abs. 1 DSGVO von einer vollkommen divergierenden Regelungskonzeption ausgeht[424] und daher schon die Voraussetzungen einer Parallelwertung ausgeschlossen sind.

Folgt man dieser Auffassung, bestimmt sich der Schutz personenbezogener Daten maßgeblich nach den Regelungen der DSGVO und jenen des BDSG.

### (bb) Auswirkungen der DSGVO und des BDSG auf den digitalen Nachlass

#### (1) Kein Schutz von Daten verstorbener Personen nach der DSGVO und dem BDSG

Schutzsubjekte der DSGVO sowie des BDSG sind natürliche Personen (vgl. Art. 4 Nr. 1 DSGVO).[425] Mit deren Ableben endet der Schutzbereich der

---

419 Hierzu *Keppler*, MMR 2015, 779 (781); *Buchner*, DuD 2016, 155 ff.; *Budzikiewicz*, AcP 218, 558 (582).

420 *Buchner*, DuD 2016, 155 (161); *Tinnefeld/Buchner/Petri/Hof*, Einführung in das Datenschutzrecht, S. 425 ff.

421 BT-Drs. 18/12356, 28: „*Eine Änderung der Sachlage wird nunmehr durch die anstehende Anpassung des Datenschutzrechts im TMG an die Datenschutz-Grundverordnung eintreten. Mit der Aufhebung des bereichsspezifischen Telemediendatenschutzes werden für die Telemedien dann die Vorschriften der Datenschutz-Grundverordnung und des Bundesdatenschutzgesetzes gelten.*"

422 *Budzikiewicz*, AcP 218, 558 (582).

423 *Schmitz*, ZRP 2017, 172 (173).

424 *Schmitz*, ZRP 2017, 172 (173).

DSGVO und des BDSG.[426] Die bis zum Inkrafttreten der DSGVO in diesem Zusammenhang geführte Debatte über die unmittelbare Anwendung des Datenschutzrechts auf Informationen Verstorbener[427] hat insoweit keine Grundlage mehr.[428] Zwar sieht Erwägungsgrund 27 S. 2 zur DSGVO vor, dass die Mitgliedsstaaten im nationalen Recht Bestimmungen schaffen können, die entsprechend dem Schutz personenbezogener Daten Verstorbener dienen. Der deutsche Gesetzgeber hat bislang – anders als andere europäische Staaten[429] – indes keinen Gebrauch von dieser Möglichkeit gemacht. Somit dienen die Regelungen des BDSG, da sie in materiell-inhaltlicher Hinsicht die DSGVO nur umsetzen, nicht aber ergänzen sollen und im Übrigen gegenüber der DSGVO lediglich subsidiär zur Anwendung kommen,[430] ebenfalls nur dem Schutz personenbezogener Daten Lebender.[431] Im Übrigen findet das BDSG keine Anwendung auf rein private Verarbeitungsvorgänge (§ 1 Abs. 1 S. 2 BDSG). Das BDSG kann somit auch bereits aus diesem Grund einem eigenmächtigen Zugriff der Erben auf einen Account des Erblassers zum (regelmäßigen) Zweck der Sicherung von persönlichen Erinnerungen oder zur Abwicklung des Nachlasses nicht

---

425 Hierzu *Karg*, in: Simitis/Hornung/Spiecker, Datenschutzrecht, Art. 4 DSGVO Rn. 38; *Lang*, in: Taeger/Gabel, DSGVO & BDSG, § 3 BDSG Rn. 18: Für den Anwendungsbereich des § 1 BDSG greift aufgrund des Verweises in § 1 Abs. 8 BDSG ebenfalls die Begriffsbestimmung in Art. 4 Nr. 1 DSGVO.

426 Ausdrücklich geregelt für die DSGVO (Erwägungsgrund 27 zur DSGVO); *Schmidt*, in: Taeger/Gabel, DSGVO & BDSG, Art. 1 DSGVO Rn. 8; *Budzikiewicz*, AcP 218, 558 (582); *Klas/Möhrke-Sobolewski*, NJW 2015, 3473 (3476); *Karg*, in: Simitis/Hornung/Spiecker, Datenschutzrecht, Art. 4 DSGVO Rn. 39; *Kienle*, JuWissBlog Nr. 67/2018; *Schmittmann*, in: Hoeren/Sieber/Holznagel, MultimediaR-Hdb, Teil 9 Rn. 79; *Martini/Kienle*, JZ 2018, 235 (237); a.A. *Culmsee*, DSRITB 2013, 413 (416).

427 Hierzu *Haase*, Datenschutzrechtliche Fragen des Personenbezugs, S. 94.

428 *Karg*, in: Simitis/Hornung/Spiecker, Datenschutzrecht, Art. 4 DSGVO Rn. 39.

429 Hierzu ausführlich unten, unter E.I.2.

430 *Schmidt*, in: Taeger/Gabel, DSGVO & BDSG, § 1 BDSG Rn. 1; *Schmitz*, ZRP 2017, 172 (173).

431 A.A. *Thiesen*, Daten in der Erbmasse, S. 132 ff., wonach gemäß einer verfassungskonformen Auslegung des BDSG auch Daten Verstorbener von dem Schutzbereich des BDSG erfasst sein sollen. In diese Richtung auch *Brändel*, in: Götting/Schertz/Seitz, § 37 Rn. 7-23; *Culmsee*, in: Taeger, Tagungsband DSRI-Herbstakademie 2013, S. 413 (S. 417); *Heinemann/Heinemann*, DuD 2013, 242; *Martini*, in: Hill/Martini/Wagner, Facebook, Google und Co. S. 77 (S. 93). Eine solche verfassungskonforme Auslegung stößt indes im Hinblick auf die klare Intention des Europäischen Gesetzgebers, wonach ausweislich des Erwägungsgrunds 27 zur DSGVO die Daten Verstorbener

entgegenstehen.[432] Die Regelung des § 1 Abs. 1 S. 2 BDSG greift indes nicht gegenüber Telekommunikationsanbietern, da es sich bei diesen nicht um natürliche Personen handelt, was nach dem Wortlaut der vorgenannten Regelung aber vorausgesetzt wird.[433]

*(2) Recht auf Vergessenwerden (Art. 17 DSGVO)*

Art. 17 DSGVO regelt das Recht auf Löschung personenbezogener Daten sowie das sog. Recht auf Vergessenwerden. Dieses soll der Tatsache begegnen, dass eine immer größere Anzahl von personenbezogenen Daten von allen Beteiligten offengelegt wird und dass damit erhebliche Auswirkungen für die betroffene Person verbunden sind, und ist mithin Ausdruck des Grundsatzes der Datenminimierung.[434]

Die Regelung des Art. 17 DSGVO steht einem Übergang des Vertragsverhältnisses eines Nutzers zu einem Provider auf die Erben des Nutzers nicht entgegen, da sie ausschließlich die Befugnis der Datenverarbeitung im Verhältnis zwischen Nutzer und Dienstanbieter begrenzt.[435] Eine Regelung, dass ein Provider dazu verpflichtet ist, die Daten einer Person nach deren Ableben zu löschen, sieht die DSGVO nicht vor.

*(3) Datenschutz der noch lebenden Kommunikationspartner des Erblassers*

Nachfolgend ist zu untersuchen, ob das Datenschutzrecht der noch lebenden Kommunikationspartner des Erblassers einer Weitergabe der Kommunikationsinhalte an dessen Erben vor dem Hintergrund der Regelung des Art. 6 Abs. 1 DSGVO entgegenstehen kann. Wäre dies der Fall, könnte sich der Provider gegenüber den Erben eines verstorbenen Nutzers im Hinblick auf deren grundsätzlich gemäß § 1922 Abs. 1 BGB auf sie übergegangenen

---

nicht geschützt sind und den nationalen Gesetzgebern lediglich die Möglichkeit eingeräumt wurde, einen entsprechenden postmortalen Datenschutz zu etablieren, auf erhebliche Bedenken: Das Europäische Recht, welches über dem nationalen Verfassungsrecht steht und damit Anwendungsvorrang genießt, verlangt eine eindeutige gesetzliche Verankerung eines postmortalen Datenschutzrechts.

432 So auch *Brisch/Müller-ter Jung*, CR 2013, 446 (450); *Kutscher*, Der digitale Nachlass, S. 135.

433 Hierzu *Gola/Reif*, in: Gola/Heckmann, Bundesdatenschutzgesetz, § 1 Rn. 8.

434 *Paal*, in: Paal/Pauly, DSGVO/BDSG, Art. 17 Rn. 6 f.

435 *Martini*, JZ 2012, 1145 (1149).

Zugangsverschaffungsanspruch auf die rechtliche Unmöglichkeit der Anspruchserfüllung (§ 275 Abs. 1 BGB) berufen.

Die Rechtmäßigkeit der Verarbeitung personenbezogener Daten ergibt sich aus den Art. 5 ff. DSGVO. Art. 5 DSGVO regelt hierbei die allgemeinen Grundsätze der Verarbeitung personenbezogener Daten und setzt damit Art. 8 Abs. 2 der Europäischen Grundrechtecharta (GRCh) um. Wie § 88 TKG sieht auch die DSGVO Erlaubnistatbestände für die Verarbeitung von Daten vor (Art. 6 Abs. 1 lit. a) - f) DSGVO). Die DSGVO folgt mit ihrer Systematik dem sog. Prinzip des „Verbots mit Erlaubnisvorbehalt".[436]

### *(a) Auffassung der Rechtsprechung*

Nach der Auffassung des BGH[437] ist der Datenschutz der noch lebenden Kommunikationspartner des Erblassers nicht betroffen. Der Bundesgerichtshof stützt dies auf die Regelung des Art. 6 Abs. 1 lit. b) Var. 1 DSGVO, wonach die Verarbeitung personenbezogener Daten insoweit rechtmäßig ist, als dies für die Erfüllung der vertraglichen Leistungs- und Nebenpflichten erforderlich ist.[438] Die Übermittlung und Bereitstellung von Nachrichten und geteilten Inhalten der jeweiligen Kommunikationspartner an das Benutzerkonto des Erblassers erfolge in Erfüllung einer gegenüber diesen bestehenden vertraglichen Hauptleistungspflicht.[439] Das Ableben eines Nutzers und der Eintritt seiner Erben in das Vertragsverhältnis zu dem Provider änderten an der Berechtigung der Datenverarbeitung nach Art. 6 Abs. 1 lit. b Var. 1 DSGVO nichts: Der Auftrag der jeweiligen Kommunikationspartner zur Übermittlung einer Nachricht oder eines geteilten Inhalts gelte zeitlich unbegrenzt und ende nicht mit dem Ableben eines Nutzers, solange das Vertragsverhältnis gegenüber dem Provider nicht beendet werde.[440]

Darüber hinaus sei die Verarbeitung personenbezogener Daten auch zur Wahrung der berechtigten Interessen der Erben eines verstorbenen Nutzers

---

436 *Albrecht*, in: Simitis/Hornung/Spiecker, Datenschutzrecht, Art. 6 DSGVO Rn. 1; *Buchner/Petri*, in: Kühling/Buchner, DS-GVO/BDSG, Art. 6 Rn. 11; *Buchner*, DuD 2016, 155 (157); *Eckhardt/Kramer*, DuD 2013, 287 (289 f.); *Faust/Spittka/Wybitul*, ZD 2016, 120 (122); *Frenzel*, in: Paal/Pauly, DSGVO/BDSG, Art. 6 Rn. 1; *v. Grafenstein*, DuD 2015, 789 (792); *Härting/Schneider*, CR 2015, 819 (822 f.); *Heberlein*, in: Ehmann/Selmayr, DS-GVO, Art. 6 Rn. 1.

437 BGHZ 219, 243 (266 ff.).

438 BGHZ 219, 243 (267).

439 BGHZ 219, 243 (267 f.).

440 BGHZ 219, 243 (268 f.).

als erforderlich anzusehen (Art. 6 Abs. 1 lit. f) DSGVO). Der Bundesgerichtshof hebt in diesem Zusammenhang hervor, dass zu den berechtigten Interessen neben rechtlichen auch tatsächliche, wirtschaftliche oder ideelle Interessen zählen und diese grundsätzlich einzelfallbezogen zu ermitteln sind.[441] Die Erben eines verstorbenen Nutzers könnten sich auf das durch Art. 14 Abs. 1 S. 1 GG geschützte Erbrecht[442] berufen und ein berechtigtes Interesse geltend machen, da das Vertragsverhältnis nach dem deutschen Erbrecht auf die Erben übergegangen ist und diesen mithin ein Primäranspruch auf Zugang zu dem Benutzerkonto des Erblassers und den darin enthaltenen Inhalten, gleich ob vermögensrechtlich oder höchstpersönlich, zusteht.[443] Hinzu kommt nach der Auffassung des Bundesgerichtshofs, dass auch sämtliche vermögensrechtlichen Ansprüche des Erblassers auf die Erben übergehen und diese auch für dessen Verbindlichkeiten haften. Aus den Inhalten eines Benutzerkontos können sich Informationen ergeben, welche für die Geltendmachung oder zur Abwehr von Ansprüchen von Relevanz sind.[444] Die Interessen, Grundrechte oder Grundfreiheiten des Kommunikationspartners im Sinne des Art. 6 Abs. 1 lit. f) DSGVO stünden den Interessen der Erben eines verstorbenen Nutzers nicht entgegen.[445] Einschlägig sind in diesem Zusammenhang das sich aus Art. 8 Abs. 1 GRCH ergebende Recht auf Schutz personenbezogener Daten, das Recht auf Achtung des Privat- und Familienlebens und der Kommunikation gemäß Art. 7 GRCh sowie schließlich das sich aus Art. 2 Abs. 1 i.V.m. Art. 1 GG ableitende Recht auf informationelle Selbstbestimmung. Im Rahmen der Interessenabwägung ist nach Ansicht des Bundesgerichtshofs zu berücksichtigen, dass jeder Kommunikationspartner seine (teilweise höchstpersönlichen) Informationen freiwillig und bewusst an den Provider übermittelt, welcher diese zum Abruf anderer Nutzer und Kommunikationspartner zur Verfügung stellt. Dem Nutzer sei ebenfalls bewusst, dass er nach dem Versenden einer Nachricht oder dem Teilen eines Inhalts nicht mehr kontrollieren kann, wer nach der Übermittlung und Bereitstellung der besagten Informationen letztlich von deren Inhalt Kenntnis hat, und ferner keine Möglichkeit besteht, Nachrichten „zurückzufordern“.[446] Hierbei spielen das Wissen eines jeden Nutzers um die Möglichkeit des Ablebens

441 BGHZ 219, 243 (269) m.w.N.
442 Hierzu oben, unter C.II.2.e).
443 BGHZ 219, 243 (269 f.).
444 BGHZ 219, 243 (270).
445 BGHZ 219, 243 (271 ff.);
446 BGHZ 219, 243 (273 f.).

eines Kommunikationspartners und der Kenntnisnahme durch dessen Erben sowie schließlich der eng begrenzte Zweck der Datenverarbeitung eine Rolle: Es gehe ausschließlich um die Übermittlung und Bereitstellung von personenbezogenen Daten und Inhalten für ein konkretes, von dem Kommunikationspartner selbst ausgewähltes Benutzerkonto gegenüber den Erben des verstorbenen Nutzers.[447] Letztlich ist nach Auffassung des Bundesgerichtshofs kein milderes Mittel zur Wahrung der berechtigten Interessen der Erben ersichtlich, als diesen den vollumfänglichen Zugang zu dem Account des verstorbenen Nutzers zu gewähren.[448]

#### *(b) Auffassung in der Literatur*

Die vorstehend dargestellte Auffassung des BGH wurde in der Literatur teilweise kritisch aufgenommen.[449] So wird argumentiert, dass einem Provider eines sozialen Netzwerkes gemäß Art. 6 Abs. 1 lit. b) Var. 1 DSGVO die Verarbeitung personenbezogener Daten nur insoweit gestattet sein kann, als es sich um die Erfüllung vertraglicher Pflichten gegenüber seinem Vertragspartner handelt, wobei Vertragspartei nach dem Wortlaut der vorzitierten Regelung nur die betroffene Person selbst sein kann: Die Erlaubnisnorm des Art. 6 Abs. 1 lit. b) Var. 1 DSGVO setze eine Personenidentität zwischen der Vertragspartei und der betroffenen Person voraus: Auch wenn die Erben eines verstorbenen Nutzers gemäß § 1922 Abs. 1 BGB zwar Vertragspartei werden, seien sie damit nicht zugleich auch „betroffene Personen“ im Sinne des Art. 6 Abs. 1 lit. b) Var. 1 DSGVO.[450] Eine Verarbeitungserlaubnis könne sich mithin ausschließlich aus dem konkreten Nutzungsvertrag zwischen dem Provider und den Kommunikationspartnern ergeben.[451] Es sei jedoch von vornherein zweifelhaft, ob es im Sinne des Art. 6 Abs. 1 lit. b) Var. 1 DSGVO „erforderlich“ ist, den Erben Zugang zu dem Account des verstorbenen Nutzers zu gewähren, um den vorgenannten Vertrag zu erfüllen. Dies wird im Ergebnis verneint, sodass Art. 6 Abs. 1 lit. b) Var. 1 DSGVO als Ermächtigungsgrundlage nicht einschlägig sei.[452]

Im Hinblick auf die weitere in Frage kommende Ermächtigungsgrundlage des Art. 6 Abs. 1 lit. f) DSGVO könne man im Rahmen der vorzunehmenden

---

447 BGHZ 219, 243 (274 f.).

448 BGHZ 219, 243 (274 f.).

449 *Gössl*, ZfPW 2021, 105 (109); *Martini/Kienle*, JZ 2019, 235.

450 *Martini/Kienle*, JZ 2019, 235 (237).

451 *Martini/Kienle*, JZ 2019, 235 (237).

452 *Martini/Kienle*, JZ 2019, 235 (238).

Interessenabwägung nicht pauschal die Interessen des Kommunikationspartners des Erblassers hinter die Interessen der Erben zurückstellen: Auch wenn jeder Kommunikationspartner damit rechnen müsse, dass Kommunikationsinhalte in die Hände Dritter fallen können, bestehe gleichwohl eine Vertrauenserwartung, dass dies regelmäßig nicht geschieht.[453] Im Übrigen käme entgegen der Auffassung des Bundesgerichtshofs als milderes Mittel für die Wahrung der Interessen der Erben die Möglichkeit in Betracht, die Daten in anonymisierter Form zur Verfügung zu stellen.[454]

Schließlich hätte seitens des BGH die Regelung des Art. 9 Abs. 1 DSGVO Berücksichtigung finden müssen, soweit es sich um die Verarbeitung sog. sensibler Daten handelt. Auch wenn sich nur vereinzelte der in Art. 9 Abs. 1 DSGVO genannten Daten in dem Account des Erblassers befinden würden, ergebe sich daraus eine „Infizierung" des gesamten Nutzerkontos.[455] In diesem Fall entfalte Art. 9 DSGVO eine Sperrwirkung gegenüber Art. 6 DSGVO, um einem angemessenen Schutz sensibler Daten Rechnung zu tragen. Diese unionale Wertung könne auch das nationale Erbrecht nicht überspielen.[456]

### *(c) Eigene Auffassung*

Wie aufgezeigt, stehen sich die Auffassung des BGH und die dargestellte Ansicht in der Literatur diametral entgegen. Nachfolgend wird daher zunächst untersucht, ob es sich bei der Verschaffung eines Zugangs zu einem Account einer verstorbenen Person zugunsten der Erben überhaupt um eine „Verarbeitung personenbezogener Daten" im Sinne des Art. 6 Abs. 1 DSGVO handelt. Anschließend werden die in Frage kommenden Erlaubnistatbestände des Art. 6 Abs. 1 DSGV, namentlich lit. a), b), c) und f), beleuchtet.

### *(i) Begriff der „Verarbeitung" im Sinne des Art. 6 Abs. 1 DSGVO*

Fraglich ist, ob es sich bei der Verschaffung des Zugangs zu einem Account einer verstorbenen Person durch einen Kommunikationsdienstleister überhaupt um eine Verarbeitung von personenbezogenen Daten im Sinne des Art. 6 Abs. 1 DSGVO handelt, was vor dem Hintergrund des Eintritts der Erben in das Vertragsverhältnis des verstorbenen Inhabers eines Accounts im Rahmen der Gesamtrechtsnachfolge (§ 1922 Abs. 1 BGB) zweifelhaft sein könnte.

---

453 *Martini/Kienle*, JZ 2019, 235 (238).
454 *Martini/Kienle*, JZ 2019, 235 (238).
455 *Martini/Kienle*, JZ 2019, 235 (239); so auch *Schneider*, ZD 2017, 303 (306).
456 *Martini/Kienle*, JZ 2019, 235 (239).

Der Begriff der Verarbeitung ist in Art. 4 Nr. 2 DSGVO legaldefiniert. Damit wird bezeichnet

> *„jeder mit oder ohne Hilfe automatisierter Verfahren ausgeführter Vorgang oder jede solche Vorgangsreihe im Zusammenhang mit personenbezogenen Daten wie das Erheben, Erfassen, die Organisation, das Ordnen, die Speicherung, die Anpassung oder Veränderung, das Auslesen, das Abfragen, die Verwendung, die Offenlegung durch Übermittlung, Verbreitung oder eine andere Form der Bereitstellung, den Abgleich oder die Verknüpfung, die Einschränkung, das Löschen oder die Vernichtung."*

Unter dem Begriff „Verarbeitung" soll jegliche Form des Umgangs mit personenbezogenen Daten zusammenfasst werden.[457] Die vorgenannte Definition enthält insgesamt drei Voraussetzungen:[458] Es muss *erstens* ein Vorgang oder eine Vorgangsreihe ausgeführt werden, *zweitens* muss dies mit oder ohne Hilfe automatisierter Verfahren erfolgen und *drittens* muss dies im Zusammenhang mit personenbezogenen Daten geschehen.

Fraglich ist, ob die Verschaffung des Zugangs zu einem Nutzerkonto des Erblassers zugunsten der Erben einen Vorgang im Sinne des Art. 4 Nr. 2 DSGVO darstellt. Ein Vorgang setzt eine Handlung voraus, mit der Konsequenz, dass etwas mit den Daten geschieht bzw. ein Umgang mit diesen erfolgt.[459] In der Regel ist damit eine Veränderung des Zustands der Daten verbunden.[460]

Im Hinblick auf den digitalen Nachlass besteht vorliegend die Besonderheit darin, dass personenbezogene Daten des Kommunikationspartners eines verstorbenen Nutzers durch den Kommunikationsdienstleister bereits – in dessen Einverständnis – verarbeitet wurden, indem diese auf dem Server des Kommunikationsdienstleisters gespeichert und dem verstorbenen Nutzer bzw. dessen Nutzerkonto zur Verfügung gestellt wurden. Wie bereits dargestellt[461], besteht die Hauptleistung des Betreibers eines sozialen Netzwerkes in der Zurverfügungstellung einer Kommunikationsplattform mit der Zielrichtung der Selbstdarstellung, des Austauschs und der Speicherung von Informationen, der

---

457 *Arning/Rothkegel*, in: Tager, DSGVO/BDSG, Art. 4 Rn. 56.

458 *Arning/Rothkegel*, in: Taeger, DSGVO/BDSG, Art. 4 Rn. 61.

459 *Arning/Rothkegel*, in: Taeger, DSGVO/BDSG, Art. 4 Rn. 62; *Herbst*, in: Kühling/Buchner, DS-GVO/BDSG, Art. 4 Rn. 14; *Reimer*, in: Sydow, EU-Datenschutzgrundverordnung, Art. 4 Rn. 47 ff.

460 *Reimer*, in: Sydow, EU-Datenschutzgrundverordnung, Art. 4 Rn. 47. Als Beispiel hierfür kommt in Betracht, dass Daten, die vorher nicht bei einer Stelle vorlagen, dort nun vorliegen oder Daten, die bislang nicht gespeichert waren, nunmehr gespeichert sind (*Arning/Rothkegel*, in: Taeger, DSGVO/BDSG, Art. 4 RN. 62).

461 C.II.1.a).(cc).

Kommunikation und Interaktion und schließlich des Aufbaus und der Pflege sozialer und auch geschäftlicher Beziehungen.[462] Die maßgeblichen Daten werden daher von dem Kommunikationsdienstleister jeweils konkreten und von der betroffenen Person ausdrücklich bestimmten Nutzerkonten (Accounts) zur Verfügung und damit – im Sinne des Art. 4 Nr. 2 – zur Abrufung bereitgestellt. Dies grundsätzlich unabhängig von der jeweils tatsächlich hinter einem Konto stehenden Person.[463] Treten nunmehr die Erben eines verstorbenen Nutzers gemäß § 1922 Abs. 1 BGB in dessen Vertragsverhältnis mit dem Kommunikationsdienstleister ein, so könnte angenommen werden, dass dies keine (erneute) Bereitstellung der bereits verarbeiteten Daten gegenüber den Erben darstellt, da das jeweilige Nutzerkonto – einschließlich des diesem zuzuordnenden Datenbestandes – dasselbe geblieben ist. Somit wäre im Zusammenhang mit dem Eintritt der Erben in das Vertragsverhältnis des Erblassers zu dem Kommunikationsdienstleister und einer damit verbundenen Möglichkeit der Einsichtnahme hinsichtlich des Datenbestandes kein „Vorgang" im Sinne des Art. 4 Nr. 2 DSGVO anzunehmen.[464]

Hiergegen kann jedoch angeführt werden, dass der Verarbeitungsbegriff im Sinne des Art. 6 Abs. 1 DSGVO grundsätzlich weit auszulegen ist,[465] und zum anderen, dass die DSGVO eine rein nutzerkontenbezogene Betrachtung, ohne Berücksichtigung der dahinterstehenden Person, nicht kennt: Gegenstand der DSGVO ist der Schutz natürlicher (konkreter) Personen (Art. 1 DSGVO). Vor diesem Hintergrund ist ein Kommunikationsdienstleister auch vertraglich dazu verpflichtet, dafür zu sorgen, dass sich Dritte keinen Zugang zu einem Konto ihres Vertragspartners verschaffen können.[466] Schließlich ist es Nutzern eines Kommunikationsdienstes auch untersagt, ihre Zugangsdaten an Dritte

---

462 Siehe hierzu oben, unter C.II.2.a).(cc).

463 BGHZ 219, 243 (253 f.); Gleiches gilt grundsätzlich auch für E-Mail-Accounts, hierzu: *Kutscher*, Der digitale Nachlass, S. 46 ff.

464 In diese Richtung zum BDSG: *Bergmann/Möhrle/Herb*, Datenschutzrecht, § 28 Rn. 127; *Dammann*, in: Simitis, BDSG, § 3 Rn. 44; *Gola/Klug/Körffer*, in: Gola/Schomerus, BDSG, § 3 Rn. 35; *Wolff*, in: Wolff/Brink, Datenschutzrecht in Bund und Ländern, § 28 Rn. 29; Kritisch *Thiesen*, Daten in der Erbmasse, S. 207.

465 Vgl. nur *Ernst*, in: Paal/Pauly, DSGVO/BDSG, Art. 4 Rn. 20; *Gola*, in: Gola, DSGVO, Art. 4 Rn. 30 ff.; *Klabunde*, in: Ehrmann/Selmayr, DSGVO, Art. 4 Rn. 23; *Roßnagel*, in: Simitis/Hornung/Spiecker, Datenschutzrecht, Art. 4 DSGVO Rn. 1.

466 Vgl. für Facebook Ziff. 1 der Nutzungsbedingungen (https://www.facebook.com/terms [zuletzt abgerufen am 10.8.2020]).

weiterzugeben,[467] was ebenfalls dem Schutz personenbezogener Daten der Kommunikationspartner des Nutzers dient.

Schließlich stellt technisch betrachtet jedes Einloggen in einen Account mit der Folge der Bereitstellung der dort gespeicherten Daten bereits einen Verarbeitungsvorgang im Sinne des Art. 6 Abs. 1 dar. Dies auch, wenn es sich dabei um die Person des berechtigten Nutzers selbst handelt.

Nach alledem ist der Anwendungsbereich des Art. 6 DSGVO vorliegend eröffnet.

### *(ii) Rechtmäßigkeit der Datenverarbeitung gemäß Art. 6 Abs. 1 lit. a) DSGVO*

Zunächst könnte der Erlaubnistatbestand des Art. 6 Abs. 1 lit. a) DSGVO eingreifen. Danach ist die Verarbeitung der personenbezogenen Daten einer betroffenen Person dann rechtmäßig, wenn diese ihre Einwilligung hierzu erteilt hat. Die Einwilligung ist Ausdruck des (grundrechtlich geschützten) Selbstbestimmungsrechts[468] einer Person und fußt auf Art. 8 Abs. 2 GRCh.[469] Damit geht das Recht einer jeden Person einher, grundsätzlich frei über die Preisgabe und Verwendung seiner persönlichen Daten selbst zu bestimmen.[470].

Allerdings sieht die DSGVO – anders als das TKG – explizite Anforderungen an eine Einwilligungserklärung vor. Diese sind Art. 4 Nr. 11 DSGVO zu entnehmen, wonach die Willensbekundung freiwillig, in informierter Weise und unmissverständlich durch Erklärung oder sonstige eindeutige bestätigende Handlung erfolgen muss. Ferner muss die Einwilligung gemäß Art. 6 Abs. 1 lit. a) DSGVO „für einen oder mehrere bestimmte Zwecke" erteilt werden. Anforderungen an den Bestimmtheitsgrad der Zweckfestlegung enthält die DSGVO nicht.[471] Aus dem Erwägungsgrund 33 zur DSGVO, wonach für die Einwilligung im Forschungsbereich eine weite Zweckbindung zulässig

---

467 Vgl. für Facebook Ziff. 3.2 der Nutzungsbedingungen (https://www.facebook.com/terms [zuletzt abgerufen am 10.8.2020]).

468 BVerfGE 65, 1, 43.

469 Vgl. *Albers/Veith*, in: Wolff/Brink, BeckOK Datenschutzrecht, Art. 6 Rn. 19; *Heberlein*, in: Ehmann/Selmayr, DS-GVO, Art. 6 Rn. 5: „*Die Einwilligung als der ‚genuine Ausdruck der informationellen Selbstbestimmung*'"; so auch *Schantz*, in: Simitis/Hornung/Spiecker, Datenschutzrecht, Art. 6 Rn. 3.

470 *Kramer*, in: Auernhammer, DSGVO/BDSG, Art. 6 Rn. 17; *Taeger*, in: Taeger/Gabel, DSGVO/BDSG, Art. 6 Rn. 26.

471 *Albers/Veith*, in: Wolff/Brink, BeckOK Datenschutzrecht, Art. 6 Rn. 23; *Schulz*, in: Gola, DSGVO, Art. 6 Rn. 23 f.

ist, ist im Umkehrschluss für alle anderen Bereiche eine enge Zweckbindung anzunehmen.[472]

Eine besondere Form für eine Einwilligungserklärung sieht die DSGVO nicht vor.[473] Dies ergibt sich insbesondere aus einem Umkehrschluss aus Art. 7 Abs. 2 DSGVO (Bedingungen für die Einwilligung), wonach für den Fall einer schriftlichen Erklärung bestimmte, zusätzliche Anforderungen vorgesehen sind. Mithin ist davon auszugehen, dass die Einwilligung auch in sonstiger Form, grundsätzlich auch konkludent, erteilt werden kann.[474]

Zwar wird man – anders als bei der oben im Zusammenhang mit § 88 Abs. 3 TKG diskutierten Frage nach der Möglichkeit eines Tatbestandsausschlusses aufgrund einer konkludenten Einwilligung der Kommunikationspartner – eine solche im Rahmen der DSGVO grundsätzlich nicht ohne weiteres annehmen können: Die strengeren Anforderungen ergeben sich aus Art. 4 Nr. 11 DSGVO, wonach im Ergebnis eine eindeutige Handlung der betroffenen Person erforderlich ist, sodass die Einwilligung in eine konkrete Datenverarbeitung – hier die Bereitstellung der Daten zugunsten der Erben eines verstorbenen Nutzers – unzweifelhaft angenommen werden kann.[475]

Die Kommunikationspartner werden indes in der Regel nicht wollen, dass andere Personen als der unmittelbare Kommunikationspartner selbst Kenntnis von dem Inhalt der Kommunikation nehmen. Da, wie dargestellt, auch der Zugriff der rechtmäßigen Erben grundsätzlich als Verarbeitung personenbezogener Daten im Sinne des Art. 6 Abs. 1 DSGVO anzusehen ist,[476] reicht für die Annahme einer von dem Gesetz geforderten „eindeutigen Einwilligung" (Art. 4 Nr. 11 DSGVO) nicht das bloße Wissen um die Möglichkeit einer Kenntnisnahme durch Dritte aus.

---

472 *Schantz*, in: Simitis/Hornung/Spieker, Datenschutzrecht, Art. 6 Rn. 9.

473 *Kramer*, in: Auernhammer, DSGVO/BDSG, Art. 6 Rn. 20.

474 Vgl. *Plath*, in: Plath, DSGVO/BDSG, Art. 7 Rn. 7; Kommission und Parlament hatten ursprünglich eine Formulierung angestrebt, nach der die Einwilligung eine explizite Willensbekundung sein müsse. Dies wurde letztlich indes nicht umgesetzt. Hierzu *Taeger*, in: Taeger/Gabel, DSGVO/BDSG, Art. 6 Rn. 35 f.; kritisch zur Abgrenzung zwischen konkludentem Verhalten und bloßer Untätigkeit: *Schwartmann/Klein*, in: Schwartmann/Jaspers/Thüsing/Kugelmann, DS-GVO/BDSG, Art. 6 Rn. 23; *Spelge*, DuD 2016, 775 (781).

475 Vgl. *Schwartmann/Klein*, in: Schwartmann/Jaspers/Thüsing/Kugelmann, DS-GVO/BDSG, Art. 6 Rn. 21 ff.

476 Hierzu oben, unter C.II.3.f).(bb).(2).(c).(i).

Nach alledem scheidet der Erlaubnistatbestand des Art. 6 Abs. 1 a) DSGVO vorliegend aus.

###### *(iii) Rechtmäßigkeit der Datenverarbeitung gemäß Art. 6 Abs. 1 lit. b) DSGVO*

Ferner kommt hier auch der Erlaubnistatbestand des Art. 6 Abs. 1 lit. b) DSGVO in Betracht. Zu Recht heben *Martini/Kienle* zunächst darauf ab, dass es im Hinblick auf den in Art. 6 Abs. 1 lit. b) DSGVO normierten Erlaubnistatbestand maßgeblich um die Frage geht, inwieweit die Verarbeitung personenbezogener Daten für die Erfüllung der vertraglichen Pflichten im Verhältnis zwischen der „betroffenen Person" (hier: dem Kommunikationspartner des Erblassers) und dem Vertragspartner (hier: dem Kommunikationsdienstleister) als erforderlich angesehen werden kann.[477] Zwar kann der Erbe eines verstorbenen Nutzers grundsätzlich auch selbst „betroffene Person" im Sinne des Art. 6 Abs. 1 lit. b) DSGVO sein.[478] Hinsichtlich der Gewährleistung eines Schutzes der Daten des Kommunikationspartners des Erblassers kommt es jedoch auf das Rechtsverhältnis zwischen den Erben eines verstorbenen Nutzers und dem Provider nicht an.

Dennoch sprechen Argumente dafür, das Kriterium der Erforderlichkeit der Datenverarbeitung im Sinne des Art. 6 Abs. 1 lit. b) DSGVO anzunehmen: Auf Grundlage der vorzitierten Regelung dürfen jene Daten verarbeitet werden, die objektiv benötigt werden, um die Vertragspflichten (hier: des Kommunikationspartners) zu erfüllen oder Sekundärpflichten aus dem Vertrag geltend zu machen.[479] Maßgeblich für die Bestimmung der Erforderlichkeit ist der konkrete Vertragsinhalt.[480] Wie vorstehend erörtert, erfüllt der Kommunikationsdienstleister seine vertraglichen Hauptleistungspflichten dadurch, dass er geteilte Inhalte seiner Vertragspartner anderen Nutzerkonten, entsprechend dessen Vorgaben, zugänglich macht und Nachrichten an ein bestimmtes Nutzerkonto übermittelt.[481] Verstirbt ein Kontoinhaber, so rücken gemäß § 1922 Abs. 1

---

477 Vgl. auch *Golland*, Datenverarbeitung in sozialen Netzwerken, S. 195.

478 *Schild*, in: Wolff/Brink, BeckOK Datenschutzrecht, Art. 4 Rn. 11; a.A. *Martini/Kienle*, JZ 2019, 235 (237).

479 *Buchner/Petri*, in: Kühling/Buchner, DS-GVO/BDSG, Art. 6 Rn. 39 ff.; *Tinnefeld/Buchner/Petri/Hof*, Einführung in das Datenschutzrecht, S. 431; *Schantz/Wolff*, Das neue Datenschutzrecht, S. 179.

480 *Heberlein*, in: Ehmann/Selmayr, DS-GVO, Art. 6 Rn. 13; *Schulz*, in: Gola, DSGVO, Art. 6 Rn. 37.

481 Hierzu oben, unter C.II.3.f).(bb).(2).(c).(i).

BGB seine Erben in das Vertragsverhältnis zu dem Kommunikationsdienstleister ein, welcher sodann Inhaber des Accounts des verstorbenen Nutzers wird. Für die Aufrechterhaltung der Gewährleistung der vertraglichen Pflichten des Kommunikationsdienstleisters gegenüber dem Kommunikationspartner des verstorbenen Nutzers ist es daher erforderlich, die Abrufbarkeit der Nachrichten so lange zu ermöglichen, wie der betreffende Account noch besteht.

*(iv) Rechtmäßigkeit der Datenverarbeitung gemäß Art. 6 Abs. 1 lit. c) DSGVO*

Fraglich ist, ob zudem der Erlaubnistatbestand des Art. 6 Abs. 1 lit. c) DSGVO hinsichtlich einer Verschaffung des Zugangs zu einem Account zugunsten der Erben eines verstorbenen Nutzers greift. Danach ist eine Datenverarbeitung rechtmäßig, wenn dies zur Erfüllung einer rechtlichen Verpflichtung, welcher der Verantwortliche unterliegt, erforderlich ist.

Wie oben dargelegt, geht das Vertragsverhältnis eines verstorbenen Nutzers zu einem Provider gemäß § 1922 Abs. 1 BGB vollumfänglich auf seine Erben über, mit der Rechtsfolge, dass diesen gegenüber dem Provider sämtliche Haupt- wie Nebenleistungsansprüche aus dem Vertragsverhältnis zustehen.[482] Der Provider ist damit gegenüber den Erben rechtlich verpflichtet, diesen den Zugang zu dem Account des Erblassers und damit auch den Zugriff auf dessen Datenbestand zu gewähren.

Fraglich ist, ob diese, sich aus § 1922 Abs. 1 BGB ergebende, rechtliche Verpflichtung für die Erfüllung des Tatbestandes des Art. 6 Abs. 1 c) DSGVO ausreicht. Nach dessen Wortlaut wäre dies der Fall, da demnach keine besonderen Anforderungen an die Qualifikation einer „rechtlichen Verpflichtung" gestellt werden. Die Entwurfsfassung der DSGVO sprach noch von einer „gesetzlichen Verpflichtung"; dies wurde indes nicht umgesetzt.[483] Demnach ist davon auszugehen, dass der europäische Gesetzgeber bewusst von einer Beschränkung auf gesetzliche Verpflichtungen zur Datenverarbeitung abgesehen hat. Soweit diesbezüglich in der Literatur vertreten wird, der Wortlaut des Art. 6 Abs. 1 c) DSGVO sei missverständlich, eine rechtliche Verpflichtung müsse sich unmittelbar aus einem materiellen Gesetz ergeben,[484] ist dies kritikwürdig: Mit Blick auf die Regelung des Art. 6 Abs. 3 DSGVO ist eine Rechtspflicht kraft objektiven

482 Hierzu oben, unter C.II.2.a).

483 *Plath*, in: Plath, DSGVO, Art. 6 Rn. 37.

484 So Buchner/Petri, in: Kühling/Buchner, DSGVO/BDSG, Art. 6 Rn. 77; *Roßnagel*, in: Simitis/Hornung/Spiecker, Datenschutzrecht, Art. 6 DSGVO Rn. 51.

Rechts erforderlich, sodass lediglich privatvertragliche Vereinbarungen entsprechende Pflichten nicht zu begründen vermögen.[485] Welchem Rechtsgebiet die jeweilige Rechtspflicht allerdings entstammt, ist für Art. 6 Abs. 1 lit. c) DSGVO ohne Belang, so dass neben Verpflichtungen aus öffentlich-rechtlichen Vorgaben auch solche aus den jeweiligen Normen des Zivilrechts, insbesondere des Vertragsrechts, aber auch (straf-)prozessuale Pflichten erfasst sind.[486]

Das deutsche Erbrecht und sein fundamentaler Grundsatz der Gesamtrechtsnachfolge (§ 1922 Abs. 1 BGB) ist Teil einer objektiven Werteordnung, dessen Einschränkung nicht Sinn und Zweck der DSGVO ist. Zwar sehen die Regelungen der §§ 1922 ff. BGB keine explizite Verpflichtung des Verantwortlichen zur Datenverarbeitung zugunsten der Erben vor. Dies ist jedoch eine zwingende Rechtsfolge des § 1922 Abs. 1 BGB, da ansonsten der darin normierte Grundsatz der Gesamtrechtsnachfolge ausgehöhlt würde.

##### *(v) Rechtmäßigkeit der Datenverarbeitung gemäß Art. 6 Abs. 1 lit. f) DSGVO*

Der Erlaubnistatbestand des Art. 6 Abs. 1 lit. f) DSGVO normiert einen Auffangtatbestand zur Legitimation der Datenverarbeitung.[487] Eine Verarbeitung ist danach rechtmäßig, wenn sie für die Wahrung berechtigter Interessen des Verantwortlichen oder eines Dritten erforderlich ist. Eine weitere Voraussetzung ist, dass diese Interessen, die Grundrechte oder die Grundfreiheiten der betroffenen Person überwiegen. Wie im Rahmen von Abwägungsentscheidungen üblich, spielen auch für den Tatbestand des Art. 6 Abs. 1 lit. f) DSGVO die Gegebenheiten des konkreten Einzelfalles eine entscheidende Rolle.[488] Indes wird man im Zusammenhang mit dem digitalen Nachlass mit dem BGH den Tatbestand des Art. 6 Abs. 1 lit. f) DSGVO regelmäßig als erfüllt ansehen können. Dies insbesondere mit Blick auf den Erwägungsgrund 47 S. 1 zur DSGVO[489]: Danach sind im Rahmen der Abwägung die vernünftigen Erwartungen der betroffenen Personen, die auf ihrer Beziehung zu dem Verantwortlichen beruhen, zu

---

485 So auch *Frenzel*, in: Paas/Pauly, DSGVO/BDSG, Art. 6 Rn. 16; *Schulz*, in: Gola, DSGVO, Art. 6 Rn. 43; *Spindler/Dalby*, in: Spindler/Schuster, Recht der elektronischen Medien, Art. 6 DSGVO Rn. 8; *Taeger*, in: Taeger/Gabel, DSGVO/BDSG, Art. 6 DSGVO Rn. 66.

486 *Schulz*, in: Gola, DSGVO, Art. 6 Rn. 43.

487 *Plath*, in: Plath, DSGVO, Art. 6 Rn. 47.

488 So auch *Martini/Kienle*, JZ 2019, 235 (238).

489 Hierzu auch *Plath*, in: Plath, DSGVO, Art. 6 Rn. 57.

berücksichtigen.[490] Vorliegend stehen sich im Rahmen der Abwägung maßgeblich gegenüber das durch Art. 14 Abs. 1 GG gewährleistete und geschützte Erbrecht der Erben des verstorbenen Nutzers und das Datenschutzrecht sowie unter Umständen ein Geheimhaltungsinteresse von dessen Kommunikationspartnern.

Im Hinblick auf die Interessen der Kommunikationspartner ist zunächst festzustellen, dass die Kommunikationsinhalte nicht zwingend intimer oder höchstpersönlicher Natur sein müssen, sodass ein Geheimhaltungsinteresse jedenfalls nicht regelmäßig als hoch zu bewerten ist. Dem Interesse auf die Wahrung des Datenschutzes kommt von vornherein kein nennenswerter Maßstab zu, da es im Rahmen des Art. 6 Abs. 1 lit. f) DSGVO gerade um die Frage der Zulässigkeit der Verarbeitung personenbezogener Daten geht. Schließlich ist – wie oben im Zusammenhang mit § 88 Abs. 3 TKG bereits erörtert – das Argument der „freiwilligen Öffnung der privaten Lebenssphäre" zu beachten.[491] Je mehr eine Person von ihrer privaten Lebenssphäre preisgibt und nach außen kommuniziert, desto geringer wird ihr Interesse an einem Persönlichkeitsschutz. Dies gilt umso mehr im Hinblick auf Onlineaktivitäten, wobei eine gewisse Unkontrollierbarkeit der Daten regelmäßig in Kauf genommen wird.

Das Interesse der Erben an dem Zugang zu einem Account des Erblassers bei einem Onlineprovider wiegt hingegen erheblich höher. Mit der grundrechtlichen Gewährleistung des Erbrechts (Art. 14 Abs. 1 GG) und dessen einfachgesetzlicher Umsetzung (§§ 1922 ff. BGB) besteht ein Interesse der Erben zunächst an einer vollständigen Konstituierung des Nachlasses.[492] Dem liegt weniger eine – freilich nicht schützenswerte – allgemeine Neugier[493], sondern vielmehr die Pflicht der Erben zur Aufdeckung und Erfüllung sämtlicher Nachlassverbindlichkeiten, für welche diese grundsätzlich persönlich haften (§ 1967 BGB), zugrunde.[494] Ferner kann sich für den Fall des Vorhandenseins von Pflichtteilsberechtigten (§§ 2301 ff. BGB) eine Pflicht zur fristgebundenen Erstellung eines Nachlassverzeichnisses ergeben (§ 2314 BGB). Gleiches gilt für die Erstellung der Erbschaftsteuererklärung (§ 30 Abs. 1 ErbStG). Diese Interessen der Erben eines verstorbenen Nutzers wiegen regelmäßig höher als das Risiko von dessen

490 Erwägungsgrund 47 zur DSGVO, Satz 1.

491 Hierzu oben, unter C.II.3.c).(ee).(3).(b).(iii).

492 *Biermann*, MAH Erbrecht, § 50 Rn. 1.

493 Vgl. *Fußeder*, Soziale Netzwerke im Nachlass, S. 202; *Walter*, Das neue Patientenrechtsgesetz, S. 89.

494 *Lohmann*, in: BeckOK, BGB, § 1967 Rn. 1.

Kommunikationspartner hinsichtlich einer Kenntnisnahme intimer Kommunikationsinhalte durch die Erben.

#### *(vi) Verarbeitung sensibler Daten im Sinne des Art. 9 Abs. 1 DSGVO*

Die Regelung des Art. 9 Abs. 1 DSGVO, wonach eine Verarbeitung besonderer Kategorien personenbezogener Daten, aus denen bspw. rassische und ethnische Herkunft, politische Meinungen, religiöse oder weltanschauliche Überzeugungen oder eine Gewerkschaftszugehörigkeit hervorgehen, untersagt ist, kann einem nach § 1922 Abs. 1 BGB auf die Erben eines verstorbenen Nutzers übergegangenen Zugangsrecht nicht pauschal entgegenstehen. Art. 9 DSGVO stellt eine grundsätzlich eng auszulegende Regelung dar.[495] Ferner ist der Schutz von in Art. 9 Abs. 1 DSGVO genannten Datenkategorien nur dann angezeigt, wenn entsprechend sensitive Daten[496] tatsächlich vorhanden sind. Es kann nicht gemeinhin davon ausgegangen werden, dass jeder Account bei einem Onlineprovider entsprechende Daten enthält.[497]

In der Literatur wird teilweise vertreten, dass bereits das bloße Vorhandensein vereinzelter sensitiver Daten dazu führt, dass auch sämtliche – nicht in den Anwendungsbereich des Art. 9 Abs. 1 DSGVO fallenden – Daten einem allgemeinen Verarbeitungsverbot unterliegen.[498] Hiergegen kann jedoch der Wortlaut des Art. 9 Abs. 1 DSGVO angeführt werden, wonach eine Verarbeitung nur der dort aufgeführten Katalogdaten ausgeschlossen ist. Eine „Infektion" des gesamten Datenbestandes lässt sich Art. 9 Abs. 1 DSGVO nicht entnehmen. Ferner ist fraglich, ob dies mit dem Telos dieser Regelung vereinbar ist. Art. 9 Abs. 1 DSGVO soll verhindern, dass Menschen z.B. wegen ihrer politischen Meinung, ihrer Religion oder ihres Gesundheitszustandes auf dem Arbeitsmarkt, bei

---

495 *Plath*, in: Plath, DSGVO/BDSG, Art. 9 Rn. 4: „*Nach der hier vertretenen Ansicht ist auch mit dem Blick auf den Sinn und Zweck der Regelung eine einschränkende Auslegung des Art. 9 Abs. 1 angezeigt*"; *Schiff*, in: Ehmann/Selmayr, DSGVO, Art. 9 Rn. 67; *Schulz*, in: Gola, DSGVO, Art. 9 Rn. 11; a.A. *Schneider*, ZD 2017, 303 (306), wonach sogar Bewegungsdaten (bspw. aus Connected Drive, Navigation, Carsharing etc.) Rückschlüsse auf politische Meinungen oder weltanschauliche Überzeugungen zuließen; in diese Richtung wohl auch *Petri*, in: Simitis/Hornung/Spiecker, Datenschutzrecht, Art. 9 Rn. 12.

496 Zu diesem Begriff *Schulz*, in: Gola, DSGVO, Art. 9 Rn. 1.

497 A.A. *Martini/Kienle*, JZ 2018, 235 (239), welchen diesbezüglich im Hinblick auf soziale Netzwerke noch zuzustimmen ist. Hinsichtlich E-Mail-Konten oder Clouds ist dies in dieser Pauschalität nicht unbedingt zutreffend.

498 So *Martini/Kienle*, JZ 2018, 235 (239); *Schneider*, ZD 2017, 303 (306 f.).

Versicherungen oder in der öffentlichen Verwaltung benachteiligt werden. Die Zielrichtung des Art. 9 DSGVO liegt also in einem informationellen Diskriminierungsverbot, mit dem zugleich Art. 21 GRCh normativ konkretisiert wird.[499] Darüber hinaus birgt die Verarbeitung sensibler Daten grundsätzlich das Risiko einer diskriminierenden und auf Vorurteilen basierenden Verwendung.[500] Dies spricht dafür, dass das Verarbeitungsverbot ausschließlich sensitive Daten im Sinn des Art. 9 Abs. 1 DSGVO erfassen soll. Ein weitergehendes Verarbeitungsverbot im Hinblick auf nicht sensitive Daten ist nicht erforderlich, um den vorgenannten Sinn und Zweck der Regelung zu erfüllen.

### *d) Telemediengesetz (TMG)*

Das TMG bezieht sich gemäß § 1 Abs. 1 S. 1 TMG[501] auf elektronische Kommunikations- und Informationsdienste (sog. Telemediendienste). Diese unterscheiden sich von Telekommunikationsdiensten, auf die das TKG Anwendung findet, dadurch, dass der Dienstanbieter im Rahmen von Telemediendiensten eine Dienstleistung erbringt, die gerade nicht von deren konkretem Inhalt losgelöst ist und über den bloßen Transfer von Daten hinausgeht.[502] Insbesondere die für den Erben besonders relevanten sozialen Netzwerke, aber auch Onlinebankkonten oder etwa Suchmaschinen sind von dem sachlichen Anwendungsbereich der Telemediendienstleister erfasst.[503] Nach § 11 Abs. 3 TMG sind Telemediendienste, die den datenschutzrechtlichen Bestimmungen des TKG unterworfen sind, – ergänzend – auch den datenschutzrechtlichen Bestimmungen des TMG unterworfen. Hierzu gehören ausweislich der Begründung des Gesetzgebers vor allem auch E-Mail-Anbieter.[504]

Eine Besonderheit von E-Mail-Diensten ist es, dass diese neben der Übertragungsfunktion einen im Internet erreichbaren Dienst anbieten, der das Schreiben, Lesen und Verwalten von E-Mails mittels der vom Anbieter zur Verfügung

---

499 *Weichert*, in: Kühling/Buchner, DSGVO/BDSG, Art. 9 Rn. 2; *Weichert*, DuD 2017, 538 (540).

500 Siehe hierzu Erwägungsgrund 75 zur DSGVO; *Schiff*, in: Ehmann/Selmayr, DSGVO, Art. 9 Rn. 1; *Weichert*, in: Kühling/Buchner, DSGVO/BDSG, Art. 9 Rn. 17.

501 Hierzu *Martini*, in: BeckOK, InfoMedienR, TMG, § 1 Rn. 1 ff.

502 *Ditscheid/Rudloff*, in: Beck'scher TKG-Kommentar, Vorbem. Rn. 8; *Kutscher*, Der digitale Nachlass, S. 132.

503 *Jotzo*, Der Schutz personenbezogener Daten in der Cloud, S. 52; *Müller-Broich*, TMG, § 1 Rn. 6.

504 BT-Drs. 16/3078, 15.

gestellten Systeme ermöglicht.[505] Die eigentliche Datenverarbeitung findet mithin auf der Onlineplattform des jeweiligen Providers statt.[506] Solche Online-E-Mail-Dienste sind nach Ansicht des Gesetzgebers aufgrund ihrer Doppelfunktion als „überwiegende Telekommunikationsdienste" einzuordnen.[507]

In § 11 Abs. 3 TMG ist demnach eine Schwerpunktbetrachtung („*überwiegend*") angelegt. Diese versagt jedoch, wenn die Telekommunikationsfunktion nur eines von vielen Leistungsangeboten darstellt, wie dies bei sozialen Netzwerken regelmäßig der Fall ist:[508] Provider sozialer Netzwerke bieten üblicherweise nur neben der Nutzung der Plattform einen Dienst zum Austausch von Nachrichten an. In Anbetracht dessen, dass die Kommunikationsfunktion sozialer Netzwerke lediglich eine unter vielerlei verschiedenen Funktionen ist, sind soziale Netzwerke in der Regel als Telemediendienst einzuordnen.[509]

Insoweit muss jedoch berücksichtigt werden, dass eine derartige Einordnung bei konsequenter Umsetzung dazu führt, dass Nutzern von sozialen Netzwerken unter Umständen nicht der Schutzbereich des sog. infrastrukturbezogenen Informationsschutzes aus dem TKG eröffnet wird.[510] Zwar besteht in den §§ 11 ff. TMG auch eine telemediengesetzliche Regelung, die insoweit als Auffangtatbestand dienen könnte. Jedoch bleibt der Schutz durch diese substanziell hinter dem Schutzniveau des infrastrukturbezogenen Informationsschutzes aus dem TKG zurück,[511] sodass dafür plädiert wird, dass die entsprechenden Schutzkonstruktionen aus TMG und TKG auch nebeneinander zur Anwendung kommen können, sofern anderenfalls eine entsprechende Schutzlücke vorhanden wäre.[512] Die Vertreter der vorgenannten Auffassung gehen damit davon aus, dass das TMG und das TKG nicht in einem alternierenden, sondern in einem ergänzenden normhierarchischen Verhältnis zueinander stehen. Entscheidend sei, ob es

505 *Kutscher*, Der digitale Nachlass, S. 133; *Leeb*, K&R 2014, 693 (696).

506 *Kutscher*, Der digitale Nachlass, S. 133.

507 *Kutscher*, Der digitale Nachlass, S. 133; *Roßnagel*, NVwZ 2007, 743 (745); *Schmitz*, in: Hoeren/Sieber/Holznagel, MultimediaR-Hdb., Teil 16.2. Rn. 51, 61; *Kutscher*, Der digitale Nachlass, S. 133.

508 *Kutscher*, Der digitale Nachlass, S. 133.

509 *Leeb*, K&R 2014, 693 (696); so auch *Martini*, JZ 2012, 1145 (1148); differenzierend zwischen ausgetauschten Nachrichten und öffentlich eingestellten Inhalten: *Deusch*, ZEV 2014, 2 (6); hierzu oben, unter C.II.3.c).(cc).(1).(3).

510 *Jotzo*, Der Schutz personenbezogener Daten in der Cloud, S. 53.

511 *Jotzo*, Der Schutz personenbezogener Daten in der Cloud, S. 53; *Kutscher*, Der digitale Nachlass, S. 133.

512 *Kutscher*, Der digitale Nachlass, S. 133; *Leeb*, K&R 2014, 693 (696).

sich bei dem betreffenden Dienst ausschließlich um eine technische Übertragungsleistung handelt, dann ist ein Telekommunikationsdienst gegeben, oder ob nur überwiegend maßgeblich eine technische Übertragungsleistung erbracht wird, dann handelt es sich sowohl um einen Telekommunikations- als auch um einen Telemediendienst, oder ob die technische Übertragungsleistung nur eine untergeordnete Rolle spielt, sodass es sich lediglich um einen Telemediendienst handelt.[513]

Die entscheidende Regelung im Hinblick auf die Gewährleistung eines Datenschutzes durch das TMG ist § 13 Abs. 4 TMG. Mit dieser Vorschrift sollen Gefahren für das informationelle Selbstbestimmungsrecht der Nutzer minimiert werden.[514] Ein postmortaler Datenschutz lässt sich § 13 Abs. 4 TMG indes nicht entnehmen: § 13 Abs. 4 Nr. 3 TMG, wonach der Nutzer Telemedien gegen die Kenntnisnahme Dritter geschützt in Anspruch nehmen kann, dient dem Vertrauensschutz zu Lebzeiten des Nutzers.[515] Dies ergibt sich insbesondere aus § 2 Nr. 3 TMG, wonach unter dem Begriff des Nutzers jede natürliche oder juristische Person, die Telemedien nutzt, zu verstehen ist. Mit dem Ableben eines Nutzers endet mithin der Schutzbereich des § 13 Abs. 4 TMG.[516]

### *e) Ausblick: die ePrivacy-Verordnung*

Die ePrivacy-Verordnung (ePrivacy-VO) ist nach politischen Differenzen und einer erfolglosen, über drei Jahre anhaltenden, Verhandlung über ihre Inhalte vorerst gescheitert, sodass mit einem zeitnahen Erlass nicht zu rechnen ist.[517]

Die ePrivacy-VO soll die ePrivacy-Richtlinie (2002/58/EU) ablösen.[518] Inhaltlich soll die ePrivacy-VO die DSGVO im Hinblick auf Daten, die im Rahmen von Telekommunikationsdiensten anfallen, ergänzen, geht aber auch über sie hinaus, indem sie auch Daten juristischer und nicht nur natürlicher Personen schützen soll.[519] Ferner soll der sachliche Anwendungsbereich erweitert werden: Die

---

513 *Fetzer*, in: Arndt/Fetzer/Scherer/Gräulich, TKG, § 3 Rn. 85; *Kutscher*, Der digitale Nachlass, S. 133.

514 *Müller-Broich*, TMG, § 13 Rn. 6.

515 Vgl. *Müller-Broich*, TMG, § 13 Rn. 7.

516 *Martini* plädiert vor diesem Hintergrund für eine entsprechende Ergänzung des § 13 Abs. 4 TMG de lege ferenda, vgl. *Yazar/Ammerich*, NVwZ 2012, 1156 (1157).

517 *Mantz*, NJW 2020, 512 (516); *Nägele/Apel/Stolz/Thiele*, DB 2020, 1498 (1500); *Specht-Riemenschneider*, NJW 2019, 3687 (3692).

518 *Roßnagel*, in: Simitis/Hornung/Spiecker, Datenschutzrecht, Art. 98 Rn. 13.

519 *Conrad/Hausen*, in: Auer-Reinsdorff/Conrad, Handbuch IT- und Datenschutzrecht, § 63 Rn. 34.

ePrivacy-Richtlinie hatte vor allem klassische Telekommunikationsdienste wie Telefon, E-Mail und SMS/MMS im Blick.[520] Die ePrivacy-VO soll darüber hinaus auch auf moderne Kommunikationsdienste wie Messengerdienste und Social-Network-Dienste Anwendung finden.[521] Diese Dienstangebote sollen unter der Bezeichnung Over-the-top-Kommunikationsdienste (OTT-Dienste) Eingang in die ePrivacy-VO finden.[522] Im Hinblick auf den digitalen Nachlass bedeutsam ist, dass sich die ePrivacy-Verordnung in personaler Hinsicht bislang am persönlichen Schutzbereich der DSGVO orientiert und daher ebenfalls nur lebende natürliche Personen umfasst, während die Rechte Verstorbener, nach derzeitigem Stand, außen vor bleiben.

## 4. Telekommunikationsrechtliche Implikationen: Das Fernmeldegeheimnis (§ 88 TKG)

### *a) Das TKG als Umsetzung der ePrivacy-Richtlinie*

Für Telekommunikationsdienste gelten die Regelungen des TKG. Diese Regelungen setzten die ePrivacy-Richtlinie[523] in das nationale Recht um. Die ePrivacy-Richtlinie verfolgt einerseits das Ziel, die Rechte des Betroffenen zu wahren, und andererseits, den freien Daten- und Warenverkehr abzusichern.[524] Die Richtlinie verpflichtet die Mitgliedsstaaten, telekommunikationsspezifische Regelungen zum Datenschutz zu erlassen, bspw. das Mithören von Telefongesprächen und das Abfangen von E-Mails zu verbieten.[525]

### *b) Das Fernmeldegeheimnis (§ 88 TKG)*

Nachfolgend ist zu untersuchen, wie sich das in § 88 TKG geregelte Fernmeldegeheimnis auf den Umgang mit dem digitalen Nachlass auswirkt und ob sich hieraus ein postmortaler Datenschutz herleiten lässt. Fraglich ist diesbezüglich

---

520 *Conrad/Hausen*, in: Auer-Reinsdorff/Conrad, Handbuch IT- und Datenschutzrecht, § 63 Rn. 32; *Roßnagel*, in: Simitis/Hornung/Spiecker, Datenschutzrecht, Art. 98 Rn. 14.

521 *Remmertz*, MMR 2018, 597 (508).

522 *Conrad/Hausen*, in: Auer-Reinsdorff/Conrad, Handbuch IT- und Datenschutzrecht, § 63 Rn. 32; *Herbrich*, jurisPR-ITR 25/2017, Anm. 2.

523 Richtlinie 2002/58/EG des Europäischen Parlaments und des Rates vom 12. Juli 2002 über die Verarbeitung personenbezogener Daten und den Schutz der Privatsphäre in der elektronischen Kommunikation (Datenschutzrichtlinie für elektronische Kommunikation – ePrivacy-RL).

524 *Wolff*, in: Schantz/Wolff, Das neue Datenschutzrecht, Rn. 262.

525 *Wolff*, in: Schantz/Wolff, Das neue Datenschutzrecht, Rn. 262.

insbesondere, ob das Fernmeldegeheimnis einem Zugangsverschaffungsanspruch der Erben eines verstorbenen Nutzers von Kommunikationsdienstleistungen hinsichtlich dessen Accounts entgegenstehen kann. Um dies zu beurteilen, ist im Hinblick auf den Kreis der zur Wahrung des Fernmeldegeheimnisses Verpflichteten insbesondere eine differenzierende Betrachtung der verschiedenen Arten von Account-Verhältnissen vorzunehmen. Im Wesentlichen ist in diesem Zusammenhang zu unterscheiden zwischen dem sog. Cloud-Computing, einem E-Mail-Account und dem Account bei einem sozialen Netzwerk. Im Anschluss daran stellt sich die Frage, ob das Fernmeldegeheimnis überhaupt gegenüber Erben greifen kann und, wenn ja, ob sich daraus – jedenfalls faktisch – eine Unvererbbarkeit von Rechtsverhältnissen zwischen dem Erblasser und den jeweiligen Providern ergibt.

#### *(aa) Schutzbereich des § 88 TKG*

##### *(1) Persönlicher Schutzbereich*

Eine ausdrückliche Eingrenzung des persönlichen Schutzbereichs findet sich in § 88 TKG nicht. § 88 Abs. 1 S. 1 TKG ist aber zu entnehmen, dass jeder an der Telekommunikation Beteiligte geschützt ist.[526] Damit ist grundsätzlich jede natürliche und juristische Person, soweit sie mit der Fähigkeit ausgestattet ist, Rechte zu erwerben oder Verbindlichkeiten einzugehen, durch § 88 TKG geschützt.[527]

##### *(2) Sachlicher Schutzbereich*

Der sachliche Schutzbereich des § 88 TKG stellt eine direkte Ausprägung des in Art. 10 GG verankerten Fernmeldegeheimnisses dar.[528] Gegenstand des sachlichen Schutzbereichs sind daher sowohl der Inhalt des Kommunikationsvorganges als auch die „näheren Umstände" der Telekommunikation.[529] Darunter ist praktisch jede Form der modernen Kommunikationsmittel zu fassen.[530] Hierbei gilt auch die Frage, wer Teilhabe an dem in Rede stehenden Kommunikationsakt hatte, als „näherer Umstand" im Sinne der Lesart dieser Vorschrift.[531]

---

526 *Eckhardt*, in: Spindler/Schuster, Elektr. Medien, § 88 TKG Rn. 24.

527 *Eckhardt*, in: Spindler/Schuster, Elektr. Medien, § 88 TKG Rn. 24.

528 *Munz*, in: Taeger/Gabel, § 88 TKG Rn. 1.

529 *Bock*, in: Beck'scher TKG-Kommentar, § 88 Rn. 4.

530 *Würmeling/Felixberger*, CR 1997, 230 (231).

531 *Eckhardt*, in: Spindler/Schuster, Elektr. Medien, § 88 TKG Rn. 10.

Maßgeblich für das Verständnis des § 88 TKG ist die Definition des Telekommunikationsaktes. Dieser ist in § 3 Nr. 22 TKG als technischer Vorgang des „Aussendens, Übermittelns und Empfangens von Signalen mittels Telekommunikationsanlagen“ normativ verankert. Damit handelt es sich bei dem Schutzobjekt des Fernmeldegeheimnisses um die Vertraulichkeit körperloser Übermittlung von Kommunikationsinhalten an einen bestimmen Empfänger.[532]

Für die begriffliche Einordnung von Telekommunikationsdiensten im Sinne des § 88 Abs. 3 TKG ist die Regelung des § 3 Nr. 24 TKG maßgeblich: Nach dieser Bestimmung versteht man unter Telekommunikationsdiensten Dienstleistungen, die im Wesentlichen Signale über Telekommunikationsnetze übertragen.[533] Im Besonderen sind insoweit Internetanbieter darunter zu subsumieren, da diese die infrastrukturellen Voraussetzungen für eine Übermittlung der Signale überhaupt erst schaffen.[534] Daneben sind aber auch die Anbieter von Sprachtelefonie oder Übertragungsdienstleister für Rundfunknetze Telekommunikationsdienstleister im Sinne des TKG.[535]

### *(bb) Zeitliche Reichweite des Fernmeldegeheimnisses*

Bei Daten, welche sich bspw. in einem E-Mail-Account oder einem Account bei einem sozialen Netzwerk befinden, handelt es sich in der Regel um solche, welche einem bereits abgeschlossenen Kommunikationsprozess zugrunde liegen. Fraglich ist somit, ob der Schutzbereich des § 88 TKG auch nach Abschluss des technischen Kommunikationsvorgangs noch eröffnet ist. Orientiert man sich streng am Wortlaut des § 3 Nr. 22 TKG, wonach nur das Aussenden, Übermitteln und Empfangen von Nachrichten zur Telekommunikation zählen, ist dies nicht der Fall.[536] Gegen diese – rein technische – Betrachtungsweise wird indes eingewandt, dass der Tatbestand des § 88 Abs. 3 TKG im Lichte des Schutzgutes des Fernmeldegeheimnisses ausgelegt werden müsse, um einem möglichst weitgehenden Datenschutz gerecht zu werden.[537] Entscheidend ist demnach, ob die dem Fernmeldegeheimnis unterliegenden Inhalte und näheren Umstände der Kommunikation auch nach technischem Abschluss des Übermittlungsvorgangs

532 BVerfGE 115, 166 (182).

533 *Schütz*, in: Beck'scher TKG-Kommentar, § 3 Rn. 78.

534 *Schütz*, in: Beck'scher TKG-Kommentar, § 3 Rn. 79.

535 *Ricke*, in: Spindler/Schuster, Elektr. Medien, § 3 TKG Rn. 43.

536 In diese Richtung BGH, Beschl. v. 31.3.09 – 1 StR 76/09 (NJW 2009, 1828); *Mayen*, in: Scheurle/Mayen, TKG, § 88 Rn. 23 m.w.N.

537 BVerfGE 124, 73 (54); *Mayen*, in: Scheurle/Mayen, TKG, § 88 Rn. 23.

weiterhin denjenigen Gefahren für die Vertraulichkeit von Mitteilungen ausgesetzt sind, vor denen § 88 TKG schützen soll.[538] In diesem Zusammenhang ist die Rechtsprechung des BVerfG zu Art. 10 GG heranzuziehen, wonach es für die Reichweite des Schutzes maßgeblich darauf ankommt, ob die betreffenden Kommunikationsdaten im Herrschaftsbereich des Kommunikationsteilnehmers oder eines Dritten gespeichert sind.[539] Das Fernmeldegeheimnis greift damit immer dann, wenn ein Dritter dazu in der Lage ist, jederzeit auf die betreffenden Kommunikationsdaten zugreifen zu können, und der Kommunikationsteilnehmer keine technische Möglichkeit hat, eine Weitergabe durch den Dritten an fremde Personen zu verhindern.[540] Würde man den Schutzbereich des § 88 Abs. 3 TKG lediglich für laufende Kommunikationsprozesse (im Falle von sozialen Netzwerken wären dies bspw. nur aktive Chats) zur Anwendung kommen lassen, so würde der Schutz des Fernmeldegeheimnisses im Hinblick auf die überwiegenden telekommunikationsrechtlich relevanten Daten leerlaufen. Dies wird dem verfassungsrechtlich garantierten Schutz des Fernmeldegeheimnisses (Art. 10 GG) nicht gerecht.

### *(cc) Verpflichtete im Sinne des § 88 TKG*

Die Regelung des § 88 Abs. 2 TKG knüpft mit dem Begriff des „Dienstanbieters" an die Legaldefinition in § 3 Nr. 6 und Nr. 10 TKG an. Nach § 3 Nr. 6 TKG ist Dienstanbieter jeder, der ganz oder teilweise geschäftsmäßig Telekommunikationsdienste erbringt (§ 3 Nr. 6 lit. a TKG) oder an der Erbringung solcher Dienste mitwirkt (§ 3 Nr. 6 lit. b TKG). Gemäß § 3 Nr. 10 TKG muss das Angebot der Telekommunikationsdienstleistung für Dritte erbracht werden.[541]

In diesem Zusammenhang ist es für die Frage nach dem Umgang mit dem digitalen Nachlass entscheidend, ob es sich bei den entsprechenden Providern jeweils um Dienstanbieter im Sinne des § 88 Abs. 2 TKG handelt.

---

538 So *Mayen*, in: Scheurle/Mayen, TKG, § 88 Rn. 23.

539 BVerfGE 142, 43 (55); *Mayen*, in: Scheurle/Mayen, TKG, § 88 Rn. 23; hierzu oben, unter C.II.2.d).(aa).

540 BVerfGE 142, 43 (55); *Mayen*, in: Scheurle/Mayen, TKG, § 88 Rn. 23.

541 Hierzu *Jandt*, MMR 2006, 652 (654 f.).

### (1) *Anbieter von Cloud-Computing*

Unter einer sog. Cloud versteht man das Zurverfügungstellen einer IT-Infrastruktur, welche in der Regel Speicherplatz zur Speicherung von Daten der jeweiligen Nutzer beinhaltet (sog. Cloud-Computing).[542]

### (a) *Cloud-Computing als Telekommunikationsdienstleistung im Sinne des § 88 TKG?*

Gemessen an der Regelung des § 3 Nr. 24 TKG ist in der Leistung des Cloud-Computings nicht die Erbringung eines Telekommunikationsdienstes im Sinne des § 88 TKG zu sehen: Der Betreiber einer Cloud erbringt gegenüber dem Nutzer lediglich eine IT- und Softwaredienstleistung, in erster Linie zur Bereitstellung von Speicherplatz.[543] Dies gilt grundsätzlich auch dann, wenn einzelne Cloud-Dienste zusätzliche Leistungen anbieten, welche für sich als Telekommunikationsdienstleistung einzuordnen sind, was bspw. der Fall sein kann, wenn die über die Cloud genutzte Hardware als Basis für eine eigene Kommunikationssoftware genutzt wird:[544] Für die Einordnung von Cloud-Computing insgesamt als Telekommunikationsdienstleistung ist es erforderlich, dass der telekommunikative Bestandteil eine eigenständige, nicht bloß untergeordnete Bedeutung hat.[545] Letzteres ist jedoch im Rahmen des Cloud-Computings überwiegend der Fall.

### (b) *Anwendbarkeit des § 88 TKG über § 7 Abs. 3 TMG?*

Möglicherweise findet die Regelung des § 88 TKG jedoch über den Verweis in § 7 Abs. 3 Telemediengesetz (TMG) Anwendung. Dies wäre der Fall, wenn es sich bei einem Anbieter von Cloud-Computing um einen „Dienstanbieter" im Sinne des § 7 Abs. 1 TMG handelt. Der Begriff des Dienstanbieters ist in § 2 S. 1 Nr. 1 TMG legaldefiniert und zwar als

---

542 Hierzu *Boos/Kroschwald/Wicker*, ZD 2013, 205; *Heidrich/Wegener*, MMR 2010, 803; *Nägele/ Jacobs*, ZUM 2010, 281; *Pohle/Ammann*, CR 2009, 273; *Schuster/Reichl*, CR 2010, 38 (39); *Strittmatter*, in: Auer-Reinsdorff/Conrad, Handbuch IT- und Datenschutzrecht, § 22 Rn. 1 ff.

543 Im Ergebnis auch *Boos/Kroschwald/Wicker*, ZD 2013, 205, 206; *Heidrich/Wegener*, MMR 2010, 803 (805); *Schuster/Reichl*, CR 2010, 38 (43).

544 *Boos/Kroschwald/Wicker*, ZD 2013, 205, 206; *Redeker*, in: Hoeren/Sieber/Holznagel, MultimediaR-Hdb, Teil 12 Rn. 379.

545 *Boos/Kroschwald/Wicker*, ZD 2013, 205, 206; *Schütz*, in: Geppert/Schütz, Beck'scher TKG-Kommentar, § 6 Rn. 25.

> *„jede natürliche oder juristische Person, die eigene oder fremde Telemedien zur Nutzung bereithält oder den Zugang zur Nutzung vermittelt."*

Der Begriff der „Telemedien" ist wiederum in § 1 Abs. 1 S. 1 TMG legaldefiniert. Der Anwendungsbereich des TMG ist insoweit weit gefasst, als der Begriff der Telemedien negativ definiert wird:[546] „Telemedien" im Sinne des TMG sind damit

> *„alle elektronischen Informations- und Kommunikationsdienste, soweit sie nicht Telekommunikationsdienste nach § 3 Nr. 24 des Telekommunikationsgesetzes, die ganz in der Übertragung von Signalen über Telekommunikationsnetze bestehen, telekommunikationsgestützte Dienste nach § 3 Nr. 25 des Telekommunikationsgesetzes oder Rundfunk nach § 2 des Rundfunkstaatsvertrages sind (Telemedien)."*

Ob Cloud-Dienste „Telemedien" im Sinne der vorgenannten Definition darstellen, ist umstritten. Teilweise wird dies abgelehnt.[547] Dies mit dem Argument, dass Telemediendienste in der Regel ihrem Charakter nach der Individualkommunikation dienen, was beim Cloud-Computing nicht gegeben sei.[548] Dem wird entgegengehalten, dass sich ein solches Tatbestandsmerkmal der Individualkommunikation nicht der Regelung des § 1 Abs. 1 S. 1 TMG entnehmen ließe.[549] Der Anwendungsbereich sei vor dem Hintergrund eines möglichst weitreichenden Datenschutzes vielmehr extensiv auszulegen, sodass der Begriff der Telemedien im Sinne des § 1 Abs. 1 S. 1 TMG *„praktisch jeden Online-Auftritt"*[550] erfasse.[551] Nach dieser – weiten Auffassung – fallen damit grundsätzlich auch Daten des Erblassers, welche in einer Cloud gespeichert sind, in den Anwendungsbereich des § 88 Abs. 3 TKG.

### *(2) Anbieter von E-Mail-Dienstleistungen*

Ein E-Mail-Provider ist unproblematisch als Dienstanbieter im Sinne des § 88 Abs. 2 i.V.m. § 3 Nr. 24 TKG anzusehen, sodass der Anwendungsbereich des

---

546 *Spindler*, in: Spindler/Schmitz, Telemediengesetz, § 1 Rn. 8; *Karg/Fahl*, K&R 2011, 453 (456).

547 *Nägele/Jacobs*, ZUM 2010, 281 (290); *Schuster/Reichl*, CR 2010, 38 (42).

548 So *Schuster/Reichl*, CR 2010, 38 (42).

549 Vgl. *Boos/Kroschwald/Wicker*, ZD 2013, 205, 206.

550 *Müller-Broich*, TMG, § 1 Rn. 6-8; zustimmend *Altenhain*, in: MüKoStGB, § 1 TMG Rn. 26.

551 Im Ergebnis auch OLG Düsseldorf, Urt. v. 27.4.2010 – I-20 U 166/09 („Rapidshare") (MMR 2010, 483); *Boos/Kroschwald/Wicker*, ZD 2013, 205, 206 mit Differenzierungen zwischen verschiedenen Datenkategorien.

§ 88 Abs. 3 TKG für E-Mails, welche auf einem Server des jeweiligen Providers gespeichert sind, greift.[552] Dies – wie vorstehend[553] dargestellt – unabhängig davon, ob es sich um einen laufenden oder bereits abgeschlossenen Kommunikationsvorgang handelt.

*(3) Anbieter sozialer Netzwerke*

Die Besonderheit bei sozialen Netzwerken ist die Vielseitigkeit der damit verbundenen angebotenen Leistungen.[554] Soziale Netzwerke sind Kommunikationsplattformen mit der Zielrichtung der Selbstdarstellung, des Austauschs und der Speicherung von Informationen, der Kommunikation und Interaktion und schließlich des Aufbaus und der Pflege sozialer und auch geschäftlicher Beziehungen.[555] Es handelt sich mithin um ein sog. gemischtes Leistungsangebot.[556] Soweit es um den Empfang und den Versand von Nachrichten geht, ist dies vergleichbar mit dem Versand von E-Mails. Jedoch stellt die Nachrichtenfunktion bei sozialen Netzwerken, wie eingangs dargelegt, nur einen Teil von mehreren zur Verfügung gestellten Leistungen dar. Die telekommunikationsrechtliche Zuordnung sozialer Netzwerke ist umstritten. Teilweise wird in Fällen von sog. gemischten Angeboten eine Beurteilung nach dem Schwerpunkt des Gesamtangebots vorgenommen.[557] Im Rahmen eines sozialen Netzwerkes stellt der Nachrichtenservice in der Regel keine übergeordnete Funktion dar, sodass in diesem Fall der Anwendungsbereich des TKG nicht eröffnet wäre.[558]

Die Gegenansicht geht im Wege einer inhaltlich-funktionalen Betrachtung vor und unterscheidet innerhalb des Gesamtangebots danach, ob einzelne Leistungen die Merkmale eines Telekommunikationsdienstes erfüllen.[559] Nach

---

552 Vgl. nur *Eckhardt*, in: Spindler/Schuster, Recht der elektronischen Medien, TKG, § 88 Rn. 26 ff.; *Härting*, CR 2007, 1; *Mayen*, in: Scheurle/Mayen, TKG, § 88 Rn. 26 ff.; BVerfG 120, 274 (341); *Redeker*, IT-Recht, Rn. 1191.

553 Hierzu oben, unter C.II.4.b).(bb).

554 Vgl. *Karg/Fahl*, K&R 2011, 453 (456).

555 *Kutscher*, Der digitale Nachlass, S. 45.

556 *Achtruth*, Der rechtliche Schutz bei der Nutzung von Social Networks, S. 44; *Golland*, Datenverarbeitung in sozialen Netzwerken, S. 39.

557 So *Schütz*, in: Geppert/Schütz, Beck'scher TKG-Kommentar, § 3 Rn. 78.

558 Vgl. auch *Golland*, Datenverarbeitung in sozialen Netzwerken, S. 39.

559 *Heckmann*, in: Heckmann, JPK Internetrecht, Kap. 1 Rn. 56; *Karg/Fahl*, K&R 2011, 453 (456); *Kremer*, CR 2012, 438 (441); *ders.*, RDV 2014, 240 (247); *Martini*, in: BeckOK, InfoMedienR, § 1 TMG Rn. 11; *Munz*, in: Taeger/Gabel, BDSG, § 91 TKG Rn. 7; *Mynarik*, ZUM 2006, 183 (184); *Säcker*, in: Säcker, TKG, § 3 Rn. 36;

dieser Ansicht wäre der Anwendungsbereich des TKG ausschließlich für die Chat- und Nachrichtenfunktion eröffnet.[560]

Beide vorgenannten Auffassungen in der Literatur lassen indes außer Acht, dass gemäß §§ 88 Abs. 2 S. 1, § 3 Nr. 6, 24 TKG vorausgesetzt ist, dass ein Telekommunikationsanbieter selbst Signale überträgt. Ein soziales Netzwerk tut dies indes in der Regel nicht, soweit es sich – wie bspw. bei Facebook – um einen sog. Over-the-top-Dienst[561] handelt.[562] Im Ergebnis kann es für die Frage nach dem Anwendungsbereich des § 88 Abs. 3 TKG dahinstehen, ob das TKG unmittelbar auf soziale Netzwerke Anwendung findet: Soziale Netzwerke sind jedenfalls als Anbieter von Telemediendiensten anzusehen, sodass die Regelung des § 88 TKG über § 7 Abs. 3 TMG zur Anwendung kommt.[563]

#### *(dd) Zwischenergebnis*

Grundsätzlich umfasst der Schutz des in § 88 TKG geregelten Fernmeldegeheimnisses auch überwiegend die dem digitalen Nachlass zugehörigen Kommunikationsinhalte des Erblassers. Dies bedeutet insbesondere, dass die entsprechenden Dienstanbieter grundsätzlich einer Geheimhaltungspflicht nach dem TKG unterstehen.[564] Nach § 88 Abs. 2, 3 TKG müssen daher grundsätzlich sowohl die Inhalte entsprechender Kommunikationsvorgänge des Erblassers als auch deren kontextuellen Umstände geheim gehalten werden.

#### *(ee) Ausschluss der Vererbbarkeit digitaler Inhalte des Nachlasses durch das Fernmeldegeheimnis gemäß § 88 Abs. 3 TKG?*

Gemäß § 88 Abs. 3 TKG ist es den Dienstanbietern im Sinne des § 88 Abs. 2 TKG untersagt, sich oder anderen über das für die geschäftsmäßige Erbringung der Telekommunikationsdienste einschließlich des Schutzes ihrer technischen Systeme erforderliche Maß hinaus Kenntnis vom Inhalt oder von den näheren Umständen der Telekommunikation zu verschaffen. Fraglich ist in diesem

---

*Sieber*, Verantwortlichkeit im Internet, Rn. 266 ff.; *Spindler*, JZ 2002, 408; BGH, Urt. v. 22.11.2001 – III ZR 5/01 (NJW 2002, 361); OLG Stuttgart, Urt. v. 1.8.2002 – 2 U 47/01.

560 Für eine differenzierte Betrachtung im Ergebnis auch *Golland*, Datenverarbeitung in sozialen Netzwerken, S. 39.

561 Hierzu: *Aßmus*, in: Jandt/Steidle, Datenschutz im Internet, Rn. 278 ff.

562 So zutreffend *Martini/Kienle*, JZ 2019, 235 (236); *Martini*, JZ 2012, 1145 (1148).

563 So auch BGHZ 219, 243 (262).

564 *Klas/Möhrke-Sobolewski*, NJW 2015, 3473 (3477).

Zusammenhang, inwieweit diese Regelung gegenüber den Erben eines Nutzers greift und damit – faktisch – einer Vererbbarkeit digitaler Inhalte entgegenstehen kann. Würde der jeweilige Provider mit der Zugangsgewährung zu Gunsten der Erben eines verstorbenen Nutzers gegen § 88 Abs. 3 TKG verstoßen, könnte dieser einem grundsätzlich gemäß § 1922 Abs. 1 BGB auf die Erben übergegangenem Zugangsverschaffungsanspruch[565] den Einwand der rechtlichen Unmöglichkeit gemäß § 275 BGB entgegenhalten.[566]

#### *(1) Der Erbe als „anderer" im Sinne des § 88 Abs. 3 TKG*

Zunächst stellt sich in diesem Zusammenhang die Frage, ob die Erben eines Nutzers überhaupt als „andere" im Sinne des § 88 Abs. 3 S. 1 TKG anzusehen sind, was eine Voraussetzung für die Eröffnung des Schutzbereichs des § 88 Abs. 3 TKG darstellt. Diese Frage ist umstritten.[567]

#### *(a) Befürwortende Ansicht*

Nach der dies befürwortenden Ansicht ist der Erbe eines Nutzers bereits deswegen als „anderer" im Sinne des § 88 Abs. 3 TKG anzusehen, weil er nicht selbst an dem jeweiligen Kommunikationsvorgang zwischen dem Erblasser und

565 Hierzu oben, unter C.II.1.a).(bb).

566 Vgl. *Ernst*, in: MüKo-BGB, § 275 Rn. 41-45; *Caspers*, in: Staudinger, BGB, § 275 Rn. 40; *Kunz*, in: Staudinger, BGB, § 1922 Rn. 627; *Seidler*, NZFam 2020, 141.

567 bejahend: KG, Urt. v. 31.5.2017 – 21 U 9/16, Rz. 96 (zitiert nach juris); *Bock*, AcP 2017, 370 (406); *Kunz*, in: Staudinger, BGB, § 1922 Rn. 596.35; in diese Richtung – ohne hierauf explizit einzugehen oder nähere Begründung – *Fußeder*, Soziale Netzwerke im Nachlass, S. 211; *Lange/Holtwiesche*, ZErb 2016, 157 (159), *Kutscher*, Der digitale Nachlass, S. 136 und *Martini*, JZ 2012, 1145 (1150); *Martini/Kienle*, JZ 2019, 235 (236); *Uhrenbacher*, ZEV 2018, 248 (249); ablehnend: BGHZ 219, 243 (262 ff.); *Apel*, ZD 2018, 486 (487); *Biermann*, ZErb 2017, 210 (215); *Biermann*, ErbR 2018, 1; *Biermann*, MAH Erbrecht, § 50 Rn. 39; *Eckhardt*, in: Spindler/Schuster, Elektr. Medien, § 88 TKG Rn. 32; *Herzog*, ZErb 2017, 205 (208); *Herzog/Pruns*, Der digitale Nachlass in der Vorsorge- und Erbrechtspraxis, § 4 Rn. 60; *Klages*, ZD 2017, 390 (391); *Klas/Möhrke-Sobolewski*, NJW 2015, 3477; *Litzenburger*, FD-ErbR 2017, 392155; *Ludyga*, ZEV 2018, 1 (6); *Ludyga*, jM 2016, 442 (447); *Gloser*, DNotZ 2018, 306 (311); *Salomon*, NotBZ 2016, 324 (327); *Seidler*, Digitaler Nachlass, S. 114 f.; *Steiner/Holzer*, ZEV 2015, 262 (264); *Wüsthof*, ErbR 2017, 496 (510); differenzierend in Bezug auf das Erbrecht des Staates (§ 1936 BGB): *Deusch*, ZEV 2018, 687 (688); kritisch, indes offengelassen *Mackenrodt*, ZUM-RD 2017, 540 (541 f.).

dessen Kommunikationspartnern beteiligt war.[568] Die Herausgabe des digitalen Nachlasses an die Erben gehe schließlich auch über das für die geschäftsmäßige Erbringung der Dienste erforderliche Maß hinaus, so dass § 88 Abs. 3 TKG – mangels Vorliegens einer Erlaubnisnorm – dem Anspruch der Erben entgegenstehe.[569] Dies gelte unabhängig davon, dass die Rechtsstellung des Erblassers gemäß § 1922 Abs. 1 BGB auf dessen Erben übergegangen ist.[570] Weitergehend und ausführlicher argumentieren *Martini/Kienle*: Demnach dürfe die erbrechtliche Situation auf die Einordnung einer Person als „anderer" im Sinne des § 88 Abs. 3 TKG keine Rolle spielen. Das Fernmeldegeheimnis schütze Kommunikationsbeziehungen, die sich via technischer Einrichtung entfalten, und damit nur die Personen, die an dem Kommunikationsvorgang beteiligt sind.[571] Folglich sei „anderer" im Sinne des § 88 Abs. 3 TKG jeder, der in tatsächlicher Hinsicht nicht selbst mit Zustimmung der Kommunikationspartner an dem Vorgang beteiligt ist oder war, mithin auch die Erben.[572] *Martini/Kienle* weisen in diesem Zusammenhang auf die ePrivacy-Richtlinie hin, welche als *„unionsrechtliche Hintergrundfolie"* des § 88 TKG zu sehen sei:[573] In deren Art. 5 Abs. 1 S. 2 (Vertraulichkeit der Kommunikation) ist von *„anderen Personen als die Nutzer"* die Rede. Der Erbe selbst nutze den von dem Erblasser in Anspruch genommenen Kommunikationsdienst indes nicht, sondern folge dem Erblasser nach § 1922 BGB lediglich in den Nutzungsvertrag.[574]

### *(b) Eigene Auffassung*

Der vorstehend dargelegten Auffassung, wonach der Erbe als „anderer" im Sinne des § 88 Abs. 3 TKG anzusehen sei, kann Folgendes entgegengehalten werden:

---

568 *Bock*, AcP 2017, 370 (406); *Deusch*, ZEV 2014, 2 (5 f.); *Leeb*, K&R 2014, 693 (697 f.); *Mayen*, DAV Stellungnahme, S. 75 ff.; *Rott/Rott*, NWB-EV 2013, 160 (164 f.); KG, Urt. v. 31.5.2017 – 21 U 9/16, Rz. 96 (zitiert nach juris); kritisch und im Ergebnis ablehnend: *Thiesen*, Daten in der Erbmasse, S. 192 ff.

569 *Uhrenbacher*, ZEV 2018, 248 (249); *Uhrenbacher*, Digitales Testament und digitaler Nachlass, 181, 193, 223 f.

570 *Kunz*, in: Staudinger, BGB, § 1922 Rn. 596.35.

571 *Martini/Kienle*, JZ 2019, 235 (236).

572 *Martini/Kienle*, JZ 2019, 235 (236).

573 *Martini/Kienle*, JZ 2019, 235 (236).

574 *Martini/Kienle*, JZ 2019, 235 (236).

##### *(i) Beteiligung am Kommunikationsvorgang ist kein tatbestandsausschließendes Kriterium*

Zunächst lässt sich in gesetzessystematischer Hinsicht anführen, dass es für die Frage, wer als „anderer" im Sinne des § 88 Abs. 3 S. 1 TKG anzusehen ist, nicht entscheidend auf die jeweilige Rolle in der Konversation ankommt. „Anderer" im Sinne des § 88 Abs. 3 S. 1 TKG kann unter Umständen nämlich auch der Kommunikationspartner selbst sein.[575] Diesen Schluss lässt die Vorschrift des § 102 Abs. 1 TKG zu, wonach es Telekommunikationsanbietern untersagt sein kann, die Rufnummer des Anrufers an den Angerufenen weiterzuleiten, soweit dies verlangt wird (sog. Rufnummerunterdrückung). Die bei Verbindungen und Verbindungsversuchen übermittelten Informationen unterliegen in ihrer Gesamtheit dem in § 88 Abs. 3 TKG geregelten Fernmeldegeheimnis.[576] Der Anrufende ist in diesem Fall als „anderer" im Sinne des § 88 Abs. 3 TKG anzusehen. Übermittelt der jeweilige Telekommunikationsanbieter die Rufnummer des Anrufers entgegen dessen Vorgaben an den Anrufenden, so stellt dies einen Verstoß gegen das Fernmeldegeheimnis dar.[577] Die Begründung der befürwortenden Ansicht, dass der Erbe allein deswegen „anderer" im Sinne des § 88 Abs. 3 TKG ist, weil er an dem jeweiligen Telekommunikationsvorgang nicht in persona beteiligt war, ist vor diesem Hintergrund kritikfähig.

##### *(ii) Der Erbe rückt in rechtlicher Hinsicht an die Stelle des Erblassers*

Dem in § 1922 Abs. 1 BGB normierten Grundsatz der Universalsukzession ist es immanent, dass zu Lebzeiten des Erblassers begründete Rechtsverhältnisse auf dessen Erben übergehen und zwar grundsätzlich in der Form, wie sie zwischen dem Erblasser und dem jeweiligen Vertragspartner ausgestaltet wurden. Der Erbe rückt – in rechtlicher Hinsicht – an die Stelle des Erblassers. Eine rein naturalistische Betrachtung, wie dies insbesondere das KG im Rahmen seiner Entscheidung vorgenommen hat[578], ist den erbrechtlichen Grundlagen nach alledem fremd.[579] Die Vornahme einer solchen naturalistischen Betrachtung konfligiert mit der Bedeutung (insbesondere der Kontinuität der Rechtsverhältnisse des Erblassers) und Reichweite des fundamentalen erbrechtlichen Grundsatzes der Universalsukzession (§ 1922 Abs. 1 BGB) und würde dazu führen,

---

575 *Pruns*, NWB 2014, 2175 (2177).

576 *Kannenberg/Müller*, in: Scheurle/Mayen, TKG, § 102 Rn. 2.

577 So auch *Thiesen*, Daten in der Erbmasse, S. 201.

578 Hierzu oben, unter C.I.3.

579 So auch *Apel*, ZD 2018, 86 (487).

dass die Regelung des § 1922 BGB – jedenfalls im Hinblick auf schuldrechtliche Verträge – stets leerlaufen würde: Mit den Erben treten naturgemäß immer von dem Erblasser verschiedene Personen in die von diesem lebzeitig begründeten Rechtsverhältnisse ein.[580] Gemessen an diesen Grundsätzen ist der Erbe zum Zeitpunkt des Erbfalls in rechtlicher Hinsicht selbst als Beteiligter an den dem Schutz des Fernmeldegeheimnisses unterliegenden Kommunikationsvorgängen anzusehen.[581]

Ferner vermag auch eine Differenzierung zwischen dem Eintritt der Erben in den Nutzungsvertrag und der konkreten Nutzerstellung einem Zugangsanspruch der Erben zu einem von dem Erblasser begründeten Account eines Kommunikationsdienstleisters nicht entgegenzustehen: Zwar ist davon auszugehen, dass der Erbe nicht dazu berechtigt ist das Profil des Erblassers bei einem sozialen Netzwerk in dessen Namen fortzuführen.[582] Die Zugangsverschaffung zu dem Account des Erblassers stellt indes eine Hauptleistungspflicht des Providers da, welche – so die Erben in das Vertragsverhältnis des Erblassers eintreten – auch gegenüber diesen zu erfüllen ist.[583]

Darüber hinaus ist es nicht die Intention des in § 88 Abs. 3 TKG geregelten Fernmeldegeheimnisses, den Erben eines verstorbenen Nutzers den Zugriff auf dessen Kommunikationsdaten zu versagen:[584] Der persönliche Schutzbereich des § 88 Abs. 3 TKG erfasst natürliche und juristische Personen sowie teilrechtsfähige Personenvereinigungen.[585] Geheimnisberechtigt sind die jeweiligen Nutzer und ihre Kommunikationspartner.[586] Handelt es sich bei dem jeweiligen Nutzer eines Kommunikationsdienstes um eine natürliche Person, so endet der

---

580 *Apel*, ZD 2018, 486 (487); vgl. auch *Artz*, in: Kindl/Arroyo Vendrell/Gsell, Verträge über digitale Inhalte und Dienstleistungen, S. 161, 171.

581 Ebenso BGHZ 219, 243 (263).

582 Hierzu oben, unter C.II.1.a).(cc).

583 So im Ergebnis auch *Herzog*, ZErb 2017, 205 (208); *Herzog/Pruns*, Der digitale Nachlass in der Vorsorge- und Erbrechtspraxis, § 4 Rn. 60; *Klages*, ZD 2017, 390 (391); *Klas/Möhrke-Sobolewski*, NJW 2015, 3477; *Litzenburger*, FD-ErbR 2017, 392155; *Ludyga*, ZEV 2018, 1 (6); *Ludyga*, jM 2016, 442 (447); *Gloser*, DNotZ 2018, 306 (311); *Salomon*, NotBZ 2016, 324 (327); *Seidler*, Digitaler Nachlass, S. 114 f.; *Steiner/Holzer*, ZEV 2015, 262 (264); *Wüsthof*, ErbR 2017, 496 (510); differenzierend in Bezug auf das Erbrecht des Staates (§ 1936 BGB): *Deusch*, ZEV 2018, 687 (688).

584 So auch *Bock*, JZ 2017, 371 (408).

585 *Bock*, in: Beck'scher TKG-Kommentar, § 88 Rn. 19; *Mayen*, in: Scheurle/Mayen, TKG, § 88 Rn. 47; BT-Drs. 80/96, 53.

586 *Deusch*, ZEV 2016, 194 (195).

Schutz des § 88 Abs. 3 TKG mit deren Ableben, denn Teilnehmer einer Kommunikation kann naturgemäß nur eine lebende Person sein.[587] Die Intention des Gesetzgebers war mithin die Etablierung eines lebzeitigen Schutzes von Kommunikationsdaten. Einen postmortalen Schutz sieht das TKG, jedenfalls de lege lata, nicht vor.[588] Im Ergebnis verwirklicht sich mit dem Tod eines Nutzers von Telekommunikationsdienstleistungen nicht das spezifische Gefährdungspotential, vor dem § 88 TKG schützt, sondern lediglich das allgemeine Lebensrisiko, dass ein Kommunikationspartner oder eine sonstige Person, der man Inhalte anvertraut, stirbt, sodass die Rechtpositionen, die die Herrschaft über die entsprechenden Inhalte vermitteln, auf die Rechtsnachfolger übergehen.[589]

#### *(iii) Möglichkeit der Auflösung des zwischen dem Erb- und dem Datenschutzrecht bestehenden Spannungsverhältnisses?*

Wie die vorstehende Diskussion zeigt, kann das Spannungsfeld, in welchem sich der rechtliche Umgang mit dem digitalen Nachlass befindet, nur entweder zugunsten des Datenschutzrechts – indem eine rein nutzerbezogene Betrachtung erfolgt – oder zugunsten des Erbrechts aufgelöst werden. Das Erbrecht und das Datenschutzrecht stehen indes nicht in einem Über-/Unterordnungsverhältnis zueinander. Dem Erbrecht kommen Funktionen in der Gesellschaft, Wirtschaft und der Familie zu, indem es generationenübergreifend die Weitergabe des Privatvermögens beim natürlichen Wechsel im Mitgliederbestand einer Gesellschaft steuert.[590] Dabei sorgt das Erbrecht für eine Kontinuität der Rechtsverhältnisse und damit für eine klare Zuordnung von Vermögensrechten nach dem Ableben des Rechtsinhabers.[591] Die gesetzliche Erbfolge (§§ 1924-1934 BGB) folgt dem Gedanken einer Verteilungsgerechtigkeit innerhalb der Familie (sog. Familienerbrecht).[592] Zudem kommt dem Erbrecht mit dem, nicht disponiblen, Pflichtteilsrecht sowie der erbschaftsteuerlichen Begünstigung bei der Übertragung von Betriebsvermögen auf die nächste Generation (§§ 13a ff. ErbStG) eine soziale Funktion zu. Das Datenschutzrecht, in verfassungsrechtlicher Hinsicht

---

587 So auch BGHZ 219, 243 (263 f.).

588 Zu dem ggf. entgegenstehenden Schutz des Fernmeldegeheimnisses betreffend die noch lebenden Kommunikationspartner des Erblassers unten, unter C.

589 *Bock*, JZ 2017, 371 (408).

590 *Dutta*, Warum Erbrecht?, S. 573.

591 *Dutta*, Warum Erbrecht?, S. 477 f.; *Kunz*, in: Staudinger BGB (2017), § 1922 Rn. 10; *Große-Boymann*, in: Burandt/Rojahn, Erbrecht, § 1922 Rn. 21 f.; *Lange*, Erbrecht, § 8 Rn. 21, 24.

592 Hierzu *Leipold*, in: MüKoBGB, Einl. ErbR Rn. 12 ff.

maßgeblich fußend auf dem Recht auf informationelle Selbstbestimmung (Art. 2 Abs. 1, 1 Abs. 1 GG), dient primär dem individuellen Schutz der Persönlichkeitsentfaltung der einzelnen Nutzer (vgl. Art. 1 Abs. 1, 2 DSGVO).[593] Damit kommt freilich auch dem Datenschutzrecht eine gesellschaftliche Funktion zu, indem durch die Etablierung eines effektiven Datenschutzes die Einhaltung der grundgesetzlichen Werteordnung sichergestellt wird.

Eine Auflösung des Spannungsfeldes, in welchem sich der rechtliche Umgang mit dem digitalen Nachlass befindet, ist aufgrund der unterschiedlichen Funktionen des Erb- und des Datenschutzrechts in dogmatischer Hinsicht nur möglich, indem man die hinter dem Datenschutzrecht stehenden Intentionen in das Erbrecht integriert und damit einen interessengerechten Ausgleich der im Zusammenhang mit dem digitalen Nachlass bestehenden widerstreitenden Interessen schafft. Dies ist Aufgabe des Gesetzgebers.

##### *(iv) Differenzierte Betrachtungsweise im Hinblick auf § 1936 BGB?*

Fraglich ist, ob die Annahme, dass der Erbe nicht „anderer" im Sinne des § 88 Abs. 3 S. 1 TKG sein kann, auch dann greifen kann, wenn der Staat gemäß § 1936 BGB Erbe wird. In diesem Fall wäre der Staat als Erbe auf der einen Seite aus Art. 10 GG grundrechtsberechtigt und auf der anderen Seite gemäß Art. 1 Abs. 3 GG zugleich grundrechtsverpflichtet.[594] Grundrechtsberechtigung und Grundrechtsbindung schließen sich indes grundsätzlich aus (Konfusion).[595] Ausnahmen von diesem Grundsatz sind bislang nur vereinzelt und lediglich im Hinblick auf einzelne juristische Personen des öffentlichen Rechts angenommen worden, soweit eine grundrechtstypische Gefährdungslage gegeben war.[596] Dies betraf hinsichtlich des Fernmeldegeheimnisses öffentlich-rechtliche Rundfunkanstalten bezogen auf ihre vom Schutzbereich des Art. 5 Abs. 1 S. 2 GG umfasste journalistische Tätigkeit.[597] Eine vergleichbare Ausnahme greift vorliegend nicht ein, sodass der Staat als Erbe als „anderer" im Sinne des § 88 Abs. 3 S. 1 TKG angesehen werden kann.[598]

---

593 Vgl. *Ernst*, in: Paal/Pauly, DSGVO/BDSG, Art. 1 DSGVO Rn. 2; *Martini*, JZ 2012, 1145 (1147 f.)

594 *Deusch*, ZEV 2018, 687 (688).

595 *Deusch*, ZEV 2018, 687 (688); BVerfGE 107, 299 (Auskunft über Telefonverbindungsdaten von Journalisten an Strafverfolgungsbehörden).

596 *Deusch*, ZEV 2018, 687 (688).

597 *Deusch*, ZEV 2018, 687 (688); BVerfGE 107, 299.

598 *Deusch*, ZEV 2018, 687 (688); BVerfGE 107, 299.

### *(2) Datenweitergabe „im für die geschäftsmäßige Erbringung der Telekommunikationsdienste erforderlichen Maß" an Dritte möglich?*

Nach den vorstehenden Ausführungen, wonach der Erbe nicht als „anderer" im Sinne des § 88 Abs. 3 S. 1 TKG anzusehen ist, steht das Fernmeldegeheimnis einem Zugangsverschaffungsanspruch der Erben betreffend die jeweiligen Accounts des Erblassers nicht entgegen. Folgt man der entgegenstehenden Auffassung, so stellt sich die Frage, ob sich ein Recht der Erben auf Zugangsverschaffung zu dem Nutzer-Account des Erblassers aus § 88 Abs. 3 S. 2 TKG ergeben könnte. Dies wäre dann der Fall, wenn die Zugangsverschaffung als „geschäftsmäßige Erbringung von Telekommunikationsdiensten" eingeordnet werden kann.[599]

Grundsätzlich ist es dem Dienstanbieter nach § 88 Abs. 3 S. 2 TKG erlaubt, Daten in dem Maße an Dritte weiterzugeben, in dem die Weitergabe für die Dienstleistungserbringung „erforderlich" ist. Die Erforderlichkeit ist in § 88 Abs. 3 TKG nicht starr bestimmt; sie ist in Abhängigkeit von dem jeweiligen Dienst zu bestimmen.[600] Ein Anhaltspunkt hierfür kann den Bestimmungen über den Datenschutz in §§ 91 bis 107 und auch den Bestimmungen über die öffentliche Sicherheit in §§ 108 bis 114 entnommen werden.[601] Der Rahmen und Inhalt der Dienstleistung kann sich in diesem Zusammenhang ferner aus § 3 TKG ergeben. So heißt es in § 3 Nr. 10 TKG, dass unter der Diensterbringung das „*nachhaltige Angebot zur Telekommunikation*" zu verstehen ist.

Dem weit auszulegenden Begriff der Telekommunikation im Sinne dieser Vorschrift unterstehen insbesondere auch die elektronische Kommunikation, mithin auch Chats, Nachrichten und E-Mails.[602] Aufgrund der Vielfalt der Kommunikationsangebote einerseits und der unzähligen unterschiedlichen Ausgestaltungsmöglichkeiten andererseits kann insofern keine allgemeine Festlegung hinsichtlich der Frage getroffen werden, was im konkreten Einzelfall als erforderlich im Sinne des § 88 TKG anzusehen ist. Denn insbesondere durch Parteivereinbarung zwischen Nutzer und Dienstanbieter können die Erforderlichkeitskriterien von Fall zu Fall variieren.[603]

---

599 Vgl. auch *Kutscher*, Der digitale Nachlass, S. 137.

600 *Eckhardt*, in: Spindler/Schuster, Elektr. Medien, § 88 TKG Rn. 33.

601 *Bock*, in: Beck'scher TKG-Kommentar, § 88 Rn. 26; *Eckhardt*, in: Spindler/Schuster, Elektr. Medien, § 88 TKG Rn. 33.

602 *Bock*, in: Beck'scher TKG-Kommentar, § 88 Rn. 12.

603 Vgl. *Eckhardt*, in: Spindler/Schuster, Elektr. Medien, § 88 TKG Rn. 33; *Kutscher*, Der digitale Nachlass, S. 137.

#### (a) *Die allgemeinen Leistungspflichten eines Providers gegenüber Account-Inhabern*

Die Leistungspflichten des Providers von Kommunikationsdiensten bestehen zum einen aus der grundsätzlichen Bereitstellung der technischen Infrastruktur und zum anderen aus der ständigen Abrufbarkeit eingegangener Nachrichten.[604]

Geht man von dem darauf aufbauenden Leistungsverhältnis zwischen Nutzer und Dienstanbieter aus, so folgt aus dem Grundsatz der in § 1922 Abs. 1 BGB normierten Universalsukzession, dass die Erben des verstorbenen Nutzers in ebendieses Leistungsverhältnis vollumfänglich eintreten und insofern sämtliche Rechte und Pflichten des Erblassers im Verhältnis zum Dienstanbieter übernehmen und zwar so, wie diese zu Lebzeiten des Erblassers bestanden. Dies bedeutet, dass die Erben auch den insoweit bestehenden vertraglichen Anspruch auf die Bereitstellung der Infrastruktur und die Abrufbarkeit eingegangener Nachrichten haben müssten.[605]

#### (b) *§§ 91 ff. TKG als Obergrenze für das zulässige Maß der Datenübermittlung?*

Die Zugangsverschaffung zu einem Account des Erblassers stellt nach alledem die Erfüllung einer sich aus dem Vertragsverhältnis zwischen den Erblasser und dem Provider, welches gemäß § 1922 Abs. 1 BGB auf die Erben übergeht,[606] ergebende Hauptleistungspflicht dar. Mit der Zugangsverschaffung durch den Provider wird dieser nur in dem „für die geschäftsmäßige Erbringung der Telekommunikationsdienste erforderlichen Maß" tätig. Dritten wird dadurch gerade keine Kenntnis von Inhalt und näheren Umständen der Telekommunikation verschafft.[607]

Hiergegen wird eingewandt, dass sich das Maß der Zulässigkeit der Datenübermittlung abschließend aus den §§ 91 ff. TKG ergebe: Die Intention der in § 88 Abs. 3 S. 2 TKG geregelten Ausnahme ist es, dem Telekommunikationsdienstleister die Möglichkeit einzuräumen, ausnahmsweise auf die Daten des Nutzers zugreifen zu können, so dies für die ordnungsgemäße Erbringung der Telekommunikationsdienstleistung erforderlich ist (Zweckbindungsgrundsatz).[608]

---

604 *Herzog*, in: Kroiß, Nachfolgerecht, Digitaler Nachlass, Rn. 67; *Kutscher*, Der digitale Nachlass, S. 137; *Pruns*, NWB 2014, 2175 (2178).

605 *Heintz/Ludyga*, jM 2018, 398 (402); *Ludyga*, ZEV 2018, 1 (6).

606 Vgl. *Kutscher*, Der digitale Nachlass, S. 137; *Ludyga*, JM 2016, 442 (447); *Pruns*, NWB 2014, 2175 (2178); *Steiner/Holzer*, ZEV 2015, 264.

607 *Kutscher*, Der digitale Nachlass, S. 137.

608 *Bock*, in: Beck'scher TKG-Kommentar, § 88 Rn. 27.

Damit sind insbesondere die in den §§ 91 ff. TKG geregelten Fälle erfasst, welche eine Grenze dafür darstellen, was datenschutzrechtlich gestattet ist.[609] Eine explizite Erlaubnis für die Weitergabe der Telekommunikationsdaten an die Erben des Nutzers lasse sich den §§ 91 ff. TKG indes nicht entnehmen.[610] Im Hinblick auf E-Mails wird in diesem Zusammenhang argumentiert, dass es sich dabei um Verkehrsdaten im Sinne des § 3 Nr. 30 TKG handle, mithin um Daten, die bei der Erbringung eines Telekommunikationsdienstes erhoben, verbreitet und genutzt werden.[611] Die Erhebung oder Verwendung solcher Verkehrsdaten ist indes nur in dem in § 96 Abs. 1 Nr. 1-5 TKG beschriebenen Umfang zulässig; die Kenntnisnahme oder Weitergabe des Inhalts einer E-Mail zählen hierzu gerade nicht.[612] Ferner sei eine Verwendung von gespeicherten Verkehrsdaten über das Ende der Kommunikationsverbindung hinaus nur insoweit zulässig, als dies für den Aufbau einer weiteren Verbindung notwendig oder für die in §§ 97, 99, 100 sowie 101 TKG genannten oder durch anderweitige gesetzliche Vorschriften begründeten Zwecke erforderlich sei.[613] Eine explizite Ermächtigung zur Weitergabe von Daten an die Erben eines Nutzers ist gesetzlich nicht explizit normiert, was aber gemäß dem in § 88 Abs. 3 S. 3 TKG normierten sog. kleinen Zitiergebot[614] erforderlich sei.[615]

Die vorstehend maßgeblich von *Mayen* vertretene Auffassung führt indes zu einer Widersprüchlichkeit der Rechtsordnung, wenn einerseits wegen des Grundsatzes des § 1922 Abs. 1 BGB der vertragliche Hauptleistungsanspruch auf Zugangsgewährung zu einem Account des Erblassers und einem damit verbundenen Anspruch auf Abrufbarkeit sämtlicher Inhalte auf die Erben übergeht, andererseits aber diese Weitergabe von Daten nicht als geschäftsmäßige Erbringung von Telekommunikationsdienstleistungen im Sinne des § 88 Abs. 3 S. 2 TKG angesehen wird. Dieser Widerspruch ließe sich zugunsten des Erbrechts lösen, indem man den im Rahmen der §§ 91 ff. TKG normierten Katalog der Tätigkeiten, welche zur geschäftsmäßigen Erbringung

---

609 *Bock*, in: Beck'scher TKG-Kommentar, § 88 Rn. 26; *Klesczewski*, in: Säcker, TKG, § 88 Rn. 25; *Kuntz*, JM 2016, 190 (191); *Leeb*, K&R 2014, 693 (698); *Mayen*, DAV Stellungnahme, S. 81.

610 *Mayen*, DAV Stellungnahme, S. 81.

611 *Kutscher*, Der digitale Nachlass, S. 138.

612 *Mayen*, DAV Stellungnahme, S. 81 f.

613 *Mayen*, DAV Stellungnahme, S. 81 f.; hierzu auch *Büttgen*, in: Scheurle/Mayen, TKG, § 96 Rn. 6 f.

614 Hierzu *Durner*, ZUM 2010, 833 (837 f.); *Ludyga*, ZEV 2018, 1 (6).

615 *Mayen*, DAV Stellungnahme, S. 81 f.

von Telekommunikationsdienstleistungen zulässig sind, als nicht abschließend ansieht.[616] Dies insbesondere vor dem Hintergrund, dass die Erfüllung der Hauptleistungspflichten des Telekommunikationsdienstleisters als zum Kern der geschäftsmäßigen Erbringung im Sinne des § 88 Abs. 3 TKG zugehörig angesehen werden muss.[617]

#### *(3) Schutz des Fernmeldegeheimnisses der noch lebenden Kommunikationspartner des Erblassers*

Von dem Schutzbereich des Fernmeldegeheimnisses sind sämtliche Beteiligten eines Kommunikationsprozesses umfasst, mithin auch die Kommunikationspartner des Erblassers.[618] Die Frage nach einem Schutz des Fernmeldegeheimnisses der noch lebenden Kommunikationspartner des Erblassers gegenüber dessen Erben stellt sich jedoch ebenfalls nur dann, wenn man der Auffassung folgt, dass der Erbe als „anderer" im Sinne des § 88 Abs. 3 S. 1 TKG anzusehen ist, da ansonsten der Tatbestand des § 88 Abs. 3 TKG nicht einschlägig ist. In diesem Fall ist zu untersuchen, ob eine Einwilligung der Kommunikationspartner in die Kenntnisverschaffung von Telekommunikationsinhalten zugunsten der Erben eines verstorbenen Kommunikationsteilnehmers angenommen werden kann, was zu einem Ausschluss des Tatbestandes des § 88 Abs. 3 TKG führt.[619]

#### *(a) Unerheblich: Einwilligung des Erblassers*

In der bislang zum digitalen Nachlass ergangenen Literatur wird die Frage nach der Bedeutung des Willens des Erblassers im Zusammenhang mit dem Fernmeldegeheimnis nur spärlich behandelt.[620] Es wird in diesem Zusammenhang vertreten, dass jedenfalls dann eine Einwilligung des Erblasser zur Weitergabe der Daten an seine Erben angenommen werden kann, wenn er seine Zugangsdaten zu seinen Nutzerkonten noch zu Lebzeiten für seine Erben hinterlegt oder

---

616 In diese Richtung auch *Durner*, ZUM 2010, 833 (843); *Eckhardt*, in: Spindler/Schuster, Elektr. Medien, § 88 TKG Rn. 33; *Thiesen*, Daten in der Erbmasse, S. 201.

617 *Herzog*, in: Kroiß, Nachfolgerecht, Digitaler Nachlass, Rn. 67; *Pruns*, NWB 2014, 2175 (2178); vgl. auch *Steiner/Holzer*, ZEV 2015, 262 (264); a.A. *Thiesen*, Daten in der Erbmasse, S. 201; *Kuntz*, jM 2016, 190 (191).

618 *Eckhardt,* in: Spindler/Schuster, Elektr. Medien, § 88 TKG Rn. 24.

619 *Mayen*, in: Scheurle/Mayen, TKG, § 88 Rn. 48; *Munz*, in: Taeger/Gabel, Kommentar zum BDSG und zu den Datenschutzvorschriften des TKG und TMG, § 88 TKG Rn. 18; vgl. auch BVerfGE 85, 386, 399.

620 Hierzu soweit ersichtlich nur *Biermann*, MAH Erbrecht, § 50 Rn. 28.

eine über den Tod hinaus wirkende Vollmacht (sog. transmortale Vollmacht) ausgestellt hat.[621]

Richtigerweise bedarf es indes keiner gesonderten Einwilligung des Erblassers in die Datenweitergabe gegenüber den Erben, da diese gemäß § 1922 Abs. 1 BGB – und damit aufgrund der Universalsukzession und des Vonselbsterwerbs – in das Vertragsverhältnis zwischen dem Erblasser und dem Provider eintreten. Zudem entfällt, wie vorstehend dargelegt,[622] für den Erblasser mit dessen Ableben der Schutzbereich des § 88 Abs. 3 TKG. Dogmatisch überzeugender wäre es im Übrigen, die Einwilligung des Erblassers in eine Datenweitergabe an seine Erben in dem Abschluss des jeweiligen Providervertrages zu sehen. Wie bereits ausgeführt,[623] stellt die Erfüllung der vertraglichen Pflichten des Providers gegenüber dem jeweiligen Vertragspartner eine geschäftsmäßige Erbringung von Telekommunikationsdienstleistungen im Sinne des § 88 Abs. 3 S. 1 TKG dar.[624] Insofern ist jedenfalls von einer konkludenten Einwilligung des Nutzers mit der Reichweite des vertraglichen Leistungsangebots des Providers auszugehen.[625] Etwas anderes gilt freilich, wenn der Erblasser hiervon abweichende, individualvertragliche Regelungen zum Umgang mit seinem Account nach dem Ableben getroffen hat.[626]

Ein in tatsächlicher Hinsicht entgegenstehender Wille des Nutzers ist unbeachtlich:[627] Das Erbrecht und insbesondere die Regelung des § 1922 Abs. 1 BGB sind indisponibel.[628] Es ist dem Erblasser nicht möglich, bestimmte Nachlassgegenstände von dem Grundsatz der Gesamtrechtsnachfolge auszunehmen.[629] Ein entgegenstehender Wille des Erblassers wird in diesem Zusammenhang nur für den Fall anerkannt, dass zwischen dem Erblasser und einer anderen Person ein besonderes Vertrauensverhältnis besteht, wie dies bspw. im Hinblick auf einen

---

621 *Mayen*, DAV Stellungnahme, S. 76; *Herzog*, in: Kroiß, Nachfolgerecht, Digitaler Nachlass, Rn. 62; *Dopatka*, NJW 2010, 14; *Solmecke/Köbrich/Schmitt*, MMR 2015, 291 (292).

622 Hierzu oben, unter C.II.3.c).(ee).(1).(b).(ii).

623 Hierzu unter C.4.b).(aa).

624 So auch *Fußeder*, Soziale Netzwerke im Nachlass, S. 157 und 212.

625 *Jarass*, NJW 1989, 857 (862).

626 Hierzu unten, unter C.II.4.b).(aa).

627 A.A. *Weichert*, Postmortaler Datenschutz, S. 6, wonach der zu Lebzeiten geäußerte Wille nach dem Tod datenschutzrechtlich beachtlich sein soll.

628 *Biermann*, MAH Erbrecht, § 50 Rn. 28; *Kunz*, in: Staudinger, BGB, § 1922 Rn. 1; *Müller-Christmann*, in: BeckOK, BGB, § 1922 Rn. 16.

629 *Müller-Christmann*, in: BeckOK, BGB, § 1922 Rn. 16.

Behandlungsvertrag der Fall sein kann.[630] Ein vergleichbares Vertrauensverhältnis zwischen einem Nutzer und einem Provider wird in der Regel indes nicht angenommen werden können.[631] Die Möglichkeit einer individualvertraglichen Vereinbarung zwischen dem Nutzer und dem Provider, an welche die Erben gemäß § 1922 Abs. 1 BGB gebunden wären, ist – de lege lata – mit den gängigen Anbietern von Telekommunikationsdienstleistern nicht möglich.[632]

*(b) Einwilligung der Kommunikationspartner des Erblassers*

Für einen Ausschluss des Tatbestandes des § 88 Abs. 3 TKG bedarf es der Einwilligung sämtlicher Kommunikationspartner. Es kann nicht ein Kommunikationsteilnehmer für den anderen wirksam auf den Schutz des Fernmeldegeheimnisses verzichten.[633] Da eine ausdrückliche Einwilligung der Kommunikationspartner in eine Weitergabe der entsprechenden Kommunikationsdaten an die Erben des anderen Kommunikationspartners in der Regel nicht vorliegt, wird in diesem Zusammenhang die Möglichkeit einer konkludenten Einwilligung diskutiert.[634]

*(i) Meinungsstand in der Rechtsprechung*

Mit der Thematik der Einwilligung der Kommunikationspartner in die Datenweitergabe zugunsten der Erben eines verstorbenen Nutzers hat sich bislang nur das KG[635] befasst. Das KG vertritt die Auffassung, dass in der Teilnahme an einer über Facebook geführten Kommunikation keine Einwilligung in die Weitergabe von Kommunikationsinhalten an die Erben des ursprünglichen Kommunikationspartners gesehen werden könne.[636] Auch eine konkludente Einwilligung scheide aus, da die Teilnehmer einer Kommunikation über Facebook nicht ohne weiteres davon ausgehen konnten, dass den Erben ihres Kommunikationspartners nach dessen Ableben ein Zugangsanspruch zu dessen Account zustehen

---

630 Hierzu BGHZ 85, 327; BGH, Urt. v. 31.5.1983 – VI ZR 259/81 (NJW 1983 2628); *Herzog*, in: Kroiß, Nachfolgerecht, Digitaler Nachlass, Rn. 42; Weichert, Postmortaler Datenschutz, S. 6.

631 *Herzog*, NJW 2013, 3745 (3748); *Bräutigam*, in: Burandt/Rojahn, Erbrecht, Anhang zu § 1922 BGB Rn. 9; a.A. *Martini*, JZ 2012, 1145 (1149).

632 Hierzu unter C.II.4.b).(aa).

633 *Fußeder*, Soziale Netzwerke im Nachlass, S. 158; *Leeb*, K&R 2014, 693 (697).

634 Etwa *Fußeder*, Soziale Netzwerke im Nachlass, S. 159; *Herzog/Pruns*, Der digitale Nachlass, S. 90 ff.; *Pruns*, NWB 2014, 2175 (2179).

635 KG, Urt. v. 31.5.2017 – 21 U 9/16.

636 KG, Urt. v. 31.5.2017 – 21 U 9/16, Rz. 107 (zitiert nach juris).

würde. Dies insbesondere mit Blick auf die Richtlinien von Facebook zum Gedenkstatus.[637]

### *(ii) Meinungsstand in der Literatur*

In der Literatur wird eine Einwilligung des Absenders einer Nachricht in die Einsichtnahme durch die Erben des Empfängers teilweise bereits in dem Umstand des Absendens selbst gesehen.[638] Erklärungsgehalt der Inanspruchnahme eines Nachrichtendienstes wäre daher neben der Zustimmung zur Datenverarbeitung im Rahmen der unmittelbaren Erbringung des Dienstes (Versenden der Nachricht) auch die Zustimmung des Absenders zu einer hypothetischen Weitergabe der Daten an die Erben des Adressaten, sollte dieser in der Zwischenzeit versterben.

Gegen dieses Verständnis wurde argumentiert, dass die Rechtslage um den digitalen Nachlass noch weitgehend ungeklärt sei und auch aufgrund der überschaubaren Zahl an Rechtsprechungsakten schlechterdings nicht von einer konkludenten Zustimmung des Absenders ausgegangen werden könne, da dieser sich insoweit nicht an einer konkreten Rechtslage orientieren könne.[639] Wenn aber die Rechtsfolgen eines Handelns nicht absehbar sind, könne auch kein konkludenter Erklärungsgehalt gefasst – respektive unterstellt – werden.[640] Dagegen wurde wiederum eingewandt, dass es auf die rechtliche Beurteilung der Frage nach dem digitalen Nachlass für die Einordnung des Erklärungsgehaltes kaum ankommen dürfte. Entscheidend sei einzig, ob und inwieweit durch den Absender ein Erklärungsbewusstsein auf tatsächlicher Ebene ausgebildet worden ist.[641] Daher könne aus dem Umstand, dass die Rechtslage noch weitgehend ungeklärt sei, weder in die eine noch die andere Richtung geschlossen werden.[642]

Ferner wird vertreten, dass die Annahme einer konkludenten Einwilligung von dem konkreten Inhalt der Kommunikation abhänge: Bei höchstpersönlichen Inhalten müsse davon ausgegangen werden, dass diese nur für den Empfänger bestimmt und nicht an Dritte, mithin auch nicht die Erben, weitergegeben werden.[643] In diesen Fällen habe der Absender gerade durch den Inhalt seiner

637 KG, Urt. v. 31.5.2017 – 21 U 9/16, Rz. 107 (zitiert nach juris).
638 *Fußeder*, Soziale Netzwerke im Nachlass, S. 159; *Pruns*, NWB 2014, 2175 (2179).
639 *Mayen*, Stellungnahme DAV, S. 77.
640 *Mayen*, Stellungnahme DAV, S. 77.
641 *Pruns*, NWB 2014, 2175 (2179).
642 *Kutscher*, Der digitale Nachlass, S. 139; *Pruns*, NWB 2014, 2175 (2179).
643 *Mayen*, Stellungnahme DAV, S. 77.

Nachricht zum Ausdruck gebracht, dass er nicht mit einer Weitergabe rechne und dieser im Zweifelsfall nicht – konkludent – zustimmen würde.[644] Dieser Auffassung wird der Vergleich zur analogen Welt entgegengehalten, wonach auf den Erben unstreitig auch das Eigentum an Briefen, gleich welchen Inhalts, übergeht, ohne dass darin das allgemeine Persönlichkeitsrecht des Absenders in Form des Brief- und Postgeheimnisses verletzt wird.[645]

*(iii) Eigene Stellungnahme*

Für die Bestimmung und Einordnung des Erklärungsgehaltes einer (konkludenten) Willensäußerung kommt es zunächst auf die tatsächliche Vorstellung des Absenders an.[646] Eine ausdrückliche Willenserklärung gerichtet auf die Möglichkeit einer Datenweitergabe an die Erben des jeweiligen Kommunikationspartners wird es in der Regel nicht geben. Eine konkludente Willenserklärung liegt nach der sog. objektiven Theorie[647] dann vor, wenn der rechtsgeschäftliche Wille einer Person unmittelbar aus der auf einen rechtlichen Erfolg gerichteten Sprache oder mittelbar aus anderen Indizien erschlossen werden muss.[648] Ob bestimmte Indizien den Schluss auf einen rechtsgeschäftlichen Willen tatsächlich erlauben, ist nach dem objektiven Empfängerhorizont zu beurteilen.[649]

*Mayen* ist in diesem Zusammenhang grundsätzlich zuzustimmen, dass bestimmte Rechtsprobleme ggf. erst durch die Rechtsprechung in das allgemeine Rechtsbewusstsein der Laiensphäre durchdringen. Daher kommt der Tatsache einer verbindlichen rechtlichen Klärung einer Rechtslage zumindest eine Indizwirkung für die Annahme eines entsprechenden Problembewusstseins zu. Einer Willenserklärung einen Erklärungsgehalt im Zusammenhang mit einer Frage zu unterstellen, über welche sich der Absender grundsätzlich gar keine Gedanken gemacht hat, erscheint indes zweifelhaft. So verhält es sich auch im Falle der Anfechtung von Willenserklärungen gemäß §§ 119 ff. BGB: Die Anfechtungsmöglichkeit steht einer Person nur dann offen, wenn der Unterzeichnende überhaupt eine Vorstellung davon hatte, welchen Erklärungsgehalt

644 *Mayen*, Stellungnahme DAV, S. 77.
645 *Brisch/Müller-ter Jung*, CR 2013, 446; *Pruns*, NWB 2014, 2176 (2179).
646 Vgl. *Armbüster*, in: MüKoBGB, vor § 116 Rn. 23.
647 Zu der Abgrenzung zwischen der subjektiven und (vorherrschenden) objektiven Theorie: *Armbüster*, in: MüKoBGB, vor § 116 Rn. 6.
648 *Singer*, in: Staudinger, BGB, vor §§ 116 ff. Rn. 53.
649 *Armbüster*, in: MüKoBGB, vor § 116 Rn. 6; BGH, Urt. v. 26.1.2005 – VIII ZR 66/04 (NJW-RR 2005, 639).

seine Willensäußerung hatte, da nur in dieser Konstellation der subjektive Erklärungsgehalt mit dem objektiv-tatsächlich Erklärten auseinanderfallen kann.[650] Konsequenterweise kann ein konkludent erklärtes Einverständnis durch das Absenden einer Nachricht nur dann angenommen werden, wenn im Allgemeinen davon ausgegangen werden kann, dass der Absender sich bezüglich der gestellten Frage überhaupt Gedanken gemacht hat. Dies wird regelmäßig nicht der Fall sein.

Systematisch bietet sich der Vergleich zum allgemeinen Persönlichkeitsrecht (Art. 2 Abs. 1 i.V.m. Art. 1 Abs. 1 GG) an: In diesem Zusammenhang ist anerkannt, dass der Betroffene durch Einwilligung grundsätzlich auch auf den Schutz des Kernbereichs der privaten Lebensgestaltung verzichten kann. Dies ist nach der Rechtsprechung des BGH[651] insbesondere dann der Fall, wenn der Betroffene

> *„den Kernbereich der privaten Lebensgestaltung von sich aus öffnet, bestimmte, an sich dem unantastbaren Kernbereich zuzurechnende Angelegenheiten der Öffentlichkeit zugänglich macht und damit zugleich die Sphäre anderer oder die Belange der Gemeinschaft berührt."*

Daraus ergibt sich, dass der Schutz des allgemeinen Persönlichkeitsrechts nur so weit reicht, wie der Betroffene den Bereich seiner privaten Lebensführung nicht selbst freiwillig gegenüber anderen eröffnet und diese daran teilhaben lässt.[652] Lässt jemand einer anderen Person Nachrichten zukommen, ist darin – unabhängig von deren Inhalt – eine Einwilligung dahingehend zu sehen, dass der Empfänger über diese Nachricht verfügen kann.[653] Der Absender einer Nachricht verliert damit mit Zugang der Nachricht beim Empfänger die Verfügungsbefugnis.[654] In diesem Zusammenhang kann ein systematischer Vergleich zum Briefverkehr gezogen werden. In diesem Zusammenhang wird vertreten, dass mit dem Zugang eines Schriftstückes mit dem Eigentum hieran auch das Bestimmungsrecht auf den Empfänger übergeht, sodass eine Missachtung von

---

650 Vgl. *Wertenbruch*, BGB Allgemeiner Teil, Rn. 174, wonach derjenige nicht anfechten kann, der erklärt, *„ohne vom Inhalt seiner Erklärung eine konkrete Vorstellung zu haben"*.

651 BGHZ 207, 16; vgl. auch BVerfG, Beschl. v. 14.9.1989 – 2 BvR 1062/87; BVerfGE 80, 367 (374) (NJW 1990, 563).

652 *Herzog/Pruns*, Der digitale Nachlass, S. 56.

653 *Herzog/Pruns*, Der digitale Nachlass, S. 56; BGHZ 207, 16; OLG Koblenz, Urt. v. 20.5.2014 – 3 U 1288/13 (BeckRS 2014, 10308).

654 BGH, Urt. v. 20.2.1990 – VI ZR 241/89 (NJW-RR 1990, 764); *Rixecker*, in: MüKoBGB, Anh. zu § 12 Rn. 101.

Bedingungen, die der Absender stellt, weder eine Verletzung dessen Privatsphäre noch eine Verletzung des Briefgeheimnisses (§ 202 StGB) bedeutet.[655]

Dies kann jedoch unmittelbar nur gegenüber dem jeweiligen Kommunikationspartner und damit lediglich zu Lebzeiten des Erblassers gelten.[656] Es ist damit weiter zu untersuchen, ob sich die Einwilligung des Absenders einer Nachricht auch auf die Kenntnisnahme durch die Erben des Empfängers erstreckt. In diesem Zusammenhang wird in der Literatur vereinzelt die Auffassung vertreten, dass als ein wesentlicher Abwägungsfaktor die „Üblichkeit“ und die „Verkehrssitte“ relevant sei, mithin die Frage, womit der Absender rechnen müsse, wenn er seinen privaten Lebensbereich gegenüber anderen Personen öffnet.[657] Wie vorstehend dargelegt, willigt der Absender einer Nachricht dazu ein, dass der Empfänger die Nachricht besitzen und darüber grundsätzlich verfügen kann. Die Erben treten gemäß § 1922 Abs. 1 BGB in die Rechtsposition des Erblassers ein, sodass dessen Verfügungsgewalt auf die Erben übergeht. Mit einem Erbfall und einem Übergang sämtlicher Rechtspositionen auf die jeweiligen Erben muss grundsätzlich jedermann rechnen. Etwas anderes kann nur dann gelten, wenn der Erblasser mit seinem Kommunikationspartner explizit vereinbart hat oder sich dies aus bestimmten Umständen ergibt, dass nur Ersterem persönlich ein Recht zur Nutzung auf bestimmte Zeit zugestanden wird.[658] Schließlich wird man davon ausgehen können, dass eine (konkludente) Einwilligung des Absenders einer Nachricht jedenfalls mit der Reichweite des vertraglichen Leistungsprogramms des Telekommunikationsdienstleisters gegeben ist.[659] Im Übrigen prägt auch die Funktion der Weiterleitung von Nachrichten, welche insbesondere der Kommunikationsdienstleister Facebook, aber auch jeder E-Mail-Provider zur Verfügung stellt, das Vorstellungsbild der Kommunikationspartner, was ebenfalls im Rahmen der Auslegung einer konkludenten Willenserklärung Berücksichtigung finden muss.[660] Gleiches gilt im Hinblick auf

---

655 *Graf*, in: MüKo, StGB, § 202 Rn. 17; *Kutscher*, Der digitale Nachlass, S. 142.

656 In dem der vorzitierten Entscheidung des BGH zugrundeliegenden Fall ging es um die Herausgabe von intimen Aufnahmen, welche während des Bestandes einer Beziehung angefertigt wurden. Der BGH hatte argumentiert, dass die Einwilligung in diesem Fall nur befristet auf Dauer der Beziehung erteilt wurde.

657 So *Herzog/Pruns*, Der digitale Nachlass, S. 60.

658 *Herzog/Pruns*, Der digitale Nachlass, S. 61. Dies wird man insbesondere bei intimen Inhalten, die den Kernbereich der persönlichen Lebensgestaltung betreffen, annehmen können.

659 *Jarass*, NJW 1989, 857 (862).

660 *Herzog/Pruns*, Der digitale Nachlass, S. 94.

E-Mail-Machrichten eine dritte Person – ohne Offenlegung gegenüber dem Kommunikationspartner – mithilfe der Funktion „BCC" zu einem Kommunikationsprozess hinzuzufügen. Wer an einem onlinebasierten Kommunikationsprozess partizipiert, muss mithin damit rechnen, dass Kommunikationsinhalte in die Hände Dritter fallen können.

### *c) Zwischenergebnis*

Das in § 88 Abs. 3 TKG geregelte Fernmeldegeheimnis steht einem Zugangsverschaffungsanspruch der Erben eines verstorbenen Nutzers eines Telekommunikationsdienstes nicht entgegen, da der Erbe bereits nicht als „anderer" im Sinne des § 88 Abs. 3 S. 1 TKG anzusehen ist. Somit ist im Ergebnis der Schutzbereich des § 88 Abs. 3 TKG nicht eröffnet. Im Übrigen ist die Zugangsverschaffung des Telekommunikationsdienstleisters gegenüber den Erben des verstorbenen Nutzers als geschäftsmäßige Erbringung von Telekommunikationsdienstleistungen einzuordnen. Darüber hinaus wird in der Regel eine konkludente Einwilligung der Kommunikationspartner in die Weitergabe der Telekommunikationsdaten an die Erben anzunehmen sein.

## 5. Privatrechtliche Implikationen: Postmortaler Datenschutz durch Allgemeine Geschäftsbedingungen?

Nach den vorstehenden Ausführungen geht auch ein Vertragsverhältnis eines verstorbenen Nutzers mit einem Provider uneingeschränkt nach § 1922 BGB auf seinen Erben über.[661] Dies mit der Folge, dass den Erben grundsätzlich die gleichen Ansprüche gegenüber den Providern zustehen wie dem Erblasser zu Lebzeiten. Der dem im Rahmen dieser Arbeit besprochenen Urteil des BGH zugrundeliegende Sachverhalt zeigt indes, dass sich in den Allgemeinen Geschäftsbedingungen (AGB) von Providern – im konkreten Fall Facebook – teilweise dieser Rechtslage entgegenstehende Regelungen wiederfinden, was die Rechtsdurchsetzung für die Erben erheblich erschwert. Nachfolgend sollen die derzeit geltenden AGB vereinzelter Provider dargestellt (a) und anschließend auf ihre Rechtmäßigkeit geprüft werden (b).

661 Hierzu oben, unter C.II.2.

### a) *Auswahl an Allgemeinen Geschäftsbedingungen marktführender Provider*

#### *(aa) Facebook*

Facebook bestimmt in seinen Nutzungsbedingungen unter „*Zusätzliche Bestimmungen*", dort Ziff. 5, dass das Konto des Nutzers im Todesfall in einen sog. Gedenkzustand versetzt wird.[662] In diesem Fall wird der Account des verstorbenen Nutzers quasi „eingefroren" und fungiert nur noch als eine Art passives Profil des Verstorbenen. Dies bietet Freunden und Familienangehörigen eine Möglichkeit, sich gemeinsam an die verstorbene Person zu erinnern und ihre Erinnerungen in der Chronik zu teilen.[663] Eine aktive Nutzung des entsprechenden Kontos ist nicht mehr möglich. Insbesondere sind ein Login und damit der Zugriff auf die gespeicherten Daten selbst dann nicht mehr möglich, wenn die Zugangsdaten vorhanden sind.[664]

Anders verhält es sich hingegen, wenn der verstorbene Nutzer zu Lebzeiten eine Person benannt hat, die nach dem Todesfall den in den Gedenkzustand versetzten Account verwalten soll (sog. „Nachlasskontakt"). Bei dem ausgewählten Nachlasskontakt kann es sich nur um einen „Facebook-Kontakt" handeln. Dies bedeutet, dass die Einsetzung bspw. eines nahen Angehörigen als Nachlasskontakt nur dann möglich ist, wenn dieser selbst auch bei Facebook angemeldet ist. Die in diesem Zusammenhang ausgewählte Kontaktperson kann die Offenlegung des Accounts beantragen.

Des Weiteren kann der Nutzer eine Person „*in einem gültigen Testament oder ähnlichen Dokument, das eine eindeutige Zustimmung zur Offenlegung der Inhalte im Todesfall oder bei Unfähigkeit ausdrückt*" benennen, welche sodann eine Offenlegung des Kontos beantragen kann, nachdem dieses in den Gedenkzustand versetzt worden ist.[665]

Alternativ zur Benennung eines Nachlasskontaktes steht dem Nutzer die Option offen, festzulegen, dass das Konto dauerhaft gelöscht wird, was sich allerdings nicht aus den Nutzungsbedingungen, sondern aus dem allgemeinen Hilfebereich ergibt.[666]

---

662 https://de-de.facebook.com/legal/terms/update [zuletzt abgerufen am 9.8.2020].
663 https://de-de.facebook.com/help/103897939701143 [zuletzt abgerufen am 9.8.2020].
664 *Kutscher*, Der digitale Nachlass, S. 120; https://www.facebook.com/help/103897939701143 [zuletzt abgerufen am 9.8.2020].
665 https://de-de.facebook.com/legal/terms/update [zuletzt abgerufen am 9.8.2020].
666 https://de-de.facebook.com/help/103897939701143 [zuletzt abgerufen am 9.8.2020].

Schließlich sieht Facebook die Möglichkeit für direkte Familienmitglieder oder einen Nachlassverwalter[667] unter Vorlage von Vollmacht, Geburtsurkunde, Testament und Erbschein vor, den Account des Verstorbenen löschen zu lassen.[668]

Grundsätzlich ist es zudem möglich, von Facebook die Inhalte des Accounts einer verstorbenen Person anzufordern. Dies indes nur unter Überwindung erheblicher Hürden, wie die nachstehenden Ausführungen zeigen:

> *„In seltenen Fällen geben wir Anfragen zu weiteren Kontoinformationen oder Inhalten statt. Du bist verpflichtet, nachzuweisen, dass du ein autorisierter Vertreter bist, z.B. ein Familienmitglied, und über eine gerichtliche Entscheidung verfügst. Beachte, dass das Senden einer Anfrage oder das Ausfüllen der entsprechenden Dokumentation nicht zwangsläufig bedeutet, dass wir dir die Kontoinhalte der verstorbenen Person tatsächlich zur Verfügung stellen können. Darüber hinaus versetzen wir das Konto der verstorbenen Person in den Gedenkzustand, sobald wir deine Anfrage erhalten haben.“*[669]

### *(bb) Xing*

Im Falle des Ablebens erlaubt das soziale Berufsnetzwerk Xing den Erben des verstorbenen Kontoinhabers auf Aufforderung Einsicht in dessen Profildaten zu erhalten. Für den Zugang reicht eine Übermittlung eines Identitätsnachweises sowie einer Kopie des Erbscheins aus.[670]

Sollte der Xing-Kontoinhaber dies indes nicht wünschen und darauf bestehen, dass seine gespeicherten Daten nach seinem Tod gelöscht werden sollen, steht es ihm frei, dies im Rahmen seines persönlichen Profilbereichs zu regeln. Die Löschung erfolgt zeitlich versetzt um 12 Monate nach der Todesmeldung. Während dieses Zeitraums bleibt das Konto deaktiviert und kann online weder eingesehen noch aufgefunden werden.[671]

Mit dieser Regelung beschreitet Xing denselben Weg wie Facebook und überträgt die Entscheidung, was mit dem eigenen Profil nach dem Tod passieren soll, grundsätzlich an den Nutzer, der zwischen einer Weitergabe an die Erben und einer endgültigen Löschung frei entscheiden kann.

---

667 Richtigerweise müsste davon auch der Testamentsvollstrecker (eine Nachlassverwaltung gemäß § 1975 BGB ist ein Ausnahmefall) umfasst sein.

668 https://www.facebook.com/help/1518259735093203 [zuletzt abgerufen am 9.8.2020].

669 https://www.facebook.com/help/123355624495297 [zuletzt abgerufen am 9.8.2020].

670 https://faq.xing.com/de/einstellungen/dein-xing-profil-nach-dem-tod [zuletzt abgerufen am 9.8.2020].

671 https://faq.xing.com/de/einstellungen/ihr-xing-profil-nach-dem-tod [zuletzt abgerufen am 9.8.2020].

### *(cc) Yahoo & eBay*

Der E-Mail-Dienstleister Yahoo, der seit Mitte 2017 gemeinsam mit AOL einen Teil des Unternehmens Verizon bildet, legt in seinen AGB fest, dass eine Übertragung des Accounts nicht möglich ist und sämtliche Rechte daran mit dem Tod des Account-Inhabers enden.[672]

Im Rahmen des Hilfebereichs[673] betont das Unternehmen noch einmal, dass weder Passwörter an Erben herausgegeben noch Zugriffe auf die Accounts Verstorbener gewährt werden. Die einzigen Optionen, die Angehörige nutzen können, sind die Beantragung der Schließung des Accounts, die Aufhebung von Rechnungen und die endgültige Löschung von Inhalten. Ungeachtet der scheinbaren Kompromisslosigkeit eröffnet der US-amerikanische Dienstanbieter jedoch den Erben eine Möglichkeit über die Anordnung eines irischen Gerichts eine Offenlegung der Account-Inhalte zu erreichen.

Gleiches gilt für eBay, nach dessen AGB der Account eines verstorbenen Nutzers ebenfalls nicht übertragbar ist.[674]

### *(dd) Google*

Mit etwa 1,17 Mrd. Nutzern und rund 100 Mrd. Suchanfragen monatlich stellt Google einen der größten Dienstanbieter der Welt dar.[675]

Für Google-Konteninhaber sind Regelungen zum Umgang mit dem Konto eines Verstorbenen lediglich im Hilfebereich zu finden.[676] Google bietet demnach einen speziellen Nachlassservice, den sog. „Inactive Account Manager", an. In diesem Rahmen steht es den Nutzern frei, mitzuteilen, wer nach einem gewissen Zeitraum der Inaktivität Zugriff auf seine Daten haben soll und ob eine

---

672 https://www.verizonmedia.com/policies/ie/de/verizonmedia/terms/otos/index.html [zuletzt abgerufen am 9.8.2020]: „*Mit Ausnahme von AOL-Accounts gilt für sämtliche Verizon Media-Accounts, dass sie nicht übertragbar sind und alle Rechte daran mit dem Tod des Accountinhabers enden.*"

673 https://de.hilfe.yahoo.com/kb/Optionen-die-zur-Verf%C3%BCgung-stehen-wenn-ein-Yahoo-Account-Eigent%C3%BCmer-stirbt-sln26120.html [zuletzt abgerufen am 9.8.2020].

674 https://www.ebay.de/help/policies/member-behavior-policies/allgemeine-geschftsbedingungen-fr-die-nutzung-der-deutschen-ebaydienste?id=4259 [zuletzt abgerufen am 9.8.2020].

675 https://www.brandwatch.com/de/blog/interessante-social-media-zahlen-und-statistiken/#section-6 [zuletzt abgerufen am 9.8.2020].

676 https://support.google.com/accounts/troubleshooter/6357590?hl=de [zuletzt abgerufen am 9.8.2020].

Löschung des Kontos erfolgen soll. Die von dem Nutzer benannte Person erhält dann eine Nachricht mit den Informationen, die für den Abruf der maßgeblichen Daten notwendig sind.[677] Der Nutzer kann mehrere Kontaktpersonen angeben und für jeden gesondert bestimmen, ob dieser Zugriff auf die gespeicherten Daten bekommen soll.[678] Schließlich besteht die Möglichkeit, dass Google sämtliche Daten – nach Benachrichtigung der Kontakte – endgültig löscht.[679]

Alternativ existiert grundsätzlich auch die Möglichkeit, berechtigten Personen einen Zugang zu dem Konto eines verstorbenen Nutzers zu verschaffen. Dies gilt vor allem für all jene Nutzer, die keine Vorkehrungen im Hinblick auf das eigene Ableben und das weitere Schicksal ihrer Onlinekonten getroffen haben. In diesem Fall ist Google dazu bereit, „*in Abstimmung mit nahen Familienangehörigen und -vertretern*"[680] das Konto zu löschen oder auch unter bestimmten Umständen diesen Personen einen Zugriff auf die Inhalte des Google-Accounts zu gewähren. Google verlangt zunächst die Zusendung von Legitimationsnachweisen durch einen „autorisierten Vertreter" des verstorbenen Nutzers an den Sitz der Google Inc. (Kalifornien, USA), wobei die berechtigte Person einen amtlichen Ausweis sowie eine Sterbeurkunde des Nutzers, jeweils in Form einer „*von einem beeidigten Übersetzer ausgestellten, beglaubigten Übersetzung ins Englische*", übermitteln muss.[681]

Auch wenn die vorgenannten Anforderungen erfüllt sind, behält sich Google nach „*sorgfältiger Prüfung*" der Umstände die endgültige Entscheidung darüber vor, ob einer Anfrage nach der Freigabe der Daten des Verstorbenen und, wenn ja, in welchem Umfang stattgegeben wird.[682] Dies bedeutet, dass eine Erbenstellung für sich nicht ausreicht, um Zugang zu dem Konto eines verstorbenen

677 https://support.google.com/accounts/answer/3036546 [zuletzt abgerufen am 9.8.2020]; ferner *Bleich*, c't 2013, 2 (3); *Bräutigam*, Stellungnahme DAV, S. 29; *Deusch*, ZEV 2014, 2 (3); *Kutscher*, Der digitale Nachlass, S. 118.

678 *Kutscher*, Der digitale Nachlass, S. 119.

679 https://support.google.com/accounts/answer/3036546 [zuletzt abgerufen am 9.8.2020]; *Kutscher*, Der digitale Nachlass, S. 119.

680 https://support.google.com/accounts/troubleshooter/6357590?hl=de [zuletzt abgerufen am 9.8.2020].

681 https://support.google.com/accounts/troubleshooter/6357590?visit_id=637325794193051041-2993518493&rd=2#ts=6357650 [zuletzt abgerufen am 9.8.2020].

682 https://support.google.com/accounts/troubleshooter/6357590?hl=de#ts=6357650 [zuletzt abgerufen am 9.8.2020]; ferner *Bleich*, c't 2013, 2 (3); *Bräutigam*, Stellungnahme DAV, S. 29; *Deusch*, ZEV 2014, 2 (3); *Kutscher*, Der digitale Nachlass, S. 118.

Nutzers zu erlangen. Vielmehr räumt sich Google in diesem Zusammenhang ein freies Ermessen ein.

#### *(ee) GMX & Dropbox*

Nach den AGB von GMX ist der Anbieter dazu berechtigt, die in dem Account des Nutzers gespeicherten Daten nach einem Zeitraum der Inaktivität von sechs Monaten zu löschen.[683] Jedoch sieht GMX die Möglichkeit für den Erben vor, unter Vorlage eines Erbscheins Zugriff auf den Account des verstorbenen Nutzers zu erlangen und diesen fortzuführen oder zu löschen.[684]

Dropbox sieht ebenfalls eine Löschung des Accounts bei einer Inaktivität des Kontos von mindestens 12 aufeinanderfolgenden Monaten vor, es sei denn es handelt es sich um einen zahlungspflichtigen Dienst.[685]

#### *(ff) Microsoft-Dienste*

Der Umgang mit dem Account einer verstorbenen Person bei einem Microsoft-Dienst (Outlook, Hotmail, OneDrive etc.) ist auf einer Hilfeseite von Microsoft zu finden.[686] In Deutschland ansässige Personen können demnach über den Microsoft-Kundensupport unter Nachweis der Rechtsfolge Zugriff zu dem Konto des verstorbenen Nutzers erhalten. Hierfür ist die Einreichung der Kopie einer Sterbeurkunde, eines Personalausweises der verstorbenen Person, eines Erbscheins oder eines anderen gerichtlichen Dokuments erforderlich, woraus sich die Erbberechtigung ableiten lässt, und schließlich eines Personalausweises der antragstellenden Person.

### *b) Wirksamkeit der AGB der Provider*

Wie vorstehend aufgezeigt, wird der Umgang mit den Daten verstorbener Nutzer unterschiedlich gehandhabt:[687] Einige Provider sehen eine vollständige Löschung der Accounts und sämtlicher darin gespeicherten Daten für den Fall

---

683 https://newsroom.gmx.net/2013/04/08/rechtzeitig-an-den-digitalen-nachlass-denken/[zuletzt abgerufen am 9.9.2020].

684 https://newsroom.gmx.net/2013/04/08/rechtzeitig-an-den-digitalen-nachlass-denken/ [zuletzt abgerufen am 9.9.2020].

685 https://www.dropbox.com/de/terms [zuletzt abgerufen am 9.8.2020].

686 https://support.microsoft.com/de-de/office/zugriff-auf-outlook-com-onedrive-und-andere-microsoft-dienste-nach-einem-todesfall-ebbd2860-917e-4b39-9913-212362da6b2f?ui=de-de&rs=de-de&ad=de [zuletzt abgerufen am 9.8.2020].

687 *Biermann*, in: Scherer, MAH Erbrecht, § 50 Rn. 53.

der Inaktivität oder des nachgewiesenen Ablebens des Nutzers vor, andere sehen die Möglichkeit der Übertragbarkeit eines Accounts oder die Herausgabe der Daten an die Rechtsnachfolger des verstorbenen Nutzers nach einem (teilweise komplexen) Legitimationsprozess vor.

Vor dem Hintergrund, dass diese Regelungen größtenteils dem deutschen Erbrecht, insbesondere dem Grundsatz der Gesamtrechtsnachfolge (§ 1922 Abs. 1 BGB) widersprechen, stellt sich die Frage nach ihrer Rechtmäßigkeit.

*(aa) Zulässigkeit der privatautonomen Regelung des postmortalen Schicksals eines Accounts*

Grundsätzlich ist dem deutschen Erbrecht der Gedanke einer vertraglichen Regelung zur Vererbbarkeit bestimmter Rechtspositionen nicht fremd (sog. rechtsgeschäftliche und gesetzliche Bestimmungen).[688] Bei solchen Vereinbarungen geht es darum, ob eine Rechtsstellung des Erblassers in den Nachlass fällt oder mit seinem Ableben untergeht.[689] Vor dem Hintergrund der Rechtsfolge des § 1922 Abs. 1 BGB treten die Erben in die vertraglichen Beziehungen des Erblasser in der Form ein, wie diese von dem Erblasser lebzeitig ausgestaltet wurden. Hat der Erblasser mit seinem Vertragspartner lebzeitig vereinbart, dass das Vertragsverhältnis endet oder ein Eintritt der Erben in ein betreffendes Rechtsverhältnis ausgeschlossen sein soll (Ausgestaltung des Rechtsverhältnisses als höchstpersönlich und unvererblich), so sind die Erben des Erblassers daran gebunden. In dogmatischer Hinsicht sind entsprechende Rechtspositionen beim Erbfall nicht mehr zu dem Vermögen im Sinne des § 1922 Abs. 1 BGB zu zählen, sodass diese nicht mehr von der Gesamtrechtsnachfolge betroffen sind.[690]

Im Hinblick auf den digitalen Nachlass könnte eine grundsätzlich gegebene Vererbbarkeit personenbezogener Daten mithin dadurch verhindert werden, dass ein Nutzer mit dem entsprechenden Provider individualvertraglich das Schicksal des Accounts und des damit verbundenen Datenbestandes regelt. Dieser Weg steht einem Nutzer indes de lege lata nicht offen, da die meisten Provider die Möglichkeit individualvertraglicher Absprachen schlicht nicht vorsehen. Eine besondere Stellung im Kontext der Einordnung vertraglicher Regelungen der Provider nimmt der von Google bereitgestellte „Inactive Account Manager“, aber auch die von Facebook vorgesehene Möglichkeit der lebzeitigen

688 *Budzikiewicz*, AcP 218, 559 (589); *Kunz*, in: Staudinger BGB, § 1922 Rn. 33.
689 *Kunz*, in: Staudinger BGB, § 1922 Rn. 33.
690 *Kunz*, in: Staudinger BGB, § 1922 Rn. 35.

Löschungsanweisung ein.[691] Dies vor dem Hintergrund, dass dies dem Nutzer eine individualvertragliche Regelung hinsichtlich des Umgangs mit seinem Account und den diesem zugeordneten Daten ermöglicht, an welche die Erben grundsätzlich gebunden sind.

Soweit Provider Regelungen zum Umgang mit dem Account eines verstorbenen Nutzers in ihren AGB enthalten, sind diese einer AGB-rechtlichen Prüfung gemäß §§ 305 ff. BGB zu unterziehen.

#### *(bb) Allgemeiner Prüfungsmaßstab*

Soweit der Nutzer seinen gewöhnlichen Aufenthalt in Deutschland hat, sind die Allgemeinen Geschäftsbedingungen der Provider, unabhängig von deren Sitz, grundsätzlich einer AGB-rechtlichen Prüfung an dem Maßstab der §§ 305 ff. BGB zugänglich (Art. 6 Abs. 1 Rom I-VO).[692] Somit müssen sich sämtliche Klauseln der Provider daran messen lassen, ob sie wirksam in den Vertrag mit dem Nutzer einbezogen wurden (§ 305 BGB) und ob sie einer Inhaltskontrolle standhalten (§ 307 BGB).[693] Dies gilt indes uneingeschränkt nur insoweit, als die betreffenden Verträge als Verbraucherverträge eingeordnet werden können. Schwierigkeiten im Hinblick auf die Abgrenzung zwischen einem Verbraucher- und einem Unternehmervertrag ergeben sich bei sowohl privat als auch geschäftlich genutzten Accounts (wie bspw. der beruflichen Karrierenetzwerke Xing oder LinkedIn, aber auch E-Mail-Accounts). Maßgeblich für die konkrete Zuordnung ist nicht der innere Wille des Nutzers, sondern die objektiv erkennbaren Umstände der Accountnutzung.[694]

#### *(cc) Einbeziehungskontrolle*

Die Voraussetzungen einer wirksamen Einbeziehung von Allgemeinen Geschäftsbedingungen in einen Vertrag ergeben sich aus § 305 Abs. 2 BGB.[695] Demnach sind entsprechende Regelungen nur dann wirksam einbezogen, wenn der Vertragspartner zum Zeitpunkt des Vertragsabschlusses darauf hinweist und eine Kenntnisnahme durch den anderen Vertragspartner möglich ist.[696] Soweit

---

691 Hierzu oben, unter C.II.4.a).(dd).

692 So auch *Kutscher*, Der digitale Nachlass, S. 83 f.

693 Hierzu *Grüneberg*, in: Palandt, BGB, § 307 Rn. 2.

694 *Biermann*, in: Scherer, MAH Erbrecht, § 50 Rn. 57; *Magnus*, in: Staudinger, Art. 6 Rom I-VO Rn. 127 ff.

695 Hierzu *Lehman-Richter*, in: MüKoBGB, § 305 Rn. 200 ff.

696 Vgl. *Schuster*, in: Spindler/Schuster, Elektr. Medien, § 305 BGB Rn. 44; *Solmecke/Dam*, MMR 2012, 71 f.

einige Provider – wie vorstehend dargelegt – Hinweise zum Umgang mit dem Account einer verstorbenen Person lediglich in ihrem jeweiligen sog. Hilfebereich vorsehen,[697] ist höchst zweifelhaft, ob diese überhaupt einen rechtlichen Regelungscharakter aufweisen.[698] Jedenfalls sind solche Regelungen, da Provider beim Abschluss eines Nutzungsvertrages grundsätzlich nicht ausdrücklich auf eine Kenntnisnahme ihres Hilfebereichs hinweisen, nicht wirksam in den Vertrag einbezogen.[699] Für den Fall, dass bestimmte Regelungen nicht wirksam in den Vertrag einbezogen werden, bleibt dieser im Übrigen wirksam (§ 306 BGB). Dies bedeutet, dass – ungeachtet der materiellen Wirksamkeit entsprechender Regelungen – eine Vererbbarkeit eines Accounts nicht ausgeschlossen ist, so der Erblasser – wie häufig nicht möglich[700] – etwas anderes ausdrücklich bestimmt hat.[701]

#### *(dd) Keine überraschende Klausel gemäß § 305c Abs. 1 BGB*

Eine Regelung, welche wirksam in den Vertrag einbezogen wurde, kann bereits nach § 305c Abs. 1 BGB unwirksam sein, soweit es sich dabei um eine sog. überraschende Klausel handelt. Dies ist dann der Fall, wenn der Vertragspartner den Umständen nach vernünftigerweise nicht mit einer entsprechenden Regelung rechnen muss (Überrumpelungseffekt), wobei es nicht genügt, dass diese für den Vertragspartner lediglich nicht zu erwarten war.[702] Im Hinblick auf Dauerschuldverhältnisse sind Bestimmungen über deren Laufzeit und die Beendigung sowie für den Fall einer Geschäftsunfähigkeit oder des Ablebens des Vertragspartners nicht als derart überraschend anzusehen, dass damit ein Überrumpelungseffekt einhergeht.[703]

#### *(ee) Inhaltskontrolle gemäß § 307 BGB*

Wurden die Regelungen des Providers wirksam in den Vertrag einbezogen, so sind diese einer Inhaltskontrolle gemäß § 307 BGB zu unterziehen. Gemäß § 307

697 So auch *Leipold*, in: MüKoBGB, § 1922 Rn. 43.
698 Kritisch auch *Kutscher*, Der digitale Nachlass, S. 122.
699 BGHZ 219, 243 (250); *Brisch/Müller-ter Jung*, CR 1013, 446 (447); *Fußeder*, Soziale Netzwerke im Nachlass, S. 220; *Ludyga*, ZEV 2018, 1 (3); im Ergebnis auch *Solmecke/Dam*, MMR 2012, 71 (72); *Willems*, ZfPW 2016, 494 (509).
700 Hierzu oben, unter C.II.4.b).(aa).
701 So auch *Fußeder*, Soziale Netzwerke im Nachlass, S. 220.
702 BGHZ 147, 354 (358); 84, 109 (112 ff.); *Basedow*, in: MüKoBGB, § 305c Rn. 12.
703 *Fußeder*, Soziale Netzwerke im Nachlass, S. 220; *Thiesen*, Daten in der Erbmasse, S. 55.

Abs. 3 S. 1 BGB ist eine Inhaltskontrolle ferner nur dann zulässig, wenn die maßgebliche Bestimmung von Rechtsvorschriften abweicht oder diese ergänzt. Ferner darf es sich bei der Bestimmung nicht um eine bloße Leistungsbeschreibung handeln, da diese bereits von vornherein nicht von gesetzlichen Regelungen abweichen kann.[704]

#### *(1) Regelung von Facebook zum sog. Gedenkzustand als bloße Leistungsbeschreibung?*

Die vom KG im Rahmen der in diesem Arbeit dargestellten[705] Entscheidung getroffene Annahme, dass es sich bei der von Facebook vorgesehenen Regelung zum sog. Gedenkzustand um eine nicht kontrollierbare Leistungsbestimmung handelt,[706] ist kritikwürdig: Um eine sog. Leistungsbeschreibung handelt es sich, wenn einzelne Regelungen den Umfang der von den Parteien geschuldeten Vertragsleistungen – mithin insbesondere Hauptleistungspflichten – festlegen.[707] In diesem Zusammenhang ist die Frage zu stellen, ob der Vertrag bei einem Hinwegdenken der entsprechenden Regelungen mangels Rechtsvorschrift, die an deren Stelle treten kann, noch durchführbar ist. Ist dies zu verneinen, ist von einer, nicht kontrollfähigen, Leistungsbeschreibung auszugehen.[708] Bei der von Facebook derzeit vorgesehenen Regelung zum Gedenkzustand handelt es sich nicht um eine Leistungsbeschreibung, da der Vertrag auch bei Hinwegdenken dieser Regelung unproblematisch durchgeführt werden kann und sich dessen Schicksal sodann nach § 1922 Abs. 1 BGB richtet.[709] Etwas anderes ergibt sich auch dann nicht, wenn man die Regelung zum Gedenkzustand als Bestimmung der Laufzeit eines Dauerschuldverhältnisses einordnet.[710] In diesem Fall greifen bei Hinwegdenken der Regelung zum Gedenkzustand die gesetzliche Regelung des § 314 BGB (außerordentliche Kündigung von Dauerschuldverhältnissen)

---

704 BGHZ 93, 358 (360); *Basedow*, in: MüKoBGB, § 307 Rn. 13 ff.

705 Hierzu oben, unter C.I.3.

706 KG, Urt. v. 31.5.2017 – 21 U 9/16 Rn. 62 (zitiert nach juris).

707 BGHZ 123, 83 (84); 146, 138 (140); *Wurmnest*, in: MüKoBGB, § 307 Rn. 13.

708 BGHZ 127, 35 (41); 142, 46 (49); *Fußeder*, Soziale Netzwerke im Nachlass, S. 222; *Pfeiffer*, in: Wolf/Lindacher/Pfeiffer, Kommentar zum AGB-Recht, § 307 BGB Rn. 287.

709 So auch *Fußeder*, Soziale Netzwerke im Nachlass, S. 222.

710 Vgl. hierzu *Fußeder*, Soziale Netzwerke im Nachlass, S. 223.

sowie die allgemeinen rechtlichen Grundsätze zum Dauerschuldverhältnis mit der grundsätzlichen Möglichkeit einer ordentlichen Kündigung.[711]

#### *(2) Prüfungsmaßstab im Rahmen der Inhaltskontrolle gemäß § 307 BGB*

Gemäß § 307 Abs. 1 BGB sind solche Bestimmungen unwirksam, die den Vertragspartner entgegen dem Gebot von Treu und Glauben unangemessen benachteiligen. Eine unangemessene Benachteiligung ist im Zweifel dann anzunehmen, wenn eine Regelung mit wesentlichen Grundgedanken der gesetzlichen Regelung, von welcher abgewichen wird, nicht vereinbar ist (§ 307 Abs. 2 Nr. 1 BGB).

#### *(a) Löschung des Accounts eines verstorbenen Nutzers*

Regelungen von Providern, welche die vollständige Löschung des Accounts eines Nutzers nach dessen Ableben vorsehen, könnten mit den wesentlichen Grundgedanken des § 1922 Abs. 1 BGB und dem darin normierten fundamentalen erbrechtlichen Grundsatz der Universalsukzession unvereinbar sein. Dies mit der Folge, dass eine entsprechende Regelung bereits gemäß § 307 Abs. 2 Nr. 1 BGB unwirksam ist.

Nach dem Grundsatz der Universalsukzession geht das gesamte zum Zeitpunkt des Ablebens einer Person vorhandene Vermögen ungeteilt auf deren Erben über. Diese Regelung ist nicht dispositiv.[712] Der Erblasser kann lediglich zu Lebzeiten Dispositionen hinsichtlich des zum Zeitpunkt des Erbfalls vorhandenen Vermögens treffen.[713] Hierfür ist indes eine privatautonome Vereinbarung zwischen dem Erblasser und seinem entsprechenden Vertragspartner notwendig. Eine einseitige, für sämtliche Verträge geltende Regelung durch einen Vertragspartner in Form von AGB stellt eine rechtlich unzulässige Abbedingung des § 1922 Abs. 1 BGB und mithin einen Verstoß gegen § 307 Abs. 2 Nr. 1 BGB dar.[714] Ferner ist auch eine unangemessene Benachteiligung des Nutzers im

---

711 Vgl. BGH, Beschl. v. 15.09.2009 – VIII ZR 241/08 (BeckRS 2009, 86578); BGHZ 127, 35 (41 f.); *Pfeiffer*, in: Wolf/Lindacher/Pfeiffer, Kommentar zum AGB-Recht, § 307 BGB Rn. 301.

712 Vgl. *Kunz*, in: Staudinger, BGB, § 1922 Rn. 1.

713 Siehe hierzu oben, unter C.II.4.b).(cc).

714 So auch BGHZ 219, 243 (251); LG Berlin, Urt. v. 17.12.2015 – 20 O 172/15 Rn. (zitiert nach juris); *Alexander*, K&R 2016, 301 (306); *Gloser*, DNotZ 2016, 545 (549); *Kutscher*, Der digitale Nachlass, S. 126 f.; *Herzog*, NJW 2013, 3745 (3751); *Kunz*, in: Staudinger, BGB, § 1922 Rn. 596.26; *Ludyga*, ZEV 2018, 1 (3); *Pruns*, NWB 2014, 2175 (2186); a.A. *Bock*, AcP 2017, 370 (412); *Fußeder*, Soziale Netzwerke im Nachlass, S. 226 f.; *Lange/Holtwiesche*, ZErb 2016, 125 (128).

Sinne des § 307 Abs. 1 BGB anzunehmen, indem der Nutzer bei Regelungen zur Kontolöschung nicht selbst entscheiden kann, ob seine Erben in die Rechte und Pflichten aus dem Account-Vertrag und in die dort gespeicherten Inhalte nachfolgen sollen oder nicht.[715]

Darüber hinaus ist die Regelung zur Löschung eines Accounts mit dem Ableben des Nutzers in dogmatischer Hinsicht als Einräumung eines einseitigen außerordentlichen Kündigungsrechts des Providers einzuordnen.[716] Darin ist eine Abweichung von der gesetzlichen Regelung des § 314 BGB zu sehen, wonach ein Dauerschuldverhältnis nur bei Vorliegen eines wichtigen Grunds außerordentlich gekündigt werden kann. Ein wichtiger Grund im Sinne des § 314 Abs. 1 BGB ist indes nur dann anzunehmen, wenn dem kündigenden Vertragspartner die Fortsetzung des Vertragsverhältnisses unter Abwägung der beiderseitigen Interessen nicht zumutbar ist. Der Tod des Vertragspartners stellt mangels besonderer Personenbezogenheit des konkreten Vertragsverhältnisses zu einem Provider[717] keinen wichtigen Grund dar, da nicht ersichtlich ist, warum die Fortsetzung des Vertragsverhältnisses mit den Erben des Nutzers für den Provider unzumutbar sein soll.

##### *(b) Zugriffsverweigerung gegenüber den Erben und Löschung der Inhalte eines Accounts nach dem Ableben eines Nutzers*

Regelungen, wonach der Account eines verstorbenen Nutzers zwar fortbestehen bleibt, indes den Erben entweder der Zugriff hierauf verweigert oder der Datenbestand unwiederbringlich gelöscht wird, sind ebenfalls sowohl gemäß § 307 Abs. 2 Nr. 1 BGB als auch gemäß § 307 Abs. 1 BGB unwirksam, da sie zum einen der Regelung des § 1922 Abs. 1 BGB diametral entgegenstehen und zum anderen dem Nutzer die Möglichkeit nehmen, selbst darüber zu entscheiden, wie mit seinem Nachlass nach seinem Ableben zu verfahren ist.

Darüber hinaus ist eine entsprechende Regelung auch nach § 307 Abs. 2 Nr. 2 BGB unwirksam, da diese zwar auf der einen Seite voraussetzt, dass die Erben eines verstorbenen Nutzers in das Vertragsverhältnis gemäß § 1922 Abs. 1 BGB eintreten, ihnen aber auf der anderen Seite die *„sich aus der Natur des*

---

715 *Kunz*, in: Staudinger, BGB, § 1922 Rn. 596.26.

716 So auch *Kutscher*, Der digitale Nachlass, S. 123; a.A. *Rott/Rott*, NWB-EV 2013, 160 (163), wonach das Vertragsverhältnis – im Ergebnis nicht überzeugend – auflösend bedingt auf den Todesfall abgeschlossen sein soll.

717 Siehe hierzu oben, unter C.II.2.a).

*Vertrages ergebenden Rechte*" – hier: die Hauptleistungsansprüche – vorenthalten werden.[718]

Zulässig dürften hingegen solche Regelungen sein, wonach eine Löschung der Daten und eine Auflösung des Accounts einer verstorbenen Person an ein bestimmtes Zeitmoment geknüpft wird (bspw. wenn sich Rechtsnachfolger eines verstorbenen Nutzers nicht innerhalb einer bestimmten Zeit melden).[719]

### *(c) Besondere Legitimationsklauseln*

Fraglich ist, ob solche Regelungen, welche die Rechtsnachfolge in ein Vertragsverhältnis eines verstorbenen Nutzers zwar nicht konterkarieren, den Erben aber besondere (hohe) Anforderungen an deren Legitimation auferlegt werden, einer Inhaltskontrolle gemäß § 307 BGB standhalten.

Regelungen, wonach der Weg für die Erben zu einem Zugang zu dem Account des Erblassers unzumutbar erschwert wird (bspw. aufgrund der Erforderlichkeit des Beschlusses eines ausländischen Gerichts), stellen – jedenfalls faktisch – eine unzulässige Abbedingung der Regelung des § 1922 BGB dar, sodass eine Unwirksamkeit gemäß § 307 Abs. 2 Nr. 1 BGB anzunehmen ist.

Zu den Anforderungen an eine ausreichende Legitimation der Erben kann an die Rechtsprechung des BGH zur Legitimation gegenüber Kreditinstituten angeknüpft werden, wonach diese zur Legitimation der Erben nicht die Vorlage eines Erbscheins bzw. Testamentsvollstreckerzeugnisses oder die Eröffnungsniederschrift nebst einer beglaubigten Abschrift des Testaments oder Erbvertrags des verstorbenen Kunden verlangen dürfen.[720] Dem Erben muss demnach die Möglichkeit eingeräumt werden, die Rechtsnachfolge auch auf anderem Wege nachzuweisen, was jedenfalls durch Vorlage eines inhaltlich klar verfassten öffentlichen Testaments möglich ist.[721] Die Vorlage eines privatschriftlichen Testaments wird man indes nur dann als ausreichend erachten können, wenn dessen Wirksamkeit nicht anzuzweifeln ist.[722] Damit soll den Erben die – oftmals

---

718 So auch *Kutscher*, Der digitale Nachlass, S. 126; *Redeker*, Stellungnahme DAV, S. 63.

719 *Leipold*, in: MüKoBGB, § 1922 Rn. 45; *Lieder/Berneith*, FamRZ 2018, 1486 (1488).

720 BGHZ 198, 250; hierzu *Litzenburger*, FD-ErbR 2013, 351624; so auch *Herzog/Pruns*, Der digitale Nachlass, S. 117; *Kutscher*, Der digitale Nachlass, S. 124; *Leipold*, in: MüKoBGB, § 1922 Rn. 29; *Raude*, RNotZ 2017, 17 (23); *Redeker*, in: Stellungnahme DAV, S. 59, 62; *Rott/Rott*, NWB-EV 2013, 160 (163).

721 So auch *Herzog/Pruns*, Der digitale Nachlass, S. 116.

722 BGHZ 209, 329; *Günther*, NJW 2013, 3681; *Herzog*, in: Staudinger, BGB, Vor §§ 2353 ff. Rn. 30; *Weidlich*, in: Palandt, BGB, § 2353 Rn. 22; strenger: AG Mannheim, Urt. v. 2.2.2007 – 3 C 196/16 (FamRZ 2008, 727).

kostenintensive – Beantragung eines Erbscheins nur für die Erfüllung von besonderen, vertraglich geforderten, Legitimationsanforderungen erspart werden. Sehen einzelne Provider höhere Legitimationsanforderungen vor, so ist von der Unwirksamkeit einer solchen Regelung gemäß § 307 Abs. 1 BGB auszugehen.[723]

## III. Zwischenergebnis

Die vorstehende Untersuchung hat gezeigt, dass mit dem Ableben einer Person grundsätzlich auch der gesamte sich in dem Nachlass befindende Datenbestand gemäß § 1922 Abs. 1 BGB auf ihre Erben übergeht. Einem damit einhergehenden (vertraglichen) Zugangsanspruch der Erben stehen weder Belange des Datenschutz- noch des Persönlichkeitsrechts des Erblassers, insbesondere nicht dessen postmortales Persönlichkeitsrecht oder Rechte der Kommunikationspartner des Verstorbenen entgegen. Auch die gängigen vertraglichen Ausgestaltungen der Provider vermögen ein Zugriffsrecht der Erben überwiegend nicht zu verhindern. Etwas anderes gilt nur, wenn der Erblasser lebzeitig geeignete Vorsorgemaßnahmen getroffen hat, was in der derzeitigen Praxis indes selten der Fall ist.

Auf dieser Erkenntnis baut der nachfolgende Abschnitt D. auf. Im Rahmen dessen wird zunächst der Frage nach der Begründung der Erforderlichkeit eines grundrechtlich geschützten postmortalen Datenschutzes nachgegangen. Anschließend wird untersucht, inwieweit ein solcher aus dem Grundgesetz hergeleitet werden kann.

---

723 So auch *Kutscher*, Der digitale Nachlass, S. 124 f.; *Leipold*, in: MüKoBGB, § 1922 Rn. 45. *Solmecke/Köbrich/Schmitt*, MMR 2015, 291 (294); offengelassen: *Herzog*, NJW 2013, 3745 (3750).

# D. Grundrechtliche Verankerung eines postmortalen Datenschutzrechts

## I. Notwendigkeit eines postmortalen Datenschutzes

### 1. Zur grundrechtlichen Relevanz eines postmortalen Datenschutzrechts

Im Bereich der automatisierten Informationsverarbeitung sind – anders als im sog. „analogen Bereich" – personenbezogene Angaben technisch gesehen unbegrenzt speicherbar und jederzeit unverzüglich abruf- und auswertbar.[724] Hinzu kommt, dass eine Kontrolle des Betroffenen im Hinblick auf die Richtigkeit und den konkreten Zweck der Datenverarbeitung entweder gar nicht oder nur sehr begrenzt möglich ist.

Zu Lebzeiten hat eine Person grundsätzlich die Möglichkeit, zum einen über die Anspruchsgrundlagen der §§ 32 ff. BDSG sowie Art. 15 DSGVO herauszufinden, welche konkreten, sie betreffenden Daten gespeichert sind, und zum anderen über Art. 17 DSGVO deren Löschung zu veranlassen. Ferner ist es zu Lebzeiten möglich, zu verhindern, dass Dritte unbefugt auf die Daten einer Person zugreifen. Einen entsprechenden Schutz muss vor dem Hintergrund des § 88 Abs. 3 TKG und Art. 6 ff. DSGVO auch ein Provider grundsätzlich ermöglichen. Mit dem Wissen um eine fehlende Kontrollierbarkeit der Datenverarbeitung nach dem Tod wird der zu Lebzeiten bestehende Datenschutz jedoch teilweise entwertet, wenn Personen auf die Vertraulichkeit und Integrität ihrer personenbezogenen Daten nach ihrem Tod nicht mehr vertrauen können.[725] Ohne Regelungen zum Schutz von Daten Verstorbener würden diese Daten – und damit das Persönlichkeitsrecht der jeweiligen verstorbenen Person – weitgehend schutzlos; entsprechende Daten könnten beliebig genutzt und verbreitet werden.[726] Dies gilt im Übrigen unabhängig von einem im Rahmen dieser Arbeit untersuchten postmortalen Datenschutz gegenüber den Erben einer verstorbenen Person: Die derzeit geltenden datenschutzrechtlichen Regelungen greifen

---

724 Vgl. *Weichert*, Postmortaler Datenschutz, S. 4.

725 Vgl. *Martini*, JZ 2012, 1145 (1149).

726 *Arens*, RDV 2018, 127 (131); *Kühling et al.*, Die Datenschutzgrundverordnung und das nationale Recht, S. 458; Martini, JZ 2012, 1145 (1149); *Solmecke/Köbrich/Schmitt*, MMR 2015, 291 (293).

nach dem Ableben einer Person generell nicht mehr ein. Es existieren keine Vorgaben, in welchem Rahmen personenbezogene Daten Verstorbener verarbeitet werden dürfen (z.B. Regelungen zur Zweckbindung oder Löschungsfristen etc.).[727] Damit ist auch grundsätzlich keine Befugnis der Datenaufsichtsbehörden mehr gegeben, einen postmortalen Datenschutz zu überwachen und etwaigen Verstößen hiergegen vorzubeugen und sie zu sanktionieren.[728]

Zwar kann grundsätzlich einem missbräuchlichen Umgang der Daten eines Verstorbenen mit dem zivilrechtlichen postmortalen Persönlichkeitsrecht (§§ 1004, 823 BGB i.V.m. Art. 2 Abs. 1, 1 Abs. 1 GG) und den damit verbundenen Abwehr- und Unterlassungsansprüchen begegnet werden.[729] Allerdings kommt eine Verletzung des postmortalen Persönlichkeitsrechts einer verstorbenen Person lediglich in Einzelfällen in Betracht.[730] Ferner bedarf es zur Durchsetzung von Abwehr- und Unterlassungsansprüchen zum einen der Kenntnis einer Verletzung des postmortalen Persönlichkeitsrechts und zum anderen der Existenz von wahrnehmungsberechtigten Personen. Letztere fehlen insbesondere im Fall des staatlichen Erbrechts (§ 1936 BGB).

Vor diesem Hintergrund greift der Gedanke der Reflexwirkung eines fehlenden postmortalen Datenschutzes im Hinblick auf die lebzeitige Grundrechtsausübung einer Person (sog. *chilling effects*).[731] Dies dergestalt, dass Nutzer durch die potentiellen Konsequenzen, die mit der uneingeschränkten Offenlegung der nachlasszugehörigen personenbezogenen Daten an ihre Erben einhergehen könnten, in ihrer Persönlichkeitsentfaltung zu Lebzeiten, mithin in ihrem allgemeinen Persönlichkeitsrecht (Art. 2 Abs. 1, 1 Abs. 1 GG) eingeschränkt oder jedenfalls tangiert werden.[732] Hieraus ergeben sich die grundrechtliche Relevanz und die Notwendigkeit der gesetzlichen Implementierung eines postmortalen Datenschutzrechts.[733]

---

727 *Arens*, RDV 2018, 127 (130).

728 Ausnahmen bestehen hinsichtlich des Sozialdatenschutzes (§ 35 Abs. 5 SGB I i.V.m. §§ 67 ff. SGB X) und des postmortalen Steuergeheimnisses (vgl. § 2a Abs. 5 Nr. 1 AO); *Arens*, RDV 2018, 127 (130).

729 Vgl. *Gola*, in: Gola, DSGVO, Art. 4 Rn. 26.

730 So auch *Arens*, RDV 2018, 127 (130).

731 In diese Richtung auch *Spilker*, DÖV 2015, 54; hierzu unten, unter D.I.2.

732 So auch *Martini*, JZ 2012, 1145 (1150).

733 Gegen die Schaffung neuer Regelungen im Hinblick auf die zunehmende Digitalisierung der Gesellschaft: *Kutscher*, Der digitale Nachlass, S. 169.

## 2. Vergleichbarkeit analoger und digitaler Kommunikation und ihre Grenze

### a) *Die Besonderheiten der digitalen Kommunikation*

Sowohl der BGH mit dem im Rahmen dieser Arbeit besprochenen Urteil[734] als auch die überwiegende Literatur[735] gehen von einer grundsätzlichen Gleichbehandlung digitaler und analoger Inhalte eines Nachlasses aus. Dem ist insoweit zuzustimmen, als es um die Frage der grundsätzlichen Anwendbarkeit der §§ 1922 ff. BGB auch auf digitale Inhalte eines Nachlasses geht. Im Hinblick auf eine besondere Schutzwürdigkeit einer Person in Bezug auf den postmortalen Umgang mit ihren personenbezogenen Daten ist jedoch zu beachten, dass sich das analoge und das digitale Kommunikationsverhalten wesentlich unterscheiden.[736] Heute wird überwiegend digital kommuniziert: Dies zeigt schon die statistische Datenerhebung zum weltweiten E-Mail-Verkehr, wonach, Stand 2020, pro Tag ca. 306 Billionen E-Mails gesendet und empfangen worden sind.[737] Dabei betreffen E-Mails nur einen Ausschnitt der digitalen Kommunikation und insbesondere digital aktiv vernetzte Nutzer werden durch die Verwendung sozialer Medien, Instant-Messenger und Foren eine Vielzahl an zusätzlichen Kommunikationskanälen täglich in Anspruch nehmen. Bereits im Jahr 2011 ist ferner in einer Studie der *American Academy of Pediatrics* festgestellt worden, dass adoleszente Verhaltensstrukturen, die auf gruppendynamischen Merkmalen beruhen, durch die Nutzung von sozialen Medien in einer unikalen Weise verstärkt werden, die keine Entsprechung in der analogen Welt findet.[738] Hierdurch werden im Besonderen Verhaltensmuster, die unter den Stichworten des *Cyberbulling*[739] und *Sexting*[740] immer wieder Gegenstand der medialen Berichterstattung

---

734 Hierzu oben, unter C.I.4.

735 Vgl. nur *Alexander*, K&R 2016, 301 (302); *Biermann*, ZErb 2017, 210 m.w.N.; Herzog/Pruns, Der digitale Nachlass, S. 21 ff. m.w.N.; *Kutscher*, Der digitale Nachlass, S 100 ff. m.w.N.

736 *Deusch*, ZEV 2018, 687 (689); vgl. auch die Besprechung von *Wieduwilt*, in FAZ online vom 12.7.2018: http://www.faz.net/aktuell/wirtschaft/diginomics/die-erben-lesen-im-facebook-konto-mit-15688287.html [zuletzt abgerufen am 20.8.2020].

737 https://www.campaignmonitor.com/blog/email-marketing/2018/03/shocking-truth-about-how-many-emails-sent/[zuletzt abgerufen am 16.08.2020].

738 Clinical Report—The Impact of Social Media on Children, Adolescents, and Families, online einsehbar unter: http://pediatrics.aappublications.org/content/pediatrics/early/2011/03/28/peds.2011-0054.full.pdf [zuletzt abgerufen am 16.08.2020].

739 Hierzu etwa *Phillips*, CRi 2016, 43 (46).

740 Hierzu *Hüneke*, ZJJ 2016, 135 ff.

sind, gefördert und verstärkt. Dieser Effekt ist mittlerweile derart bedeutsam in Erscheinung getreten, dass die Forscher im Rahmen ihrer Studie auch von der „Facebook-Depression“[741] als Resultat solcher Verhaltensstrukturen sprechen. Zwar sind gruppendynamische Prozesse kein Alleinstellungsmerkmal digitaler Kommunikation, allerdings fördert die Nutzung sozialer Netzwerke, deren elementare Funktion gerade darin besteht, das Gruppenerlebnis der Kommunikation auch bei Ortsverschiedenheit der Kommunikationspartner zu erhalten oder herzustellen, den Effekt durch die Erschließung privater Rückzugsräume zugunsten der gruppendynamischen Erlebnisstrukturen.

### *b) Erklärungsdefizite entgegenstehender Parallelwertungen zum analogen Nachlass*

Auffassungen, nach denen ein postmortaler Datenschutz abzulehnen ist, behelfen sich maßgeblich mit Parallelwertungen zur analogen Welt.[742]

#### *(aa) Vergleich zum Postgeheimnis (§ 39 PostG)*

In diesem Zusammenhang wird, unter anderem vom BGH, insbesondere ein Vergleich zum Brief- und Postgeheimnis (§ 39 PostG) herangezogen.[743] In diesem Zusammenhang wird darauf verwiesen, dass gegen eine Aushändigung der Post an die Erben unmittelbar durch den Postdienstleister für den Fall, dass der Erbe bspw. den Schlüssel zum Postfach des Erblassers verloren hat, regelmäßig keine datenschutzrechtlichen Bedenken angemeldet werden.[744] § 39 Abs. 2 PostG statuiert, dass es den Verpflichteten untersagt ist, sich oder anderen über das für die Erbringung der Postdienste erforderliche Maß hinaus Kenntnis vom Inhalt von Postsendungen oder den näheren Umständen des Postverkehrs zu verschaffen. Die Regelung entspricht damit inhaltlich dem § 88 TKG.[745] § 39 PostG sieht allerdings eine entsprechende Ermächtigung zu einem Eingriff in das Briefgeheimnis des Erblassers und dessen Kommunikationspartner nicht vor.[746]

---

741 Vgl. insoweit etwa den Artikel „Facebook Depression“ von *McClintock* in Psychology Today, online einsehbar unter: https://www.psychologytoday.com/us/blog/21st-century-aging/201308/facebook-depression [zuletzt abgerufen am 1.2.2019].

742 So etwa *Hohenstein*, K&R 2018, 5 (8).

743 Hierzu oben, unter C.I.4; kritisch: *Deusch*, ZEV 2018, 687 (689).

744 *Pruns*, NWB 2014, 2175 (2180).

745 *Kutscher*, Der digitale Nachlass, S. 140; *Pruns*, NWB 2014, 2175 (2180).

746 So auch *Kutscher*, Der digitale Nachlass, S. 140.

Teilweise wird in diesem Zusammenhang auf § 39 Abs. 3 S. 4 PostG rekurriert.[747] Diese Regelung sieht vor, dass die Auslieferung von Postsendungen an Ersatzempfänger im Rahmen der vertraglichen Vereinbarung mit dem Absender zulässig ist. Danach, so *Deusch*, soll es den Postdienstleistern möglich sein, aufgrund ihrer AGB, die Post des Erblassers an dessen Erben zuzustellen.[748] Allerdings werden die Erben einer Person insbesondere im Rahmen der AGB der Post AG nicht genannt: In § 4 Abs. 3 kommen als Ersatzempfänger in Frage: Angehörige, andere in den Räumen des Empfängers anwesende Personen sowie Nachbarn des Empfängers.[749] Auch wenn es sich bei den Erben eines Empfängers regelmäßig um dessen Angehörige handelt und damit eine Zustellung an diese zulässig sein kann, so kann § 39 Abs. 3 S. 4 PostG diese nicht zugleich zur Öffnung eines Briefes und zur Kenntnisnahme dessen Inhalts berechtigen.[750]

Die Begründung eines entsprechenden Zugriffsrechts kann nur analog zu der Behandlung des § 88 Abs. 3 TKG erfolgen, indem man die Erben nicht als „andere" im Sinne des § 39 Abs. 2 PostG ansieht.

#### *(bb) Keine vergleichbare Gefährdungslage im Hinblick auf die analoge Kommunikation*

Schließlich ist zu berücksichtigten, dass Briefe im Vergleich zur elektronischen Kommunikation zunehmend weniger werden und im Hinblick auf die digitale Kommunikation eine gänzlich andere Gefährdungslage besteht: Physische Schriftstücke, wie etwa der regelmäßig in der Literatur herangezogene Liebesbrief, wurden und werden in der Regel zum einen seltener und zum anderen mit größerer Sorgfalt abgefasst als digitale Inhalte, die schnell und unkompliziert erstellt und auf Onlineplattformen hochgeladen werden können.[751] Gleichwohl können digitale Inhalte intimere Informationen enthalten als physische Schriftstücke, bspw. durch Fotos, Filme oder Tonaufnahmen, und sind einfach und auf vielerlei Arten technisch manipulierbar.[752]

---

747 *Deusch*, ZEV 2014, 2 (5 f.).

748 *Deusch*, ZEV 2014, 2 (5 f.).

749 https://www.deutschepost.de/de/a/agb.html [zuletzt abgerufen am 20.10.2020].

750 Im Ergebnis auch *Kutscher*, Der digitale Nachlass, S. 142.

751 *Deusch*, ZEV 2018, 687 (689); *Martini*, in: Hill/Martini/Wagner, Facebook, Google und Co., S. 103.

752 *Deusch*, ZEV 2018, 687 (689). Vgl. zur Manipulierbarkeit von E-Mails: *Deusch/Eggendorfer*, K&R 2015, 11 (14 f.); in diese Richtung auch *Martini*, JZ 2012, 1145 (1151); *Martini*, in: Hill/Martini/Wagner, Facebook, Google und Co., S. 103.

### 3. Keine ausreichenden Schutzvorkehrungen seitens der Provider

#### *a) Grundsätzlich keine Möglichkeit individueller Vereinbarungen*

Wie vorstehend dargelegt[753], haben Nutzer von Kommunikationsdienstleistungen zu Lebzeiten regelmäßig keine Möglichkeiten, mit den Providern eine klare Regelung zum postmortalen Schicksal des betreffenden Accounts und den diesem zuzuordnenden personenbezogenen Daten zu schaffen. Selbst wenn vereinzelte Provider (so bspw. Facebook oder Google) dem Nutzer eine solche Möglichkeit anbieten, ist zu bezweifeln, dass damit auch ein Zugriffsrecht der Erben des Nutzers rechtssicher verhindert werden kann.

#### *b) Das Problem der Reaktivierung von Accounts*

Die überwiegenden Anbieter von Kommunikationsdienstleistungen lassen im Rahmen ihrer AGB ferner die Möglichkeit zu, dass ein einmal gelöschtes oder über längere Zeit inaktives Konto aktiv reaktiviert werden kann. So kann bspw. bei Facebook innerhalb von zwei Wochen nach Kontoauflösung diese wieder rückgängig gemacht werden,[754] während bei Twitter[755] gar dreißig Tage zur Reaktivierung des Kontos eingeräumt werden. Aufgrund der Tatsache, dass gemäß § 1922 Abs. 1 BGB sämtliche Vertragsverhältnisse des Erblassers auf dessen Erben übergehen, steht den Erben auch die Möglichkeit zur Wiedereröffnung des Accounts zu. Denn der Eintritt der Erben in die schuldrechtlichen Rechtspositionen des Erblassers schließt – im Regelfall – auch die Gestaltungsrechte wie Widerruf, Anfechtung, Kündigung und Rücktritt mit ein.[756]

Dies bedeutet, dass der Eintritt des Erbfalls innerhalb der Reaktivierungsfrist des sozialen Netzwerks dazu führen könnte, dass die Erben das Profil wiederherstellen und dadurch Zugriff auf die dort hinterlegten Kommunikationsinhalte erhalten können, obgleich vom Erblasser noch zu Lebzeiten – und gegebenenfalls den Erbfall bereits voraussehend – ebendiese Möglichkeit durch Löschung des eigenen Kontos vermeintlich ausgeschlossen worden ist.

---

753 Hierzu oben, unter C.II.4.

754 https://de-de.facebook.com/help/224562897555674?helpref=faq_content [zuletzt abgerufen am 16.08.2020].

755 https://help.twitter.com/de/managing-your-account/how-to-deactivate-twitter-account [zuletzt abgerufen am 16.08.2020].

756 *Preuß*, in: BeckOGK, BGB, § 1922 Rn. 184.

Eine hiervon abweichende Einordnung wäre nur in jenem Fall denkbar, in dem die Klassifizierung des Gestaltungsrechts selbst als höchstpersönlich angenommen würde. Höchstpersönliche Gestaltungsrechte sind nicht vererblich,[757] ebenso wie auch schützenswerte Interessen des Erblassers einer Vererbbarkeit im Einzelfall entgegenstehen können.[758] Allerdings ist diese Einordnung als höchstpersönliches Recht gerade im Hinblick auf Kommunikationsdienste, welche – wie bereits ausgeführt[759] – ihrerseits nicht als höchstpersönliche Rechtsverhältnisse eingeordnet werden können, nicht möglich. Aus dem Verständnis der Gestaltungsrechte als Annex[760] des zugrundeliegenden Schuldverhältnisses muss insoweit folgen, dass solche Gestaltungsrechte, die sich gerade nicht auf ein höchstpersönliches Schuldverhältnis beziehen, schlechterdings auch selbst nicht höchstpersönlicher Natur sein können.

## 4. Die Bedeutung der *chilling effects* für den rechtlichen Umgang mit dem digitalen Nachlass

### a) *Begriffsbestimmung*

Unter den sog. *chilling effects* versteht man nach alledem sekundäre Auswirkungen einer Maßnahme, Handlung oder Unterlassung auf den Adressaten ebendieser oder aber einen Dritten, welche dazu führen, dass dieser faktisch in seiner Handlungs- und Meinungsfreiheit eingeschränkt wird.[761] Hierbei spielt es für die Einschüchterungswirkung keine Rolle, ob durch vorangegangene Maßnahmen, die tatsächlich stattgefunden haben, zukünftige Verhaltensweisen beeinflusst werden oder ob eine potentielle Handlung in der Zukunft die gegenwärtigen Verhaltensweisen prägt und damit in eine bestimmte Richtung lenkt.[762] Erforderlich ist jedoch, dass die Möglichkeit einer negativen Beeinflussung besteht.[763] Sodann muss das begründete „Bedrohungsszenario“ nach der Wahrscheinlichkeit seines Auftretens und der Intensität der Grundrechtsverletzung eingeordnet

---

757 Wie der BGH mit Blick auf das Pflichtteilentziehungsrecht bereits festgestellt hat, vgl. BGH, Urt. v. 11.10.1989 – IVa ZR 208/87 – Rn. 8 (zitiert nach juris); so auch *Preuß*, in: BeckOGK, BGB, § 1922 Rn. 185.

758 *Kunz*, in: Staudinger, BGB, § 1922 Rn. 553.

759 Hierzu oben, unter C.II.2.a).

760 So auch *Kunz*, in: Staudinger, BGB, § 1922 Rn. 554.

761 Mit dieser Begriffsannäherung etwa *Hilgers*, ZD 2020, 556 (558); *Koreng*, Zensur im Internet, S. 34.

762 Vgl. *Hilgers*, ZD 2020, 556 (558); *Koreng*, Zensur im Internet, S. 34.

763 BVerfG, Beschl. v. 8.6.2016 – 1 BvR 229/16 und 1 BvQ 42/15 Rn. 18.

werden. Je wahrscheinlicher diese negativen Konsequenzen auftreten und je größer die entsprechenden Grundrechtsverletzungen ausfallen, desto schwerwiegender ist ebendieses Bedrohungsszenario, mit der Folge, dass den *chilling effects* auch eine besondere Relevanz für den grundrechtlichen Schutz des Betroffenen zukommen muss.[764]

Sowohl in der Rechtsprechung[765] als auch im Schrifttum[766] wird zunehmend auf diese Einschüchterungseffekte hingewiesen und auf deren Auswirkungen bei der Entscheidungsfindung abgestellt. So hat etwa das BVerwG 2017 bestätigt, dass rein faktische Auswirkungen hoheitlichen Handelns in Bezug auf die Einschränkung grundgesetzlich garantierter Rechte durchaus ausreichend sind, um einen grundrechtlich relevanten Eingriff zu konstituieren.[767] Auch in einer weiteren jüngeren Entscheidung hat das BVerwG auf die einschüchternde Wirkung einer Maßnahme abgestellt und diese Einschüchterungseffekte als hinreichend im Sinne eines Eingriffs erachtet, sofern

> *„die staatliche Maßnahme einschüchternd oder abschreckend wirken* ***kann*** *bzw. geeignet ist, die freie Willensbildung und die Entschließungsfreiheit derjenigen Personen zu beeinflussen“*[768] *[Hervorhebung durch den Autor],*

die vom persönlichen Schutzbereich des Grundrechts in der konkreten Situation umfasst sind.

Es liegt in der Natur der Kommunikationsgrundrechte und im Wesen der Persönlichkeitsentfaltung des Einzelnen, dass gerade im Internet aufgrund der dort nicht nur theoretisch denkbaren, sondern tatsächlich konstruierbaren Anonymität solche Einschüchterungsmechanismen auch in besonderer Weise die (digitale) Lebensgestaltung prägen können.[769] Wer sich ständig beobachtet

---

764 Vgl. BVerfGE 121, 1 (20); *Grabenwarter*, in: Maunz/Dürig, GG, Art. 5 Rn. 103. Zum Schutz von Persönlichkeitsrechten gegen Meinungsäußerungen in Blogs bereits *Ladeur/Gostomzyk*, NJW 2012, 710; weiterführend zu dem grundrechtlich zu verankernden Reputationsschutz von Unternehmen: *Ziegelmayer*, GRUR 2012, 761 ff.

765 BVerfGE 109, 279 (354 f.); BVerfGE 115, 166 (188); BVerfGE 120, 378 (402); BVerfGE 125, 260 (335); BVerfGE 54, 129 (136).

766 Zuletzt etwa *Hong*, Das NetzDG und die Vermutung für die Freiheit der Rede, VerfBlog, 2018/1/09, https://verfassungsblog.de/das-netzdg-und-die-vermutung-fuer-die-freiheit-der-rede/, sowie https://dx.doi.org/10.17176/20180109-111851 [zuletzt abgerufen am 10.2.2018].

767 BVerwG, Urt. v. 25.10.2017 – 6 C 46/16 – Rn. 32 m.w.N. (zitiert nach juris).

768 BVerwG, Urt. v. 25.10.2017 – 6 C 46/16 – Rn. 32 (zitiert nach juris).

769 Vgl. *Grabenwarter*, in: Maunz/Dürig, GG, Art. 5 Rn. 86.

fühlt, verhält sich angepasst.[770] Und wer darüber hinaus weiß, dass seine personenbezogenen Daten nach dem Tod außerhalb seiner Kontrolle verbreitet und genutzt werden können, ist in seinem Handeln nicht mehr frei und damit in der Ausübung der grundrechtlich geschützten allgemeinen Handlungsfreiheit eingeschränkt.[771] Nutzer digitaler Plattformen müssen sich nach der derzeitigen Rechtslage bei jeder Message und jedem „Posting" bewusst sein: Die Erben werden hierauf Zugriff haben.[772] Und auch ein nur kurzfristiger Gedanke oder eine Äußerung aus dem Moment heraus überdauert den Tod des Nutzers. Dies kann zu einer bewussten oder unbewussten Selbstbeschränkung bei der Ausübung der Kommunikationsgrundrechte und des Rechts auf informationelle Selbstbestimmung führen.[773] Dieser Gedanke knüpft an die Rechtsprechung des BVerfG zum Recht auf informationelle Selbstbestimmung an:

> *„Wer unsicher ist, ob abweichende Verhaltensweisen jederzeit notiert und als Information dauerhaft gespeichert, verwendet oder weitergegeben werden, wird versuchen, nicht durch solche Verhaltensweisen aufzufallen."*[774]

Daraus folgt, dass sich der Mensch bei seinem Handeln – jedenfalls auch – von zukünftigen Entwicklungen und Gegebenheiten leiten lässt.[775] Im Ergebnis wirkt sich das Wissen um einen grundsätzlich unkontrollierbaren Umgang mit den personenbezogenen Daten eines Verstorbenen auf dessen durch Art. 2 Abs. 1, 1 Abs. 1 GG geschützten Selbstbestimmungsrecht zu Lebzeiten aus.[776]

### *b) Bedeutung der digitalen Persönlichkeitsentfaltung*

Durch die Digitalisierung haben sich viele soziale Bereiche vom analogen in den digitalen Raum verlagert. Insbesondere das Kommunikationsverhalten ist im Alltag durch die Teilhabe an digitalisierten Kommunikationskanälen geprägt.[777] Ob Kurznachrichten-Messenger wie WhatsApp, Threema, Telegram, Signal oder

---

770 BVerfGE 125, 260 (Vorratsdatenspeicherung); *Arens*, RDV 2018, 127 (131).
771 So auch *Arens*, RDV 2018, 127 (131).
772 Vgl. *Deusch*, ZEV 2018, 687 (689).
773 *Hilgers*, ZD 2020, 556 (558).
774 BVerfGE 65, 1.
775 *Martini*, JZ 2012, 1145 (1151).
776 *Kühling et al.*, Die Datenschutzgrundverordnung und das nationale Recht, S. 23; *Spilker*, DÖV 2015, 54 (55 ff.).
777 So auch *Eifert*, NVwZ 2008, 521.

Snapchat, klassische E-Mail-Dienste, Blogs oder soziale Netzwerke – die Kommunikation läuft in der absoluten Mehrzahl der Fälle digital ab.[778]

Einen besonderen Brennpunkt bilden in diesem Zusammenhang die sozialen Netzwerke, die gerade auch der eigenen Persönlichkeitsdarstellung dienen sollen. Es kann sich dabei um berufliche Netzwerke handeln (LinkedIn bzw. Xing), um private Plattformen (Facebook), um virtuelle Räume für politische und gesellschaftliche Debatten (Twitter) oder um reine Selbstdarstellung zu Unterhaltungszwecken (Instagram bzw. Snapchat). Diesen gemein ist in jedem Fall, dass die Nutzer eine Vielzahl an (höchst-)persönlichen Aspekten ihrer selbst durch die Nutzung dieser Plattformen preisgeben. Diese bewusste Entblößung im virtuellen Raum muss hierbei als Ausdruck der Persönlichkeitsentfaltung verstanden werden, weshalb die datenschutzrechtliche Behandlung dieser Entwicklung nicht darauf abzielen darf, die Verlagerung vom analogen in den digitalen Raum für bestimmte höchstpersönliche Aspekte der Persönlichkeiten der Nutzer wieder zurückzudrängen. Im Gegenteil muss die infrastrukturelle Sicherheit gewährleisten, dass Nutzer sämtliche Daten auf eine sichere Art und Weise digital in einem selbstbestimmten Umfang preisgeben können.

Eine besondere Bedeutung kommt der Digitalisierung der Persönlichkeitsentfaltung gerade auch im Zusammenhang mit der Teilhabe an gesellschaftlichen und politischen Diskursen zu.[779] So haben sich die sozialen Netzwerke als wichtiger Bereich der öffentlichen gesellschaftlichen Auseinandersetzung etabliert. Regelmäßig werden insbesondere zu plötzlichen, unvorhergesehenen Nachrichtenlagen Reaktionen von Nutzern in den sozialen Netzwerken auch in der traditionellen Berichterstattung abgebildet.[780] Hierbei gelingt es Nutzern aber nicht nur über die Aufmerksamkeit anderer Nutzer oder die Hervorhebung in den Medien Einfluss auf den öffentlichen Diskurs zu nehmen, sondern je nach Ausgestaltung ihrer Kommunikationsweisen auch direkt mit Entscheidungsträgern in Kontakt zu treten. Insbesondere in den Vereinigten Staaten lässt sich zunehmend eine direkte Kommunikation zwischen politischen AkteurInnen und ihren jeweiligen Anhängern über die digitalen Kanäle, vor allem Twitter,

---

778 Vgl. *Gilch*, in: Hauschka/Moosmayer/Lösler, Corporate Compliance, § 41 Rn. 2.

779 Vgl. *Eifert*, NVwZ 2008, 521.

780 Insbesondere im Rahmen von Liveberichterstattungen oder Unglücksnachrichten hat sich insofern ein Trend herausgebildet, Nutzer von sozialen Medien als Spiegel einer gesellschaftlichen Reaktion in die Berichterstattung aufzunehmen, vgl. etwa: https://www.morgenpost.de/politik/article212102747/Twitter-Nutzer-reagieren-geschockt-auf-Szenen-aus-Katalonien.html [zuletzt abgerufen am 19.8.2020].

beobachten, was nicht zuletzt daran liegt, dass wesentliche politische Entscheidungsträger[781] selbst diese Medien in entsprechender Weise nutzen.

### c) *Die Wahrnehmung des allgemeinen Persönlichkeitsrechts im digitalen Raum*

#### (aa) *Informationsmängel als Hauptursache*

Inwieweit sich die derzeitig bestehenden Rechtsunsicherheiten auf den Umgang Einzelner mit dem digitalen Nachlass ausgewirkt haben, ist mangels entsprechender empirischer Erhebungen kaum nachweisbar. Allerdings legen Umfragen nahe, dass von den das Internet nutzenden Personen lediglich eine von fünf den digitalen Nachlass in Form von Nachlassverwaltung, Testament oder Weitergabe der entsprechenden Zugangsdaten geregelt hat.[782] Diese Zahl, die auf einer Umfrage von *Bitkom* aus dem Jahr 2017 basiert,[783] stellt eine hundertprozentige Steigerung gegenüber derselben Umfrage aus dem Jahr 2015[784] dar und deutet daher auf eine Zunahme des Problembewusstseins innerhalb der Gesellschaft hin, zeigt aber auch gleichzeitig auf, dass in weiten Teilen der Gesellschaft keine entsprechenden Vorkehrungen und thematische Auseinandersetzungen erfolgt sind.

Nun sind *chilling effects* nicht notwendigerweise nur dort besonders einschneidend zu spüren, wo die Auswirkungen bestimmter Regelungen oder Rechtsprechungsrichtlinien als einschneidend empfunden werden oder es auch sind, sondern auch dort, wo Unsicherheit, Uninformiertheit und Umständlichkeit aufeinandertreffen. So hat bspw. die Einführung der DSGVO zu einer Vielzahl an Schließungen von Blogs geführt, die gerade nicht immer zwingend von ihrem Geltungsbereich erfasst wurden, sich aber aus einer Unkenntnis der

---

781 Ein prominentes Beispiel ist das Twitter-Verhalten von Donald Trump.

782 So im Rahmen des Beitrags „Digitales Erbe – Was passiert mit unseren Daten, wenn wir nicht mehr da sind?“ der Reihe „nano“ von 3sat, im Zeitpunkt der Erstellung abrufbar unter:
http://www.3sat.de/mediathek/?mode=play&obj=74362
[zuletzt abgerufen am 24.6.2018].

783 https://www.bitkom.org/Presse/Presseinformation/Die-wenigsten-regeln-ihren-digitalen-Nachlass.html
[zuletzt abgerufen am 24.6.2018].

784 https://www.bitkom.org/Presse/Presseinformation/Neun-von-zehn-Internetnutzern-haben-ihren-digitalen-Nachlass-nicht-geregelt.html
[zuletzt abgerufen am 24.6.2018].

Rechtslage der Blogbetreibenden ergaben.[785] *Chilling effects* im vorgenannten Begriffsverständnis zeichnen sich gerade durch das Unvermögen einer informierten Folgenabschätzung aus.

Wenn und solange der digitale Nachlass grundsätzlich vom Prinzip der Gesamtrechtsnachfolge erfasst wird, ist zu erwarten, dass Personen das eigene (Online-)Verhalten überdenken und ggf. beschränken. Wer nicht möchte, dass kritische Kommentare oder intime Nachrichten von seinen Erben gelesen werden können, wird sich vermutlich restriktiver verhalten und gewisse Äußerungen bewusst unterlassen.

#### *(bb) Gesamtschau neuer Regelungen*

Ob und inwieweit *chilling effects* mit der Behandlung des digitalen Nachlasses einhergehen, muss ferner in einer Gesamtschau aller Regelungen, deren Regelungsgegenstand digitale Kommunikation im weiten Sinne erfasst, betrachtet werden. So ist festzustellen, dass sowohl die DSGVO als auch die Einführung des Netzwerkdurchsetzungsgesetzes (NetzDG) bereits zu spürbaren *chilling effects* im Bereich zwischenmenschlicher Kommunikation geführt haben.[786] Das NetzDG zielt auf die Verhinderung der Verbreitung von Inhalten in sozialen Netzwerken, die einen der in § 1 Abs. 3 genannten Straftatbestände erfüllen und nicht gerechtfertigt sind, ab.[787] Eine Beurteilung von *chilling effects* kann aber – insbesondere bei der Berücksichtigung einer Parallelwertung in der Laiensphäre – nicht außer Acht lassen, welche Interessen, Rechts- und Schutzgüter in Kollisionsfällen im Rahmen anderweitiger Bestimmungen der digitalen Kommunikation durch den Gesetzgeber vorzugswürdig und welche nachrangig behandelt werden. Insofern muss dem Gesetzgeber attestiert werden, in jüngerer Vergangenheit im Zweifel zulasten der Kommunikationsrechte des Einzelnen gehandelt zu haben. Dies lässt sich insbesondere für das NetzDG feststellen.

## 5. Zwischenergebnis

Die Notwendigkeit eines grundrechtlich verankerten postmortalen Datenschutzrechts ergibt sich aus der Tatsache, dass das Wissen um einen fehlenden postmortalen Datenschutz eine beschränkende Wirkung auf die Ausübung der Kommunikationsgrundrechte sowie des Rechts auf informationelle

785 https://netzpolitik.org/2018/die-dsgvo-und-das-blogsterben-es-ist-kompliziert/ [zuletzt abgerufen am 14.2.2019].

786 *Guggenberger*, NJW 2017, 2577 (2581); *Nolte*, ZUM 2017, 552 (558 f.).

787 *Hoven/Gersdorf*, in: BeckOK InfoMedienR, § 1 NetzDG Rn. 4.

Selbstbestimmung haben kann (*chilling effects*). Hieraus ergibt sich die grundrechtliche Relevanz eines postmortalen Datenschutzrechts.

## II. Systematische Einordnung eines postmortalen Datenschutzrechts in das Grundgesetz

Ein eigenständiges „postmortales Datenschutzgrundrecht" wird im Grundgesetz derzeit – wie dies auch bei den bereits aufgezeigten Ausformungen des allgemeinen Persönlichkeitsrechts[788] der Fall ist – nicht ausdrücklich genannt, weshalb es einer dogmatischen Herleitung bedarf. Das Bundesverfassungsgericht hatte bislang noch keine Gelegenheit, zu der Notwendigkeit eines postmortalen Datenschutzrechts Stellung zu beziehen.[789]

### 1. Allgemeines zum postmortalen Schutz des Grundgesetzes

Das Grundgesetz verpflichtet den Staat nur zu einem postmortalen Schutz der Menschenwürde.[790] Vor diesem Hintergrund hat das Bundesverfassungsgericht, wie bereits ausgeführt,[791] eine Fortwirkung des Schutzbereichs des allgemeinen Persönlichkeitsrechts (Art. 2 Abs. 1 GG) über den Tod hinaus abgelehnt und nur ein auf den Würdeschutz einer Person begrenztes postmortales Persönlichkeitsrecht (Art. 2 Abs. 1, 1 Abs. 1 GG) anerkannt.

Nach der Rechtsprechung des Bundesverfassungsgerichts besteht ein postmortaler Schutz derzeit nur, wenn eine Maßnahme oder Äußerung Dritter die Menschenwürde verletzt, was einen schwerwiegenden Eingriff in den Wert- und Achtungsanspruch des Verstorbenen voraussetzt.[792] In der Literatur wird hingegen vereinzelt eine darüber hinausgehende postmortale Reflexwirkung bestimmter Grundrechte angenommen.[793] Fraglich ist in diesem Zusammenhang, ob es Grundrechte gibt, die ihrer Art nach – unter Berücksichtigung der Werteordnung des Grundgesetzes und der übergeordneten Garantie der Menschenwürde – die Staatsorgane zu einem postmortalen Schutz verpflichten.[794] Reflexwirkungen von Grundrechten sind insbesondere dann in Betracht zu

788 Hierzu oben, unter C.II.2.b).(dd).
789 So auch *Spilker*, DÖV 2015, 54 (55).
790 *Spilker*, DÖV 2014, 637.
791 Hierzu oben, unter C.II.2.b).(ee).
792 BVerfG, Beschl. v. 5.4.2001 – 1 BvR 932/78; *Spilker*, DÖV 2014, 637 (640).
793 Hierzu bereits oben, unter C.II.2.b).(ee).
794 *Spilker*, DÖV 2014, 637 (640).

ziehen, wenn ein Grundrecht seiner Art nach ermöglicht, eine postmortale Angelegenheit zu Lebzeiten zu regeln.[795]

Eine solche Reflexwirkung kann unproblematisch der in Art. 14 Abs. 1 S. 1 GG geregelten Erbrechtsgarantie zugesprochen werden, welche das Ableben einer Person naturgemäß impliziert. Dem aus Art. 2 Abs. 1 GG abgeleiteten Recht auf (informationelle) Selbstbestimmung kann eine entsprechende Reflexwirkung nur insoweit zugesprochen werden, als es einer Person unter Berufung hierauf rechtlich möglich ist, über postmortale Angelegenheiten zu entscheiden[796]: Dies betrifft bspw. die postmortale Organspende (§ 3 Transplantationsgesetz (TPG))[797] oder das Treffen einer Beisetzungsanordnung.[798] Im Hinblick auf den Umgang mit Daten ist im Sozialrecht das sog. Sozialgeheimnis (§ 35 SGB I) anerkannt. In § 35 Abs. 5 SGB I ist in diesem Zusammenhang geregelt, dass Sozialdaten Verstorbener nur verarbeitet und verwertet werden dürfen, wenn dies gesetzlich zulässig ist (vgl. § 67b SGB X) oder der Verstorbene lebzeitig hierin eingewilligt hat.

Wie bereits im Rahmen dieser Arbeit dargelegt,[799] sehen weder die DSGVO noch die nationalen Datenschutzregelungen – de lege lata – die Möglichkeit vor, eine Entscheidung im Hinblick auf den postmortalen Umgang mit den Daten einer Person zu treffen.

Nach alledem bedarf es der Schaffung eines eigenständigen Grundrechts auf postmortalen Datenschutz.

## 2. Recht auf postmortalen Datenschutz unmittelbar aus Art. 1 Abs. 1 GG?

Fraglich ist, ob sich ein Recht auf postmortalen Datenschutz – mit der Folge einer staatlichen Pflicht zum Erlass von Schutzvorschriften – bereits unmittelbar aus Art. 1 Abs. 1 GG ableiten lässt.[800] Die sich aus Art. 1 Abs. 1 S. 2, Alt.

---

795 *Spilker*, DÖV 2014, 637 (640).

796 A.A. Spilker, DÖV 2015, 54 (57), wonach eine Erhebung und Verarbeitung von Daten nach dem Tod einer Person aufgrund der Werteentscheidung des Grundgesetzes nur dann zulässig ist, wenn der Erblasser hierin eingewilligt hat oder dies aufgrund kollidierenden Verfassungsrechts und unter Beachtung des Verhältnismäßigkeitsgrundsatzes geboten ist.

797 Hierzu *Höfling*, ZRP 2019, 2 ff.

798 BGHZ 50, 133.

799 Siehe oben, unter C.II.2.b).(ee).(2).(b).

800 So bereits *Arens*, RDV 2018, 127 (131); *Culmsee*, DSRITB 2013, 414; in diese Richtung auch *Martini*, JZ 2012, 1145 (1150), wonach das postmortale Persönlichkeitsrecht

2 GG ergebende Schutzpflicht begründet die Verpflichtung staatlicher Gewalt, die Bedingungen menschenwürdiger Existenz zu sichern und Vorkehrungen gegen Würdeverletzungen durch Private zu treffen.[801] Im Übrigen konkretisiert sich die Schutzpflicht des Staates vor allem durch eine Ausgestaltung der Privatrechtsordnung, welche der Menschenwürde Rechnung trägt.[802]

Art. 1 Abs. 1 GG gewährleistet unter anderem das Recht eines Menschen, über den als unantastbar geschützten Bereich elementarer Selbstbestimmung hinaus den gesamten persönlichen Lebensbereich in individueller Selbstbestimmung und ohne staatliche Überprüfung oder Bewertung umfassend frei zu gestalten.[803] Dies schließt die Offenbarung eigenen Wissens und das Persönlichkeitsprofil des Einzelnen prägender Daten ein.[804] Wie bereits vorstehend dargelegt, kann das Wissen um einen fehlenden postmortalen Datenschutz zu einer Beeinträchtigung der Kommunikationsgrundrechte führen, sodass damit auch das Selbstbestimmungsrecht tangiert sein kann. In diesem Zusammenhang kann argumentiert werden, dass die Etablierung eines postmortalen Datenschutzes für die freie Gestaltung des persönlichen Lebensbereichs unabdingbar und mithin unmittelbar aus Art. 1 Abs. 1 GG abzuleiten ist.[805]

Hiergegen lässt sich indes anführen, dass der Schutz persönlichkeitsbezogener Daten sowie eines räumlich-gegenständlichen Schutzes der Persönlichkeitssphäre bereits vom allgemeinen Persönlichkeitsrecht abgedeckt wird.[806] Mithin fußen auch die derzeit bestehenden Regelungen zum Datenschutz auf dem Recht auf informationelle Selbstbestimmung und nicht unmittelbar auf Art. 1 Abs. 1 GG.[807] Hinzu kommt, dass durch die vorstehend beschriebenen *chilling effects* unmittelbar nur eine Beeinträchtigung der Kommunikationsgrundrechte, nicht hingegen eine Verletzung der Menschenwürde einhergeht. Die bloße Gefahr, dass in einer postmortalen Verarbeitung von Daten eine Verletzung der Würde

---

bereits einer Vererbbarkeit personenbezogener Daten entgegenstehen soll (vgl. hierzu oben, unter C.II.2.c).(bb).); *Martini*, in: Hill/ Martini/Wagner, Facebook, Google und Co., S. 101.

801 *Herdegen*, in: Maunz/Dürig, GG, Art. 1 Rn. 78.

802 *Herdegen*, in: Maunz/Dürig, GG, Art. 1 Rn. 78.

803 Vgl. BVerfGE 6, 32 (41); *Hillgruber*, in: BeckOK GG, Art. 1 Rn. 27; *Spilker*, DÖV 2015, 54 (55).

804 *Herdegen*, in: Maunz/Dürig, GG, Art. 1 Rn. 84

805 Vgl. *Culmsee*, DSRITB 2013, 414; *Martini*, in: Hill/Martini/Wagner, Facebook, Google und Co., S. 101.

806 *Herdegen*, in: Maunz/Dürig, GG, Art. 1 Rn. 84

807 Vgl. *Durner*, in: Maunz/Dürig, GG, Art. 10 Rn. 54 f.

einer Person resultieren kann, begründet kein Recht auf einen postmortales Datenschutz unter dem Schutz des Art. 1 Abs. 1 GG:[808] Eine weitere Konsequenz der Herleitung eines postmortalen Datenschutzes unmittelbar aus Art. 1 Abs. 1 GG wäre aufgrund der Unantastbarkeit der Menschenwürde die generelle Unzulässigkeit eines Eingriffs in dieses Recht.[809] Somit würde dem postmortalen Datenschutz ein absoluter, schrankenloser und damit ein über den lebzeitigen Datenschutz hinausgehender Schutz zukommen.

Im Hinblick auf den postmortalen Würdeschutz einer Person wurde mit dem postmortalen Persönlichkeitsrecht, welches sich unmittelbar aus Art. 1 Abs. 1 GG ableitet,[810] ein eigenständiges Rechtsinstitut entwickelt. Dieses ist in erster Linie als ein Abwehrrecht ausgestaltet, welches naturgemäß erst mit dem Ableben einer Person und nur für den Fall einer tatsächlich eingetretenen Beeinträchtigung des Ansehens des Verstorbenen entsteht.[811] Mit der Erlangung eines Zugriffsrechts der Erben einer verstorbenen Person auf deren personenbezogene Daten ist indes nicht pauschal von einer Gefährdung des postmortalen Persönlichkeitsrechts des Verstorbenen auszugehen.[812]

### 3. Recht auf postmortalen Datenschutz als weitere Ausformung des allgemeinen Persönlichkeitsrechts

Im Hinblick auf die vorstehend dargelegten Auswirkungen der sog. *chilling effects* auf die lebzeitige Ausübung des Rechts auf informationelle Selbstbestimmung und der Kommunikationsgrundrechte ist ein Recht auf die Schaffung eines postmortalen Datenschutzes aus dem allgemeinen Persönlichkeitsrecht abzuleiten. Eine Ausweitung des Rechts auf informationelle Selbstbestimmung auf einen postmortalen Datenschutz scheidet – wie bereits oben dargestellt[813] – aufgrund einer fehlenden postmortalen Reflexwirkung aus. Nach alledem ist hinsichtlich eines postmortalen Datenschutzrechts eine Erweiterung des allgemeinen Persönlichkeitsrechts zu erwägen.

---

808 Vgl. zur Auslösung von Abwehr- und Schutzpflichten bei bloßen Grundrechtsgefährdungen: BVerfG, Beschl. v. 17.02.1997 – 1 BvR 1658/96 (NJW 1997, 2509); Meyer, NJW 2020, 894 (895); a.A. *Culmsee*, DSRITB 2013, 413.

809 Vgl. *Herdegen*, in: Maunz/Dürig, GG, Art. 1 Rn. 73; *Höfling*, in: Sachs, GG, Art. 1 Rn. 11.

810 Hierzu oben, unter C.II.2.c).

811 Hierzu oben, unter C.II.2.c).

812 Hierzu oben, unter C.II.c).

813 Siehe oben, unter C.II.2.b).(ee).(2).(b).

### a) *Voraussetzungen für die Erweiterung des Schutzbereichs des allgemeinen Persönlichkeitsrechts*

Auch wenn die erhebliche Bedeutung des Internets für die private Lebensgestaltung der Bürger unbestreitbar ist, stellt sich zunächst die Frage, ob auf eine neu entstandene Gefährdungslage für die Grundrechte der Bürger, welche aus einer Zeit lange vor der Digitalisierung stammen,[814] unmittelbar mit der Schaffung neuer Grundrechte reagiert werden kann, oder ob auch anderweitig ein ausreichender Schutz erreicht werden kann.[815] Geht es – wie vorliegend – um die Erschaffung einer weiteren Ausformung des allgemeinen Persönlichkeitsrechts, so handelt es sich hierbei bei genauer Betrachtung inhaltlich indes nicht um ein neues Grundrecht, sondern lediglich um eine besondere Bezeichnung des allgemeinen Persönlichkeitsrechts für bestimmte Fälle.[816]

#### *(aa) Einwand einer unübersichtlichen Grundrechtskasuistik*

Bereits im Zusammenhang mit dem vom BVerfG erschaffenen Recht auf Gewährleistung der Vertraulichkeit und Integrität informationstechnischer Systeme (sog. Computergrundrecht)[817] ist verschiedentlich darauf hingewiesen worden, dass die Entwicklung eines eigenständigen Grundrechts anstelle der Verortung der grundrechtlichen Schutzgarantien im Rahmen des sachlichen Schutzbereichs des bereits bestehenden Rechts auf informationelle Selbstbestimmung verfassungsdogmatisch zumindest als unübersichtlich zu bezeichnen ist.[818] Betont wird insoweit die Gefahr, dass durch die Schaffung neuer Erweiterungen des allgemeinen Persönlichkeitsrechts die Kasuistik des Art. 2 Abs. 1 i.V.m. Art. 1 Abs. 1 GG noch unübersichtlicher und damit für Grundrechtsberechtigte nicht mehr nachvollziehbar wird respektive schon ist.[819] Gleichzeitig würde die Abgrenzung der jeweiligen sachlichen Schutzbereiche zunehmend

---

814 *Schröder*, JZ 2019, 953.

815 *Eifert*, NVwZ 2008, 521; vgl. auch Entwurf einer Charta der digitalen Grundrechte der Europäischen Union, abrufbar unter http://digitalcharta.eu [zuletzt abgerufen am 20.8.2020], hierzu eingehend *Ingold*, ZG 2018, 193 ff.; *Bull*, RuP 2017, 9 f.; zur Einführung neuer Grundrechte für ein digitales Zeitalter instruktiv und im Ergebnis ablehnend *Schröder*, JZ 2019, 953 ff.

816 *Schröder*, JZ 2018, 953 (956).

817 BVerfGE 120, 274.

818 Vgl. *Eifert*, NVwZ 2008, 521; *Kutscha*, NJW 2008, 1042 (1043); *Sachs*, JuS 2008, 481 (485).

819 Sachs, JuS 2008, 481 (485).

schwieriger werden, wenn neue Grundrechtsformen entwickelt und ausgestaltet würden, deren verfassungsdogmatische Herleitung jeweils auf das Recht auf informationelle Selbstbestimmung zurückzuführen ist und die zudem übereinstimmend den Schutz der allgemeinen Persönlichkeitsrechts des Grundrechtsträgers betreffen.[820]

Die Erforderlichkeit einer eigenständigen Ausgestaltung eines postmortalen Datenschutzrechts als weitere Ausformung des Rechts auf informationelle Selbstbestimmung neben dem bereits bestehenden Recht auf informationelle Selbstbestimmung kann nach alledem nur dann angenommen werden, wenn dadurch ein neuer Schutzgegenstand erfasst wird.

#### *(bb) Feststellung einer Schutzlücke*

##### *(1) Notwendigkeit einer Anpassung des Grundrechtsschutzes an gesellschaftliche Entwicklungen*

Voraussetzung für die Schaffung eines erweiterten Schutzbereichs des allgemeinen Persönlichkeitsrechts ist das Vorliegen einer Schutzlücke.[821] Das BVerfG hat im Rahmen des sog. Volkszählungsurteils[822] die Bedeutung des allgemeinen Persönlichkeitsrechts im Zusammenhang mit den mit neuen gesellschaftlichen Entwicklungen verbundenen neuen Gefährdungen der menschlichen Persönlichkeit hervorgehoben und in diesem Zusammenhang festgestellt, dass die bisherigen Konkretisierungen des allgemeinen Persönlichkeitsrechts dessen Inhalt nicht abschließend beschreiben.[823] Vor dem Hintergrund der vorzitierten Rechtsprechung des BVerfG sind Grundrechte, insbesondere das allgemeine Persönlichkeitsrecht, zunächst grundsätzlich einer Auslegung und Konkretisierung zugänglich. Zum anderen bedarf es einer regelmäßigen Kontrolle im Hinblick auf einen ausreichenden Schutz der Grundrechte im Zusammenhang mit aktuellen gesellschaftlichen Entwicklungen:[824] Infolge der Generalklauselartigkeit der hier maßgeblichen Bestimmung des Art. 2 Abs. 1 GG stellt sich die Aufgabe für die Schaffung eines ausreichenden Schutzes personenbezogener Daten

---

820 In diese Richtung *Sachs*, JuS, 481 (485).

821 *Eifert*, NVwZ 2008, 521; *Kutscha*, NJW 2008, 1042 f; vgl. auch BVerfGE Band 120, 274 (Onlinedurchsuchung).

822 BVerfGE 65, 1.

823 BVerfGE 54, 148 (153).

824 Vgl. hierzu auch BGHZ 207, 163 (170); *Gusy/Eichenhofer*, in: BeckOK Datenschutzrecht, § 1 BDSG Rn. 44; *Herzog/Pruns*, Der digitale Nachlass, S. 54; hierzu auch *Martini*, JA 2009, 839 (840); *Wedde/Hammer/Pordesch*, Digitalisierung der Grundrechte, S. 3.

nicht allein der Rechtssetzung, sondern zentral auch der Rechtsprechung und Rechtswissenschaft.[825] Dies gilt insbesondere für die Ausgestaltung des auf dem grundrechtlich geschützten Recht auf informationelle Selbstbestimmung fußenden Datenschutzrechts: Ein Datenschutz soll gerade dann stattfinden, wenn die Menschen sich in die Gesellschaft begeben, denn Datenschutz setzt sozial und kommunikativ interagierende Personen voraus.[826] Er ist eine Spezifikation, Ausgestaltung und Modalität des Informations- und Kommunikationsrechts und nicht dessen Gegenteil.[827] Vor diesem Hintergrund muss das Datenschutzrecht dann angepasst werden, wenn die Gefahr droht, dass sich Menschen basierend auf den derzeit geltenden Datenschutzbestimmungen aus der Gesellschaft zurückziehen oder nur eingeschränkt interagieren.

### *(2) Kein ausreichender Schutz durch das Recht auf informationelle Selbstbestimmung*

Die obigen Ausführungen haben gezeigt, dass das Fehlen eines postmortalen Datenschutzes negative Auswirkungen auf die lebzeitige Ausübung des Rechts auf informationelle Selbstbestimmung und die Kommunikationsgrundrechte haben kann. Ein ausreichender Schutz hiervor ergibt sich weder aus Art. 1 Abs. 1 GG noch den derzeitigen Ausprägungen des allgemeinen Persönlichkeitsrechts, insbesondere des Rechts auf informationelle Selbstbestimmung sowie auch nicht aus dem postmortalen Persönlichkeitsrecht.

#### *(a) Schutzbereich des Rechts auf informationelle Selbstbestimmung endet mit dem Ableben einer Person*

Wie oben bereits dargelegt, endet der Schutz des Rechts auf informationelle Selbstbestimmung mit dem Ableben des Grundrechtsträgers.[828] Zwar könnte man auch erwägen, das Recht auf informationelle Selbstbestimmung um einen postmortalen Datenschutz, mithin um ein Recht zur lebzeitigen Regelung des Umgangs mit den Daten nach dem Tod zu erweitern. Nach diesseitiger Auffassung würde eine bloße Erweiterung des Schutzbereichs des Rechts auf informationelle Selbstbestimmung indes zu kurz greifen und einem effizienten postmortalen Datenschutz, welcher sowohl eines Schutzes zu Lebzeiten einer Person als auch nach deren Ableben bedarf, nicht gerecht werden.

---

825 *Gusy/Eichenhofer*, in: BeckOK Datenschutzrecht, § 1 BDSG Rn. 45.
826 *Gusy/Eichenhofer*, in: BeckOK Datenschutzrecht, § 1 BDSG Rn. 45.
827 *Gusy/Eichenhofer*, in: BeckOK Datenschutzrecht, § 1 BDSG Rn. 45
828 Hierzu unter C.II.b).(ee).

#### *(b) Anknüpfung an die Rechtsprechung des BVerfG zum Recht auf Gewährleistung der Vertraulichkeit und Integrität informationstechnischer Systeme*

Die Frage des Umgangs mit Daten Verstorbener wurde erst mit dem Erlass des neuen BDSG, welches von einem Schutz der Daten Verstorbener abgesehen hat, und mit dem der Rechtsprechung des BGH[829] zugrundeliegenden Sachverhalt sowie der in diesem Zusammenhang entfachten Diskussion zum Umgang mit dem digitalen Nachlass virulent.

Das BVerfG hat mit seinem Urteil zur Zulässigkeit von Onlinedurchsuchungen[830] anknüpfend an die Entscheidungen zur präventiven Rasterfahndung[831], zum Lauschangriff[832] und zur Telefonüberwachung[833] ein neues Grundrecht auf Gewährleistung der Vertraulichkeit und Integrität informationstechnischer Systeme geschaffen, mit welchem gerade der neuen Qualität und den besonderen Gefahren des Internets Rechnung getragen werden soll.[834] Das BVerfG führt im Hinblick auf die Notwendigkeit eines eigenständigen Grundrechts aus:

> *„Jedoch trägt das Recht auf informationelle Selbstbestimmung den Persönlichkeitsgefährdungen nicht vollständig Rechnung, die sich daraus ergeben, dass der Einzelne zu seiner Persönlichkeitsentfaltung auf die Nutzung informationstechnischer Systeme angewiesen ist und dabei dem System persönliche Daten anvertraut oder schon allein durch dessen Nutzung zwangsläufig liefert. Ein Dritter, der auf ein solches System zugreift, kann sich einen potenziell äußerst großen und aussagekräftigen Datenbestand verschaffen, ohne noch auf weitere Datenerhebungs- und Datenverarbeitungsmaßnahmen angewiesen zu sein. Ein solcher Zugriff geht in seinem Gewicht für die Persönlichkeit des Betroffenen über einzelne Datenerhebungen, vor denen das Recht auf informationelle Selbstbestimmung schützt, weit hinaus.“*[835]

Aus demselben Impuls, aus dem das BVerfG die Notwendigkeit eines eigenen Computergrundrechts gesehen und begründet hat, muss – nach hier vertretener Auffassung – auch ein eigenständiger sachlicher Schutzbereich eines postmortalen Datenschutzgrundrechts hergeleitet werden: Die zunehmende Inanspruchnahme der Möglichkeiten eines interagierenden und dadurch

---

829 Hierzu oben, unter C.I.4.
830 BVerfGE 120, 274.
831 BVerfGE 115, 320.
832 BVerfGE 109, 1.
833 BVerfGE 113, 1.
834 *Eifert*, NVwZ 2008, 521.
835 BVerfGE 120, 274 (312 f.).

persönlichkeitsprofilabbildenden Internets und der Auswirkungen des Fehlens eines postmortalen Datenschutzrechts auf das lebzeitige Kommunikationsverhalten führt zu einer besonderen Schutzbedürftigkeit der Persönlichkeitsrechte, welche über die Schutzwirkungen des Rechts auf informationelle Selbstbestimmung hinausgeht. Dies wird insbesondere im Zusammenhang mit dem digitalen Nachlass deutlich: Auch die Erben sind aufgrund ihres vertraglichen Anspruchs auf Zugang zu dem Account des Erblassers nicht auf eine besondere Datenerhebungs- oder Verarbeitungsmaßnahme angewiesen, vor der das Recht auf informationelle Selbstbestimmung schützen soll.

Während das Recht auf informationelle Selbstbestimmungs die personenbezogenen Daten vor gegenwärtigen, lebzeitigen Einschränkungen schützt, dient das Recht auf postmortalen Datenschutz dem Schutz vor freiheitsbeschränkenden Auswirkungen eines zukünftigen Umgangs mit den personenbezogenen Daten.

### *b) Schutzbereich des Rechts auf postmortalen Datenschutz*

#### *(aa) Personaler Schutzbereich*

Für die Bestimmung des personalen Schutzbereichs des Rechts auf postmortalen Datenschutz ist zunächst an den Schutzbereich des allgemeinen Persönlichkeitsrechts anzuknüpfen, wonach alle natürlichen Personen, In- wie Ausländer erfasst sind (sog. „Jedermannsrecht“).[836] Um dem Recht auf postmortalen Datenschutz umfassend zur Geltung zu verhelfen, bedarf es jedoch einer Erweiterung des Schutzbereichs – analog zum postmortalen Persönlichkeitsrecht – auf verstorbene Personen: Zum einen muss es einer Person unter Berufung auf das Recht auf postmortalen Datenschutz zu Lebzeiten möglich sein, konkret und verbindlich eine Anordnung hinsichtlich des Schicksals personenbezogener Daten nach dem Tod zu treffen. Darüber hinaus müssen diese Anordnungen über den Tod hinaus Geltung behalten und die Daten des Verstorbenen vor Eingriffen sowohl des Staats als auch Privater geschützt bleiben. Analog zum postmortalen Persönlichkeitsrecht[837] ist die Geltendmachung von eventuellen Abwehransprüchen den Personen, die der Verstorbene zu Lebzeiten hierfür bestimmt hat (bspw. im Rahmen einer letztwilligen Verfügung oder einer gesonderten postmortal geltenden Vollmacht), ansonsten dessen nächsten Angehörigen vorbehalten.

---

836 *Martini*, JA 2009, 839 (842) mit Verweis auf den klaren Wortlaut des Art. 2 Abs. 1 GG.
837 Hierzu oben, unter C.II.2.c).

### *(bb) Sachlicher Schutzbereich*

#### *(1) Weite Auslegung des sachlichen Schutzbereichs*

In sachlicher Hinsicht muss der Schutzbereich des Rechts auf einen postmortalen Datenschutz weit ausgelegt werden: Erfasst sein müssen sämtliche personenbezogenen Daten einer Person, soweit sich diese in dem Herrschaftsbereich eines Dritten befinden. Dies betrifft im Ergebnis personenbezogene Daten, welche auf Servern von Onlineanbietern gespeichert sind, mithin insbesondere Kommunikationsdaten. Nicht einschlägig sein kann der Schutzbereich jedoch insoweit, als es sich um solche Daten handelt, die eine Person zu Lebzeiten gegenüber jedermann offenbart hat (durch öffentliche Posts etc.). Dies folgt aus dem Umstand, dass das Vorliegen von *chilling effects* stets ein potentielles Bedrohungsszenario voraussetzt, durch welches eine Person in der Ausübung ihrer grundrechtlich garantierten Freiheiten beschränkt wird. Das Bestehen eines entsprechenden Bedrohungsszenarios hängt aber entscheidend mit der Frage zusammen, ob eine mögliche Negativfolge, die an die Ausübung ebendieser Freiheit geknüpft ist, tatsächlich auch für die betroffene Person als invasiv eingeordnet werden kann. In diesem Zusammenhang kann auch die Rechtsprechung des BGH zum unantastbaren Kernbereich angeführt werden: Danach

> *„kann der Schutz des Persönlichkeitsrechts entfallen, wenn der Grundrechtsträger den Kernbereich der privaten Lebensgestaltung von sich aus öffnet, bestimmte an sich dem unantastbaren Kernbereich zuzurechnenden Angelegenheiten der Öffentlichkeit zugänglich macht und damit zugleich die Sphäre anderer oder die Belange der Gemeinschaft berührt.“*[838]

#### *(2) Zeitliche Beschränkung des Rechts auf postmortalen Datenschutz*

In Anlehnung an die (ständige) Rechtsprechung des BGH, wonach das postmortale Persönlichkeitsrecht nicht zeitlich unbegrenzt wirkt und seine Schutzwirkung mit der Zeit abflacht,[839] ist auch dem Recht auf postmortalen Datenschutz nur eine zeitlich begrenzte Wirkung zuzusprechen. Dies erscheint vor dem Hintergrund gerechtfertigt, dass die Erinnerung an einen Verstorbenen mit der Zeit verblasst[840] und ab einem bestimmten Zeitpunkt auch eine Beeinträchtigung des

---

838 BGHZ 207, 163 (173 f.).

839 BGHZ 50, 133 (136) (Mephisto); im Hinblick auf den vermögenswerten Bestandteil des postmortalen Persönlichkeitsrechts: BGHZ 169, 193 (Klaus Kinski); offengelassen: BGHZ 143, 214 (Marlene Dietrich).

840 BGHZ 50, 133 (136) (Mephisto); vgl. *Claus*, Postmortaler Persönlichkeitsschutz im Zeichen der allgemeinen Kommerzialisierung, S. 66 ff.

Rechts auf postmortalen Datenschutz nicht mehr als erheblich angesehen werden kann, soweit eine Verletzung des postmortalen Persönlichkeitsrechts nicht mehr droht. Analog zu der vorzitierten Rechtsprechung des Bundesgerichtshofs und unter Heranziehung des § 22 S. 3 KunstUrhG könnte der Gesetzgeber einen postmortalen Datenschutz auf zehn Jahre befristen.[841]

## 4. Verfassungsrechtliche Rechtfertigung von Eingriffen in das Recht auf postmortalen Datenschutz?

Vor dem Hintergrund, dass es sich bei dem postmortalen Datenschutzrecht um einen Unterfall des allgemeinen Persönlichkeitsrechts handelt, ist dieses ebenfalls der Schrankentrias des Art. 2 Abs. 1 2. Hs. GG unterworfen. Demnach kann auch das postmortale Persönlichkeitsrecht grundsätzlich eingeschränkt werden, wenn die Ausübung des postmortalen Persönlichkeitsrechts die verfassungsmäßige Ordnung, Rechte Dritter oder das Sittengesetz verletzt. Der Gesetzgeber darf indes von der Schrankenermächtigung in Art. 2 Abs. 1 GG nicht grenzenlos Gebrauch machen, sondern ist hierbei seinerseits Beschränkungen unterworfen (sog. Schranken-Schranken). Dies sind insbesondere der Grundsatz der Verhältnismäßigkeit, das Gebot der Normklarheit und Bestimmtheit, der Parlamentsvorbehalt, das Verbot des Einzelfallgesetzes (Art. 19 Abs. 1 GG), das Zitiergebot (Art. 19 Abs. 1 S. 2 GG) sowie die Wesensgehaltsgarantie (Art. 19 Abs. 2 GG).[842]

Aufgrund der nur zeitlich begrenzten Wirkung des postmortalen Datenschutzrechts über den Tod hinaus[843] können berechtigte Interessen Dritter ggf. einem postmortalen Datenschutzrecht überwiegen, sodass dem Gesetzgeber bei der Ausgestaltung datenschutzrechtlicher Regelungen im Hinblick auf den Umgang mit den Daten nach dem Tod einer Person ein weiterer Gestaltungsspielraum zukommen dürfte als im Hinblick auf einen lebzeitigen Datenschutz.

## 5. Abwehr und Schutzfunktion des Rechts auf postmortalen Datenschutz

Für das Recht auf informationelle Selbstbestimmung ist bereits anerkannt, dass diesem nicht bloß eine reine Abwehr-, sondern auch eine Schutzfunktion zukommt.[844] Es ist die Aufgabe des Staates, den Grundrechten durch die

---

841 So *Schack*, JZ 2019, 864 (868).

842 *Martini*, JA 2009, 839 (843).

843 Hierzu oben, unter D.II.3.b).(bb).(2).

844 Vgl. nur *Gersdorf*, in: BeckOK InfoMedienR, Art. 2 GG Rn. 20.

Etablierung konkreter Regelungen zur Geltung zu verhelfen und damit Grundrechtsverletzungen vorzubeugen (sog. vorbeugender Grundrechtsschutz).[845] Nach alledem muss auch dem Recht auf postmortalen Datenschutz, insbesondere vor dem Hintergrund, dass ein solcher bislang einfachgesetzlich nicht existiert, in erster Linie eine Schutzfunktion zukommen. Dies mit der Folge eines Schutzauftrages gegenüber dem Staat zur Kodifizierung eines postmortalen Datenschutzrechts auf einfachgesetzlicher Ebene.

## III. Zwischenergebnis

Wie vorstehend aufgezeigt, besteht zunächst das Erfordernis einer grundrechtlichen Verankerung eines postmortalen Persönlichkeitsrechts. Ein solches ist als eigenständiges Grundrecht neben dem bereits bestehenden Recht auf informationelle Selbstbestimmung und damit als weitere Ausformung des allgemeinen Persönlichkeitsrechts (Art. 2 Abs. 1, 1 Abs. 1 GG) anzuerkennen. Das Recht auf informationelle Selbstbestimmung deckt einen postmortalen Datenschutz nicht ab, da es zum einen mit dem Tod des Grundrechtsträgers endet und zum anderen keine Reflexwirkung auf die Zeit nach dessen Ableben angenommen werden kann. Ferner lässt sich ein Recht auf postmortalen Datenschutz auch nicht aus Art. 1 GG (weder unmittelbar noch aus dem daraus abgeleiteten postmortalen Persönlichkeitsrecht) herleiten.

Die grundrechtliche Verankerung des Rechts auf postmortalen Datenschutz führt zu einem Schutzauftrag des Staates zur Etablierung eines einfachgesetzlich kodifizierten postmortalen Datenschutzrechts. Hierfür werden im Rahmen des nachfolgenden Abschnitts entsprechende Leitlinien vorgestellt, welche dem Gesetzgeber im Rahmen der Transferierung des Rechts auf postmortalen Datenschutz in das einfache Recht dienlich sein sollen.

845 Vgl. BVerfGE 1997, 486; instruktiv hierzu *Calliess*, in: Merten/Papier, Hdb. der Grundrechte, § 44; *Martini*, JZ 2012, 1145 (1151); *Meyer*, NJW 2020, 894; *Schwarz*, JA 2020, 321 (326); *Slizyk*, Hdb. Schmerzensgeld, Rn. 169; *Schmidt am Busch*, in: Kollmer/Klindt/Schucht, Arbeitsschutzgesetz, Teil A Rn. 21; zu einem postmortalen Datenschutz explizit *Spilker*, DÖV 2015, 54 (55).

# E. Der digitale Nachlass de lege ferenda

Wie vorstehend aufgezeigt, besteht eine grundrechtlich verankerte Pflicht des Gesetzgebers zur Etablierung von Regelungen betreffend den digitalen Nachlass, und zwar in der Gestalt eines postmortalen Datenschutzes. Jedenfalls Ersteres wird mittlerweile partiell auch aus den Reihen der politischen Parteien verlangt: So hat die Bundesfraktion der FDP mit ihrem Antrag „*Zugang zum digitalen Nachlass regeln und rechtlich in der Europäischen Union harmonisieren*" Bundestag und Bundesregierung dazu aufgefordert, die zentralen Fragen des digitalen Nachlasses gesetzlich zu regeln.[846] Der Antrag der FDP-Fraktion knüpft an den Koalitionsvertrag zwischen CDU, CSU und SPD vom 12. März 2018 an. Dort heißt es: „*Wir werden die Vererbbarkeit des digitalen Eigentums (z.B. Nutzer-Accounts, Datenbestände) rechtssicher regeln*"[847]. Nach dem Erlass des im Rahmen dieser Arbeit behandelten Urteils des BGH[848] hat die Bundesregierung, wie bereits aufgezeigt,[849] indes keinen weitergehenden gesetzgeberischen Handlungsbedarf gesehen.[850] Dies kann im Hinblick auf die Frage der grundsätzlichen Vererbbarkeit digitaler Inhalte eines Nachlasses, was der BGH – zu Recht – bejaht hat, noch nachvollzogen werden. Indes hat sich die Bundesregierung bislang keine Gedanken zu der gesetzgeberischen Etablierung eines Persönlichkeitsschutzes des Erblassers gemacht.[851] Aus dem Bundesministerium für Justiz und Verbraucherschutz heißt es bislang lediglich, dass man zur Verbesserung der Verbraucherfreundlichkeit bei der Vererbung digitaler Werte gezielt prüfen wolle, inwieweit Maßnahmen in diesem Bereich notwendig sind.[852] Ferner zeigt auch die derzeit gelebte Praxis mancher Provider, dass eine gesetzliche Klarstellung der Vererbbarkeit digitaler Inhalte eines Nachlasses vorteilhaft sein kann, um den Erben bei der Durchsetzung ihrer Rechte gegenüber den Providern zu helfen.[853]

---

846 BT-Drs. 19/14044; kritisch hierzu *Lieder/Berneith*, ZRP 2020, 87.

847 Koalitionsvertrag zwischen CDU, CSU und SPD vom 12.3.2018, Zeile 6175 f.

848 Hierzu oben, unter C.1.4.

849 Hierzu oben, unter C.I.5.a).

850 So auch *Tölle*, FF 2019, 102.

851 Vgl. BT-Drs. 19/4207.

852 Fraunhofer SIT, Der digitale Nachlass, Vorwort der Bundeministerin des BMJV Christine Lambrecht; *Außner*, ErbR 2020, 598.

853 Gegen die Schaffung eines Sonderrechts für den digitalen Nachlass: *Lieder/Berneith*, ZRP 2020, 87 (89).

Im Folgenden soll daher zunächst ein Blick auf andere Rechtsordnungen geworfen und damit eine rechtsvergleichende Betrachtung des digitalen Nachlasses vorgenommen werden (I). Im Anschluss daran soll ein Vorschlag einer gesetzlichen Regelung zur Etablierung eines postmortalen Datenschutzes im Hinblick auf den digitalen Nachlass auf nationaler Ebene diskutiert und erarbeitet werden (II).

## I. Rechtsvergleichende Betrachtung des digitalen Nachlasses

Der digitale Nachlass und die Frage, was mit personenbezogenen Daten einer Person nach deren Ableben passiert, beschäftigt aufgrund der weitreichenden Verflechtungen zwischen analogen und digitalen Inhalten eines Nachlasses nicht nur die deutsche Rechtsordnung. Auch international können seit Beginn der 2000er Jahre vereinzelte Diskussionen ausgemacht werden, die sich mit der Thematik des digitalen Erbes auseinandersetzen, jedoch nur in wenigen Fällen über gerichtliche Einzelfallentscheidungen hinausgehen, die den Schutz der persönlichen, emotionalen und materiellen Werte im Auge haben, welche mit den hinterlassenen Daten verbunden sind.[854]

Insbesondere einige europäische Staaten greifen – wie derzeit auch Deutschland – im Zusammenhang mit dem rechtlichen Umgang mit dem digitalen Nachlass zwar ebenfalls weitgehend auf erbrechtliche und vertragsrechtliche Prinzipien zurück; doch haben sich einige Staaten, anders als Deutschland, im Rahmen der Umsetzung der DSGVO mit der Ausgestaltung eines postmortalen Daten- bzw. Persönlichkeitsschutzes befasst.[855]

### 1. Sinn und Zweck der Rechtsvergleichung für die Rechtsfindung

#### *a) Rechtsvergleichung als „Inspirationsquelle" für die nationale Rechtsordnung*

Der Sinn und Zweck der Rechtsvergleichung für die Rechtsfindung auf nationaler Ebene wird kontrovers diskutiert. Seit fast einem Jahrhundert wird nunmehr über die Rechtfertigung und Notwendigkeit einer rechtsvergleichenden Methode gestritten.[856] Nach Ansicht von *Basedow* hat sich die Rechtsvergleichung von

---

854 Vgl. *Thiele/Ehrenberg-Silies*, Digitale Nachlassverwaltung, S. 6.
855 *Traschler*, ZEuP 2020, 168 (174).
856 *Haase*, JA 2005, 232.

„*wissenschaftlicher Erkenntnisquelle zur obligatorischen Methode der Rechtsanwendung*" entwickelt.[857] Erhebliche Bedeutung kommt der Rechtsvergleichung im Zusammenhang mit der Rechtsfortbildung zu: Ausländische Rechtsordnungen können für die Weiterentwicklung des nationalen Rechts als „Inspirationsquelle" und damit als Anregung für die Etablierung eigener Regelungen dienen.[858] Gerade vor dem Hintergrund, dass seitens des nationalen Gesetzgebers derzeit unter Berufung auf das Grundsatzurteil des BGH zum digitalen Nachlass keine Notwendigkeit für eine explizite Aufnahme von Regelungen betreffend den digitalen Nachlass gesehen wird, können ausländische Rechtsordnungen hier als Vorbild dienen.

### *b) Methode der Rechtsvergleichung*

Die Methode der Rechtsvergleichung setzt zunächst eine generelle Vergleichbarkeit zweier Rechtsordnungen voraus. Es bedarf daher zunächst der Definition eines gemeinsamen Nenners.[859] Dies stellt in der Regel keine besondere Schwierigkeit dar, denn grundsätzlich steht jede Gesellschaft vor den gleichen Problemen, die es zu erfassen und rechtlich zu lösen gilt.[860] Eine erhebliche Bedeutung kommt in diesem Zusammenhang den teilweise höchst unterschiedlichen Rechtsquellen verschiedener Länder zu: So ist in diesem Zusammenhang zu berücksichtigen, dass bestimmte Funktionen, die bspw. in der deutschen Rechtsordnung von Normen im materiellen Sinn übernommen werden, in anderen Ländern auf außerrechtliche Weise sichergestellt sind.[861] Nach Ermittlung des konkreten Untersuchungsgegenstands, mithin des gemeinsamen Nenners, kann der Prozess der Rechtsvergleichung in drei Phasen untergliedert werden: *erstens* Feststellung eines ausländischen Regelungsregimes, *zweitens* Durchdringen ausländischer Regelungen und schließlich *drittens* der eigentliche Vergleich.[862] Im Rahmen der letzten Phase ist zu bewerten, ob eine ausländische Regelung eine Hilfe für die jeweilige nationale Rechtsordnung und deren Fortentwicklung sein kann.[863]

---

857 *Basedow*, JZ 2016, 269; Basedow schlägt vor, die Rechtsvergleichung als „fünfte Auslegungsmethode" zu etablieren; hierzu auch *Riesenhuber*, AcP 2018, 693 (695).

858 *Kramer*, Juristische Methodenlehre, S. 277; *Riesenhuber*, AcP 2018, 693 (723); so auch Haase, JA 2005, 232 (233); kritisch *Piek*, ZEuP 2013, 60.

859 *Piek*, ZEuP 2013, 60.

860 So auch *Zweigert/Kötz*, Einführung in die Rechtsvergleichung, S. 33.

861 *Haase*, JA 2005, 232 (235).

862 *Constantinesco*, Rechtsvergleichung, S. 111 ff.; *Haase*, JA 2005, 232 (236).

863 *Haase*, JA 2005, 232 (237).

## 2. Untersuchung internationaler Regelungen zum digitalen Nachlass

Im Folgenden soll, basierend auf der vorstehend skizzierten Methode der Rechtsvergleichung, die Rechtslage im Hinblick auf den digitalen Nachlass im europäischen Raum (a), den USA (b) und Kanada (c) beleuchtet werden. Im Anschluss daran wird untersucht, ob entsprechende Regelungen anderer Länder – so vorhanden – auch für das deutsche Recht sinnvoll und umsetzbar sind.

### *a) Europäischer Raum*[864]

Im Wesentlichen greifen die europäischen Staaten im Hinblick auf den Umgang mit dem digitalen Nachlass überwiegend auf erbrechtliche und vertragsrechtliche Prinzipien zurück.[865] Sie unterscheiden sich indes im Einzelnen in der konkreten Ausgestaltung des postmortalen Daten- bzw. Persönlichkeitsschutzes.[866]

#### *(aa) Schweiz und Österreich*

Eine Untersuchung der Rechtslage im Zusammenhang mit dem digitalen Nachlass im deutschsprachigen Raum Europas zeigt im Ergebnis eine Parallele zur deutschen Rechtslage auf.

#### *(1) Schweiz*

Gemäß Art. 560 des Schweizerischen Zivilgesetzbuches (ZGB) liegt dem Schweizer Erbrecht ebenfalls der Grundsatz der Universalsukzession zugrunde: Art. 560 ZGB statuiert, dass die Erben mit dem Tode des Erblassers die Erbschaft als Ganzes kraft Gesetzes erwerben. Eine Differenzierung zwischen digitalem und analogem Nachlass nimmt das ZGB nicht vor.[867] Belange des Datenschutz- oder Persönlichkeitsrechts stehen dem nicht entgegen, da diese – wie auch im deutschen Recht – grundsätzlich mit dem Ableben des Erblassers enden.[868]

Dem Erblasser steht es indes frei, lebzeitig vertragliche Absprachen mit dem jeweiligen Provider betreffend den Umgang mit bestimmten Daten nach dem Ableben zu treffen. Allerdings bedürfen solche vertraglichen Absprachen nach dem schweizerischen Recht der Einhaltung der Formvorschriften für

---

864 Eingehend hierzu *Nemeth/Carvalho*, EuCML 2017, 253.
865 *Traschler*, ZEuP 2020, 168 (174).
866 *Traschler*, ZEuP 2020, 168 (174).
867 Vgl. hierzu auch *Künzle*, sucessio 2015, 39.
868 Zum Persönlichkeitsrecht: Art. 31 ZGB; *Traschler*, ZEuP 2020, 168 (174).

testamentarische Verfügungen (Art. 481 f. ZGB), da mit dem Ausschluss der Vererbbarkeit grundsätzlich vermögensrechtliche Auswirkungen für die Erben verbunden sind.[869]

*(2) Österreich*

Wie die Schweiz geht auch das österreichische Erbrecht von dem Grundsatz der Universalsukzession aus (§ 547 ABGB). Eine Unterscheidung zwischen digitalem und analogem Nachlass kennt das österreichische Erbrecht ebenfalls nicht.[870] Umstritten ist allerdings, ob nach österreichischem Recht ein (lebzeitiger) vertraglicher Ausschluss der Verbbarkeit im Hinblick auf das digitale Vermögen möglich ist. Hierfür spricht eine Entscheidung des Österreichischen Obersten Gerichtshofs (OGH) vom 6. Februar 1992.[871] Der OGH hatte zu einem mietrechtlichen Sachverhalt entschieden, dass ein zwischen dem Erblasser und einem Dritten vereinbartes sog. Vorschlagsrecht (Präsentationsrecht)[872] freivertraglich so ausgestaltet werden kann, dass es dem Erblasser nur persönlich zustehen soll und damit unvererblich ist.[873] Als Argument für die Zulässigkeit einer Unvererbbarkeit des digitalen Nachlasses wird auch der Vergleich zu den gesellschaftsrechtlichen Gestaltungsmöglichkeiten im Hinblick auf die Vererbbarkeit von Gesellschaftsanteilen herangezogen.[874] Dagegen wird angeführt, dass aufgrund der zwingenden Formvorschriften im Erbrecht jedenfalls eine formlose Vereinbarkeit hinsichtlich des Umgangs mit Daten nach dem Ableben des Erblassers nicht möglich sein kann.[875]

---

869 *Künzle*, sucessio 2015, 39 (40).

870 *Traschler*, ZEuP 2020, 168 (175).

871 OGH, Urt. v. 6.2.1992 – 8 Ob 504/92, abzurufen unter https://www.ris.bka.gv.at/Dokument.wxe?Abfrage=Justiz&Dokumentnummer=JJT_19920206_OGH0002_0080OB00504_9200000_000 [zuletzt abgerufen am 21.8.2020].

872 Das Vorschlagsrecht (Präsentationsrecht) ist das einem Mieter vertraglich zugestandene Recht, eine Person als möglichen Nachmieter namhaft zu machen, https://mieterhilfe.at/mietrecht/glossar/v [zuletzt abgerufen am 30.11.2020].

873 OGH, Urt. v. 6.2.1992 – 8 Ob 504/92, abzurufen unter https://www.ris.bka.gv.at/Dokument.wxe?Abfrage=Justiz&Dokumentnummer=JJT_19920206_OGH0002_0080OB00504_9200000_000 [zuletzt abgerufen am 21.8.2020].

874 So *Schauer*, in: Gruber/Kalss/Müller/Schauer, Erbrecht und Unternehmensnachfolge, § 33 Rn. 1 m.w.N.

875 *Zankl/Spruzina*, Der digitale Nachlass – Implikationen für die Gesellschaft und das Notariat, Rn. 12 f.

#### *(3) Bewertung*

Die Methode der Rechtsvergleichung bringt im Hinblick auf die Betrachtung der Rechtslage in Österreich und der Schweiz keinen Mehrwert. Das Erbrechtssystem der vorgenannten Länder gleicht grundlegend dem deutschen Erbrechtssystem. Gesonderte Regelungen zum Umgang mit dem digitalen Nachlass sieht weder die Rechtsordnung in der Schweiz noch die in Österreich vor. Ein einziger Unterschied besteht in der Schweiz im Hinblick auf das Formerfordernis für einen lebzeitig vorgenommenen vertraglichen Ausschluss der Vererbbarkeit bestimmter Daten des Erblassers.

### *(bb) Romanische Rechtsordnungen am Beispiel von Frankreich, Italien und Spanien*

Wie romanische Rechtsordnungen in Europa mit dem digitalen Nachlass umgehen, soll nachfolgend exemplarisch an den Ländern Frankreich (1), Italien (2) und Spanien (3) aufgezeigt werden.

#### *(1) Frankreich*

##### *(a) Systematik des französischen Erbrechts*

Gemäß Art. 724 Abs. 1 Code civil (CV) gilt in Frankreich der Grundsatz der Universalsukzession. Demnach geht auch in Frankreich grundsätzlich das gesamte Nachlassvermögen, einschließlich sämtlicher nachlassbezogenen Verbindlichkeiten, auf die Erben des Erblassers über. Unvererblich und damit der Universalsukzession nicht unterworfen sind lediglich einige mit dem Erblasser eng verbundenen Rechte (sog. *droits patrimoniaux à caractère personell*).[876]

Grundsätzlich gehen mithin auch die digitalen Inhalte des Nachlasses infolge des Grundsatzes der Universalsukzession uneingeschränkt auf die Erben über. Darüber hinaus gibt es in Frankreich keinen postmortalen Datenschutz: Die datenschutzrechtlichen Befugnisse des Erblassers erlöschen grundsätzlich mit dessen Ableben.[877]

---

876 *Lauck*, in: Burandt/Rojahn, Erbrecht, Länderbericht Frankreich, Rn. 16.

877 Vgl. auch *Traschler*, ZEuP 2020, 168 (177).

### *(b) Gesetz Nr. 78-17 vom 6. Januar 1978 über Datenverarbeitung, Dateien und Freiheiten*

#### *(i) Analyse*

Frankreich ist der erste EU-Staat, der im Hinblick auf den digitalen Nachlass gesetzliche Regelungen geschaffen hat. Das „Gesetz Nr. 78-17 vom 6. Januar 1978 über Datenverarbeitung, Dateien und Freiheiten"[878] wurde im Jahr 2016 modifiziert.[879]. Danach können die Erben zum einen nun den Zugriff auf die Daten des Verstorbenen verlangen und Nutzerkonten des Erblassers schließen lassen. Letzteres, jedenfalls soweit sich der Server in Frankreich befindet. Zum anderen ermöglicht das französische Datennutzungsgesetz dem Erblasser zu Lebzeiten festzulegen, wie mit seinen personenbezogenen Daten nach dessen Tod umgegangen werden soll. Der Erblasser hat auch die Möglichkeit, eine Person zu benennen, die seinen lebzeitigen Willen im Hinblick auf den Umgang mit seinen personenbezogenen Daten gegenüber den Providern umsetzt.[880]

Der Erblasser hat zwei Möglichkeiten zur Abfassung seines „digitalen Testaments": Er kann dieses entweder generell auf alle personenbezogenen Daten beziehen und dann bei einer durch die „Commission Nationale de l'informatique et des Libertés" zertifizierten Person hinterlegen. Oder er kann Regelungen nur bezogen auf konkrete Daten treffen. Solche Regelungen sind dann gegenüber dem jeweils verantwortlichen Provider zu treffen.[881]

#### *(ii) Bewertung*

Frankreich hat auf der einen Seite sowohl für die Erben als auch für die Provider eine klare Rechtslage geschaffen, was die Pflicht zur Herausgabe der Daten des Erblassers an die Erben betrifft. Auf der anderen Seite wird dem Erblasser das Recht eingeräumt, zu Lebzeiten selbst darüber zu entscheiden, welche seiner personenbezogenen Daten an die Erben herausgegeben werden dürfen und welche gelöscht werden sollen. Hervorzuheben ist dabei, dass Art. 41 Datennutzungsgesetz explizit lediglich auf personenbezogene Daten anwendbar ist, mithin Daten, an denen der Erblasser überhaupt nur ein Geheimhaltungsinteresse haben kann.

---

878 Loi n° 78-17 du 6 janvier 1978 relative à l'informatique, aux fichiers et aux libertés.

879 Loi n° 78-17 di 6 janvier 1978 relative à l'informatique, aux fichiers et aux libertés (Modifié par Loi n° 2016-1321 du 7 octobre 2016 – Art. 63 Abrogé par Ordonnance n° 2018-1125 du 12 décembre 2018 – Art. 1); nachfolgend: „Datennutzungsgesetz".

880 Art. 41 Abs. 2 Datennutzungsgesetz.

881 Art. 41 Abs. 1 Datennutzungsgesetz; hierzu auch *Traschler*, ZEuP 2020, 168 (177).

Frankreich hat sich dafür entschieden, die Regelungen zum digitalen Nachlass in sein Datenschutzrecht zu integrieren. Mit der Möglichkeit des Erblassers, die Vererbbarkeit personenbezogener Daten durch ein gesondertes „digitales Testament" auszuschließen, geht eine Durchbrechung des Grundsatzes der Universalsukzession einher. Folglich wäre in systematischer Hinsicht einer Verortung der Regelung zum digitalen Nachlass im Code civil der Vorzug zu geben gewesen. Im Ergebnis hat Frankreich indes den Konflikt zwischen dem Interesse an einem durchsetzbaren Anspruch auf Auskunft hinsichtlich des Datenbestandes des Erblassers und einen Zugriff hierauf sowie das Interesse des Erblassers auf Geheimhaltung im Hinblick auf personenbezogene Daten erkannt und gelöst. Einen Schutz von Rechtspositionen Dritter sieht das Datennutzungsgesetz indes nicht vor.

*(2) Italien*

*(a) Systematik des italienischen Erbrechts*

Das italienische Erbrecht (Art. 456 ff. Codice civile (CC)) basiert als romanische Rechtsordnung auf dem französischen Code civil von 1865.[882] Demnach liegt auch dem italienischen Erbrecht der Grundsatz der Universalsukzession zugrunde.[883] Eine Differenzierung zwischen digitalem und analogem Nachlass gibt es auch dort nicht.

Eine Besonderheit – auch gegenüber dem deutschen Recht – besteht in Italien allerdings darin, dass die Erbschaft nicht automatisch mit dem Ableben des Erblassers auf den oder die Erben übergeht (kein Grundsatz des sog. „Vonselbsterwerbs"). Vielmehr bedarf es einer konstitutiven Annahme der Erbschaft durch die Erben (Art. 459 CC).[884] Das Recht zur Annahme der Erbschaft verjährt erst in zehn Jahren (Art. 480 CC).[885]

Eine weitere grundlegende Unterscheidung zum deutschen Recht besteht darin, dass der Erblasser die Möglichkeit hat, einzelne Vermögensgegenstände mit dinglicher Wirkung vermächtnisweise bestimmten Personen zuzuweisen. Das Vermächtnis, welches in Deutschland dem Vermächtnisnehmer lediglich einen schuldrechtlichen Anspruch auf Erfüllung gegenüber den Erben einräumt

---

882 *Frank*, in: Burandt/Rojahn, Erbrecht, Länderbericht Italien, Rn. 50.

883 *Frank*, in: Burandt/Rojahn, Erbrecht, Länderbericht Italien, Rn. 60.

884 Hierzu auch *Frank*, in: Burandt/Rojahn, Erbrecht, Länderbericht Italien, Rn. 57.

885 Allerdings hat das zuständige Nachlassgericht gemäß Art. 481 Cciv die Möglichkeit, den potentiellen Erben eine Frist zur Annahme der Erbschaft zu setzen, womit das Recht zur Annahme vor Ablauf der Zehn-Jahres-Frist früher verloren gehen kann.

(sog. Damnationslegat[886]), ist in Italien als sog. Vindikationslegat[887] ausgestaltet und geht damit – anders als die Erbschaft als solche – mit dem Ableben des Erblassers unmittelbar auf den Vermächtnisnehmer über (Art. 649 CC).[888] Damit ist es nach italienischem Recht grundsätzlich möglich, einzelne Nachlassgegenstände dinglich zuzuweisen.

#### *(b) Novellierung des italienischen Datenschutzgesetzes*[889]

##### *(i) Analyse*

Das Datenschutzrecht in Italien wurde im Jahr 2018 im Rahmen der Umsetzung der DSGVO novelliert.[890] In diesem Zuge hat Italien insbesondere Regelungen zum Umgang mit dem digitalen Nachlass getroffen.

Das Datenschutzgesetz sieht hierzu vor, dass die Rechte des Erblassers im Hinblick auf dessen personenbezogene Daten nach dessen Ableben von Personen ausgeübt werden kann, die entweder ein eigenes Interesse hieran haben, vom Erblasser hierzu beauftragt wurden oder zum Schutz des Verstorbenen aus familiären Gründen tätig werden.[891] Das Gesetz sieht hierzu zwei Ausnahmen vor: *erstens* bei Bestehen eines gesetzlichen Verbots, welches die Ausübung der postmortalen Rechte des Erblassers untersagt;[892] *zweitens* im Falle der Abfassung eines „digitalen Testaments" des Erblassers: Dieser kann die Ausübung seiner postmortalen Datenschutzrechte durch die berechtigte Person gegenüber dem jeweils verantwortlichen Provider schriftlich untersagen.[893] Diese Untersagung muss eindeutig, frei und informiert erfolgen und kann jederzeit widerrufen oder geändert werden.[894] Ferner darf eine Untersagung des Erblassers nicht dazu führen, dass vermögensrechtliche Ansprüche der Erben dadurch beeinträchtigt werden.[895] Das Datenschutzgesetz ist mithin im Hinblick auf den digitalen Nachlass lediglich auf personenbezogene Daten anwendbar.

---

886 Vgl. *Schmidt*, in: Dutta/Weber, Internationales Erbrecht, Art. 31 EuErbVO Rn. 13.
887 Hierzu *Grziwotz*, in: MüKo, FamFG, § 352c Rn. 41.
888 Hierzu ausführlich *Schömmer/Reiß*, in: Schömmer/Reiß, Internationales Erbrecht Italien, Rn. 64 f.
889 Nuovo Codice Privacy 2018 (D.lgs 196/2003 coordinato con il D.lgs 101/2018) (nachfolgend: „Datenschutzgesetz").
890 Hierzu *Traschler*, ZEuP 2020, 168 (176).
891 Art. 2-terdecies Abs. 1 Datenschutzgesetz.
892 Art. 2-terdecies Abs. 2 Datenschutzgesetz.
893 Art. 2-terdecies Abs. 2 Datenschutzgesetz.
894 Art. 2-terdecies Abs. 3, 4 Datenschutzgesetz.
895 Art. 2-terdecies Abs. 5 Datenschutzgesetz.

### *(ii) Bewertung*

Italien hat – soweit ersichtlich – im Rahmen der Novellierung des Datenschutzrechts lediglich geregelt, dass auch nach dem Ableben des Erblassers dessen ihm lebzeitig zustehenden Datenschutzrechte noch weiter geltend gemacht werden können. Das Datenschutzrecht endet damit nicht – wie in Deutschland – mit dem Ableben des Erblassers. Damit wird indes nicht verhindert, dass personenbezogene Daten vor dem Hintergrund des Grundsatzes der Universalsukzession zunächst vollumfänglich auf die Erben übergehen.

Allerdings kann es der Erblasser aufgrund der in Italien bestehenden Möglichkeit der Anordnung von Vindikationsvermächtnissen erreichen, dass seine personenbezogenen Daten auf eine von den Erben gesonderte Person übergehen. Dies bietet dem Erblasser zwar keinen umfassenden postmortalen Datenschutz, doch hat er es so immerhin in der Hand, bestimmten Personen den Einblick in höchstpersönliche/intime Daten zu verwehren.

### *(3) Spanien*

### *(a) Systematik des spanischen Erbrechts*

Auch das spanische Recht kennt den Grundsatz der Universalsukzession (Art. 657, 661 Codigo Civil (CC)), sodass auch Spanien nicht zwischen digitalen und analogen Inhalten eines Nachlasses differenziert. Ferner ist in Spanien – wie auch in Italien – eine explizite Erbannahmeerklärung erforderlich.[896] Vermächtnisse führen – anders als in Italien – grundsätzlich nur zu einem schuldrechtlichen Anspruch des Vermächtnisnehmers gegen den Erben (Art. 660, 881 CC). Sofern jedoch das Vermächtnis an einer bestimmten Sache besteht, geht das Eigentum hieran ausnahmsweise unmittelbar mit dem Tod des Erblassers auf den Vermächtnisnehmer über.[897] Mithin kennt Spanien diesbezüglich ebenfalls das Vindikationslegat.

### *(b) Novellierung des spanischen Datenschutzgesetzes*[898]

### *(i) Analyse*

Das in Spanien im Rahmen der Umsetzung der DSGVO neu erlassene Datenschutzgesetz enthält explizit Regelungen zum digitalen Nachlass. Der

---

896 *Franke*, in: Burandt/Rojahn, Erbrecht, Länderbericht Spanien, Rn. 57.

897 *Franke*, in: Burandt/Rojahn, Erbrecht, Länderbericht Spanien, Rn. 57.

898 Real Decreto-ley de medidas urgentes para la adaptación del Derecho español a la normativa de la Unión Europea en materia de protección de datos (nachfolgend: „Datenschutzgesetz Spanien").

Erblasser hat demnach die Möglichkeit, im Rahmen eines „digitalen Testaments“ zu bestimmen, was mit seinen personenbezogenen Daten nach seinem Ableben passieren soll (Art. 3 Datenschutzgesetz Spanien). Der Erblasser kann in diesem Zusammenhang eine Person oder Institution zur Durchsetzung seiner postmortalen Datenschutzrechte benennen.[899] In diesem Zusammenhang ist es dem Erblasser auch möglich, eine ausdrückliche Löschungsanordnung zu treffen.[900] Fehlt es an einer wirksamen Benennung durch den Erblasser, so sind die Erben oder die mit dem Erblasser verbundenen Personen (weiter Personenkreis) bestimmt.[901] Der Erblasser kann ausdrücklich anordnen, dass seine personenbezogenen Daten beim jeweiligen Provider verbleiben und mithin dem Zugriff seiner Erben entzogen sind.[902]

*(ii) Bewertung*

Spanien hat, ähnlich wie auch Italien, dem Erblasser das Recht eingeräumt, lebzeitig Bestimmungen hinsichtlich des Schicksals seiner personenbezogenen Daten zu treffen. Auch wenn dies aus den Regelungen des spanischen Datenschutzrechts nicht unmittelbar deutlich wird: Der Erblasser hat die Möglichkeit, durch entsprechende Regelungen seine personenbezogenen Daten als nicht vererblich auszugestalten, womit eine Durchbrechung des auch in Spanien geltenden Grundsatzes der Universalsukzession einhergeht. Dies wird aus der Systematik des Art. 3 Abs. 1 des spanischen Datenschutzgesetzes deutlich, nach dem die Anweisungen des Erblassers im Hinblick auf dessen personenbezogene Daten nicht das Recht der Erben auf Zugang zu den Daten vermögensrechtlicher Art des Erblassers berühren.

*b) USA*

*(aa) Systematik des US-amerikanischen Erbrechts*

Eine erste Besonderheit mit Blick auf die USA besteht vorliegend bereits darin, dass das Erbrecht als Materie des Zivilrechts in die Kompetenz der einzelnen Bundesstaaten fällt (sog. Mehrstaatenrecht).[903] Das Erbrecht ist mithin einzelstaatlich geregelt, hauptsächlich durch Gesetzesrecht, welches teilweise durch

899 Art. 3 Abs. 2 Datenschutzgesetz Spanien); *Traschler*, ZEuP 2020, 168 (177).
900 Art. 3 Abs. 2 Datenschutzgesetz Spanien).
901 Art. 3 Abs. 1 Datenschutzgesetz Spanien); *Traschler*, ZEuP 2020, 168 (177).
902 *Traschler*, ZEuP 2020, 168 (177).
903 *Hay*, US-Amerikanisches Recht, Rn. 531.

Fallrecht (sog. „Caselaw") ergänzt wird.[904] Dies hat ein nicht unerhebliches Auseinanderfallen erbrechtlicher Regelungen innerhalb der USA zur Folge.[905] Eine gewisse Vereinheitlichung wurde durch den *Uniform Probate Code* (UPC) bewirkt, ein Modellgesetz aus dem Jahr 1969, das seitdem mehrfach überarbeitet worden ist, zuletzt im Jahre 2010.[906] Darin wird das materielle Erbrecht im Wesentlichen in Article II und das Nachlassverfahrensrecht im Wesentlichen in Article III und IV geregelt. Allerdings ist der UPC bislang nicht von allen Staaten umgesetzt worden. Regelungen zum Erbrecht der Einzelstaaten finden sich in deren jeweiligen *Probate Codes.*[907]

Anders als das deutsche Recht kennt das US-amerikanische Recht keine Universalsukzession.[908] Vielmehr besteht der Nachlass eines Erblassers nach dessen Ableben zunächst als gesonderte Vermögensmasse – einschließlich sämtlicher nachlassbezogenen Verbindlichkeiten – fort und geht nicht unmittelbar auf die Erben über.[909] Im Rahmen eines sog. *Probate-Verfahrens*[910] wird der Nachlass von einem Nachlassverwalter (*executor*) verwaltet.[911] Das Nachlassverfahren dauert so lange an, bis sämtliche Verbindlichkeiten ermittelt und beglichen sind, alle Erben ermittelt und das reine Nachlassvermögen, ggf. basierend auf einer eindeutigen Bestimmung des Erben, auf sie übertragen werden kann.[912] Der Erblasser kann im Rahmen seines Testaments mithin einzelne Vermögensgegenstände einzelnen Erben konkret und mit verbindlicher Wirkung zuordnen, vergleichbar mit einem Vermächtnis nach deutschem Recht. Eine weitere Besonderheit des US-amerikanischen Erbrechts besteht darin, dass der Nachlass nicht zwangsläufig eine Einheit sein muss: Der Erblasser kann auch nur Regelungen

---

904 *Solomon*, in: Schlitt/Müller, Handbuch Pflichtteilsrecht, § 15 Rn. 1028.

905 *Traschler*, ZEuP 2020, 168 (178); vgl. hierzu den 10. Zusatzartikel zur Verfassung der Vereinigten Staaten von Amerika: „*The powers not delegated to the United States by the Constitution, nor prohibited by it to the States, are reserved to the States respectively, or to the people*"; hierzu auch *Frank*, in: Burandt/Rojahn, Erbrecht, Länderbericht USA, Rn. 1.

906 *Solomon*, in: Schlitt/Müller, Handbuch Pflichtteilsrecht, § 15 Rn. 1028; hierzu auch *Rieck*, NZFam 2017, 448 (450 f.) und *Hay*, US-Amerikanisches Recht, Rn. 531.

907 Bspw. für New York: Estates, Powers and Trusts Law (EPTL).

908 *Hay*, US-Amerikanisches Recht, Rn. 532.

909 *Rieck*, NZFam 2017, 448 (450 f.).

910 Hierzu ausführlich *Hay*, US-Amerikanisches Recht, Rn. 549 f.

911 *Rieck*, NZFam 2017, 448 (450 f.).

912 *Rieck*, NZFam 2017, 448 (450 f.).

hinsichtlich eines Teils des Nachlasses treffen und den übrigen Teil den gesetzlichen Regelungen unterwerfen.[913]

### *(bb) Revised Uniform Fiduciary Access to Digital Assets Act (RUFADAA)*

#### *(1) Analyse*

Mit dem „Revised Uniform Fiduciary Access to Digital Assets Act" (RUFADAA)[914] hat die Uniform Law Commission im Jahr 2015 versucht, ein harmonisiertes Regelwerk zum Umgang mit digitalen Inhalten eines Nachlasses umzusetzen.[915] Maßgeblicher Sinn und Zweck von RUFADAA war es, den Umgang mit digitalen Inhalten eines Nachlasses normativ zu verankern und sowohl den Erben die Herausgabe digitaler Inhalte eines Nachlasses zu ermöglichen als auch dem Erblasser das Recht auf Privat- und Intimsphäre zu gewähren.[916] Bislang haben 48 der 51 US-amerikanischen Bundesstaaten den RUFADAA in die bundesstaatliche Gesetzgebung überführt.[917]

#### *(a) Ratio legis des RUFADAA*

Ratio legis des RUFADAA ist es, den Erben die rechtliche Befugnis einzuräumen, geerbte digitale Vermögenswerte und elektronische Kommunikation weitgehend wie deren analoge Gegenstücke zu verwalten.[918] Um dies zu erreichen, bringt der RUFADAA das Interesse von Erben auf Zugang zu geerbten Vertragsverhältnissen des Erblassers zu Providern und dessen Geheimhaltungsinteresse in Einklang.[919]

---

913 *Hay*, US-Amerikanisches Recht, Rn. 532.

914 Vgl. https://www.uniformlaws.org/committees/community-home?CommunityKey=f7237fc4-74c2-4728-81c6-b39a91ecdf22 [zuletzt abgerufen am 21.4.2020]; hierzu *Gössl*, ZfPW 2021, 105 (112).

915 *Außner*, ErbR 2020, 598 (602); *Walker*, Trust and Estate Law Journal 2017, 51-78.

916 Vgl. ULC, RUFADAA Final Act – Prefatory Note, 1; *Traschler*, ZEuP 2020,168,178.

917 Vgl. Everplans, State-by-State Digital Estate Planning Laws, https://www.everplans.com/articles/state-by-state-digital-estate-planning-laws [zuletzt abgerufen am 22.4.2020]; *Außner*, ErbR 2020, 598 (602).

918 *Außner*, ErbR 2020, 598 (602).

919 Vgl. *Außner*, ErbR 2020, 598 (602).

### *(b) Persönlicher Schutzbereich*

Der persönliche Anwendungsbereich des RUFADAA ist Section 3 des Gesetzes zu entnehmen, wonach dieses für den *personal representative* (of the estate) gilt. Darüber hinaus ist in Section 3 (c) klargestellt, dass der RUFADAA nicht auf digitale Vermögenswerte eines Arbeitgebers anwendbar ist, die im Zuge des gewöhnlichen Tätigkeitsverlaufes vom Arbeitnehmer in Anspruch genommen werden.[920] Dies kann in gewissen Konstellationen problematisch werden: Sobald der Arbeitnehmer private Daten auf die vom Arbeitgeber bereitgestellte Hardware herunterlädt, werden diese automatisch vom Anwendungsbereich des RUFADAA ausgenommen, was in manchen Fällen zu widersprüchlichen und umstrittenen Lösungen führen kann.[921]

### *(c) Sachlicher Schutzbereich*

Vom sachlichen Schutzbereich des RUFADAA werden nur digitale Vermögenswerte (sog. *digital assets*) erfasst. Laut Legaldefinition[922] handelt es sich bei diesen um elektronische Aufzeichnungen, an denen eine Person Rechte oder Ansprüche besitzt.[923] Explizit werden hiervon die diesen Aufzeichnungen zugrundeliegenden Vermögenswerte oder schuldrechtlichen Aspekte ausgenommen, es sei denn, bei diesen handelt es sich ebenso um Vermögenswerte oder schuldrechtlich relevante Positionen. Nach dem RUFADAA umfassen die *digital assets* im Einzelnen Daten, die auf dem Computer oder anderen digitalen Speicherträgern gespeichert sind, Uploads von Daten auf Websites und andere Rechte an digitalem Eigentum.[924] Damit werden sowohl die Daten auf den individuellen Devices in sachlicher Hinsicht von dem Anwendungsbereich des RUFADAA erfasst wie auch E-Mail-Accounts, alle Formen elektronischer Kommunikation, Blogs, Accounts in den sozialen Medien und Onlineshops, gespeicherte Daten in Clouds, Kryptowährungen und private Daten, wie Kalender, Sprachaufnahmen und Textnachrichten, wodurch ein umfassender Schutz aller Daten gewährleistet ist, auf die eine Person mittels eines Computers, Tablets, Smartphones oder

---

920 Vgl. *National Conference of Commissioners on Uniform State Law*, Revised Uniform Fiduciary Access to Digital Assets Act, 8.3.2016, https://www.uniformlaws.org/HigherLogic/System/DownloadDocumentFile.ashx?DocumentFileKey=112ab648-b257-97f2-48c2-61fe109a0b33&forceDialog=0, S. 9 f. [zuletzt abgerufen am 21.8.2020].

921 Vgl. *Ploss*, Estate Planning for Digital Assets.

922 Vgl. § 36F-2 (10) RUFADAA.

923 *Außner*, ErbR 2020, 598 (602).

924 *Ploss*, Estate Planning for Digital Asset.

E-Readers zugreifen kann.[925] Der RUFADAA ist mithin – anders als die Regelungen zum digitalen Nachlass in europäischen Rechtsordnungen – nicht nur auf personenbezogene Daten anwendbar.

### *(d) Maßgeblicher Regelungsinhalt des RUFADAA*

Entscheidende Bedeutung kommt Section 4 des RUFADAA „*Disclosure of content of electronic communications of deceased user*" zu: Diese regelt, wie der *personal representative* des Nachlasses Auskünfte über das Vorhandensein digitaler Vermögenswerte des verstorbenen Nutzers und potentielle Verwaltungsrechte an diesen erlangen und die Herausgabe einzelner Inhalte verlangen kann. Der sog. *custodian* – dies ist in der Regel der Betreiber einer elektronischen Plattform – ist zur Herausgabe der digitalen Bestände in Bezug auf Kommunikationsdaten des Erblassers an den *personal representative (of the estate)* indes nur eingeschränkt verpflichtet.[926] Ein Recht auf Zugang zu Accounts eines verstorbenen Nutzers sieht der RUFADAA nicht vor.[927] Voraussetzung hierfür ist, dass der Erblasser lebzeitig seine ausdrückliche Zustimmung hierzu erklärt hat.[928] Dies kann der Erblasser im Rahmen eines Testaments, einer Vollmacht oder mithilfe eines von den einzelnen Providern hierfür bereitgestellten Onlinetools[929] tun.[930] Entscheidend ist mithin, dass nach dem RUFADAA digitale Inhalte eines Nachlasses grundsätzlich nicht vererblich und mithin dem Zugriffsrecht des Nachlassverwalters sowie der Erben entzogen sind.[931] Der Erblasser muss folglich aktiv bestimmen, dass er mit einem Zugriffsrecht des Nachlassverwalters oder seiner Erben auf seine Daten einverstanden ist und, wenn ja, welche Daten herausgegeben werden dürfen und welche nicht.

Darüber hinaus sieht der RUFADAA Regelungen zu den *terms and conditions* von Onlineprovidern vor. Obwohl die meisten Nutzer ob der komplexen und für einen juristischen Laien oftmals kaum nachvollziehbaren Ausgestaltung der Nutzungsbedingungen diese einfach bejahen, um in den Genuss der

925 Vgl. *Ploss*, Estate Planning for Digital Assets.

926 *Traschler*, ZEuP 2020, 168 (179).

927 So auch *Außner*, ErbR 2020, 598 (502).

928 *Traschler*, ZEuP 2020, 168 (179).

929 Vgl. hierzu Sec. 2 RUFADAA: Ein Onlinetool ist ein elektronischer Service eines *custodian*, der es dem Nutzer ermöglicht, eine Vereinbarung zu treffen, die von den *terms of service* zwischen dem *custodian* und dem Nutzer hinsichtlich der Weitergabe von *digital assets* an Dritte abweicht; hierzu auch *Außner*, ErbR 2020, 598 (602).

930 *Außner*, ErbR 2020, 598 (602); *Traschler*, ZEuP 2020, 168 (179).

931 *Traschler*, ZEuP 2020, 168 (179).

Nutzung des jeweiligen Service kommen zu können, übersehen sie oftmals, dass diese in den meisten Fällen bereits eine Reihe standardisierter Regelungen für den Zugriff auf die digitalen Vermögenswerte des Nutzers nach seinem Ableben enthalten.[932] Diese statuieren im US-amerikanischen Raum in den meisten Fällen ein Verbot der Herausgabe der digitalen Daten des verstorbenen Nutzers an dritte Parteien, so dass dieser eine aktive Handlung vornehmen muss, um eine etwaige Übertragung seiner Dateien an seine Erben zu garantieren.[933] Der RUFADAA schränkt die Anwendbarkeit der jeweiligen *terms and conditions* deutlich ein, wenn ein Testament bzw. eine dauerhafte Vollmacht oder ein Gerichtsbeschluss vorliegen, die ausdrücklich die Befugnis zum Zugriff auf das digitale Vermögen einräumen.[934]

*(2) Bewertung*

Die in den USA im Zusammenhang mit dem digitalen Nachlass geschaffene Rechtslage stellt das Gegenteil der deutschen Rechtslage dar, indem im Hinblick auf digitale Bestandteile des Nachlasses eine – nach deutschem Recht systemwidrige –Durchbrechung des Grundsatzes der Universalsukzession vorgenommen wird:[935] So kann ein Erblasser in den USA lebzeitig frei darüber bestimmen, ob gewisse digitale Inhalte seines Nachlasses von diesem ausgenommen sind und damit seinen Erben diesbezüglich weder ein Auskunfts- noch ein Zugriffsrecht zusteht. Dies ist dem US-amerikanischem Erbrechtssystem nicht fremd, da dieses ohnehin keine umfassende Universalsukzession kennt, womit der Erblasser im Hinblick auf die Gestaltung seines Nachlasses zu Lebzeiten und dessen Verteilung im Einzelnen relativ frei ist. In diesem Zusammenhang wird in den USA nach dem RUFADAA der digitale Nachlass von dem analogen Nachlass gänzlich getrennt.

Obwohl auf den ersten Blick das Recht des Verstorbenen auf die Privatheit seiner Daten nach seinem Ableben durch den RUFADAA gewahrt wird, gibt es auch Stimmen, die das vollständige Ignorieren der Datenschutzrechte Dritter kritisieren, was einen Provider oftmals in eine rechtliche Grauzone drängt, in der dieser sich unter gewissen Umständen durch den Zugriff oder die Offenlegung der digitalen Vermögenswerte strafbar machen kann und dessen Nutzungsbedingungen mittels zahlreicher Rechtsinstrumente ausgehebelt werden können.[936]

---

932 Vgl. *Ploss*, Estate Planning for Digital Assets.
933 Vgl. *Ploss*, Estate Planning for Digital Assets.
934 Vgl. *Ploss*, Estate Planning for Digital Assets.
935 So auch *Aufsner*, ErbR 2020, 598 (603).
936 Vgl. *Goltermann*, RUFADAA.

RUFADAA berücksichtigt mithin im Wesentlichen die Interessen des Erblassers an dem Schutz seiner Persönlichkeits- und Intimsphäre sowie das Interesse der Erben, möglichst zeitnah und umfassend Auskunft über den Datenbestand des Nachlasses sowie den Zugriff hierauf zu erlangen. Völlig unberücksichtigt bleiben hierbei die Interessen Dritter an dem Schutz ihrer – möglicherweise höchstpersönlichen und intimen – Daten. In diesem Zusammenhang sind diese letztlich – und dies ist der deutschen Rechtslage gemein – auf die im Einzelfall geltend zu machenden zivilrechtlichen Abwehransprüche angewiesen.[937]

Der RUFADAA stellt in einer Zusammenschau betrachtet auf der einen Seite einen sehr klaren Umgang mit dem digitalen Nachlass dar. Die vollständige Erfassung der privaten Kommunikation und Inhalte auf sämtlichen Geräten schützt das Privatleben des Verstorbenen nachhaltig und erlaubt es – soweit die Gerichte die Interessenprüfung im Falle eines Rechtsstreits streng ansetzen – seine persönliche digitale Nachlassenschaft vor dem Zugriff der Erben erfolgreich zu schützen. Ferner schafft der RUFADAA eine klare Rechtslage im Hinblick auf das Verhältnis der Erben zu dem jeweiligen Provider, auf dessen Server die Daten des Erblassers gespeichert sind. Damit wurde in den USA das Spannungsfeld zwischen dem Interesse der Erben und dem Interesse des Erblassers an dem (postmortalen) Schutz seiner Daten erkannt und konsequent gelöst.

Auf der anderen Seite sind von dem RUFADAA nicht nur personenbezogene, sondern auch vermögenswerte Daten des Erblassers erfasst. Trifft der Erblasser hinsichtlich seines digitalen Nachlasses keine expliziten Regelungen, so gehen diese nicht auf seine Erben über, womit möglicherweise erhebliche Vermögenswerte verloren gehen. Regeln Personen in den USA ihren digitalen Nachlass nicht ausdrücklich, so führt dies zu der Entstehung eines immensen „Datenfriedhofes", da die Daten in diesem Fall auf den Servern der Provider verbleiben.[938]

Schließlich führt das in den USA bestehende „Mehrstaatenrecht" in den Staaten, in welchen der RUFADAA bislang nicht umgesetzt wurde, zu einem divergierenden Umgang mit dem digitalen Nachlass. Dies zeigt eine jüngst ergangene Entscheidung des Obersten Gerichtshofes des US-Bundesstaates Massachusetts (*Ajemian v. Yahoo!*):[939] Das Gericht hat den Erben des verstorbenen Erblassers,

---

937 Zu Ansprüchen aus unerlaubten Handlungen (sog. *tort cases*) instruktiv *Hay*, US-Amerikanisches Recht, Rn. 352 f.

938 Kritisch hierzu auch *Traschler*, ZEuP 2020, 168 (183). Der vor dem Erlass des RUFADAA geltende UFADAA sah noch vor, dass die Erben ein Recht auf Zugang zu allen digitalen Vermögenswerten des Erblassers haben.

939 *Ajemian v. Yahoo!, Inc.*, 84 N.E.3 d 766 (Mass.2017), cert. denied, No. 17-1005, 2018 WL 489291 (U.S. Mar. 26, 2018).

welcher kein Testament hinterlassen hatte, den vollumfassenden Zugriff auf das Benutzerkonto des Erblassers bei Yahoo zugesprochen und entschieden, dass die Erben zum einen rechtlich an die Stelle des Erblassers treten und ihnen damit die gleichen Rechte zustehen wie dem Erblasser zu Lebzeiten, und ferner die AGB von Yahoo, welche einem Zugriffsrecht der Erben auf die Daten des Erblassers widersprachen, als unwirksam verworfen.[940] Das vorgenannte Urteil zeigt damit Parallelen zu dem Urteil des BGH vom 12. Juli 2018 auf und steht den Regelungen des RUFADAA diametral entgegen.

### *c) Kanada*

#### *(aa) Systematik des kanadischen Erbrechts*

Wie auch in den USA ist das Erbrecht in Kanada nicht bundeseinheitlich geregelt.[941] Ebenfalls geht auch in Kanada der Nachlass nicht automatisch mit dem Tod des Erblassers auf die Erben, sondern zunächst auf einen Testamentsvollstrecker oder Nachlassverwalter (*estate trustee* oder *executor*) über.[942] Auch das Nachlassverfahren ist mithin an das US-amerikanische Recht angelehnt. Demnach kennt auch Kanada keine Universalsukzession.

#### *(bb) Uniform Access to Digital Assets by Fiduciaries Act (UADAFA)*[943]

##### *(1) Analyse*

Das kanadische Modell der Regelung des digitalen Nachlasses in Form des im August 2016 erlassenen *Uniform Access to Digital Assets by Fiduciaries Act* (UADAFA) orientiert sich in vielen Aspekten an dem US-amerikanischen Regelungsmechanismus.[944]

Der persönliche Anwendungsbereich des kanadischen UADAFA bezieht sich auf den *account holder*, eine verstorbene Person, die zu Lebzeiten eine entsprechende Vereinbarung zum Umgang mit dem digitalen Nachlass mit einem Anbieter abgeschlossen hat.[945]

---

940 Hierzu ausführlich *Traschler*, ZEuP 2020, 168 (181 f.).

941 *Sonnentag*, Das kanadische Erbrecht (http://www.kanadischesrecht.de/fachartikel/kanadisches-erbrecht/).

942 *Sonnentag*, Das kanadische Erbrecht (http://www.kanadischesrecht.de/fachartikel/kanadisches-erbrecht/).

943 https://www.ulcc.ca/images/stories/2016_pdf_en/2016ulcc0006.pdf.

944 Vgl. *Esterbauer*, Comparing Canadian and American Digital Asset Legislation.

945 Vgl. Section 1 (1) UADAFA.

Unter den sachlichen Anwendungsbereich des UADAFA fallen alle *digital assets*, unter welche sämtliche Arten von elektronisch, magnetisch oder optisch gespeicherten Daten zu subsumieren sind, wobei auch alle auf Geräten gespeicherten Daten sowie alle Uploads auf Websites ebenso miteingeschlossen werden. Bemerkenswert ist, dass nicht nur aktuelle Technologien und Speichermöglichkeiten dem Anwendungsbereich des Gesetzes unterstehen, sondern auch alle neuen Arten von Aufzeichnungen und Technologien, die in Zukunft noch erfunden werden könnten.[946] UADAFA hat mithin einen offenen Tatbestand. Keine Anwendung findet der UADAFA – wie auch sein US-amerikanischer Bruder RUFADAA – auf die digitalen Vermögenswerte von Arbeitgebern, die von den Verstorbenen als Arbeitnehmer während ihrer gewöhnlichen Tätigkeit im Rahmen des Betriebs verwendet worden sind, sowie auf das interne E-Mail-System am Arbeitsplatz.[947]

Den wichtigsten Abschnitt des UADAFA bildet Section 3, in welchem geregelt ist, dass der *trustee* des Nutzers das Recht besitzt, auf das digitale Vermögen des Nutzers zuzugreifen.[948] Dabei wird im Gegensatz zum RUFADAA in diesem Abschnitt nicht nach verschiedenen Arten von Treuhändern unterschieden, sondern werden Erben, Vormunde, gesetzliche Vertreter und Rechtsvertreter[949] gleichbehandelt. Diese standardisierte Haltung des Gesetzes kann nur durch eine Vollmacht, ein Testament oder durch gerichtliche Anordnung abgeändert werden.[950] Ein etwaiger Nutzungsvertrag zwischen dem Nutzer und dem Anbieter, der den treuhänderischen Zugang einschränkt, ist grundsätzlich ungültig.[951]

### *(2) Bewertung*

In einer Gesamtschau der kanadischen Regelung des digitalen Nachlasses ist deutlich zu erkennen, dass in diesem Fall der Gesetzgeber einen Weg eingeschlagen hat, der den digitalen Nachlass dem analogen Nachlass gleichsetzt.[952] In rechtsvergleichender Betrachtung geht die gesetzgeberische Initiative Kanadas mit der Stoßrichtung der bereits ausführlich besprochenen Entscheidung des BGH vom 12. Juli 2018 einher, die ebenfalls auf eine Gleichbehandlung

946 Vgl. Section 1 (1) UADAFA.
947 Vgl. Section 2 (2) UADAFA.
948 Vgl. Section 3 (1) UADAFA.
949 Eine Unterscheidung ist in Section 1 (1) UADAFA angeführt.
950 Vgl. Section 3 (2) UADAFA.
951 Vgl, Section 5 (2) UADAFA.
952 Vgl. *Woodmen*, Fiduciary Access to Digital Assets, S. 213.

des digitalen und analogen Nachlasses hinausläuft. Indes sieht der UADAFA – anders als RUFADAA – keinerlei Regelungen zum postmortalen Datenschutz des Erblassers vor.

### 3. Zusammenfassender Vergleich der einzelnen hier untersuchten Rechtsordnungen

#### *a) Deutschsprachiger Raum*

Nach dem Urteil des BGH vom 12. Juli 2018 ist für Deutschland im Grundsatz geklärt, dass die Erben als Rechtsnachfolger des Erblassers ein Zugriffsrecht auf die Daten des Erblassers haben, gleich ob es sich dabei um vermögenswerte oder personenbezogene Daten handelt. Eine Ausnahme besteht nur dann, wenn der Erblasser zu Lebzeiten eine anderweitige, individualvertragliche Vereinbarung mit dem jeweiligen Provider getroffen hat (eine Möglichkeit, die derzeit seitens der Provider überwiegend nicht besteht[953]).

Einen postmortalen Datenschutz für den Erblasser im Hinblick auf dessen personenbezogene Daten sieht das deutsche Recht nicht vor: Das nationale Datenschutzrecht ist nur zu Lebzeiten einer Person anwendbar, sodass die sich aus dem nationalen Datenschutz ergebenden Rechte mit dem Tod untergehen.[954] Das verfassungsrechtlich aus Art. 1 Abs. 1 GG abgeleitete postmortale Persönlichkeitsrecht verhindert nicht den Übergang von personenbezogenen Daten auf die Erben des Erblassers, sodass damit kein postmortaler Datenschutz einhergeht.[955] Schließlich lässt sich ein postmortaler Datenschutz auch nicht aus dem Recht auf informationelle Selbstbestimmung herleiten.[956]

Der nationale Gesetzgeber sieht derzeit keine Notwendigkeit einer expliziten Regelung des digitalen Nachlasses, da nach seiner Auffassung dem Erblasser „*hinreichende rechtliche Mittel zur Verfügung* [stehen], *um auch differenzierte Regelungen zur Übertragung (Löschung) von Datenbeständen (E-Mails etc.) anzuordnen, und zwar sowohl durch lebzeitige Regelungen als auch durch entsprechende Regelungen von Todes wegen.*“[957]

---

953 Hierzu oben, unter C.II.5.b).(aa); vgl. auch *Brisch/Müller-ter Jung*, CR 2013, 446 (447); *Gloser*, MittbayNot 2016, 12 (14); *Herzog/Pruns*, Der digitale Nachlass, S. 157.

954 Hierzu oben, unter C.II.4.f).(bb).(1).

955 Hierzu oben, unter C.II.2.c); vgl. auch *Ludyga*, ZEV 2018, 1 (5).

956 Hierzu oben, unter C.II.2.b).(ee).

957 *Arbeitsgruppe „Digitaler Neustart“ der Konferenz der Justizministerinnen und Justizminister der Länder*, Bericht v. 15.5.2017, S. 406; hierzu auch *Sorge*, MMR 2018, 372 (373).

Ebenso verhält es sich in der Schweiz und in Österreich, deren Rechtsordnungen ebenfalls keine gesonderten Regelungen zu digitalem Nachlass vorsehen. Soweit ersichtlich, ist derzeit eine Implementierung von Regelungen zum digitalen Nachlass nicht geplant.

### *b) Romanische Rechtsordnungen*

In Italien, Spanien und Frankreich wurde die Umsetzung der DSGVO zum Anlass genommen, um Regelungen für den digitalen Nachlass zu etablieren. Italien und Spanien sehen nunmehr vor, dass die Datenschutzrechte einer Person mit deren Tod nicht enden, sondern von bestimmten Personen, die der Erblasser entweder selbst bestimmen kann, oder dessen Erben und Familienangehörigen gegenüber den Providern ausgeübt werden können. Der Erblasser hat in diesem Zusammenhang die Möglichkeit, konkrete Anordnungen zum Schicksal seiner personenbezogenen Daten zu treffen. In Frankreich enden die Datenschutzrechte einer Person – wie grundsätzlich auch in Deutschland – mit dem Ableben einer Person, soweit der Erblasser hierzu nicht ausdrücklich etwas anderes testamentarisch geregelt hat.

### *c) USA & Kanada*

Konträr zu den europäischen Regelungen zum digitalen Nachlass ist die Rechtslage in den USA: Der RUFADAA sieht vor, dass Daten des Erblassers grundsätzlich nicht vererblich sind, sondern nach dessen Tod auf den Servern der einzelnen Provider verbleiben, soweit der Erblasser nicht explizit etwas anderes bestimmt hat.

Kanada geht, anders als die USA, von einer grundsätzlichen Vererbbarkeit digitaler Inhalte eines Nachlasses aus, hat dem Erblasser mit dem UADAFA aber die Möglichkeit eingeräumt, lebzeitig zu regeln, was mit seinen personenbezogenen Daten nach dem Tod passieren soll.

## II. Leitlinien für eine gesetzliche Regelung des digitalen Nachlasses auf nationaler Ebene

Wie man den Rechtsordnungen der vorstehend aufgezeigten Länder entnehmen kann, werden die Fragen des digitalen Nachlasses im Rahmen von einfachgesetzlichen Regelungen geregelt, die in keinem direkten Zusammenhang mit dem Erbrecht stehen. Insbesondere in europäischen Staaten hat man sich dafür entschieden, Regelungen zum digitalen Nachlass in das Datenschutzrecht zu integrieren.

In Deutschland hingegen müssen bei der gesetzlichen Verankerung eines postmortalen Datenschutzrechts der Aufbau der Rechtsordnung als Ganzes und seine Systematik berücksichtigt werden, um das mit der vorliegenden Abhandlung herausgearbeitete Recht auf postmortalen Schutz seiner persönlichen Daten harmonisch zu verankern.

Nachfolgend wird nach alledem zunächst das Ziel einer gesetzgeberischen Implementierung von Regelungen zum digitalen Nachlass definiert (1). Sodann wird untersucht, an welcher Stelle Regelungen zum digitalen Nachlass sinnvoll und in welcher Gestalt aufgenommen werden können (2).

## 1. Ziel einer Kodifizierung des digitalen Nachlasses auf einfachgesetzlicher Ebene

Primäres Ziel der Regelungen zum digitalen Nachlass auf einfachgesetzlicher Ebene muss es sein, dem Bürger zu Lebzeiten die Möglichkeit einzuräumen, frei darüber zu entscheiden, ob dessen personenbezogene Daten einem Zugriffsrecht seiner Erben ausgesetzt sind oder nicht.

Dies allein greift indes zu kurz. Sind personenbezogene Daten, aufgrund einer entsprechenden Entscheidung des Erblassers, nicht Teil des Nachlasses, so stellt sich die Frage nach ihrem postmortalen Schicksal weiterhin, denn sie befinden sich dann auf den Servern der jeweiligen Provider und können keiner Person mehr zugeordnet werden. In diesem Fall können auch die Erben eine Löschung dieser Daten nicht mehr herbeiführen, da diese ihrem Zugriffsbereich entzogen sind. Aufgrund der Tatsache, dass Daten Verstorbener weder nach der DSGVO noch nach dem BDSG geschützt sind, wären diese Daten grundsätzlich einer freien Verwertung durch die Provider zugänglich und auch vor staatlichen Eingriffen nicht mehr geschützt. Zwar wären die Provider aufgrund des Gebots der Zweckbindung[958] dazu verpflichtet, entsprechende Daten zu löschen, da die Bereitstellung der entsprechenden Telekommunikationsleistung – jedenfalls bezogen auf die personenbezogenen Daten – nicht mehr erforderlich ist (Art. 5 Abs. 1 lit. b) DSGVO). Dies gebietet auch der Grundsatz der Datenminimierung (Art. 5 Abs. 1 lit. c) DSGVO). Allerdings stellt sich in diesem Zusammenhang die Frage, wer diese Löschung am Ende durchsetzt: Es ist zweifelhaft, ob die Datenaufsichtsbehörde nach dem Ableben des Betroffenen überhaupt noch dazu befugt ist, die Einhaltung des Datenschutzrechts zu überwachen und Verstöße zu sanktionieren.[959] Vor diesem Hintergrund muss es einer Person zu Lebzeiten

958 Hierzu *Roßnagel*, NZV 2006, 281 (285).
959 *Arens*, RDV 2018, 127 (130).

ebenfalls möglich sein, eine Löschung ihrer personenbezogenen Daten nach ihrem Ableben zu veranlassen.

## 2. Gesetzessystematische Verankerung einer Regelung zum digitalen Nachlass

Grundsätzlich kommt es für die Etablierung einer Regelung zum digitalen Nachlass in Betracht, diese in die Regelungen zum Erbrecht im BGB (§§ 1922 ff. BGB), des Telekommunikationsrechts (§ 80 ff. TKG) oder des Datenschutzrechts, dort in Form eines postmortalen Datenschutzes, zu integrieren.

### *a) Regelung zum digitalen Nachlass im Rahmen der §§ 1922 ff. BGB (Buch 5: Erbrecht)*

#### *(aa) Reformbedürftigkeit der §§ 1922 ff. BGB im Hinblick auf die zunehmende Digitalisierung*

Zunächst besteht die Möglichkeit, das Recht auf postmortalen Datenschutz in die derzeit bestehende Regelungssystematik der §§ 1922 ff. BGB zu integrieren. Das materielle Erbrecht ist in Deutschland umfassend und abschließend im BGB geregelt. Es gibt – etwas anderes gilt für Verfahrensregelungen[960] und die verfassungsrechtliche Verankerung des Erbrechts[961] – keine Sondergesetze zum Erbrecht oder gar vereinzelte Regelungen zum Erbrecht in anderen Gesetzesmaterien. Betrachtet man die Erbrechtsgesetzgebung einmal aus dem historischen Blickwinkel, so stellt man fest, dass diese in den vergangenen Jahrhunderten nach ihrer Erstkodifikation weitgehend beständig geblieben ist.[962] Ein Blick auf die im regelmäßigen Abstand erfolgenden Änderungen der übrigen Regelungen im BGB und die in der Vergangenheit stattgefundenen Reformen einzelner zivilrechtlicher Rechtsgebiete[963] zeigt: Kaum ein Rechtsgebiet blieb bis heute so konstant wie das Erbrecht. Als Begründung hierfür wird insbesondere angeführt, dass wegen der kulturellen und politischen Verwurzelung des Erbrechts jede Veränderung den Gesetzgeber einem erheblichen Druck aussetzt und daher

960 FamFG, EUErbVO.

961 Art. 14 Abs. 1 S. 1 GG; hierzu *Dutta*, Warum Erbrecht?, S. 3; BVerfG, Beschl. v. 19.4.2005 – 1 BvR 1644/00 (NJW 2005, 1561).

962 *Dutta*, Warum Erbrecht?, S. 4.

963 Bspw. die im Jahr 2002 erfolgte Schuldrechtsmodernisierung (Gesetz zur Modernisierung des Schuldrechts, BGBl. I S. 3138) oder die Anpassung der Regelungen zum Verbraucherschutz aufgrund der EU-Verbraucherschutzrichtlinie 2011/83/EU.

einen hohen politischen Aufwand erfordert.[964] Auf der anderen Seite bedeutet die Beständigkeit der Regelungen zum Erbrecht, dass es bislang schlicht keinen Änderungs- bzw. Ergänzungsbedarf gegeben hat. Dies zeigt nicht zuletzt die in dieser Arbeit skizzierte Rechtsprechung des BGH,[965] wonach auch der digitale Nachlass uneingeschränkt den derzeit geltenden Regelungen des Erbrechts subsumiert werden kann.

Dennoch haben die im Rahmen dieser Arbeit durchgeführten Untersuchungen gezeigt, dass aufgrund der zunehmenden Digitalisierung der Gesellschaft ein Regelungsbedarf im Hinblick auf den Umgang mit den Daten nach dem Ableben einer Person besteht. Die bis heute existierende Konstanz des Erbrechts kann nicht als Argument gegen die Etablierung von Regelungen zum digitalen Nachlass im Rahmen der §§ 1922 ff. BGB angeführt werden.

Für eine Implementierung einer Regelung zum digitalen Nachlass in das Regelungssystem der §§ 1922 ff. BGB spricht zunächst, dass – wie vorstehend bereits aufgezeigt – das materielle Erbrecht umfassend und grundsätzlich abschließend im BGB geregelt ist. Insbesondere erscheint dies vor dem folgenden Hintergrund sinnvoll: Mit einer Regelung, welche einen postmortalen Datenschutz im Hinblick auf personenbezogene Daten des Erblassers etabliert, geht eine Durchbrechung des – im deutschen Erbrecht fundamentalen und in § 1922 Abs. 1 BGB explizit normierten – Grundsatzes der Universalsukzession einher. Eine Durchbrechung dieses Grundsatzes im Rahmen eines Regelungssystems außerhalb des BGB könnte als systemwidrig angesehen werden.[966]

#### *(bb) Systematische Verortung innerhalb des Regelungssystems der §§ 1922 ff. BGB*

Fraglich ist die geeignete gesetzessystematische Verortung einer Regelung zum digitalen Nachlass im Rahmen der §§ 1922 ff. BGB.

---

964 *Beckert*, Arch. eur. sociol. 48 (2007), 79 (115); *Dutta*, Warum Erbrecht?, S. 4.

965 C.I.4.

966 In diesem Zusammenhang stand auch die Diskussion um die grundlegende Frage, ob die Regelung des § 88 Abs. 3 TKG (Fernmeldegeheimnis) überhaupt dazu geeignet sein kann, den erbrechtlichen Grundsatz der Universalsukzession zu durchbrechen und damit die Vererbbarkeit von digitalen Inhalten eines Nachlasses zu verhindern; so sah dies insbesondere das KG, Urt. v. 31.5.2017 – 21 U 9/16, welches in der Literatur auf erhebliche Kritik gestoßen ist (vgl. nur *Biermann*, ErbR 2018, 1) und dem der BGH zu Recht nicht gefolgt ist.

### *(1) Regelung im Buch 5, Abschnitt 3 (§§ 2064 ff. BGB)*

Zunächst könnte man in Erwägung ziehen, eine entsprechende Regelung in den §§ 2064 ff. BGB (Abschnitt 3: Testament) zu integrieren.

#### *(a) Allgemeine Übersicht zu dem Buch 5, 3. Abschnitt des BGB*[967]

Innerhalb des 3. Abschnitts sind die Bestimmungen über Errichtung (Testierfähigkeit, Form und Inhalt) sowie deren Aufhebung (Widerruf) geregelt. Untertitel 1 (§§ 2064-2086) umfasst vor allem Vorschriften über Auslegung und Anfechtung von Testamenten. Ebenfalls im Untertitel 2 (Erbeinsetzung – §§ 2087-2099) stehen Auslegungsfragen im Vordergrund. Untertitel 3 (§§ 2100-2146) behandelt die Vor- und Nacherbfolge. Danach kommen die Einzelheiten über das Vermächtnis (Untertitel 4: §§ 2147-2191) und die Auflage (Untertitel 5: §§ 2192-2196), anschließend die Regeln der Testamentsvollstreckung (Untertitel 6: §§ 2197-2228). Den Schluss bilden die Vorschriften über das gemeinschaftliche Testament (Titel 8: §§ 2265-2273).

#### *(b) Eignung des Abschnitts 3 zur Verortung einer Regelung zum digitalen Nachlass*

Der 3. Abschnitt eignet sich im Ergebnis nur bedingt zur Aufnahme einer Regelung zum digitalen Nachlass: Maßgeblicher Sinn einer Regelung zum digitalen Nachlass ist die Etablierung eines postmortalen Datenschutzes des Erblassers. Dies muss mit dem Recht des Erblassers, eine explizite Verfügung hinsichtlich des Umgangs mit dessen personenbezogenen Daten zu treffen, einhergehen. Das 5. Buch des BGB sieht für den Erblasser grundsätzlich zwei Formen von letztwilligen Verfügungen vor: das Testament (§§ 2064 ff. BGB) und den Erbvertrag, welcher in einem gesonderten Abschnitt 4 des 5. Abschnitts (§§ 2274 ff. BGB) geregelt ist. Im Rahmen eines Erbvertrages können grundsätzlich auch sämtliche Verfügungen getroffen werden, welche im Rahmen eines Testaments auch möglich sind (§ 2299 Abs. 1 BGB).[968]

Daraus folgt, dass eine Regelung zum digitalen Nachlass nur im Abschnitt 3, welcher lediglich Vorschriften zu testamentarischen Verfügungen enthält, zu kurz greift.

---

967 Hierzu *Leipold*, in: MüKoBGB, vor § 2064 Rn. 1 f.

968 Vgl. hierzu auch *Burandt*, in: Burandt/Rojahn, Erbrecht, § 2299 Rn. 1.

#### *(2) Regelung im 5. Buch, Abschnitt 1 (§§ 1922 ff. BGB)*

In Abschnitt 1 des 5. Buches des BGB findet sich der „allgemeine Teil" des Erbrechts. In diesem Abschnitt sind neben dem hier maßgeblichen Grundsatz der Universalsukzession insbesondere auch die einzelnen Möglichkeiten der erbrechtlichen Verfügungen geregelt (§§ 1937 ff. BGB). Da es – wie vorstehend bereits dargelegt – Ziel einer Regelung zum digitalen Nachlass sein soll, dem Erblasser die Möglichkeit einzuräumen, einen Zugriff der Erben auf seine personenbezogenen Daten auszuschließen, bedürfte es einer ausnahmsweisen Durchbrechung des Grundsatzes der Universalsukzession, welche gesetzlich angeordnet werden und von dem Erblasser letztwillig verfügt werden müsste.

Systematisch bietet sich daher eine Verortung in der Regelung des § 1937 BGB (Erbeinsetzung durch letztwillige Verfügung) an. In Betracht kommt sowohl die Einfügung eines neuen Absatz 2 oder eines neuen § 1937b BGB. Inhaltlich könnte sich der Gesetzgeber an die in den USA bestehenden Regelungen zum digitalen Nachlass (RUFADAA) orientieren, wonach eine ausdrückliche Verfügung über den digitalen Nachlass dergestalt zulässig ist, dass personenbezogene Daten nicht Teil des Nachlasses sind.[969]

### *b) Regelung des digitalen Nachlasses im Rahmen des TKG*

Eine weitere Möglichkeit der Kodifizierung eines postmortalen Datenschutzrechts eröffnet sich im Rahmen des TKG, systematisch in der Nähe der Regelung des § 88 TKG, welche in dessen Abs. 3 das Fernmeldegeheimnis regelt. So ist bereits in der aktuellen Fassung des § 88 Abs. 3 TKG festgehalten, dass es den Anbietern von Telekommunikationsdienstleistungen untersagt ist, sich oder anderen über das für die geschäftliche Erbringung der Telekommunikationsdienste erforderliche Maß hinaus Kenntnis vom Inhalt oder von den näheren Umständen der Telekommunikation zu verschaffen.

#### *(a) § 88 Abs. 3 TKG beinhaltet grundsätzlich ein postmortales Kenntnisverschaffungsverbot*

Die Regelung des § 88 Abs. 3 TKG gebietet zwar bereits heute für einen überwiegenden Teil der digitalen Bestandteile eines Nachlasses einen postmortalen Datenschutz: Sämtliche Nachrichten, Telekommunikationsvorgänge und Uploads, die auf den Servern von Kommunikationsdienstleistern gespeichert sind, unterliegen grundsätzlich einem Kenntnisverschaffungsverbot. Jedoch gilt

---

969 Siehe hierzu oben, unter E.I.2.b).

dies nach der im Rahmen dieser Arbeit besprochenen Entscheidung des BGH[970] nicht gegenüber den Erben eines verstorbenen Nutzers, nachdem jener – zu Recht – nicht als „anderer“ im Sinne des § 88 Abs. 3 TKG angesehen werden kann und das Fernmeldegeheimnis mithin einem Übergang von personenbezogenen Daten einer Person auf deren Erben nicht entgegensteht.[971]

### *(b) Eingriffsvorbehalt gemäß § 88 Abs. 3 S. 3 TKG*

Im Rahmen der Diskussionen um das Verhältnis zwischen dem Fernmeldegeheimnis und dem Erbrecht wird regelmäßig der in § 88 Abs. 3 S. 3 TKG normierte Eingriffsvorbehalt ins Spiel gebracht: Demnach ist ein Eingriff in das Fernmeldegeheimnis nur dann zulässig, wenn das TKG oder ein anderes Gesetz dies vorsieht (sog. „*kleines Zitiergebot*“).[972] Es wird argumentiert, dass das geltende Erbrecht keine Regelungen enthalte, welche einen Eingriff in das Telekommunikationsgeheimnis rechtfertigen.[973] Insbesondere das KG führt in seinem im Rahmen dieser Arbeit besprochenen Urteil[974] aus:

> „*Soweit es durch die fortschreitende Digitalisierung und die rechtsfortbildende Anerkennung eines digitalen Nachlasses zu einem Konflikt zwischen dem Erbrecht und dem geschützten Fernmeldegeheimnis kommt, fehlt es somit bereits an einem Willensentschluss des Gesetzgebers, diesen Konflikt zu Lasten des Fernmeldegeheimnisses zu lösen.*“[975]

Richtigerweise ist indes das Gegenteil der Fall: Der Gesetzgeber ist im Rahmen des § 1922 BGB davon ausgegangen, dass der gesamte Nachlass auf die Erben übergeht, soweit sich aus dem Gesetz nicht ausdrücklich eine Unvererbbarkeit ergibt.[976] Der Gesetzgeber hat indes bislang keine Einschränkung im Hinblick auf die Vererbbarkeit von digitalen Bestandteilen eines Nachlasses vorgesehen, sodass es für einen Eingriff in das Fernmeldegeheimnis – freilich nur im Hinblick auf die Erben einer verstorbenen Person – keiner gesonderten Ermächtigungsgrundlage bedarf.[977]

---

970 Hierzu oben, unter C.I.4.
971 Ganz herrschende Meinung, vgl. nur *Biermann*, ZErb 2017, 210 m.w.N.; a.A. *Mayen*, Stellungnahme DAV, S. 468.
972 Hierzu *Mayen*, in: Scheurle/Mayen, Telekommunikationsgesetz, § 88 Rn. 81 f.
973 Vgl. *Mayen*, Das Fernmeldegeheimnis und der digitale Nachlass, S. 470.
974 Hierzu oben, unter C.I.3.
975 KG, Urt. v. 31.5.2017 – 21 U 9/16 (ZErb 2017, 225 (237)).
976 *Biermann*, ZErb 2017, 210 (216); *Leipold*, in: MüKoBGB, § 1922 Rn. 19.
977 *Biermann*, ZErb 2017, 210 (216).

Dies zeigt, dass man den zwischen dem Erbrecht und dem Fernmeldegeheimnis bestehenden Konflikt nur so lösen kann, indem man im Rahmen der §§ 1922 ff. BGB eine explizite Regelung etabliert, wonach Kommunikationsdaten des Erblassers von dem in § 1922 Abs. 1 BGB geregelten Grundsatz der Universalsukzession gänzlich ausgeschlossen sind, oder im Rahmen des § 88 TKG klarstellt, dass das Fernmeldegeheimnis auch gegenüber den Erben greift und diese damit als „andere" im Sinne des § 88 Abs. 3 S. 1 TKG anzusehen sind.

Eine entsprechende Regelung würde aber bei Lichte betrachtet zu kurz greifen: Zunächst schützt das in § 88 Abs. 3 TKG normierte Fernmeldegeheimnis lediglich den Übergang von Kommunikationsdaten eines Nutzers auf dritte Personen. Davon erfasst sind jedoch nicht die über Kommunikationsdaten hinausgehenden personenbezogenen Daten des Erblassers, wie bspw. persönliche Bilder, Aufzeichnungen oder sonstige Dokumente, welche auf einem Server eines Providers gespeichert sind. Für diese kann ein postmortaler Schutz über eine Regelung im TKG nicht erreicht werden. Darüber hinaus hat der Erblasser ggf. auch ein Interesse daran, dass bestimmte Kommunikationsdaten auf seine Erben übergehen, sodass ein pauschaler Ausschluss des Zugriffsrechts der Erben auf einen Account des Erblassers nicht zwingend interessengerecht ist.

### *(c) Gesetzesvorschlag des Deutschen Anwaltsvereins*

Der Deutsche Anwaltsverein (DAV) hat im Rahmen seiner Stellungnahme zum digitalen Nachlass vom Juni 2013 einen Vorschlag zur Modifizierung des TKG unterbreitet. Demnach soll mit einem neuen § 43c TKG zunächst geregelt werden, dass mit dem Tod eines Nutzers grundsätzlich dessen Ehegatte oder eingetragener Lebenspartner in die Verträge mit einem Provider eintritt, hilfsweise dessen Abkömmlinge. Nur für den Fall, dass sämtliche vorgenannten Personen explizit erklären, nicht in den jeweiligen Vertrag eintreten zu wollen, wird das Vertragsverhältnis mit den Erben des Nutzers fortgesetzt.[978] Ferner plädiert der DAV für die Implementierung eines neuen § 88 Abs. 5 TKG, wonach klargestellt wird, dass Telekommunikationsanbieter dazu verpflichtet sind, den Personen, mit welchen das Vertragsverhältnis fortgesetzt wird (was auch die Erben umfasst), Zugang zu dem Account des verstorbenen Nutzers zu gewähren.[979]

Die Intention des DAV ist nach alledem nicht die Etablierung eines postmortalen Datenschutzes, sondern vielmehr eine Sicherung der Fortsetzung der von dem Erblasser begründeten Vertragsverhältnisse mit Providern. Der Vorschlag

978 Stellungnahme DAV, S. 6.

979 Stellungnahme DAV, S. 6; vgl. hierzu auch *Kutscher*, Der digitale Nachlass, S. 167.

des DAV, dass anstelle der Erben eines verstorbenen Nutzers primär dessen Ehegatte die entsprechenden Vertragsverhältnisse fortführen soll, ist an die Grundsätze des postmortalen Persönlichkeitsrechts angelehnt, dessen Wahrnehmung grundsätzlich ebenfalls den nächsten Angehörigen des Verstorbenen obliegt.[980] Dogmatisch vermag eine solche Regelung indes nicht zu überzeugen. Der DAV möchte eine Durchbrechung des Grundsatzes der Universalsukzession (§ 1922 BGB) erreichen. Eine entsprechende Regelung wäre damit gesetzessystematisch in den Regelungen der §§ 1922 ff. BGB zu verorten und nicht im Rahmen des Telekommunikationsrechts. Eine bloße Klarstellung, dass Vertragsverhältnisse des Erblassers nach dessen Ableben mit dessen Erben fortgeführt werden (§ 88 Abs. 5 TKG-E), ist vor dem Hintergrund der eindeutigen Rechtslage nicht erforderlich.

### *c) Etablierung eines postmortalen Datenschutzes im Rahmen des BDSG*

Für eine Etablierung einer Regelung zum postmortalen Datenschutz liegt schließlich die Verortung im BDSG nahe. Wie vorstehend dargestellt,[981] haben diesen Weg in anderen europäischen Rechtsordnungen Italien, Spanien und Frankreich gewählt. Dies jeweils im Rahmen der Umsetzung der seit Mai 2018 in Kraft getretenen europäischen Datenschutzgrundverordnung (DSGVO). Die Umsetzung der DSGVO in Deutschland erfolgte durch das Datenschutz-Anpassungs- und Umsetzungsgesetz (DSAnpUG).[982] Obwohl die DSGVO den Ländern explizit die Möglichkeit der Aufnahme von Regelungen zu einem postmortalen Datenschutz eingeräumt hat,[983] hat der nationale Gesetzgeber bewusst hiervon abgesehen.[984]

Die Einführung einer Regelung zu einem postmortalen Datenschutz in das BDSG hat den Vorteil, dass damit eine allgemeine Regelungsmöglichkeit zum Umgang mit den Daten einer verstorbenen Person vorgesehen werden kann, was zugleich Auswirkungen auf den digitalen Nachlass hat.

---

980 Siehe hierzu oben, unter C.II.b) ff.

981 Siehe oben, unter E.I.a).

982 Hierzu ausführlich *Will*, ZD 2019, 429.

983 Erwägungsgrund 27 zur DSGVO.

984 *Arens*, RDV 2018, 127 (129 f.).

#### *(aa) Allgemeine Erweiterung des Anwendungsbereichs des BDSG auf verstorbene Personen*

##### *(1) Klarstellung im Rahmen des § 1 BDSG*

Nach dem Inkrafttreten der DSGVO gilt aufgrund der Regelung des Art. 4 Nr. 1 DSGVO, welche auch für die Definition „personenbezogener Daten" im Sinne des § 3 BDSG herangezogen wird, dass nur lebende Personen in den Anwendungsbereich der DSGVO und des BDSG fallen.[985] Es wäre mithin zu empfehlen, dass – bspw. in Form eines § 1 Abs. 1 a) BDSG n.F. – ausdrücklich klargestellt wird, dass es sich auch bei den Daten verstorbener Personen um „personenbezogene Daten" im Sinne des § 1 Abs. 1 BDSG handelt.[986]

##### *(2) Regelung zur Durchsetzung datenschutzrechtlicher Rechte im BDSG*

Die bloße Erweiterung des Anwendungsbereichs des BDSG hätte zur Konsequenz, dass personenbezogene Daten auch nach dem Ableben einer Person unter den Schutzmantel des Datenschutzes fallen. Die mit den Regelungen des BDSG verbundenen Rechte des Betroffenen (§§ 19, 20, 35 BDSG) werden nach überwiegender Auffassung als nicht übertragbar und damit auch nicht vererbbar eingeordnet, da diese ihrem Wesen nach eng mit der Person des Betroffenen verknüpft sind.[987] Damit ein postmortales Datenschutzrecht effizient durchgesetzt werden kann, ist zu empfehlen, hierfür berechtigte Personen zur Wahrnehmung dieser Rechte zu bestimmen.[988] Diesbezüglich können datenschutzrechtliche Bestimmungen von Spanien und Italien zum Vorbild genommen werden.[989] Zu Recht weisen *Kühling et al.* darauf hin, dass anderenfalls die Gefahr besteht, dass die Daten Verstorbener in der modernen Big-Data-Welt zum „kommerziellen Plünderungsobjekt" von Datenauswertungskonzernen werden.[990] *Kühling et al.* schlagen in diesem Zusammenhang die Einführung eines neuen § 35a BDSG mit folgendem Regelungsinhalt vor:

---

985 Hierzu oben, unter C.II.4.f).(bb).(1). Vgl. nur *Petri*, in: Kühling/Buchner, DS-GVO/BDSG, § 3 BDSG Rn. 5. Nach Auffassung von *Martini* bleiben Daten Verstorbener auch nach deren Ableben „personenbezogen". Es komme darauf an, ob ein Datum zum Zeitpunkt seines Entstehens einer lebenden Person zugerechnet werden konnte (*Martini*, JZ 2012, 1145 (1147)).

986 So im Ergebnis auch *Arens*, RDV 2018, 127 (132).

987 *Martini*, in: Hill/Martini/Wagner, Facebook, Google und Co., S. 113 m.w.N.

988 *Kühling et al.*, Die Datenschutz-Grundverordnung und das nationale Recht, S. 460.

989 Siehe oben, unter E.I.2.a).(bb).(2) f.

990 *Kühling et al.*, Die Datenschutz-Grundverordnung und das nationale Recht, S. 460

*„Datenschutzrechtliche Rechte nehmen nach dem Tod des Betroffenen dessen Angehörige wahr. Angehörige im Sinne dieses Gesetzes sind der überlebende Ehegatte oder Lebenspartner und die Kinder des Betroffenen und, wenn weder ein Ehegatte oder Lebenspartner noch Kinder vorhanden sind, die Eltern des Nutzers."*

In Anlehnung an das postmortale Persönlichkeitsrecht[991] könnte ergänzend vorgesehen werden, dass vorrangig die Personen wahrnehmungsberechtigt sind, die der Nutzer ausdrücklich hierfür bestimmt hat.

### (bb) Recht zur lebzeitigen Vereinbarung zum Umgang mit personenbezogenen Daten nach dem Tod

Aufgrund des Grundsatzes der Gesamtrechtsnachfolge (§ 1922 Abs. 1 BGB) ist es de lege lata nicht möglich, zu verfügen, dass konkrete Bestandteile des Vermögens nicht auf die Erben übergehen sollen. Wie bereits dargelegt, ist es aber möglich, durch eine individualvertragliche Gestaltung zu Lebzeiten zu erreichen, dass bestimmte Vermögensgegenstände zum Zeitpunkt des Ablebens nicht Teil des Nachlassvermögens sind.[992] Die Möglichkeit einer individualvertraglichen Regelung zum Umgang mit den personenbezogenen Daten einer Person nach deren Ableben sieht der Großteil der Anbieter von Onlinedienstleistungen indes nicht vor.[993] Ein Bestandteil der Regelungen im BDSG zu einem postmortalen Datenschutz könnte mithin die Verpflichtung der Provider zur Ermöglichung entsprechender Bestimmungen sein. Die konkrete Ausgestaltung kann den jeweiligen Providern freigestellt werden. Möglich wäre – ähnlich wurde dies in den USA mit dem RUFADAA eingeführt[994] – eine Auswahlmöglichkeit für den Nutzer dahingehend, dass die personenbezogenen Daten nach der Kenntnisnahme von seinem Tod unwiderruflich gelöscht, nur an bestimmte Personen herausgegeben oder auch den Erben des Nutzers oder einer bevollmächtigten Person zur Kenntnis gebracht werden dürfen.[995] An eine solche Anordnung sind sowohl die Provider als auch die Erben des Nutzers gebunden.[996] Ferner könnte noch geregelt werden, dass in diesem Fall auch der Account des

991 Hierzu oben, unter C.II.2.c).(bb).(2).(a).

992 Siehe hierzu oben, unter C.II.5.b).(aa); instruktiv hierzu Kunz, in: Staudinger BGB, § 1922 Rn. 33.

993 Siehe oben, unter C.II.5.b).(aa); *Martini*, JZ 2012, 1145 (1154).

994 Siehe oben, unter E.I.2.b).

995 Vgl. auch den Vorschlag von *Martini*, JZ 2012, 1145 (1154).

996 Siehe oben, unter C.II.5.b).(aa).

Nutzers unwiderruflich – mithin ohne eine Wiederöffnungsmöglichkeit für die Erben[997] – gelöscht wird.

Will man einen „strengen" postmortalen Datenschutz erreichen, könnte man vorsehen, dass für den Fall, dass der Nutzer keine ausdrückliche Bestimmung im Hinblick auf das postmortale Schicksal seiner personenbezogenen Daten getroffen hat, sämtliche Daten sowie der Account zu löschen sind.[998] Dies käme der im Hinblick auf die Organspende bereits diskutierten, indes sich letztlich nicht durchgesetzten paternalistischen Widerspruchslösung[999] gleich.[1000]

*(cc) Neutrale Kontrolle der Umsetzung des postmortalen Datenschutzes*

Zur Durchsetzung und Kontrolle der Einhaltung der Regelungen zum postmortalen Datenschutz wäre zu empfehlen, hierfür explizite Kompetenzen durch Datenschutzbeauftragte (entsprechend den Art. 37 ff. DSGVO) und durch Aufsichtsbehörden (entsprechend den Art. 51 ff. DSGVO) vorzusehen (sog. institutioneller Datenschutz[1001]).[1002]

Einem solchen institutionellen Datenschutz kommt insbesondere im Fall der Untätigkeit der von dem Nutzer bestimmten oder gesetzlichen Wahrnehmungsberechtigten[1003] eine erhebliche Bedeutung zu.

## III. Abschließende Betrachtung und Bewertung

Nach den vorstehenden Ausführungen kommt, nach dem Vorbild des RUFADAA (USA), zum einen eine Anpassung der erbrechtlichen Regelungen dahingehend, dass es dem Erblasser ausnahmsweise möglich ist, personenbezogene Daten von dem Grundsatz der Gesamtrechtsnachfolge auszuschließen, in Betracht.[1004] Schließlich wäre die Anpassung des Bundesdatenschutzgesetzes

997 Hierzu oben, unter D.I.3.b)

998 In diese Richtung auch *Martini*, JZ 2012, 1145 (1155).

999 Hierzu *Tag*, in: MüKoStGB, § 4 TPG Rn. 2.

1000 Hierzu *Martini*, JZ 2012, 1145 (1155), wonach Sinn und Zweck eines liberalen Paternalismus ist, Bürger dazu zu bringen, Entscheidungen, die sie infolge von Unwissenheit, Nachlässigkeit oder zeitlichen Inkonsistenzen bisweilen unterlassen haben, ohne staatlichen Zwang, aber auf Veranlassung eines staatlichen „Nudge" zu treffen.

1001 Vgl, *Heinemann/Heinemann*, DuD 2013, 242 (244); *Culmsee*, in: Taeger, Tagungsband DSRI-Herbstakademie 2013, S. 413, 426.

1002 *Arens*, RDV 2013, 127 (132).

1003 Siehe oben, unter E.II.2.c).(aa).(2).

1004 Siehe oben, unter E.II.2.a).

in Form der Etablierung von Regelungen zu einem postmortalen Datenschutz möglich.[1005] Letzteres haben insbesondere die romanischen europäischen Mitgliedsstaaten im Rahmen der Umsetzung der Vorgaben der DSGVO getan.

Vorzugswürdig ist die Anpassung des Bundesdatenschutzgesetzes. Dies vor dem Hintergrund, dass damit sowohl generell die Einführung eines postmortalen Datenschutzes etabliert werden und zugleich eine Lösung im Hinblick auf den digitalen Nachlass herbeigeführt werden könnte.

Im Rahmen der Umsetzung der Vorschläge zur Etablierung eines postmortalen Datenschutzes sollte berücksichtigt werden, dass eine Person durchaus auch ein Interesse daran haben kann, personenbezogene Daten zu vererben. In diesem Zusammenhang wäre eine Regelung, welche vorsieht, dass für den Fall, dass eine Person keine Regelungen zum postmortalen Schicksal ihrer Daten getroffen hat, diese zu löschen sind, unter Umständen als nicht verhältnismäßig anzusehen. Es sollte dabei vielmehr auf den ausdrücklichen Willen des Nutzers abgestellt werden.

---

1005 Siehe oben, unter E.II.2.c).

# F. Der digitale Nachlass in der erbrechtlichen Praxis

Gemäß den obigen Ausführungen gibt es nach derzeitiger Rechtslage keinen postmortalen Datenschutz. Aktuell ist auch kein Bestreben des Gesetzgebers zu erkennen, diesen Zustand zu ändern. Demnach müssen Erblasser aktiv dafür Sorge tragen, dass solche Dateien, deren Inhalte ihren Erben nicht zugänglich gemacht werden sollen, rechtzeitig, dauerhaft und endgültig gelöscht werden.[1006] Da der Tod in der Regel nicht planbar ist, liegt es auf der Hand, dass eine rechtzeitige Löschung von personenbezogenen Daten praktisch nicht möglich ist. Der nachfolgende Abschnitt befasst sich vor diesem Hintergrund mit den Möglichkeiten des praktischen Umgangs mit dem digitalen Nachlass. In diesem Zusammenhang wird zunächst auf die bereits bestehende Möglichkeit der Ende-zu-Ende-Verschlüsselung eingegangen (I.). Im Anschluss daran werden dem Erblasser zur Verfügung stehende Vorsorgemöglichkeiten aufgezeigt (II.). Schließlich wird die Rechtsposition der Erben und der damit verbundene Aspekt der Durchsetzung eines Zugangsrechts gegenüber den Providern dargestellt (III.).

## I. Datenschutz zu Lebzeiten durch Ende-zu-Ende-Verschlüsselung („Zero Knowledge“)

Einige Kommunikationsdienstleister[1007] bieten mittlerweile bereits die Möglichkeit der Verschlüsselung von Daten an. Gängig ist in diesem Zusammenhang die sog. Ende-zu-Ende-Verschlüsselung (auch „Zero Knowledge“ genannt).[1008] Diese Technik verhindert im Ergebnis den Zugang der jeweiligen Dienstanbieter zu den so verschlüsselten Daten der Nutzer.[1009]

---

1006 *Salomon*, NotBZ 2016, 324.

1007 Bspw. die E-Mail-Anbieter „Totemo“ und „Posteo“, der Kommunikationsdienst „WhatsApp“ oder der Cloud-Dienst „Dropbox“.

1008 Hierzu *Gloser*, MittBayNot 2016, 12 (19).

1009 *Gloser*, MittBayNot 2016, 12 (19).

### 1. Begriff der Ende-zu-Ende-Verschlüsselung

Der Begriff der Ende-zu-Ende-Verschlüsselung ging in den Sprachgebrauch der breiten Allgemeinheit erstmals mit der aufkommenden Popularität des sog. *dark web*, respektive der dort operierenden Marktplätze, ein.[1010] Dabei handelt es sich um eine Form der sicheren Kommunikation, die darauf ausgelegt ist, dass nur der jeweilige Absender und Empfänger einer Nachricht deren Inhalt zur Kenntnis nehmen kann, wobei der Dienstanbieter oder andere Dritte keinerlei Zugriff auf die ausgetauschten Kommunikationsdaten erhalten.[1011] Voraussetzung für die Nutzung der Ende-zu-Ende-Verschlüsselung ist in allen Fällen ein Kennwort, bei dessen korrekter Eingabe erst der Zugriff auf die Nachrichten oder sonstigen Daten und Inhalte ermöglicht wird.[1012]

Nutzt der zukünftige Erblasser demnach bspw. ein E-Mail-Konto, dessen Kommunikation via echte Ende-zu-Ende-Verschlüsselung kennwortgesichert ist, bestehen zu Lebzeiten, aber gerade auch danach keine Möglichkeiten, Zugriff auf die Kommunikationsdaten zu erlangen, soweit den Erben nicht das Zugangskennwort bekannt ist. Im Erbfall wäre somit – vollkommen unabhängig von der rechtlichen Bewertung – eine Zugänglichmachung sensibler oder wenigstens vom Erblasser als sensibel eingestufter Kommunikationsinhalte und Daten unmöglich und diese könnten daher auch nicht vom Dienstanbieter herausgefordert werden, welcher sich im Falle einer rechtlichen Inanspruchnahme auf § 275 Abs. 1 BGB berufen kann.

Nun mag die Nutzung echter Ende-zu-Ende-Verschlüsselung zum Zeitpunkt der Erstellung dieser Untersuchung – und insbesondere im Hinblick auf privates Kommunikationsverhalten – noch nicht weit verbreitet sein. Dies soll aber nicht darüber hinwegtäuschen, dass zum einen immer mehr Onlinedienste eine entsprechende Verschlüsselung anbieten und zum Teil sogar ihre Nutzer entsprechend aufklären und anleiten. Zum anderen ist dabei auch zu bedenken, dass die Möglichkeit eines aktiven Widerspruchs gegen den unterschiedslos erfolgenden Erbgang des digitalen Nachlasses noch zu Lebzeiten (durch die aktive Nutzung solcher Verschlüsselungsmethoden) denkbaren *chilling effects* nachhaltig ihre Bedeutung nehmen könnte.

---

1010 https://www.searchsecurity.de/definition/E2EE-End-to-End-Encryption-Ende-zu-Ende-Verschluesselung [zuletzt abgerufen am 23.8.2020].

1011 https://www.heise.de/tipps-tricks/Ende-zu-Ende-Verschluesselung-was-genau-ist-das-4007116.html [zuletzt abgerufen am 23.8.2020].

1012 https://www.heise.de/tipps-tricks/Ende-zu-Ende-Verschluesselung-was-genau-ist-das-4007116.html [zuletzt abgerufen am 23.8.2020].

## 2. Technische Hintergründe der Ende-zu-Ende-Verschlüsselung

Der verschlüsselte Kommunikationsvorgang läuft regelmäßig unter Nutzung einer sog. „Public Key Encryption" ab.[1013] Hierunter versteht man einen öffentlichen Schlüssel, der vom Absender einer Nachricht genutzt wird, um den Kommunikationsinhalt zu kodieren, und dem Kommunikationspartner zur Verfügung gestellt wird, damit dieser – und nur dieser – die Verschlüsselung aufheben kann.[1014]

Im Zuge der Post-Edward-Snowden-Ära sind auch vergleichsweise weitverbreitete Messengerdienste wie WhatsApp zu einer Nutzung von echter Ende-zu-Ende-Verschlüsselung übergegangen.[1015] Dabei verwendet WhatsApp etwa auch eine Public Key Encryption und zwar im Rahmen des Signal-Protokolls, einer Methode, bei der die Entschlüsselung der Kommunikationsinhalte gerade nicht nur durch den auf dem öffentlichen Server abgelegten Schlüssel („Public Key") erfolgt, sondern vielmehr komplementär von einem zweiten, auf dem persönlichen Nutzergerät des Kommunikationspartners abgelegten Schlüssel abhängt.[1016]

Doch auch bei diesem Verfahren beruht die Wirksamkeit der Verschlüsselung darauf, dass der öffentliche Schlüssel nicht durch Dritte ausgetauscht wird, da anderenfalls die Kommunikationsinhalte problemlos mitgelesen werden können. Dies setzt jedoch einen solchen Schlüsselaustausch, etwa im Zuge eines Hacking-Angriffs (an dieser Stelle insbesondere relevant sind sog. Phishing-Angriffe), voraus. Solange es nicht zu einem solchen Schlüsselaustauch kommt, ist diese Kommunikationsform sowohl vor dem Zugriff Dritter als auch vor dem Anbieter der Kommunikationsplattform absolut sicher – vor allem angesichts der Tatsache, dass ein Schlüsselaustausch, der nicht durch moderne Spähmechanismen oder Hacking-Angriffe erfolgt, sondern anhand eigener Rechenleistung generiert wird, unter Betrachtung der gegenwärtigen Rechenkapazitäten aussichtslos ist.[1017]

---

1013 *Pombriant*, CRi 2013, 97 (102).

1014 https://www.ibm.com/support/knowledgecenter/en/SSB23S_1.1.0.14/gtps7/s7pkey.html [zuletzt abgerufen am 24.4.2019].

1015 https://faq.whatsapp.com/de/general/28030015 [zuletzt abgerufen am 24.4.2019].

1016 https://faq.whatsapp.com/de/general/28030015 [zuletzt abgerufen am 24.4.2019].

1017 Gleichwohl ist eine entsprechende technische Entwicklung in naher Zukunft absolut denkbar.

### 3. Grenzen der Schutzmöglichkeiten durch Ende-zu-Ende-Verschlüsselungen

Die Grenzen der Möglichkeit des Selbstschutzes durch Nutzung echter Ende-zu-Ende-Verschlüsselung verlaufen dabei jedoch einerseits entlang des Marktangebotes, insbesondere durch die Bereitstellung einer entsprechenden Verschlüsselungsinfrastruktur durch die großen Anbieter solcher Dienste, und andererseits sind sie auf die Mitwirkung des Kommunikationspartners angewiesen, da eine echte Ende-zu-Ende-Verschlüsselung gerade die Kooperation zwischen Sender und Empfänger voraussetzt.

Die wenigsten Einschränkungen werden gegenwärtig von Messengerdiensten oder E-Mail-Anbietern verursacht. So gibt es etwa bei dem E-Mail-Anbieter Posteo die Möglichkeit der Installation einer echten Ende-zu-Ende-Verschlüsselung via OpenPGP,[1018] während auch beliebte Messengerdienste wie WhatsApp, Threema[1019] oder Gmail[1020] mittlerweile unterschiedliche Verschlüsselungsmethoden, insbesondere aber auch echte Ende-zu-Ende-Verschlüsselung anbieten.

Schwieriger hingegen gestaltet sich die Möglichkeit der Verschlüsselung in sog. sozialen Netzwerken. Weder Facebook noch Instagram oder YouTube bieten Möglichkeiten der Verschlüsselung der Kommunikationsinhalte ihrer Nutzer. *Chilling effects* sind aber dort besonders wirkungsvoll, wo eine große Anzahl an Menschen – respektive Nutzer – betroffen ist. Damit ist nur eine geringe Anzahl an Personen in der Lage, durch technisches Verständnis bzw. durch die sorgfältige Auswahl der genutzten Kommunikationskanäle sich solchen *chilling effects* zu entziehen. Diese Tatsache kann die Grundannahme, dass sich das Kommunikationsverhalten aus Vorsorge für den Erbfall verändern kann, nur insofern abschwächen, als hiervon eben die überwiegende Mehrzahl an Personen, die gerade wegen der vielfältigeren Vernetzungsmöglichkeiten die großen Anbieter nutzt, welche die entsprechenden Verschlüsselungsmethoden jedoch nicht zur Verfügung stellen, nicht betroffen ist. Sofern diese überwiegende Mehrzahl aber betroffen ist, gelten die vorstehenden Ausführungen indes uneingeschränkt. Vielmehr muss hier grundsätzlich bedacht werden, dass die zunehmend auf kleinere, verschlüsselnde Anbieter ausweichenden Nutzer ein

1018 https://posteo.de/hilfe/wie-installiere-ich-eine-ende-zu-ende-verschluesselung-pgp-im-browser [zuletzt abgerufen am 23.8.2020].

1019 https://magazin.sslmarket.de/inpage/threema-verspricht-die-beste-verschluesselung/[zuletzt abgerufen am 23.8.2020].

1020 https://support.google.com/mail/answer/6330403?hl=de [zuletzt abgerufen am 23.8.2020].

Fingerzeig dahingehend sein können, dass das Bedürfnis nach Verschlüsselung bereits besteht.

## II. Lebzeitige Vorsorgemöglichkeiten des Erblassers

Aufgrund der Tatsache, dass nach derzeitiger Rechtslage auch der digitale Nachlass grundsätzlich vollumfänglich auf die Erben einer verstorbenen Person übergeht, ist zu empfehlen, dem digitalen Nachlass im Rahmen einer Nachfolgeplanung Beachtung zu schenken. Nicht zu vernachlässigen ist indes auch der mögliche Fall einer (temporären) Geschäftsunfähigkeit einer Person.

### 1. Interessenlage der Beteiligten

Im Hinblick auf die Gestaltung des digitalen Nachlasses sind zuvörderst die verschiedenen Interessen der Beteiligten herauszustellen. Zunächst wird es dem Erblasser daran gelegen sein, Sicherheit dahingehend zu haben, wer im Falle seines Todes, oder einer (temporären) Geschäftsunfähigkeit, Zugang zu seinen Daten haben soll und diese verwaltet bzw. bestehende Vertragsverhältnisse mit den Providern abwickelt.[1021] Den Erben soll die Konstituierung und Abwicklung des Nachlasses, einschließlich der digitalen Inhalte, möglichst leicht gemacht werden.[1022] In diesem Zusammenhang ist die für die Ausschlagung einer Erbschaft vorgesehene Sechs-Wochen-Frist (§ 1944 Abs. 1 BGB) zu berücksichtigen. Ferner werden die nächsten Angehörigen, welche freilich auch zugleich Erben sein können, ein Interesse daran haben, dass der postmortale Umgang mit den Daten des Erblassers nicht zu einer Persönlichkeitsverletzung führt. Zu beachten sind schließlich auch die Interessen möglicherweise vorhandener Geschäftspartner des Erblassers, welche auch nach dessen Ableben ggf. noch die Abwicklung eines lebzeitig begründeten Geschäftsverhältnisses erreichen möchten.[1023]

Freilich kann für den Erblasser ein vollumfängliches Zugriffsrecht seiner Erben auf seinen Datenbestand auch unerwünscht sein. Dies wird man regelmäßig bei höchstpersönlichen, intimen Daten annehmen können. In diesem Fall wird der Erblasser versuchen wollen, ein Zugriffsrecht seiner Erben auf die betreffenden Daten zu verhindern.

---

1021 Vgl. *Biermann*, in: Scherer, MAH Erbrecht, § 50 Rn. 71; so auch *Raude*, RNotZ 2017, 17 (24).

1022 Vgl. *Raude*, RNotZ 2017, 17 (24).

1023 *Raude*, RNotZ 2017, 17 (24).

## 2. Anlage einer digitalen Vorsorgemappe

In der Praxis wird derzeit kaum ein Internetnutzer eine umfassende Auflistung seiner Accounts führen. Dies sicherlich auch vor dem Hintergrund der Sorge, dass die Zugangsdaten lebzeitig in die Hände Dritter geraten könnten. Die Nutzung von Pseudonymen, mehreren E-Mail-Adressen und anderen anonymisierenden Variationen machen es den Erben indes schwer, den (digitalen) Nachlassbestand, ins absehbarer Zeit und vor dem Hintergrund des § 1944 Abs. 1 BGB, zu konstituieren.[1024]

Möchte der Erblasser seinen Erben einen Zugang zu den digitalen Bestandteilen des Nachlasses, insbesondere zu seinen vermögenswerten Daten, erleichtern, so empfiehlt sich die Anlage einer sog. digitalen Vorsorgemappe.[1025] Im Rahmen dieses Dokuments sollten sämtliche bestehenden Accounts aufgelistet sein, jeweils unter Nennung des Benutzernamens und Kennworts. Aufgrund der Empfehlung, einmal vergebene Passwörter in regemäßigen Abständen zu ändern, bedarf auch die einmal angelegte digitale Vorsorgemappe eine regelmäßige Aktualisierung. Eine solches Dokument sollte mit einem sog. Masterpasswort gesichert (Hierbei handelt es sich um einen Zugangscode zu einer Software zur Verwaltung von Zugangsdaten oder einem entsprechenden Speichermedium[1026]) werden, welches den Erben im Rahmen der letztwilligen Verfügung mitgeteilt werden kann.[1027] Das Dokument sollte auf einem sicheren Speichermedium (bspw. einen USB-Stick) abgelegt werden. Der Verwahrungsort kann den Erben im Rahmen der letztwilligen Verfügung mitgeteilt werden. In der Literatur wird teilweise auch auf die Möglichkeit einer digitalen notariellen Vorsorgeurkunde hingewiesen.[1028]Hiervon ist allerdings vor dem Hintergrund, dass Passwörter in regelmäßigen Abständen geändert werden sollten, abzuraten.

## 3. Regelung des digitalen Nachlasses im Rahmen von letztwilligen Verfügungen

Der Erblasser hat die Möglichkeit, im Rahmen einer letztwilligen Verfügung konkrete Bestimmungen hinsichtlich des digitalen Nachlasses zu treffen.[1029]

1024 *Biermann*, in: Scherer, MAH Erbrecht, § 50 Rn. 70.

1025 *Gloser*, MittBayNot 2016, 101 (104); *Steiner/Holzer*, ZEV 2015, 262 (265); *Tölle*, FF 2019, 102 (107)

1026 *Steiner/Holzer*, ZEV 2015, 262 (266); *Raude*, RNotZ 2017, 17 (25).

1027 Vgl. *Lange/Holtwiesche*, ErbR 2016, 487 (491).

1028 Vgl. *Naczinsky*, ZEV 2020, 665 (669).

1029 Hierzu auch *Litzenburger*, FD-ErbR 2016, 375286.

Von einer Aufnahme von Zugangsdaten in eine letztwillige Verfügungen ist abzuraten, da im Rahmen der Eröffnung einer letztwilligen Verfügung auch andere Personen als die Erben hiervon Kenntnis nehmen können (bspw. Vermächtnisnehmer).[1030]

Dem Erblasser stehen im Zusammenhang mit der Ausgestaltung seiner letztwilligen Verfügung die Möglichkeit offen, entweder den Zugang zu seinem digitalen Nachlass vollumfänglich zu verhindern oder diesen sämtlichen Erben oder einer ausgewählten Vertrauensperson zuzuweisen. An dieser Stelle ist nochmals hervorzuheben, dass es der Erblasser auch im Rahmen einer letztwilligen Verfügung nicht erreichen kann, dass digitales Vermögen nicht Bestand des Nachlasses wird.[1031] Er kann mit der ihm zur Verfügung stehenden Klaviatur des Erbrechts lediglich Zuweisungen treffen und damit das Risiko einer Kenntnisnahme digitaler Inhalte begrenzen.

### *a) Teilungsanordnung und Vermächtnis*

Will der Erblasser bestimmte Teile des Nachlasses konkreten Personen zuweisen, so kommt dazu die Teilungsanordnung (§ 2048 BGB) oder die Anordnung von (Voraus-) Vermächtnissen (§§ 1939, 2150 BGB) in Betracht.

Mit der Teilungsanordnung kann der Erblasser nicht nur einzelne Nachlassgegenstände verschiedenen Miterben zuweisen, sondern auch bestimmte Verwaltungsanordnungen treffen.[1032] Da die Durchsetzung einer Teilungsanordnung erst im Zuge einer Erbauseinandersetzung vom begünstigten Erben des digitalen Nachlasses geltend gemacht werden kann, ist in diesem Fall einem Vorausvermächtnis, wonach eine schuldrechtliche Zuordnung zugunsten eines Miterben erfolgt,[1033] der Vorzug zu geben. Aufgrund der Tatsache, dass für die Miterben grundsätzlich vor Erfüllung des Vermächtnisanspruchs die Möglichkeit der Einsichtnahme bezüglich der gespeicherten Daten besteht,[1034] ist eine Kombination der Vermächtnisanordnung mit einer Auflage (§ 2194 BGB) zu empfehlen: Im Rahmen der Auflage kann den Miterben untersagt werden, von der entsprechenden Einsichtsmöglichkeit Gebrauch zu machen.[1035] Allerdings sollte der Verstoß gegen die Auflage an eine

1030 So auch *Naczinsky*, ZEV 2020, 665 (669).
1031 *Seidler*, Digitaler Nachlass, S. 151 f.
1032 *Flechtner*, in: Burandt/Rojahn, Erbrecht, § 2042 Rn. 16.
1033 *Rudy*, in: MüKoBGB, § 2150 Rn. 5.
1034 *Herzog/Pruns*, Der digitale Nachlass, S. 162.
1035 *Herzog/Pruns*, Der digitale Nachlass, S. 162; *Seidler*, Digitaler Nachlass, S. 152.

nachteilige Konsequenz für den jeweiligen Erben geknüpft werden, da der Auflage ansonsten keine merkliche Bedeutung zukommt.

Ferner kann eine entsprechende Auflage auch dahingehend ausgestaltet sein, dass die Erben dazu verpflichtet sind, sämtliche Verträge mit Kommunikationsdienstleistern unverzüglich zu kündigen und für eine dauerhafte Löschung der damit verbundenen Daten zu sorgen. Mit einer solchen Auflage kann auch eine Untersagung einer Einsichtnahme in einen bestimmten Datenbestand verbunden werden, was freilich wiederum mit entsprechenden Sanktionen für den Fall eines Verstoßes verknüpft werden sollte.[1036]

### *b) Anordnung von Testamentsvollstreckung*

Auch die Anordnung einer Auflage verhindert jedoch die Möglichkeit des Zugriffs der Erben auf digitale Inhalte des Nachlasses nicht. Um sich vollkommen gewiss zu sein, dass die erlassenen Anordnungen tatsächlich berücksichtigt und anschließend auch umgesetzt werden, ist die Anordnung der Testamentsvollstreckung, verbunden mit einer konkreten Verwaltungsanordnung (§ 2216 BGB) und auch isoliert für den digitalen Nachlass[1037] möglich und sinnvoll.[1038] Im Falle der Anordnung einer Testamentsvollstreckung steht das Verfügungsrecht hinsichtlich des Nachlasses ausschließlich dem Testamentsvollstrecker zu (§§ 2205, 2211 BGB).[1039] Auch die Kündigung von Providerverträgen oder das Verfügen einer Löschung von Daten kann durch den Testamentsvollstrecker im Falle einer entsprechend ausgestalteten Verwaltungsanordnung erledigt werden.[1040]

Ungeachtet dessen besteht auch in dieser Konstellation – analog der zu Kreditinstituten in der Literatur vertretenen Ansicht[1041] – das Risiko der Geltendmachung eines Auskunftsanspruchs der Erben gegenüber den Providern.[1042]

---

1036 *Seidler*, Digitaler Nachlass, S. 153.

1037 Vgl. zur Vererbung von Persönlichkeitsrechen: *Ahrens*, ZEV 2006, 237 ( 239 f.); *Biermann*, in: Scherer, MAH Erbrecht, § 50 Rn. 77.

1038 *Herzog/Pruns*, Der digitale Nachlass, S. 163; *Raude*, RNotZ 2017, 17 (27); *Salomon*, NotBZ 2016, 324 (330).

1039 Hierzu *Dietz*, in: Bengel/Reimann, Hdb. Testamentsvollstreckung, § 1 Rn. 1 ff.

1040 *Seidler*, Digitaler Nachlass, S. 154.

1041 *Bonefeld*, ZErb 2007, 142.

1042 *Herzog/Pruns*, Der digitale Nachlass, S. 163.

## 4. Regelung des digitalen Nachlasses im Rahmen von Vorsorgevollmachten

Der Erblasser hat ferner die Möglichkeit, Regelungen zum digitalen Nachlass in eine sog. Vorsorge- oder Generalvollmacht zu integrieren.[1043] Dies ist vor dem Hintergrund sinnvoll, dass eine solche Vollmacht zum einen lebzeitig, mithin für den Fall einer (temporären) Geschäftsunfähigkeit greift und zum anderen postmortal ausgestaltet werden kann[1044], sodass die bevollmächtigte Person – unabhängig von der Eröffnung des Testaments – nach dem Ableben des Erblassers handlungsfähig ist. Dies ermöglicht bspw. eine unverzügliche Kündigung von Providerverträgen oder das Löschen von Daten, noch bevor die Erben diesbezüglich eine Zugriffsmöglichkeit erlangen.[1045]

Der Nachteil einer postmortalen Vollmacht liegt in der Tatsache des jederzeit möglichen Widerrufes durch die Erben (§ 168 S. 2 BGB).[1046] Eine wirksame Vereinbarung eines Widerrufsauschlusses wird von der Rechtsprechung in der Literatur im Rahmen eines der Vollmacht zugrundeliegenden Kausalgeschäftes (insbesondere Geschäftsbesorgungsvertrag oder Auftrag) anerkannt.[1047] Wird eine Vollmacht – wie dies bei einer Vorsorge- und Generalvollmacht regelmäßig der Fall ist – isoliert, mithin ohne des Vorliegens eines zugrunde liegenden Rechtsgeschäfts erteilt, soll eine unwiderrufliche Erteilung damit ausgeschlossen sein.[1048] Aufgrund dessen bietet sich die trans- oder postmortale Vollmacht in der Regel nur als Ergänzung zu einer letztwilligen Verfügung an. Der Vorteil einer trans- oder postmortalen Vollmacht ist insoweit, dass der Bevollmächtigte unmittelbar mit Eintritt des Erbfalls tätig werden und den Zugriff der Erben auf bestimmte Daten unterbinden kann.[1049] Wird die Vollmacht zu Gunsten der Person erteilt, die auch als Testamentsvollstrecker eingesetzt wurde, kann dieser damit eine sofortige Handlungsfähigkeit zur Überbrückung der Zeit bis zum Antritt des Amtes als Testamentsvollstrecker eingeräumt werden.[1050]

---

1043 Hierzu *Naczinsky*, ZEV 2020, 665.

1044 Hierzu *Schubert*, in: MüKoBGB, § 168 Rn. 44 ff.

1045 *Biermann*, in: Scherer, MAH Erbrecht, § 50 Rn. 84 f.

1046 *Joachim/Lange*, ZEV 2019, 62 (63).

1047 Hierzu BGH, Urt. v. 26.02.1988 – V ZR 231/86 (NJW 1988, 2603); Bayer, DNotZ 2020, 373;
*Joachim/Lange*, ZEV 2019, 62 (63); *Schubert*, in: MüKoBGB, § 168 Rn. 26 ff.

1048 BGH, Urt. v. 26.02.1988 – V ZR 231/86 (NJW 1988, 2603); *Joachim/Lange*, ZEV 2019, 62 (63); *Naczinsky*, ZEV 2020, 665.

1049 *Naczinsky*, ZEV 2020, 665 (668).

1050 *Seidler*, Digitaler Nachlass, S. 156 f.

### 5. Grundsätzliche Trennung geschäftlicher und persönlicher Kommunikation

Aus Gründen des Schutzes höchstpersönlicher Informationen ist eine strikte Trennung von geschäftlichen Kommunikationsinhalten und solchen, die dem Privatbereich des Erblassers zuzurechnen sind, empfehlenswert.[1051] Eine solche Trennung sollte nicht lediglich im Bereich des E-Mail-Verkehrs erfolgen (etwa durch Anlage entsprechend bezeichneter Unterordner im Posteingang), sondern auch etwa in den sozialen Netzwerken (bspw. durch Kreierung eines gesonderten, rein geschäftlichen Profils) oder im Rahmen der Speicherung von Daten in einer Cloud umgesetzt werden.

## III. Sonderfall: Kryptowährungen

Einen Sonderfall des digitalen Nachlasses bilden sog. Kryptowährungen. In diesen Fällen liegt die Problematik regelmäßig nicht darin, dass der Erblasser aus persönlichkeitsrechtlichen Aspekten ein Interesse daran haben könnte, ein solches Vermögen nicht auf die Erblasser übergehen zu lassen, sondern vielmehr darin, dass es sich bei Kryptowährungen um ein technisch besonders geschütztes Digitalgut handelt und dadurch der unbefugte Zugang regelmäßig aus technischen Gründen nicht möglich sein wird.[1052] Insofern kehren sich hier die Vorteile der vorbezeichneten Ende-zu-Ende-Verschlüsselung in den Nachteil um, dass Erben keine Möglichkeit haben könnten, Zugang zu entsprechend gesicherten materiellen Digitalgütern zu erlangen, sofern der Erblasser nicht bereits im Vorfeld – etwa durch eine Vertrauensperson oder einen Access-Plan – die Grundlage für die Kenntnisnahme der entsprechenden Passwörter geschaffen hat.

Bei Kryptowährungen ist hierfür regelmäßig ein bestimmter Key notwendig, der von Dritten aus Sicherheitsgründen nicht reproduziert werden kann.[1053] Besondere Schwierigkeiten werden hier Kryptowährungen bilden, die ausschließlich privat verwaltet werden und auf die außer dem Erblasser keine dritte Person Zugriff hat. Kümmert sich der Erblasser in diesen Fällen nicht bereits zu Lebzeiten um eine ausführliche Vorsorgeregelung, ist dieses Kryptovermögen für die Erben verloren.

---

1051 *Gloser*, MittBayNot 2016, 102 (107).

1052 Hierzu *Blum*, in: BeckOGK, BGB, § 2311 Rn. 48 ff.

1053 *Blum*, in: BeckOGK, BGB, § 2311 Rn. 48 ff.

## IV. Durchsetzung des Rechts der Erben auf Zugangsverschaffung gegenüber dem Provider

Abschließend soll auch die Rechtsposition der Erben im Zusammenhang mit der Durchsetzung ihrer Rechte gegenüber den jeweiligen Providern betrachtet werden. Hier muss zunächst darauf verwiesen werden, dass keiner der marktführenden Anbieter der sozialen Netzwerke bislang auf das im Rahmen dieser Arbeit besprochene Urteil des BGH reagiert und seine AGB in einer entsprechenden Weise angepasst hat.[1054] Daher liegt die Annahme, dass die Durchsetzung eines Anspruchs auf Zugang zu den Konten des Erblassers zumindest nicht ohne Gegenwehr der Anbieter möglich ist, recht nahe.[1055]

### 1. Nachweis der Erbenstellung gegenüber dem Provider

Unabhängig von der Kooperationsbereitschaft der Provider im Einzelfall sind die Erben zunächst gehalten, ihre Erbenstellung – und damit ihre Berechtigung zum Zugang zu dem Account des Erblassers – gegenüber diesen nachzuweisen. Welche Anforderungen an die Erbringung eines entsprechenden Nachweises zu stellen sind, ist nach wie vor nicht abschließend geklärt. Diese Frage war bislang insbesondere noch nicht Gegenstand einer gerichtlichen Entscheidung, sodass auch die Herbeiführung einer höchstrichterlichen Klärung nicht möglich war. In jedem Fall wird man die Vorlage eines Erbscheins als ausreichenden Nachweis der Erbenstellung ansehen können.[1056] Dies ungeachtet der Möglichkeit dessen inhaltlicher Unrichtigkeit: Der Erbschein entfaltet im Rechtsverkehr eine Legitimations- und Schutzwirkung, wonach die Erbberechtigung bis zum Zeitpunkt der Einziehung des Erbscheins vermutet wird.[1057] Soweit einzelne Provider allerdings im Rahmen ihrer AGB vorsehen, dass der Nachweis der Erbenstellung ausschließlich durch Vorlage eines Erbscheins zu erbringen ist, verstößt dies nach der diesseitigen Auffassung gegen § 307 Abs. 1 BGB und stellt mithin eine unwirksame Regelung dar.[1058]

Zieht man die Rechtsprechung des BGH zu den Anforderungen an eine Legitimation der Erben gegenüber Kreditinstituten[1059] heran, so ist sowohl ein

1054 *Gloser*, MittBayNot 2016, 102 (107).
1055 Hierzu unten, unter F.IV.3.
1056 *Preuß*, NJW 2018, 3146 (3148).
1057 *Gierl*, in: Burandt/Rojahn, Erbrecht, § 2353 Rn. 11 f.
1058 Hierzu oben, unter C.II.5.b).(ee).(2).(c); vgl. auch *Werkmüller*, ZEV 2014, 390.
1059 BGHZ 198, 250; hierzu *Litzenburger*, FD-ErbR 2013, 351624.

notarielles als auch ein privatschriftliches Testament als ausreichend anzusehen, soweit sich hieraus die Rechtsnachfolge unzweifelhaft ergibt.[1060]

Will der Erblasser den Erben einen Zugang zu seinen Accounts erleichtern, kann er – so einzelne Provider eine entsprechende Möglichkeit vorsehen – zu Lebzeiten vorsorgen, indem er gegenüber den Providern eine konkrete Person, die optimalerweise aus dem Kreis der Erben stammt, als Nachlassverwalter benennt.[1061] Die Provider sind gegenüber den Erben hierzu zur entsprechenden Auskunft verpflichtet.[1062]

## 2. Durchsetzung des Anspruchs der Erben auf Zugangsverschaffung

Der dem im Rahmen dieser Arbeit besprochenen Urteil des BGH zugrundeliegende Sachverhalt[1063] hat gezeigt, dass die Rechtsdurchsetzung eines grundsätzlich gegebenen Anspruchs der Erben auf Verschaffung des Zugangs zu einem Account des Erblassers durchaus langwierig sein kann. Die meisten Provider haben ihren Sitz außerhalb Deutschlands, sodass sich zunächst die Frage nach dem anwendbaren Recht und der örtlichen Zuständigkeit der Gerichte stellt (a). Sodann wird auf die Durchsetzung eines titulierten Anspruchs auf Zugangsverschaffung eingegangen (b).

### *a) Anwendbares Recht und Gerichtsstand*

Accounts erschöpfen sich in der schuldrechtlichen Beziehung zwischen Provider und Nutzer, sodass für die Frage nach dem anzuwendenden Recht das Vertragsstatut gilt.[1064] Maßgeblich ist zunächst eine zwischen den Parteien getroffene Rechtswahl (Art. 3, 4 Rom I-VO), was auch im Rahmen von AGB erfolgen kann.[1065] Schranken einer ausdrücklichen Rechtswahl sind indes im Rahmen von – im Falle von E-Mail-Accounts, Clouds oder sozialen Netzwerken regelmäßig gegebenen – Verbraucherverträgen gesetzt: Gemäß Art. 6 Rom I-VO ist

---

1060 So auch *Herzog/Pruns*, Der digitale Nachlass, S. 117; *Kutscher*, Der digitale Nachlass, S. 124; *Leipold*, in: MüKoBGB, § 1922 Rn. 29; *Preuß*, NJW 2018, 3146 (3148); *Raude*, RNotZ 2017, 17 (23); *Redeker*, in: Stellungnahme DAV, S. 59, 62; *Rott/Rott*, NWB-EV 2013, 160 (163); *Werkmüller*, ZEV 2014, 390.

1061 Siehe hierzu oben, unter C.II.5.a).

1062 *Gloser*, MittBayNot 2016, 102 (108); *Preuß*, NJW 2018, 3146 (3148).

1063 Hierzu oben, unter C.I.1.

1064 *Kutscher*, Der digitale Nachlass, S. 74.

1065 *Wendland*, in: BeckOGK, BGB, Art. 3 Rom I-VO Rn. 284 ff.

in diesem Fall das Recht des Staats anwendbar, in dem der Verbraucher ansässig ist. Wie bereits oben dargelegt, kann es zu Problemen bei sowohl geschäftlich als auch privat genutzten Accounts kommen.[1066] Entscheidend ist in diesem Fall der überwiegende Vertragszweck.[1067] In der Regel ist mithin deutsches Recht anwendbar.

Bei Vorliegen eines Verbrauchervertrages richtet sich die örtliche Zuständigkeit der Gerichte nach Art. 17 ff. EuGVVO. Im Falle eines Providers handelt es sich in der Regel um einen Anbieter elektronischer Dienste im Sinne des Art. 17 Abs. 1 lit. c) EuGVVO. Die vorstehende Regelung kommt zum Tragen, da die Provider in der Regel ihre Tätigkeiten entweder in den EU-Mitgliedsstaaten anbieten oder eine Niederlassung in einem EU-Mitgliedsstaat haben.[1068] Gemäß Art. 8 EuGVVO hat der Verbraucher das Recht, den jeweiligen Provider entweder am Ort dessen Sitzes oder am eigenen Wohnort zu verklagen. Betreffend die Erben ist allerdings nicht ihr Wohnort, sondern der Ort des letzten ständigen Aufenthalts des Erblassers maßgeblich.[1069]

### *b) Vollstreckung eines titulierten Zugangsverschaffungsanspruchs*

Weigern sich Provider, einem titulierten Zugangsanspruch der Erben nachzukommen, so kann dieser grundsätzlich nach § 888 Abs. 1 S. 1 ZPO vollstreckt werden. Fraglich ist in diesem Zusammenhang die Reichweite eines Zugangsverschaffungsanspruchs.

#### *(aa) Divergierende Auffassungen in der Rechtsprechung*

Nach einer Auffassung in der Rechtsprechung beschränkt sich der Zugangsanspruch der Erben auf die bloße Vermittlung der in dem Konto enthaltenen Informationen, ohne dass damit ein Zugang zu dem Account gemeint ist, der die Erben in die Lage versetzen würde, sich im Account der verstorbenen Person in einer Weise zu bewegen, die einem Login wie ein originärer Account-Inhaber gleichkommen würde.[1070] Das KG kommt zu diesem Ergebnis, indem es den Tenor des im Rahmen dieser Arbeit besprochenen Urteils des BGH restriktiv auslegt und eine reine Informationsbeschaffung als Befriedigung der Interessen

---

1066 Hierzu oben, unter C.II.5.b).

1067 BT-Drs. 10/504; *Kropholler*, Internationales Privatrecht, S. 481 f.; *Martiny*, in: MüKoBGB, Art. 6 Rom I-VO Rn. 9.

1068 Vgl. auch *Herzog/Pruns*, Der digitale Nachlass, S. 124.

1069 *Mankowski*, ErbR 2016, 550 (553).

1070 KG, Beschl. v. 9.12.2019 – 21 W 11/19.

der Erben als ausreichend erachtet.[1071] Nach einer dieser Rechtsprechung entgegenstehenden Auffassung bedeutet hingegen „Zugang gewähren", dass der Provider das zu tun habe, was es den Erben ermöglicht, den Inhalt des Benutzerkontos so zur Kenntnis zu nehmen, wie es eine Person täte, die sich auf dem sozialen Netzwerk anmeldet.[1072]

### *(bb) Eigene Auffassung*[1073]

Die Auffassung des KG ist kritikwürdig.[1074] Die (restriktive) Auslegung der Entscheidungsgründe des Urteils des BGH ist bereits nicht mit dem klaren Wortlaut des Tenors („*Zugang gewähren*") vereinbar.[1075] Darüber hinaus verstößt eine entsprechende Auslegung gegen das geltende Erbrecht und insbesondere gegen den in § 1922 Abs. 1 BGB geregelten Grundsatz der Universalsukzession, worauf der BGH seine Entscheidung hingegen maßgeblich stützt: Gemäß § 1922 Abs. 1 BGB gehen sämtliche Vermögenswerte des Erblassers mit Ausnahme von höchstpersönlichen Rechten sowie sämtliche Verbindlichkeiten auf die Erben über. Sinn und Zweck dieses Grundsatzes ist es, den Nachlass im Interesse der Erben, der Nachlassgläubiger, aber auch der Allgemeinheit zunächst als Einheit zu erhalten.[1076] § 1922 BGB sichert auf diese Weise die Kontinuität im Rechtsverkehr und will damit klare Zuordnungsverhältnisse über den Tod hinweg (Kontinuitätsfunktion) schaffen.[1077] Im Hinblick auf Vertragsverhältnisse bedeutet dies, dass der Erbe in das Vertragsverhältnis des Erblassers mit dessen Vertragspartner eintritt, verbunden mit sämtlichen Rechten und Pflichten.[1078] Für einen Vertrag zwischen dem Erblasser und einem Provider gelten diesbezüglich gerade keine Ausnahmen. Dies bedeutet im Hinblick auf ein Schuldverhältnis zwischen dem Erblasser und dem Anbieter eines sozialen Netzwerkes, dass dem Erben sämtliche sich aus diesem Schuldverhältnis ergebenden Rechte

---

1071 KG, Beschl. v. 9.12.2019 – 21 W 11/19 Rn. 19 ff. (zitiert nach juris).

1072 LG Berlin, Beschl. v. 2.8.2019 – 20 O 172/15 (zitiert nach juris); hierzu *Wüsthof*, ErbR 2019, 265.

1073 Vgl. auch *Biermann*, ErbR 2020, 341 ff.

1074 Ablehnend BGH, Beschl. v. 27.08.2020, Az. III ZB 30/20; *Biermann*, ErbR 2020, 341 ff.; *Hoeren*, MMR 2020, 183 (185 f.); *Pruns*, ZErb 2020, 245.

1075 Vgl. auch *Pruns*, ZErb 2020, 245 (247) mit Verweis auf die klare Bedeutung des Wortes „Zugang" nach dem Duden.

1076 *Leipold*, in: MüKoBGB, § 1922 Rn. 3.

1077 *Kunze*, in: Staudinger, BGB, § 1922 Rn. 10.

1078 *Leipold*, in: MüKoBGB, § 1922 Rn. 25.

zustehen.[1079] Davon umfasst ist maßgeblich das uneingeschränkte Zugangsrecht zu dem Konto des Erblassers, dessen Gewährung eine Hauptleistungspflicht des Providers darstellt.[1080] Die Intention des § 1922 Abs. 1 BGB ist die bloße Befriedigung eines Informationsinteresses des Erben; es sollen vielmehr grundsätzlich sämtliche Vertragsverhältnisse, verbunden mit allen Rechten und Pflichten, bestehen bleiben.

Vor dem Hintergrund, dass die Erben im Hinblick auf ein zum Nachlass gehörendes Vertragsverhältnis rechtlich so zu stellen sind, wie auch der Erblasser selbst zu Lebzeiten stand, kann der Tenor des Urteils des BGH unter Hinzuziehung der Entscheidungsgründe nur dahingehend ausgelegt werden, dass den Erben ein vollumfänglicher Zugang zu dem Nutzerkonto des Erblassers eingeräumt werden muss.[1081] Dieser hat zu Lebzeiten durch die Nutzung der Suchfunktion in seinem Konto die erleichterte Möglichkeit Informationen, welche in Verbindung mit der eigenen Person stehen, zu finden. Diese Möglichkeit muss auch den Erben eingeräumt werden. Die Ausführungen des KG dahingehend, dass mit einem Zugangsanspruch nicht das Recht der Erben verbunden sei, sich so im Konto des Erblassers zu „bewegen" wie bei einem „normalen" Zugang zu einem Nutzerkonto, verfängt nach alledem nicht. Die bloße Zusammenstellung von Daten durch Facebook erfüllt auch schon deswegen nicht den Zweck eines Zugangsrechts des Erben zu dem Account des Erblassers, da Facebook somit willkürlich darüber entscheiden könnte, welche Daten herausgegeben werden und welche nicht. Der Erbe hat keinerlei Möglichkeiten, eine „Vor-Selektion" durch Facebook zu erkennen oder gar zu verhindern. Dem Erben muss nach alledem das Recht eingeräumt werden, sich selbst ein Bild von den Kontoaktivitäten des Erblassers zu machen, so wie dies der Erblasser zu Lebzeiten auch hätte selbst tun können.

Vielmehr ist zwischen einem Zugangsrecht, das den Erben, wie vorstehend dargelegt, vollumfänglich eingeräumt werden muss, und einem Recht auf Nutzung des Accounts des Erblassers zu unterscheiden: Das Profil des Erblassers bei einem sozialen Netzwerk kann – Gleiches gilt für ein Girokonto des Erblassers[1082] – nicht von den Erben als deren eigenes fortgeführt werden.[1083] Dem Erben ist im Ergebnis ein sog. „passives Nutzungsrecht"

---

1079 So im Ergebnis auch *Fußeder*, Soziale Netzwerke im Nachlass, S. 91.

1080 *Biermann* in: Scherer (Hrsg.), MAH Erbrecht, 5. Aufl. 2018, § 50 Rn. 12.

1081 A.A. *Außner*, ErbR 2020, 598 (599).

1082 Hierzu BGH, Urt. v. 18.01.2000 – XI ZR 160/99 (NJW 2000, 1258); *Preuß*, in: BeckOGK, BGB, § 1922 Rn. 242.

1083 So auch *Brisch/Müller-ter Jung*, CR 2013, 446 (456).

einzuräumen.[1084]

1084 So auch BGH, Beschl. v. 27.08.2020, Az. III ZB 30/20; im Ergebnis auch *Außner*, ErbR 2020, 598 (601); *Pruns*, ZErb 2020, 245 (249).

# G. Zusammenfassung der wesentlichen Ergebnisse

Die zunehmende Digitalisierung der Gesellschaft verändert nicht nur das Onlineverhalten der Menschen;[1085] es stellt auch das Recht vor neue Herausforderungen. Wie bei gesellschaftlichen Entwicklungen generell ist das Recht auch im Hinblick auf den Umgang mit dem digitalen Nachlass einer kritischen Prüfung hinsichtlich der Frage nach der Notwendigkeit einer Anpassung zu unterziehen.[1086] Ziel der vorliegenden Abhandlung war es, anhand des rechtlichen Umgangs mit dem digitalen Nachlass, die Notwendigkeit nach einem postmortalen Schutz personenbezogener Daten herauszuarbeiten, einen solchen aus dem Grundgesetz abzuleiten und auf einfachgesetzlicher Ebene zu etablieren. Zusammenfassend können die folgenden Ergebnisse festgehalten werden:

1. Der digitale Nachlass ist erbrechtlich nicht anders zu behandeln wie der analoge Nachlass. Gemäß § 1922 Abs. 1 BGB und dem sich daraus ergebenden fundamentalen Grundsatz der Universalsukzession geht der gesamte Nachlass des Erblassers auf dessen Erben über. Dies grundsätzlich unabhängig davon, ob es sich dabei um vermögenswerte oder nichtvermögenswerte Rechtspositionen ohne (materiellen) Vermögenswert handelt.[1087] Eine Aufteilung in zwei „Spaltnachlässe“ findet nicht statt.[1088] Hiervon ausgenommen sind lediglich sog. höchstpersönliche Rechtsverhältnisse, welche inhaltlich so eng an die Person des Erblassers geknüpft sind, dass sie mit dessen Ableben erlöschen.[1089] Dies ist im Hinblick auf die konkrete Ausgestaltung der Vertragsbeziehungen zu Online- Kommunikationsdienstleistern regelmäßig nicht der Fall.[1090] Die Erben einer verstorbenen Person treten mithin in die von dieser lebzeitig begründeten Rechtsverhältnisse zu den jeweiligen Providern ein. Verhindern kann dies der Erblasser lebzeitig nur, indem er entweder Daten aktiv löscht oder mit den Providern eine individualvertragliche

---

1085 Vgl. auch *Kutscher*, Der digitale Nachlass, S. 168.

1086 Vgl. nur BVerfGE 65, 1; *Kutscher*, Der digitale Nachlass, S. 169; *Werner*, NJOZ 2019, 1041

1087 C.II.3.a).(bb).

1088 *Herzog/Pruns*, Der digitale Nachlass, S. 29.

1089 Hierzu *Leipold*, in: MüKoBGB, § 1922 Rn. 28 ff.

1090 C.II.3.a).(dd).(2).(a).

Löschungsanordnung trifft. Letzteres sehen die überwiegenden Provider nicht vor.[1091] Erbrechtliche Gestaltungsmöglichkeiten stehen dem Erblasser nur eingeschränkt zu (bspw. die Anordnung von Testamentsvollstreckung mit ausdrücklicher Löschungsanordnung).[1092]

2. Dem Übergang des digitalen Nachlasses auf die Erben einer verstorbenen Person steht weder das allgemeine Persönlichkeitsrecht (Art. 2 Abs. 1 i.V.m. Art. 1 Abs. 1 GG) noch das postmortale Persönlichkeitsrecht (Art. 1 Abs. 1 GG) des Erblassers entgegen: Der Schutzbereich des allgemeinen Persönlichkeitsrechts endet mit dem Ableben des Grundrechtsinhabers.[1093] Das postmortale Persönlichkeitsrecht vermag aufgrund seiner primären Ausgestaltung als Abwehrrecht einen Übergang personenbezogener Daten des Erblassers auf dessen Erben, losgelöst von einer konkreten Beeinträchtigung dessen postmortalen Ansehens, nicht zu verhindern.[1094]
3. Das derzeit geltende Datenschutzrecht, insbesondere die Regelungen der DSGVO, des BDSG und des TMG gebietet keinen postmortalen Datenschutz. Der persönliche Anwendungsbereich der DSGVO des BDSG und auch des TMG endet mit dem Ableben des Berechtigten.[1095] Eine anderweitige Auslegung ist aufgrund des klaren Willen des europäischen[1096] und des nationalen Gesetzgebers[1097] dahingehend, dass Daten Verstorbener nicht vom Anwendungsbereich der DSGVO und des BDSG erfasst sind, nicht möglich.[1098]
4. Das in § 88 Abs. 3 TKG geregelte Fernmeldegeheimnis schützt zwar grundsätzlich auch Daten Verstorbener vor einer Kenntnisverschaffung durch die Provider. Der Schutz des § 88 Abs. 3 TKG besteht indes nicht im Verhältnis zu den Erben einer verstorbenen Person, da diese bereits nicht als „andere" im Sinne dieser Regelung anzusehen sind: Die Erben treten gemäß § 1922 Abs. 1 BGB rechtlich an die Stelle des Erblassers und mithin in die von ihm begründeten Rechtsverhältnisse ein.[1099] Dem deutschen Erbrecht liegt das auf dem Grundsatz der Universalsukzession basierende Prinzip der

---

1091 C.II.5.b).(aa).
1092 F.II.3.b).
1093 C.II.2.a).(ee) ff.
1094 C.II.2.b).(bb).(2).(a).
1095 C.II.4.f).(bb).(1).
1096 Vgl. Erwägungsgrund 27 zur DSGVO.
1097 C.II.2.a).(ee).(2).(b); *Arens*, RDV 2018, 127 (129 f.).
1098 C.II.4.f).(1).
1099 C.II.4.c).(ee).(1).

Kontinuität der Rechtsverhältnisse zugrunde,[1100] welches durch eine anderweitige Betrachtung konterkariert würde.

5. Die Regelungen des Datenschutz- und des Telekommunikationsrechts stehen auch im Hinblick auf die noch lebenden Kommunikationspartner des Erblassers einem Übergang des digitalen Nachlasses auf dessen Erben nicht entgegen: Dem Grundsatz der Gesamtrechtsnachfolge ist es immanent, dass auch Informationen über Dritte, so sich diese im Nachlass befinden, auf die Erben des Erblassers übergehen (bspw. Briefe, Fotos etc. im Nachlass). Die Kommunikationspartner des Erblassers sind insoweit, als sie bewusst persönliche Informationen gegenüber diesem preis- und damit in den Herrschafts- und Verfügungsbereich des Erblassers gegeben haben,[1101] im Hinblick auf eine Kenntnisnahme durch dessen Erben nicht schutzwürdig: Mit einem Ableben des Erblassers und dem Übergang dessen Vermögens auf seine Erben muss der jeweilige Kommunikationspartner rechnen. Im Ergebnis ist damit von einer konkludenten Einwilligung der Kommunikationspartner auszugehen, soweit die Datenweitergabe durch den Provider von dessen Leistungsumfang erfasst ist, was vor dem Hintergrund des § 1922 Abs. 1 BGB der Fall ist.[1102]
6. Regelungen einzelner Provider, welche den Umgang mit den Inhalten eines Accounts nach dem Ableben des Nutzers zum Gegenstand haben, sind als Allgemeine Geschäftsbedingungen im Sinne der §§ 305 ff. BGB zu qualifizieren.[1103] Soweit solche regeln, dass ein Account und/oder sein Inhalt nach dem Ableben des Nutzers gelöscht oder für dessen Erben nicht mehr zugänglich ist, sind diese gemäß § 307 Abs. 1, 2 BGB unwirksam. Gleiches gilt für den Fall, dass den Erben die Nachlassabwicklung, bspw. durch entsprechende Hürden im Hinblick auf deren Legitimation oder die Durchsetzung des Zugriffsrechts, in unzumutbarer Weise erschwert wird.[1104]
   a) Nach der derzeitigen Rechtslage besteht kein Schutz von Daten Verstorbener. Das Wissen um einen fehlenden postmortalen Datenschutz beeinträchtigt indes das Onlineverhalten einer Person zu deren Lebzeiten (sog. *chilling effects*),[1105] sodass damit eine Einschränkung der Kommunikationsgrundrechte sowie des Rechts auf informationelle Selbstbestimmung

1100 C.II.3.a).(aa).; hierzu instruktiv *Kunz*, in: Staudinger BGB (2017), § 1922 Rn. 10.
1101 So auch *Pruns*, NWB 2014, 1 (10).
1102 C.II.4.c).(ee).(3).(b).(iii); C II.4.f).(bb).(3).(c) ff.
1103 C.II.5.b).
1104 CII.5.b).(ee) ff.
1105 D.I.4.; hierzu eingehend *Martini*, in: Hill/Martini/Wagner, Facebook, Google und Co., S. 102; *Martini*, JZ 2012, 1145 (1149).

(Art. 2 Abs. 1 GG) einhergeht: Wer nicht verhindern kann, dass seine Daten nach seinem Tod uneingeschränkt und unkontrolliert auf seine Erben übergehen, wird sich im Hinblick auf sein Online-, insbesondere sein Kommunikationsverhalten umsichtiger und ggf. restriktiver verhalten.

b) Aufgrund der vorstehend aufgezeigten grundrechtlichen Relevanz des Fehlens eines postmortalen Datenschutzes besteht die Notwendigkeit der Schaffung eines grundrechtlich verankerten postmortalen Datenschutzes als weitere Ausformung des allgemeinen Persönlichkeitsrechts (Art. 2 Abs. 1, 1 Abs. 1 GG).[1106] Der Schutzbereich des Rechts auf postmortalen Datenschutz erfasst sämtliche personenbezogenen Daten einer Person, soweit sich diese in dem Herrschaftsbereich eines Dritten befinden und soweit diese nicht freiwillig seitens des Grundrechtsinhabers gegenüber einem unbestimmten Personenkreis zugänglich gemacht wurden (öffentlicher Onlinepost etc.).[1107]

c) Der mit dem Grundrecht auf postmortalen Datenschutz einhergehende staatliche Schutzauftrag gebietet die Etablierung eines einfachgesetzlichen postmortalen Datenschutzes, um dem vorgenannten Grundrecht umfassend Geltung zu verschaffen.[1108]

7. Eine rechtsvergleichende Betrachtung anderer Rechtsordnungen in Europa sowie in den USA und Kanada hat Möglichkeiten aufgezeigt, wie der Umgang mit dem digitalen Nachlass und damit die Etablierung eines postmortalen Datenschutzes einfachgesetzlich geregelt werden kann. In Europa haben einige Länder die Umsetzung der DSGVO zum Anlass genommen, um einen postmortalen Datenschutz in die nationalen Datenschutzgesetze zu integrieren, und zwar dergestalt, dass das Datenschutzrecht mit dem Ableben einer Person grundsätzlich nicht endet.[1109] In den USA besteht die Möglichkeit, testamentarisch oder über ein von einem Provider bereitgestelltes Onlinetool zu bestimmen, ob personenbezogene Daten nach dem Ableben den Erben zur Verfügung stehen sollen.[1110]

8. Für die Etablierung eines postmortalen Datenschutzes auf nationaler Ebene ist eine entsprechende Modifizierung des BDSG gegenüber einer Anpassung

1106 D.II.3 ff.
1107 D.II.3.b).(aa).
1108 D.I.1.; D.II.5.
1109 E.I.2.a).
1110 E.I.2.b).

der §§ 1922 ff. BGB oder des § 88 TKG im Ergebnis als vorzugswürdig anzusehen. Dies vor dem Hintergrund, dass damit allgemein – mithin über den Umgang mit dem digitalen Nachlass hinaus – Regelungen zum postmortalen Schicksal von Daten geschaffen werden können.[1111]

9. Solange der Gesetzgeber weiterhin von der Etablierung eines postmortalen Datenschutzes absieht,[1112] muss der Nutzer selbst entsprechende Vorsorgemaßnahmen treffen. Neben der Nutzung von Diensten, welche eine sog. Ende-zu-Ende-Verschlüsselung anbieten[1113], sollte von den erbrechtlichen Gestaltungsmöglichkeiten Gebrauch gemacht werden.[1114] Ein weitgehender postmortaler Datenschutz kann dadurch erreicht werden, indem Abwicklungs-Testamentsvollstreckung, verbunden mit einer Löschungsaufforderung betreffend die personenbezogenen Daten des Erblassers und entsprechenden Accounts, angeordnet wird. Ferner sollten Nutzer von den Möglichkeiten einer individualvertraglichen Vereinbarung mit Providern zum Umgang mit den Daten nach ihrem Ableben Gebrauch machen, soweit dies angeboten wird (wie derzeit bspw. von Google).[1115]

1111 E.III.
1112 BT-Drs. 19/4207.
1113 Hierzu oben, unter F.I.1.
1114 Hierzu oben, unter F.II. ff.
1115 C.II.5.a).(dd).

# Literaturverzeichnis


*Achtruth, Björn*, Der rechtliche Schutz bei der Nutzung von Sozial Networks, Münster 2014. Zitiert: *Achtruth*, Der rechtliche Schutz bei der Nutzung von Sozial Networks

*Ahrens, Claus*, Fragen der erbrechtlichen Gestaltung postmortaler Persönlichkeitsrechtsverwertungen, ZEV 2006, 237 – 242. Zitiert: *Ahrens*, ZEV 2006, 237

*Albrecht, Jan Phillipp*, Das neue EU-Datenschutzrecht – von der Richtlinie zur Verordnung, CR 2016, 88 – 98. Zitiert: *Albrecht*, CR 2016, 88

*Alexander, Christian*, Digitaler Nachlass als Rechtsproblem? – Überlegungen aus persönlichkeitsrechtlicher, datenschutzrechtlicher und vertragsrechtlicher Sicht, K&R 2016, 301 - 307. Zitiert: *Alexander*, K&R 2016, 301

*Amstutz, Marc*, Dateneigentum, Archiv für die civilistische Praxis, Jahrgang 218, 438 – 551. Zitiert: *Amstutz*, AcP 218, 438

*Apel, Simon*, Anmerkung zur Entscheidung des BGH, Urteil vom 12. Juli 2018 (III ZR 183/17), ZD 2018, 486 – 488. Zitiert: *Apel*, ZD 2018, 486

*Apel, Simon*, Keine Anwendung der „UsedSoft"-Rechtsprechung des EuGH jenseits von Computerprogrammen – eine Bestandsaufnahme zur Erschöpfung bei „gebrauchten" digitalen Gütern, ZUM 2015, 640 - 648. Zitiert: *Apel*, ZUM 2015, 640

*Arens, Tobias*, Postmortaler Datenschutz und die Datenschutz-Grundverordnung, RDV 2018, 127 – 132. Zitiert: *Arens*, RDV 2018, 127.

*Arndt, Hans-Wolfgang/Fetzer, Thomas/Scherer, Joachim/Graulich, Kurt* (Hrsg.), Telekommunikationsgesetz, 2. Aufl., Berlin 2015. Zitiert: *Bearbeiter*, in: Arndt/Fetzer/Scherer/Graulich, TKG, §… Rn…

*Auernahmmer, Herbert* (Begr.), DSGVO/BDSG, 7. Auflage Hürth 2020. Zitiert: *Bearbeiter*, in: Auernhammer, DSGVO/BDSG, Art…Rn…

*Auer-Reinsdorff, Astrid/Conrad, Isabell* (Hrsg.), Handbuch IT- und Datenschutzrecht, 3. Auflage, München 2019. Zitiert: *Bearbeiter*, in: Auer-Reinsdorff/Conrad, Handbuch IT- und Datenschutzrecht, §… Rn…

*Aumann, Christoph/Aumann, Annemarie*, Zwischen Persönlichkeitsrecht, Erbrecht und Telekommunikationsgeheimnis: Verfassungsrechtliche Probleme des digitalen Nachlasses, JURA 2019, 575 – 583. Zitiert: *Aumann/Aumann*, JURA 2019

*Außner, Nils*, Erfüllung des Anspruchs auf Zugang zu geerbten Plattformkonten – zugleich eine Auseinandersetzung mit dem US-amerikanischen RUFADA-Act, ErbR 2020, 598 – 606. Zitiert: *Außner*, ErbR 2020, 598

*Bäcker, Kerstin/Höfinger, Frank Michael,* Online-Vertrieb digitaler Inhalte: Erstvertrieb, nachgelagerte Nutzungen und nachgelagerte Märkte, ZUM 2013, 623 – 641. Zitiert: *Bäcker/Höfinger*, ZUM 2013, 623

*Bamberger, Heinz-Georg/Roth, Herbert/Hau, Wolfgang/Poseck, Roman* (Hrsg.), Beck'scher Online-Kommentar BGB, München, 48. Edition, Stand: 1.11.2018. Zitiert: *Bearbeiter*, in: BeckOK, BGB, §... Rn...

*Bär, Christian/Grädler, Thomas/Mayr, Robert* (Hrsg.), Digitalisierung im Spannungsfeld von Politik, Wirtschaft, Wissenschaft und Recht, Bd. 1, Berlin 2018. Zitiert: *Bearbeiter*, in: *Bär/Grädler/Mayr*, Digitalisierung im Spannungsfeld

*Baranowski, Anne/Glaßl, Ramón*, Whistleblowing in Recht und Praxis – und ein bisschen Datenschutz, CB 2018, 271 – 276. Zitiert: *Baranowski/Glaßl*, CB 2018, 271

*Basedow, Jürgen*, Hundert Jahre Rechtsvergleichung, JZ 2016, 269 – 280. Zitiert: *Basedow*, JZ 2016, 269

*Bayer, Walter*, Zur Dogmatik der unwiderruflichen Vollmacht, DNotZ 2020, 373 – 380. Zitiert: Bayer, DNotZ 2020, 337

*Beckert, Jens,* The Longue Durée of Inheritance Law: Discourses and Institutional Development in France, Germany, and the United States since 1800. In: Archives européennes de Sociologie XLVIII, 1 (= European Journal of Sociology 48), 2007, 79–120. Zitiert: *Beckert*, Arch. eur. sociol. 48 (2007) 79

*Bengel, Manfred/Reimann, Wolfgang*, Handbuch der Testamentsvollstreckung, 7. Auflage, München 2020. Zitiert: *Bearbeiter*, in: Bengel/Reimann, Hdb. Testamentsvollstreckung

*Bergmann, Lutz/Möhrle, Roland/Herb, Armin*, Datenschutzrecht, Stuttgart 2016. Zitiert: *Bergmann/Möhrle/Herb*, Datenschutzrecht

*Beuthien, Volker*, Was ist vermögenswert, die Persönlichkeit oder ihr Image? - Begriffliche Unstimmigkeiten in den Marlene-Dietrich-Urteilen, NJW 2003, 1220 – 1222. Zitiert: *Beuthien*, NJW 2003, 1220

*Beuthien, Volker/Schmölz, Anton*, Persönlichkeitsschutz durch Persönlichkeitsgüterrechte, München 1999. Zitiert: *Beuthien/Schmölz*, Persönlichkeitsschutz durch Persönlichkeitsgüterrechte

*Biermann, Bastian,* Anmerkung zu der Entscheidung des KG, Beschluss vom 9. Dezember 2019 - 21 W 11/19 – Zur Form der Auskunftserteilung über Facebook-Nutzungsvertrag nach dem Tod des Kontoinhabers, ErbR 2020, 341 - 345. Zitiert: *Biermann*, ErbR 2020, 341

*Biermann, Bastian,* Anmerkung zur Entscheidung des BGH, Urteil vom 12. Juli 2018 (III ZR 183/17) – Zur Frage der Vererblichkeit des digitalen Nachlasses nach allgemeinen Regeln, ErbR 2018, 577 – 579. Zitiert: *Biermann*, ErbR 2018, 577

*Biermann, Bastian,* Der digitale Nachlass im Spannungsfeld zwischen Erbrecht und Datenschutz – Zugleich Besprechung des Urteils des KG Berlin vom 31. Mai 2017 – 21 U 9/16, ZErb 2017, 210 – 217. Zitiert: *Biermann,* ZErb 2017, 210

*Biermann, Bastian,* Vorrang des Erbrechts!, ErbR 2018, 1. Zitiert: *Biermann,* ErbR 2018, 1

*Bizer, Johann,* Postmortaler Persönlichkeitsschutz? - Rechtsgrund und Länge der Schutzfristen für personenbezogene Daten Verstorbener nach den Archivgesetzen des Bundes und der Länder, NVwZ 1993, 653 – 656. Zitiert: *Bizer,* NVwZ 1993, 653

*Bleich, Holger,* Ableben 2.0, Wie mit den Internet-Hinterlassenschaften Verstorbener umzugehen ist, C't 2013, 62 – 64. Zitiert: *Bleich,* C't 2013, 62

*Bock, Merle,* Juristische Implikationen des digitalen Nachlasses, AcP 217 (2017), 370 – 417. Zitiert: *Bock,* AcP 217, 370

*Boehme-Neßler, Volker,* Das Grundrecht auf Suizid, NVwZ 2020, 1012 – 1015. Zitiert: *Boehme-Neßler,* NVwZ 2020, 1012.

*Boos, Carina/Kroschwald, Steffen/Wicker, Magda,* Datenschutz bei Cloud Computing zwischen TKG, TMG und BDSG – Datenkategorien bei der Nutzung von Cloud-Diensten, ZD 2013, 205 – 209. Zitiert: *Boos/Kroschwald/Wicker,* ZD 2013, 205

*Börding, Andreas/Jülicher, Tim/Röttgen, Charlotte/Schönfeld, Max von,* Neue Herausforderungen der Digitalisierung für das deutsche Zivilrecht, Praxis und Rechtsdogmatik, CR 2017, 134-140. Zitiert: *Börding/Jülicher/Röttgen/v. Schönfeld,* CR 2017, 134

*Braun, Frank,* Anmerkung zu der Entscheidung des LG Berlin, Beschl. v. 13.02.2019 – 20 O 172/15, jurisPR-ITR 15/2019 Anm. 3, 1 – 4. Zitiert: *Braun,* jurisPR-ITR 15/2019 Anm. 3

*Bräutigam, Peter,* Das Nutzungsverhältnis bei sozialen Netzwerken – Zivilrechtlicher Austausch von IT-Leistungen gegen personenbezogene Daten, MMR 2012, 635 – 641. Zitiert: *Bräutigam,* MMR 2012, 635

*Bräutigam, Peter,* Initiativstellungnahme des Deutschen Anwaltsverein zum digitalen Nachlass Nr. 34/2013. Zitiert: *Bräutigam,* Stellungnahme DAV

*Brewer, Bradley,* Dombrowski v. Pfister: Federal Injunctions against State Prosecutions in Civil Rights Cases--A New Trend in Federal-State Judicial Relations, 34 Fordham L. Rev. 71 (1965-1966), 71 – 92. Zitiert: *Brewer,* 34 Fordham L. Rev. 71 (1965-1966)

*Brinkert, Maike/Stolze, Michael/Heidrich, Joerg,* Der Tod und das soziale Netzwerk

*Brisch, Klaus/Müller-ter Jung, Marco*, Digitaler Nachlass – Das Schicksal von E-Mail- und De-Mail-Accounts sowie Mediencenter-Inhalten: Anforderungen an Internet-Provider nach dem Tode des Account-Inhabers, CR 2013, 446 – 455. Zitiert: *Brisch/Müller-ter Jung*, CR 2013, 446

*Buchner, Benedikt*, Grundsätze und Rechtmäßigkeit der Datenverarbeitung unter der DS-GVO, DuD 2016, 155 – 161. Zitiert: *Buchner*, DuD 2016, 155

*Budzikiewicz, Christine*, Digitaler Nachlass, AcP 218, 558 – 593. Zitiert: *Budzikiewicz*, AcP 218, 558

*Bull, Hans Peter*, Digitale Grundrechte für Europa, RuP 2017, 9 – 25. Zitiert: *Bull*, RuP 2017, 9

*Burandt, Wolfgang/Rojahn, Dieter* (Hrsg.), Erbrecht, 3. Auflage, München 2019. Zitiert: *Bearbeiter*, in: Burandt/Rojahn, Erbrecht, §... Rn...

*Büscher, Wolfgang/Dittmer, Stefan/Schiwy, Peter*, Gewerblicher Rechtsschutz Urheberrecht Medienrecht, 4. Aufl., Köln 2019. Zitiert: *Bearbeiter*, in: Büscher/Dittmer/Schiwy, Gewerblicher Rechtsschutz Urheberrecht Medienrecht, §... Rn...

*Calliess, Christian/Ruffert, Matthias* (Hrsg.), Das Verfassungsrecht der Europäischen Union, 3. Auflage, München 2007. Zitiert: *Bearbeiter*, in: Calliess/Ruffert, Das Verfassungsrecht der Europäischen Union, Art...Rn...

*Calliess, Christian/Ruffert, Matthias* (Hrsg.), EUV/AEUV, 5. Auflage, München 2016. Zitiert: *Bearbeiter*, in: Calliess/Ruffert, EUV/AEUV, Art...Rn...

*Claus, Sabine*, Postmortaler Persönlichkeitsschutz im Zeichen allgemeiner Kommerzialisierung, Baden-Baden 2004. Zitiert: *Claus*, Postmortaler Persönlichkeitsschutz im Zeichen allgemeiner Kommerzialisierung

*Conrad, Isabell/Grützmacher, Malte*, Recht der Daten und Datenbanken im Unternehmen, Köln 2014. Zitiert: *Bearbeiter*, in: Conrad/Grützmacher, Recht der Daten und Datenbanken im Unternehmen, 2014, §...Rn...

*Constantinesco, Léontin-Jean*, Rechtsvergleichung, Band 2. Die rechtsvergleichende Methode, Köln 1972. Zitiert: *Constantinesco*, Rechtsvergleichung

*Culmsee, Torsten*, Postmortaler Datenschutz und postmortale Datennutzung, DSRITB 2013, 413 – 429. Zitiert: *Culmsee*, DSRITB 2013, 413

*Culmsee, Torsten*, Postmortaler Datenschutz und postmortale Datennutzung, in: Taeger, Jürgen (Hrsg.), Law as a Service (LaaS). Recht im Internet- und Cloud-Zeitalter, Tagungsband DSRI-Herbstakademie, Edewecht 2013, S. 413 – 428. Zitiert: *Culmsee*, in: Taeger, Tagungsband DSRI-Herbstakademie 2013

*Dauster, Manfred/Braun, Franz*, Verwendung fremder Daten im Zivilprozess und zivilprozessuale Beweisverbote, NJW 2000, 313 – 319. Zitiert: *Dauster/Braun*, NJW 2000, 313

*Degenhart, Christoph*, Das allgemeine Persönlichkeitsrecht, Art. 1 I i.V mit Art. 1 I GG, JuS 1992, 361 – 368. Zitiert: *Degenhart*, JuS 1992, 361

*Ders.*, Connected Car – intelligente KfZ, intelligente Verkehrssysteme, intelligenter Datenschutz?, RDV 2014, 240-252. Zitiert: *Kremer*, RDV, 240

*Dette, Hans Walter*, Venire contra factum proprium nulli conceditur: Zur Konkretisierung eines Rechtssprichworts, Berlin 1985. Zitiert: *Dette*, Venire contra factum proprium nulli conceditur

*Deusch, Florian*, Anmerkung zu KG, Urt. v. 31.5.2017 – 21 U 9/16, ZEV 2017, 399 – 400. Zitiert: *Deusch*, ZEV 2017, 399.

*Deusch, Florian*, Der digitale Nachlass vor dem BGH und die Praxisfolgen, ZEV 2018, 687 – 691. Zitiert: *Deusch*, ZEV 2018, 687

*Deusch, Florian,* Digitales Sterben: Das Erbe im Web 2.0, ZEV 2014, 2 – 8. Zitiert: *Deusch*, ZEV 2014, 2

*Deusch, Florian, Eggendorfer, Tobias*, Verschlüsselte Kommunikation im Unternehmensalltag: Nice-to-have oder notwendige Compliance?, K&R 2015, 11 – 18. Zitiert: *Deusch/Eggendorfer*, K&R 2015, 11

*Deusch, Florian*, Fernmeldegeheimnis im Spannungsfeld aktueller Kommunikationstechnologien, DSRITB 2016, 725 – 743. Zitiert: *Deusch*, DSRITB 2016, 725

*Dietrich, Nils,* Von UsedSoft II und dessen Folgen - Die "Online-Erschöpfung" nach dem Urteil des BGH im deutschen Recht, NJ 2014, 194 – 198. Zitiert: *Dietrich*, NJ 2014, 194

Digitaler Nachlass in Theorie und Praxis, ZD 2013, 153 – 157. Zitiert: *Brinkert/Stolze/Heidrich*, ZD 2013, 153

*Dorner, Michael,* Big Data und „Dateneigentum", CR 2014, 617 - 628. Zitiert: *Dorner*, CR 2014, 617

*Dörr, Dieter/Schwartmann, Rolf,* Medienrecht 6, Heidelberg 2019. Zitiert: *Dörr/Schwartmann*, Medienrecht

*Dreier, Horst* (Hrsg.), Grundgesetzkommentar, Band I, 3. Auflage, München 2013. Zitiert: *Bearbeiter*, in: Dreier, GG, Art...Rn...

*Dreier, Thomas/Schulze, Gernot* (Hrsg.): Urheberrechtsgesetz, 6. Auflage, München 2018. Zitiert: *Bearbeiter,* in: Dreier/Schulze, UrhG, §... Rn...

*Druschel, Johannes,* Die Behandlung digitaler Inhalte im Gemeinsamen Europäischen Kaufrecht (GEKR), München 2014. Zitiert: *Druschel,* Die Behandlung digitaler Inhalte im Gemeinsamen Europäischen Kaufrecht (GEKR), 2014 (nach S.)

*Druschel, Johannes,* Die Regelung digitaler Inhalte im Gemeinsamen Europäischen Kaufrecht (GEKR), GRUR Int. 2015, 125 – 137. Zitiert: *Druschel*, GRUR Int. 2015, 125

*Durner, Wolfgang*, Fernemeldegeheimnis und informationelle Selbstbestimmung als Schranken urheberrechtlicher Sperrverfügungen im Internet?, ZUM 2010, 833 – 846. Zitiert: Durner, ZUM 2010, 833

*Dutta, Anatol,* Warum Erbrecht?, Tübingen 2014. Zitiert: *Dutta*, Warum Erbrecht?.

*Dutta, Anatol/Weber, Johannes,* Internationales Erbrecht, München 2016. Zitiert: *Bearbeiter*, in: Dutta/Weber, Internationales Erbrecht

*Duttge, Gunnar,* Freiheit für alle oder allgemeine Handlungsfreiheit?, NJW 1997, 3353 – 3355. Zitiert: *Duttge*, NJW 1997, 3353

*Eckhardt, Jens/Kramer, Rudi*, EU-DSGVO – Diskussionspunkte aus der Praxis, DuD 2013, 287 – 294. Zitiert: *Eckardt/Kramer*, DuD 2013, 287

*Edosomwan, Simeon/Prakasan, Sitalaskshmi/Kuoame, Doriane/Watson, Jonelle/Seymour, Tom,* The History of Social Media and ist Impact on Business, The Journal of Applied Management and Entrepreneurship, 2011, Vol. 16, No. 3, 1 – 13. Zitiert: *Edosomwan/Prakasan/Kouame/Watson/Seymour*, The Journal of Applied Management and Entrepreneurship, 2011, Vol. 16, No. 3

*Ehmann, Eugen/Selmayr, Martin* (Hrsg.), Datenschutz-Grundverordnung, 2. Auflage, München 2018. Zitiert: *Bearbeiter*, in: Ehmann/Selmayr, DS-GVO, Art…Rn…

*Eifert, Martin*, Informationelle Selbstbestimmung im Internet – Das BverfG und die Online-Durchsuchung, NVwZ 2008, 521 – 523. Zitiert: *Eifert*, NVwZ 2008, 521

*Epping, Volker,* Grundrechte, Heidelberg 2015. Zitiert: *Epping*, Grundrechte

*Epping, Volker/Hillgruber, Christian* (Hrsg.), BeckOK Grundgesetz, 43. Edition, München 2020. Zitiert: *Bearbeiter*, in: BeckOK GG, Art…Rn…

*Esterbauer, Nick,* Comparing Canadian and American Digital Asset Legislation, https://hullandhull.com/2017/04/comparing-canadian-american-digital-asset-legislation/. Zitiert: *Esterbauer*, Comparing Canadian and American Digital Asset Legislation

*Faust, Sebastian/Spittka, Jan/Wybitul, Tim*, Milliardenbußgelder nach der DS-GVO? Ein Überblick über die neuen Sanktionen bei Verstößen gegen den Datenschutz, ZD 2016, 120 – 125. Zitiert: *Faust/Spittka/Wybitul*, ZD 2016, 120

*Firsching, Karl/Graf, Lothar*, Nachlassrecht, 11. Auflage, München 2019. Zitiert: *Bearbeiter*, in: Firsching/Graf, Nachlassrecht, §...

*Forgó, Nikolaus/Helfrich, Marcus/Schneider, Jochen* (Hrsg.), Betrieblicher Datenschutz, 3. Auflage, München 2019. Zitiert: *Bearbeiter*, in: Forgó/Helfrich/Schneider, Betrieblicher Datenschutz

*Freiherr von dem Bussche, Axel/Zeiter, Anna/Brombach, Till*, Die Umsetzung der Vorgaben der Datenschutz-Grundverordnung durch Unternehmen, DB 2016, 1359 – 1365. Zitiert: *Freiherr von dem Bussche/Zeiter/Brombach*, DB 2016, 1359

*Frieauf, Karl Heinrich/Höfling, Wolfram*, Berliner Kommentar zum Grundgesetz, Band 1, Stand 2019. Zitiert: *Bearbeiter*, in: Frieauf/Höfling, GG, Art…Rn…

*Fußeder, Florian*, Soziale Netzwerke im Nachlass, München 2019. Zitiert: *Fußeder*, Soziale Netzwerke im Nachlass

*Gallwas, Hans-Ulrich*, Der allgemeine Konflikt zwischen dem Recht auf informationelle Selbstbestimmung und der Informationsfreiheit, NJW 1992, 2785 – 2790. Zitiert: *Gallwas*, NJW 1992, 2785

*Ganzhorn, Marco*, Ist ein E-Book ein Buch?, CR 2014, 492 – 497. Zitiert: *Ganzhorn*, CR 2014, 492

*Garden, Florian/Hiéramente, Mayeul*, Die neue Whistleblowing-Richtlinie der EU – Handlungsbedarf für Unternehmen und Gesetzgeber, BB 2019, 963 – 969. Zitiert: *Garden/Hiéramente*, BB 2019, 963

*Geimer, Reinhold/Schütze, Rolf* (Hrsg.), Internationaler Rechtsverkehr in Zivil- und Handelssachen, München, Stand April 2020. Zitiert: *Bearbeiter*, in: Geimer/Schütze, Internationaler Rechtsverkehr.

*Geppert, Martin/Schütz, Raimund* (Hrsg.), Beck'scher TKG-Kommentar, 4. Auflage, München 2013. Zitiert: *Bearbeiter*, in: Beck'scher TKG-Kommentar, §... Rn…

*Gersdorf, Hubertus/Paal, Boris* (Hrsg.), BeckOK Informations- und Medienrecht, 22. Edition, Stand: 1.8.2019. Zitiert: *Bearbeiter*, in: BeckOK InfoMedienR, Art./§… Rn…

*Gloser, Stefan*, „Digitale Erblasser" und „digitale Vorsorgefälle" – Herausforderungen der Online-Welt in der notariellen Praxis – Teil 1, MittBayNot 2016, 12 – 19. Zitiert: *Gloser*, MittBayNot 2016, 12

*Gloser, Stefan*, „Digitale Erblasser" und „digitale Vorsorgefälle" – Herausforderungen der Online-Welt in der notariellen Praxis – Teil 2, MittBayNot 2016, 101 – 108. Zitiert: *Gloser*, MittBayNot 2016, 101

*Gloser, Stefan*, „Digitale Vorsorge" in der notariellen Praxis, DNotZ 2015, 4 – 20. Zitiert: *Gloser*, DNotZ 2015, 4

*Gola, Peter* (Hrsg.), Datenschutz-Grundverordnung, 2. Auflage München 2018. Zitiert: *Bearbeiter*, in: Gola, DSGVO, Art…Rn…

*Gola, Peter/Heckmann, Dirk* (Hrsg.), Bundesdatenschutzgesetz, 13. Auflage, München 2019. Zitiert: *Bearbeiter*, in: Gola/Heckmann, BDSG, §...Rn...

*Gola, Peter/Schomerus, Rudolf* (Hrsg.), Bundesdatenschutzgesetz, 12. Auflage, München 2015. Zitiert: *Bearbeiter*, in: Gola/Schomerus, BDSG, §...Rn...

*Golland, Alexander*, Datenverarbeitung in sozialen Netzwerken, Frankfurt a. M. 2019. Zitiert: *Golland*, Datenverarbeitung in sozialen Netzwerken

*Goltermann, Neil T.*, RUFADAA: What is it? Why we should be concerned about its affect on estate and financial planning, https://www.momkus.com/news/articles/rufadaa-what-is-it-why-should-we-be-concerned-about-its-affect-on-estate-and-financial-planning. Zitiert: *Goltermann*, RUFADAA

*Gössl, Susanne Lilian*, Der „digitale Nachlass" im Rechtsvergleich, ZfPW 2021, 105 – 122. Zitiert: *Gössl*, ZfPW 2021

*Götting, Hans-Peter*, Sanktionen bei Verletzung des postmortalen Persönlichkeitsrechts, GRUR 2004, 801 – 808. Zitiert: *Götting*, GRUR 2004, 801

*Götting, Horst-Peter*, Persönlichkeitsrechte als Vermögensrechte, München 1995. Zitiert: *Götting*, Persönlichkeitsrechte als Vermögensrechte

*Gräber, Tobias*, Rechte an Accounts und virtuellen Gütern, 2013, als E-Book (ISBN: 978-3-7322-1721-2). Zitiert: *Gräber*, Rechte an Accounts und virtuellen Gütern

*Gröschner, Rolf*, Menschenwürde und Sepulkralkultur in der grundsätzlichen Ordnung: Die kulturstaatlichen Grenzen der Privatisierung im Bestattungsrecht, Stuttgart 1995. Zitiert: *Gröschner*, Menschenwürde und Sepulkralkultur in der grundsätzlichen Ordnung

*Gruber, Michael/Kalss Susanne/Müller, Katharina/Schauer, Martin*, Erbrecht und Vermögensnachfolgeplanung, 2. Auflage, Wien 2018. Zitiert: *Bearbeiter*, in: Gruber/Kalss/Müller/Schauer, Erbrecht und Vermögensnachfolgeplanung

*Grünberger, Michael/Leible, Stefan*, Die Kollision von Urheberrecht und Nutzverhalten, Tübingen 2014. Zitiert: *Bearbeiter*, in: Grünberger/Leible, Die Kollision von Urheberrecht und Nutzverhalten, 2014 (nach S.)

*Grziwotz, Herbert*, Anmerkung zu KG, Urt. v. 31.5.2017 – 21 U 9/16, FamRB 2017, 311 – 313. Zitiert: *Grziwotz*, FamRB 2017, 311

*Gsell, Beate/Krüger, Wolfgang/Lorenz, Stephan/Reymann, Christoph* (Hrsg.), Beck-Online Großkommentar für das Zivilrecht, BGB, Stand: 1.10.2018. Zitiert: *Bearbeiter*, in: BeckOGK, BGB, §... Rn...

*Guggenberger, Nikolas*, Das Netzwerkdurchsetzungsgesetz in der Anwendung, NJW 2017, 2577 – 2582. Zitiert: *Guggenberger*, NJW 2017, 2577

*Günther, Thomas*, Legitimationsprüfungen bei Erben, Betreuern und Bevollmächtigten - Welche Dokumente darf ein Kreditinstitut zur Legitimation (noch) verlangen?, NJW 2013, 3681 – 3686. Zitiert: *Günther*, NJW 2013, 3681

*Haag, Nils Christian,* Direktmarketing mit Kundendaten aus Bonusprogrammen. Datenschutzrechtliche Einwilligung als Nutzungslizenz? Wiesbaden 2010. Zitiert: *Haag*, Direktmarketing mit Kundendaten aus Bonusprogrammen

*Haase, Florian,* Einführung in die Methodik der Rechtsvergleichung JA 2005, 232 – 237. Zitiert: *Haase*, JA 2005, 232

*Haase, Martin Sebastian,* Rechtsfragen des digitalen Nachlasses, in: Taeger, Jürgen (Hrsg.), Law as a Service (LaaS). Recht im Internet- und Cloud-Zeitalter, Tagungsband DSRI-Herbstakademie, Edewecht 2013, S. 379 – 394. Zitiert: *Haase,* in: Taeger, Tagungsband DSRI-Herbstakademie 2013

*Hager, Johannes,* Grundrechte im Privatrecht, JZ 1994, 373 – 424. Zitiert: *Hager*, JZ 1994, 373

*Hansen, Hauke,* Keine Erschöpfung beim Online-Vertrieb von eBooks – Anmerkung zu LG Bielefeld, Urteil vom 5. März 2013 – 4 O 191/11, GRUR-Prax 2013, 207. Zitiert: *Hauke*, GRUR-Prax 2013, 207

*Härtel, Ines,* Digitalisierung im Lichte des Verfassungsrechts – Algortihmen, Predictive Policing, autonomes Fahren, LKV 2019, 49 – 60. Zitiert: *Härtel*, LKV 2019, 49

*Härting, Niko,* "Dateneigentum" – Schutz durch Immaterialgüterrechte, Was sich aus dem Verständnis von Software für den zivilrechtlichen Umgang mit Daten gewinnen lässt, CR 2016, 646 – 649. Zitiert: *Härting*, CR 2016, 646

*Härting, Niko,* E-Mail und Telekommunikationsgeheimnis, CR 2007, 1-6. Zitiert: Härting, CR 2007, 1

*Härting, Niko,* Kommunikationsfreiheit und Datentransparenz – Bausteine eines modernen Datenschutzrechts als Reaktion auf das „Computer-Grundrecht", AnwBl. 2011, 246 – 249. Zitiert: *Härting*, AnwBl. 2011, 246

*Härting, Niko/Schneider, Jochen*, Das Ende des Datenschutzes – es lebe die Privatsphäre. Eine Rückbesinnung auf die Kern-Anliegen des Privatsphärenschutzes, CR 2015, 819 – 927. Zitiert: *Härting/Schneider*, CR 2015, 819

*Hauck, Ronny,* Gebrauchthandel mit digitalen Gütern, NJW 2014, 3616 – 3619. Zitiert: *Hauck*, NJW 2014, 3616

*Hauschka, Christoph/Moosmayer, Klaus/Lösler, Thomas (*Hrsg.), Corporate Compliance, 3. Auflage, München 2016. Zitiert: *Bearbeiter*, in: Hauschka/Moosmayer/Lösler, Corporate Compliance

*Hay, Peter,* US-Amerikanisches Recht, 6. Aufl., München 2015. Zitiert: *Hay*, US-Amerikanisches Recht

*Heckmann, Dirk* (Hrsg.), Juris Praxiskommentar Internetrecht, 6. Auflage, Saarbrücken 2019. Zitiert: *Bearbeiter*, in: Heckmann, JPK Internetrecht

*Heidrich, Joerg/Wegener, Christoph*, Sichere Datenwolken – Cloud Computing und Datenschutz, MMR 2010, 803 – 807. Zitiert: *Heidrich/Wegener*, MMR 2010, 803

*Heinemann, Manuel J./Heinemann, Daniela*, Postmortaler Datenschutz, DuD 2013, 242 – 245. Zitiert: *Heinemann/Heinemann*, DuD 2013, 242

*Heintz, Veris-Pascal/Ludyga, Hannes*, Endlich Rechtsklarheit beim digitalen Nachlass? Das „Facbook-Urteil" des BGH, jM 2018, 398 – 402. Zitiert: *Heintz/Ludyga*, jM 2018, 398

*Herzog, Stephanie*, Der digitale Nachlass – ein bisher kaum gesehenes und häufig missverstandenes Problem, NJW 2013, 3745 – 3751. Zitiert: *Herzog*, NJW 2013, 3745

*Herzog, Stephanie*, Der digitale Nachlass und das Erbrecht, AnwBL Online 2018, 472 – 481. Zitiert: *Herzog*, AnwBL Online 2018, 472

*Herzog, Stephanie*, Facebook und der digitale Nachlass – Anmerkung zu KG Berlin, Urteil vom 31. Mai 2017 – 21 U 9/16, ZErb 2017, 205 – 210. Zitiert: *Herzog*, ZErb 2017, 205

*Herzog, Stephanie/Pruns, Matthias*, Der digitale Nachlass, Bonn 2018. Zitiert: *Bearbeiter*, in: Herzog/Pruns, Der digitale Nachlass

*Hilgers, Hans Anton*, Aktuelle Änderungen im BDSG - Weitere Öffnung der Verarbeitung sensibler Daten für nicht-öffentliche Stellen, ZD 2020, 556 – 561. Zitiert: *Hilgers*, ZD 2020, 556

*Hilgert, Felix*, Keys und Accounts beim Computerspielvertrieb - Probleme der Erschöpfung beim Vertrieb hybrider Werke, CR 2014, 354 – 360. Zitiert: *Hilgert*, CR 2014, 354

Hoeren, *Thomas* (Hrsg.), Big Data und Recht, München 2014. Zitiert: *Bearbeiter*, in: Hoeren, Big Data und Recht

*Hoeren, Thomas*, Anmerkung zu einer Entscheidung des BGH, Urteil vom 12. Juli 2018 (III ZR 183/17) – Zum Übergang eines Facebook-Kontos auf den Erben, MMR 2018, 749 – 750. Zitiert: *Hoeren*, MMR 2018, 749

*Hoeren, Thomas*, Anmerkung zur Entscheidung des KG, Beschl. v. 9.12.2019 – 21 W 11/19, MMR 2020, 183 – 186. Zitiert: *Hoeren*, MMR 2020, 183.

*Hoeren, Thomas*, Datenbesitz statt Dateneigentum - Erste Ansätze zur Neuausrichtung der Diskussion um die Zuordnung von Daten, MMR 2019, 5 – 8. Zitiert: *Hoeren*, MMR 2019, 5

*Hoeren, Thomas*, Dateneigentum - Versuch einer Anwendung von § 303a StGB im Zivilrecht, MMR 2013, 486 – 491. Zitiert: *Hoeren*, MMR 2013, 486

*Hoeren, Thomas,* Der Tod und das Internet - Rechtliche Fragen zur Verwendung von E-Mail- und WWW-Accounts nach dem Tode des Inhabers, NJW 2005, 2113 – 2117. Zitiert: *Hoeren*, NJW 2005, 2113

*Hoeren, Thomas/Försterling, Matthias,* Onlinevertrieb "gebrauchter Software" - Hintergründe und Konsequenzen der EuGH-Entscheidung "UsedSoft", MMR 2012, 642 – 647. Zitiert: *Hoeren/Försterling*, MMR 2012, 642

*Hoeren, Thomas/Jakopp, Sebastian,* Der Erschöpfungsgrundsatz im digitalen Umfeld - Notwendigkeit eines binnenmarktkonformen Verständnisses, MMR 2014, 646 – 649. Zitiert: *Hoeren/Jakopp*, MMR 2014, 646

*Hoeren, Thomas/Sieber, Ulrich/Holznagel, Bernd* (Hrsg.), Handbuch Multimedia-Recht, Werkstand: 51. EL Februar 2020. Zitiert: *Bearbeiter*, in: Hoeren/Sieber/Holznagel, MultimediaR-Hdb, Teil… Rn…

*Hoffmann, Jan Felix,* "Dateneigentum" und Insolvenz, JZ 2019, 960 – 968. Zitiert: Hoffmann, JZ 2019, 960

*Hoffmann-Riem, Wolfgang,* Informationelle Selbstbestimmung in der Informationsgesellschaft, AöR 123 1989, 513 – 540. Zitiert: *Hoffmann-Riem,* AöR 123 1989, 513

*Höfling, Wolfram*, Organspende oder Organgewinnung?, ZRP 2019, 2 – 5. Zitiert: *Höfling*, ZRP 2019, 2

*Hohenstein, Sarah,* Die Vererblichkeit des digitalen Nachlasses – Spannungsfeld zwischen postmortalem Persönlichkeitsrecht und dem Recht der Erben, K&R 2018, 5 – 10. Zitiert: *Hohenstein*, K&R 2018, 5

*Hufen, Friedhelm*, Die Menschenwürde, Art. 1 I GG, JuS 2010, 1 – 10. Zitiert: *Hufen*, JuS 2010, 1

*Hüneke, Arnd,* Sexting – eine Short Message über die rechtliche Einordnung, ZJJ 2016, 135 – 139. Zitiert: *Hüneke*, ZJJ 2016, 135

*Ingold, Albert*, Der Entwurf für eine „Charta der Digitalen Grundrechte der Europäischen Union“: Vorhaben, Vorstellungen, Vorbehalte., ZG 2018, 193 – 209. Zitiert: *Ingold*, ZG 2018, 193

*Jandt, Silke*, Das neue TMG – Nachbesserungsbedarf für den Datenschutz im Mehrpersonenverhältnis, MMR 2006, 652 – 657. Zitiert: *Jandt*, MMR 2006, 652

*Jandt, Silke/Roßnagel, Alexander*, Social Networks für Kinder und Jugendliche. Besteht ein ausreichender Datenschutz?, MMR 2011, 637 – 642. Zitiert: *Jandt/Roßnagel*, MMR 2011, 637

*Jandt, Silke/Steidle, Roland*, Datenschutz im Internet, Baden-Baden, 1. Aufl. 2018. Zitiert: *Bearbeiter*, in: Jandt/Steidle, Datenschutz im Internet

*Jarass, Hans D.*, Das allgemeine Persönlichkeitsrecht im Grundgesetz, NJW 1989, 857 – 862. Zitiert: *Jarass*, NJW 1989, 857

*Jarass, Hans D./Pieroth, Bodo* (Hrsg.), Grundgesetz für die Bundesrepublik Deutschland, 16. Auflage München 2020. Zitiert: *Bearbeiter*, in: Jarass/Pieroth, GG, Art…Rn…

*Jendrek, Paul*, Der Übergang von Mietwohnungen im Todesfall nach der Mietrechtsreform, ZEV 2002, 60 – 63. Zitiert: Jendrek, ZEV 2002, 60

*Joachim, Norbert/Lange, Niels*, Trans- und postmortale Vollmachten als Mittel der Nachlassabwicklung, ZEV 2019, 62 – 66. Zitiert: *Joachim/Lange*, ZEV 2019, 62

*Joecks, Wolgang/Miebach, Klaus* (Hrsg.), Münchner Kommentar zum StGB, Band 4, 3. Auflage München 2017. Zitiert: *Bearbeiter*, in: MüKo, StGB, §…Rn…

*Joecks, Wolgang/Miebach, Klaus* (Hrsg.), Münchner Kommentar zum StGB, Band 7, TMG, 3. Auflage 2019. Zitiert: *Bearbeiter*, in: MüKo, StGB, TMG, §…Rn…

*Jotzo, Florian*, Der Schutz personenbezogener Daten in der Cloud, 2. Aufl., Baden-Baden 2020. Zitiert: *Jotzo*, Der Schutz personenbezogener Daten in der Cloud

*Karg, Moritz/Fahl, Constantin*, Rechtsgrundlagen für den Datenschutz in sozialen Netzwerken, K&R 2011, 453 – 456. Zitiert: *Karg/Fahl*, K&R 2011, 453

*Kasiske, Peter*, Die Selbstbelastungsfreiheit im Strafprozess, JuS 2014, 15 – 20. Zitiert: *Kasiske*, JuS 2014, 15

*Keidel, Theodor* (Begr.), FamFG, 20. Auflage München 2020. Zitiert: *Bearbeiter*, in: Keidel, FamFG

*Keppler, Lutz Martin*, Was bleibt vom TMG-Datenschutz nach der DS-GVO? Lösung und Schaffung von Abgrenzungsproblemen im Multimedia-Datenschutz, MMR 2015, 779 – 783. Zitiert: *Keppler*, MMR 2015, 779.

*Kienle, Thomas*, Datenschutz post mortem, JuWissBlog Nr. 67/2018 v. 28. 6. 2018, https://www.juwiss.de/67-2018/. Zitiert: *Kienle*, JuWissBlog Nr. 67/2018 v. 28. 6. 2018

*Kindhäuser, Urs/Neumann, Ulfrid/Paeffgen, Hans-Ullrich* (Hrsg.), Strafgesetzbuch, 5. Auflage Baden-Baden 2017. Zitiert: *Bearbeiter*, in: Kindhäuser/Neumann/Paeffgen, StGB, §… Rn…

*Kindl, Johann/Arroyo Vendrell, Tatiana/Gsell, Beate*, Verträge über digitale Inhalte und digitale Dienstleistungen, Baden-Baden 2018. Zitiert: *Bearbeiter*, in: Kindl/Arroyo Vendrell/Gsell, Verträge über digitale Inhalte und digitale Dienstleistungen

*Klages, Christlieb*, Anmerkung zu KG, Urt. v. 31.5.2017 – 21 U 9/16, ZD 2017, 386 – 391. Zitiert: *Klages*, ZD 2017, 386

*Klas, Benedikt/Möhrke-Sobolewski, Christine,* Digitaler Nachlass – Erbenschutz trotz Datenschutz, NJW 2015, 3473 – 3478. Zitiert: *Klas/Möhrke-Sobolewski,* NJW 2015, 3473

*Knoop, Martina,* Digitaler Nachlass – Vererbbarkeit von Konten (minderjähriger) Nutzer in Sozialen Netzwerken, NZFam 2016, 966 – 970. Zitiert: *Knoop,* NZFam 2016, 966

*Kollmer, Norbert/Klindt, Thomas/Schucht, Carsten* (Hrsg.), Arbeitsschutzgesetz, 3. Auflage, München 2016. Zitiert: *Bearbeiter*, in: Kollmer/Klindt/Schucht, Arbeitsschutzgesetz

*König, Michael,* Das Computerprogramm im Recht, 1991. Zitiert: *König,* Das Computerprogramm im Recht

*Koreng,* Zensur im Internet: Der verfassungsrechtliche Schutz der digitalen Massenkommunikation, 1. Aufl., Baden-Baden 2010. Zitiert: *Koreng,* Zensur im Internet

*Korge, Tobias,* Die Beschlagnahme elektronisch gespeicherter Daten bei privaten Trägern von Berufsgeheimnissen, Heidelberg 2009. Zitiert: *Korge*, Die Beschlagnahme elektronisch gespeicherter Daten

*Kramer, Ernst A.*, Juristische Methodenlehre, 6. Aufl., München 2019. Zitiert: *Kramer*, Juristische Methodenlehre

*Kremer, Sascha*, Datenschutz bei der Entwicklung und Nutzung von Apps für Smart Devices, CR 2012, 438 – 446. Zitiert: Kremer, CR 2012, 438

*Kroiß, Ludwig/Horn, Claus-Henrik, Solomon, Dennis* (Hrsg.), Nachfolgerecht, 2. Aufl., Baden-Baden 2019. Zitiert: *Bearbeiter*, in: Kroiß/Horn/Solomin, Nachfolgerecht.

*Kropholler, Jan*, Internationales Privatrecht, 6. Auflage, Tübingen 2006. Zitiert: *Kropholler*, Internationales Privatrecht.

*Krüger, Christof,* Kritische Bemerkungen zum Regierungsentwurf für ein Gesetz zur Regelung des Urheberrechts in der Informationsgesellschaft aus der Sicht eines Praktikers, ZUM 2003, 122 – 128. Zitiert: *Krüger*, ZUM 2003, 122

*Krüger, Stefan/Biehler, Manuel/Apel, Simon,* Keine "Used Games" aus dem Netz - Unanwendbarkeit der "UsedSoft"-Entscheidung des EuGH auf Videospiele, MMR 2013, 760 – 765. Zitiert: *Krüger/Biehler/Apel*, MMR 2013, 760

*Kubach, Laura,* Musik aus zweiter Hand - ein neuer digitaler Trödelmarkt? - Zur Zulässigkeit eines Weiterverkaufs digitaler Musik nach dem EuGH-Urteil "UsedSoft", CR 2013, 279 – 284. Zitiert: *Kubach,* CR 2013, 279

*Kubis, Marcel/Naczinsky, Magdalena/Selzer, Annika/Sperlich, Tim/Steiner, Simone/Waldmann, Ulrich, Frauenhofer SIT/Universität Bremen/Universität Regensburg* (Hrsg.), Der digitale Nachlass, Eine Untersuchung aus rechtlicher und technischer Sicht, 27. Dezember 2019. Zitiert: Frauenhofer SIT, Der digitale Nachlass

*Kühling, Jürgen*, Verfassungsrechtliche Überprüfung des Volkszählungsgesetzes 1983, NJW 2017, 3069 – 3070. Zitiert: *Kühling*, NJW 2017, 3069

*Kühling, Jürgen/Buchner, Benedikt* (Hrsg.), Datenschutz-Grundverordnung/Bundesdatenschutzgesetz: DS-GVO/BDSG, 3. Aufl. München 2020. Zitiert: *Bearbeiter*, in: Kühling/Buchner, DS-GVO/BDSG, Art./§…Rn…

*Kühling, Jürgen/Martini, Mario*, Die Datenschutz-Grundverordnung: Revolution oder Evolution im europäischen und deutschen Datenschutzrecht?, EuZW 2016, 448 – 454. Zitiert: *Kühling/Martini*, EuzW 2016, 448

*Kühling, Jürgen/Martini, Mario/Heberlein, Johanna/Kühl, Benjamin/Nink, David/Weinzierl, Quirin/Wenzel, Michael*, Die Datenschutz-Grundverordnung und das nationale Recht, Münster 2016. Zitiert: *Kühling/Martini et.al.*, Die Datenschutz-Grundverordnung und das nationale Recht

*Kuhls, Katharina*, Digitaler Nachlass – Ist mein Facebook-Account vererblich?, jurisPR-ITR 6/2016, Anm. 2. Zitiert: *Kuhls*, jurisPR-ITR 6/2016, Anm. 2

*Kuhn, Thomas*, Argumentation bei Analogie und teleologischer Reduktion in der zivilrechtlichen Klausurpraxis, JuS 2016, 104 – 109. Zitiert: *Kuhn*, JuS 2016, 104

*Künzle, Hans Rainer*, Digitaler Nachlass nach schweizerischem Recht, successio 2015, 39 – 54. Zitiert: *Künzle*, successio 2015, 39

*Kutscha, Martin*, Mehr Schutz von Computerdaten durch ein neues Grundrecht?, NJW 2008, 1042 – 1044. Zitiert: *Kutscha*, NJW 2008, 1042

*Kutscher, Antonia*, Der digitale Nachlass, Göttingen 2015. Zitiert: *Kutscher*, Der digitale Nachlass

*Ladeur, Karl-Heinz/Gostomzyk Tobias*, Der Schutz von Persönlichkeitsrechten gegen Meinungsäußerungen in Blogs, NJW 2012, 710 – 715. Zitiert: *Ladeur/Gostomzyk*, NJW 2012, 710

*Lange, Knut Werner*, Erbrecht, 2. Auflage, München 2017. Zitiert: *Lange*, Erbrecht

*Lange, Knut Werner/Holtwiesche, Marian*, Digitaler Nachlass – eine Herausforderung für Wissenschaft und Praxis (Teil 1), ZErb 2016, 125 – 131. Zitiert: *Lange/Holtwiesche*, ZErb 2016, 125

*Lange, Knut Werner/Holtwiesche, Marian*, Digitaler Nachlass – eine Herausforderung für Wissenschaft und Praxis (Teil 2), ZErb 2016, 157 – 162. Zitiert: *Lange/Holtwiesche*, ZErb 2016, 157

*Larenz, Karl/Canaris, Wilhelm*, Methodenlehre der Rechtswissenschaft, 3. Aufl., Heidelberg 1995. Zitiert: *Larenz/Canaris*, Methodenlehre der Rechtswissenschaft

*Laue, Philip/Nink, Judith/Kremer, Sascha*, Das neue Datenschutzrecht in der betrieblichen Praxis, Köln 2016. Zitiert: *Laue/Nink/Kremer*, Das neue Datenschutzrecht in der betrieblichen Praxis

*Leeb, Christina-Maria*, Bekannt verstorben - Rechtsfragen des Umgangs mit Social Media Daten Verstorbener, K&R 2014, 693 – 699. Zitiert: *Leeb*, K&R 2014, 693

*Lenckner, Theodor/Winkelbauer, Wolfgang*, Computerkriminalität - Möglichkeiten und Grenzen des 2. WiKG (I), CR 1986, 483 – 488. Zitiert: *Lenckner/Winkelbauer*, CR 1986, 483

*Lettl, Tobias*, Urheberrecht, 3. Aufl., München 2018. Zitiert: *Lettl*, Urheberrecht

*Liechtenstein, Falk*, Der Idealwert und der Geldwert des zivilrechtlichen Persönlichkeitsrechts vor und nach dem Tode, Baden-Baden 2005. Zitiert: *Liechtenstein*, Der Idealwert und der Geldwert des zivilrechtlichen Persönlichkeitsrechts vor und nach dem Tode

*Lieder, Jan/Berneith, Daniel*, Digitaler Nachlass – Sollte der Gesetzgeber tätig werden? ZRP 2020, 87 – 89. Zitiert: *Lieder/Berneith*, ZRP 2020, 87

*Lieder, Jan/Berneith, Daniel*, Digitaler Nachlass: Das Facebook-Urteil des BGH, FamRZ 2018, 1486 – 1488. Zitiert: *Lieder/Berneith*, FamRZ 2018, 1486

*Litzenburger, Wolfgang*, Anmerkung zu BGH, Urt. v. 08.10.2013 - XI ZR 401/12, FD-ErbR 2013, 351624. Zitiert: *Litzenburger*, FD-ErbR 2013, 351624

*Litzenburger, Wolfgang*, Anmerkung zu KG, Urt. v. 31.5.2017 – 21 U 9/16, FD-ErbR 2017, 392155. Zitiert: *Litzenburger*, FD-ErbR 2017,392155

*Ludyga, Hannes*, "Digitales Update" für das Erbrecht im BGB? ZEV 2018, 1 – 6. Zitiert: *Ludyga*, ZEV 2018, 1

*Ludyga, Hannes*, Der digitale Nachlass – zivilrechtliche Aspekte, jM 2016, 442 – 447. Zitiert: *Ludyga*, jM 2016, 442

*Ludyga, Hannes*, Entschädigung in Geld und postmortales allgemeines Persönlichkeitsrecht, ZEV 2014, 333 – 338. Zitiert: *Ludyga*, ZEV 2014, 333

*Mackenrodt, Oliver*, Der »digitale Nachlass« und die Verweigerung des Zugangs zu einem Internetaccount gegenüber den Erben – Anmerkung zu KG ZUM-RD 2017, 524, ZUM-RD 2017, 540 – 542. Zitiert: *Mackenrodt*, ZUM-RD 2017, 540.

*Malevanny, Nikita*, Die UsedSoft-Kontroverse: Auslegung und Auswirkungen des EuGH-Urteils, CR 2013, 422 – 427. Zitiert: *Malevanny*, CR 2013, 422

*Mangoldt, Herrmann von/Klein, Friedrich/Starck, Christian* (Hrsg.), Grundgesetz – Kommentar, 3 Bände, 7. Auflage, München 2018. Zitiert: *Bearbeiter*, in: Mangoldt/Klein/Starck, GG – Band, Art… Rn…

*Mankowski, Peter*, Internationale Zuständigkeit nach europäischem IZPR bei ererbten Forderungen, Schulden und Vertragspositionen: ErbR 2016, 550 – 559. Zitiert: *Mankowski*, ErbR 2016, 550.

*Mantz, Reto*, Die Entwicklung des Internetrechts bis Ende 2019, NJW 2020, 512 – 516. Zitiert: *Mantz*, NJW 2020, 512

*Martini, Mario*, „Wenn ich einmal soll scheiden…“: Der digitale Nachlass und seine unbewältigte rechtliche Abwicklung, in: *Hill, Herrmann/Martini, Mario/Wagner, Edgar (Hrsg.)*, Facebook, Google und Co – Gefahren und Chancen, Baden-Baden 2013, 77 – 127. Zitiert: *Martini*, in: Hill/Martini/Wagner, Facebook, Google und Co.

*Martini, Mario*, Das allgemeine Persönlichkeitsrecht im Spiegel der jüngeren Rechtsprechung des Bundesverfassungsgerichts, JA 2009, 839 – 845. Zitiert: *Martini*, JA 2009

*Martini, Mario*, Der digitale Nachlass und die Herausforderung postmortalen Persönlichkeitsschutzes im Internet, JZ 2012, 1145 – 1155. Zitiert: *Martini*, JZ 2012, 1145

*Martini, Mario/Kienle, Thomas*, Facebook, die Lebenden und die Toten, JZ 2019, 235 – 241. Zitiert: *Martini/Kienle*, JZ 2019, 235

*Maunz, Theodor/Dürig, Günter* (Begr.), *Herzog, Roman/Scholz, Rupert/Herdegen, Matthias/Klein Hans H.* (Hrsg.), Grundgesetzkommentar Band I, Loseblatt, 90. Ergänzungslieferung, München 2020. Zitiert: *Bearbeiter*, in: Maunz/Dürig, Grundgesetz-Kommentar, Art… Rn…

*Maurer, Hartmut*, Die medizinische Organtransplantation in verfassungsrechtlicher Sicht, DÖV 1980, 7 – 15. Zitiert: *Maurer*, DÖV 1980, 7

*Mayen, Thomas*, Das Fernmeldegeheimnis und der digitale Nachlass. Warum das Erbrecht nicht ausreicht, um den digitalen Nachlass rechtlich zu bewältigen, AnwBl Online 2018, 466 – 471. Zitiert: *Mayen*, Das Fernmeldegeheimnis und der digitale Nachlass

*Mayer, Jörg*, Fiskuserbrecht und Erbenermittlung: Probleme des „erbenlosen Nachlasses“, ZEV 2010, 445 – 453. Zitiert: *Mayer*, ZEV 2010, 445

*McClintock, Tamara*, Facebook Depression, Psychology Today, online einsehbar unter: https://www.psychologytoday.com/us/blog/21st-century-aging/201308/facebook-depression [Zuletzt abgerufen am 12. Juli 2020]. Zitiert: *McClintock*, Psychology Today

*Merten, Detlef/Papier, Hans-Jürgen* (Hrsg.), Handbuch der Grundrechte in Deutschland und Europa, Band II: Grundrechte in Deutschland - Allgemeine Lehren I, München 2006. Zitiert: *Bearbeiter*, in: Merten/Papier, Handbuch der Grundrechte, §…Rn…

*Merten, Detlef/Papier, Hans-Jürgen* (Hrsg.), Handbuch der Grundrechte in Deutschland und Europa, Band II: Grundrechte in Deutschland - Allgemeine Lehren I, Karlsruhe 2006. Zitiert: *Bearbeiter*, in: Merten/Papier, Hdb. der Grundrechte

*Meyer, Jürgen/Hölscheidt, Sven*, Charta der Grundrechte der Europäischen Union, 5. Aufl., Baden-Baden, 2019. Zitiert: *Bearbeiter*, in: Meyer/Hölscheidt, GRCh

*Meyer, Stephan*, Grundrechtsschutz in Sachen Klimawandel?, NJW 2020, 894. Zitiert: *Meyer*, NJW 2020, 894

*Michl, Fabian*, „Datenbesitz" – ein grundrechtliches Schutzgut?, NJW 2019, 2729 – 2733. Zitiert: *Michl*, NJW 2019, 2729

*Mugdan, Benno,* Die gesammten Materialien zum Bürgerlichen Gesetzbuch, Band V, Erbrecht, Berlin 1899. Zitiert: *Mugdan…*

*Müller-Broich, Jan Dominik*, Telemediengesetz, 1. Auflage, Baden-Baden 2012. Zitiert: *Müller-Broich,* TMG, §… Rn…

*Mynarik, Nadine*, "Mobile Entertainment" und das Jugendmedienschutzrecht, ZUM 2006, 183 – 189. Zitiert: *Mynarik*, ZUM 2006, 183

*Naczinskiy, Magdalena*, Die digitale Vorsorge des Erblassers, ZEV 2020, 665 – 670. Zitiert: *Naczinskiy*, ZEV 2020, 665

*Naczinskiy, Magdalena*, Möglichkeiten der Nachlassbeteiligten im Hinblick auf den digitalen Nachlass, ZEV 2021, 227-232. Zitiert: *Naczinskiy*, ZEV 2021, 227

*Nägele, Thomas/Apel, Simon/Stolz, Alexander/Thiele, Malte*, Die Entwicklung des Datenschutzrechts im zweiten Jahr der DSGVO (Teil 1), DB 2020, 1498 – 1503. Zitiert: *Nägele/Apel/Stolz/Thiele*, DB 2020, 1498

*Nägele, Thomas/Apel, Simon/Stolz, Alexander/Thiele, Malte*, Die Entwicklung des Datenschutzrechts im zweiten Jahr der DSGVO (Teil 2), DB 2020, 1553 – 1562. Zitiert: *Nägele/Apel/Stolz/Thiele*, DB 2020, 1553

*Nägele, Thomas/Jacobs, Sven*, Rechtsfragen des Cloud Computing, CR 2010, 281 – 292. Zitiert: *Nägele/Jacobs*, CR 2010, 281

*Nemeth, Kristin/Carvalho, Jorge Morai,* Digital Inheritance in the European Union, EuCML 2017, 253. Zitiert: *Nemeth/Carvalho*, EuCML 2017, 253

*Neuber, Michael,* Online-Erschöpfung doch nur für Software?, WRP 2014, 1274 – 1279. Zitiert: *Neuber*, WRP 2014, 1274

*Nolte, Georg*, Hate-Speech, Fake-News, das »Netzwerkdurchsetzungsgesetz« und Vielfaltsicherung durch Suchmaschinen, ZUM 2017, 552 – 565. Zitiert: *Nolte*, ZUM 2017, 552

*Paal, Boris/Pauly, Daniel* (Hrsg.), Datenschutzgrundverordnung/Bundesdatenschutzgesetz – Kommentar, 2. Auflage, München 2018. Zitiert: *Bearbeiter,* in: Paal/Pauly, DSGVO/BDSG, Art… Rn…

*Palandt, Otto* (Hrsg.), Bürgerliches Gesetzbuch, 79. Auflage, München 2019. Zitiert: *Bearbeiter,* in: Palandt, BGB, §... Rn...

*Papier, Hans-Jürgen*, Rechtsstaatlichkeit und Grundrechtsschutz in der digitalen Gesellschaft, NJW 2017, 3025 – 3031. Zitiert: *Papier*, NJW 2017, 3025

*Peifer, Karl-Nikolaus,* Vertrieb und Verleih von E-Books – Grenzen der Erschöpfungslehre, AfP 2013, 89 – 93. Zitiert: *Peifer*, AfP 2013, 89

*Peifer, Karl-Nikolaus,* Zugang für die Erben gesichert, aber viele Fragen offen: Das BGH-Urteil zu digitalen Hinterlassenschaften, VerfBlog, 2018/7/13, https://verfassungsblog.de/zugang-fuer-die-erben-gesichert-aber-viele-fragen-offen-das-bgh-urteil-zu-digitalen-hinterlassenschaften/, DOI: https://doi.org/10.17176/20180713-085407-0. Zitiert: *Peifer*, VerfBlog 2018/7/13, 085407-0

*Peters, Falk,* Bericht aus Bonn: Informationsrechtspolitische Wahlaussagen der Parteien für 1987 bis 1990, CR 1987, 145 – 146. Zitiert: *Peters*, CR 1987, 145

*Peters, Falk,* Rechtsinformatik – Plädoyer für eine der digitalen Welt angemessene Rechtskultur, CR 2017, 480 – 488. Zitiert: *Peters*, CR 2017, 480

*Phillips, Gill,* The Abuse and Misuse of Technology – A UK Newspaper Lawyer's Perspective, CRi 2016, 43 – 51. Zitiert: *Phillips*, CRi 2016, 43

*Piek, Sarah,* Die Kritik an der funktionalen Rechtsvergleichung, ZEuP 2013, 60 – 87. Zitiert: *Piek*, ZEuP 2013, 60

*Plath, Kai-Uwe*, DSGVO/BDSG, 3. Auflage, Köln 2018. Zitiert: *Bearbeiter*, in: Plath, DSGVO/BDSG, Art...Rn...

*Ploss, Richard,* Estate Planning for Digital Assets: Understanding the Revised Uniform Fiduciary Access to Digital Assets Act and its Implications for Planners and Clients, in: Journal of Financial Planning, https://www.onefpa.org/journal/Pages/APR18-Estate-Planning-for-Digital-Assets-Understanding-the-Revised-Uniform-Fiduciary-Access-to-Digital-Assets-Act-and.aspx. Zitiert: *Ploss*, Estate Planning for Digital Assets

*Pockrandt, Carolin*, Digitaler Nachlass, Köln 2020. Zitiert: *Pockrandt*, Digitaler Nachlass.

*Podszun, Rupprecht,* Anmerkung zur Entscheidung des Landgerichts Berlin vom 17.12.2015, 20 O 172/15, GWR 2016, 37. Zitiert: *Podszun*, GWR 2016, 37

*Pohle, Jan/Ammann, Thorsten*, Über den Wolken...-Chancen und Risiken des Cloud Computing, CR 2009, 273 – 278. Zitiert: *Pohle/Ammann*, CR 2009, 273

*Pombriant, Denis,* Data, Information and Knowledge – Transformation of data is key, CRi 2013, 97 – 102. Zitiert: *Pombriant*, CRi 2013, 97

*Preuß, Nicola,* Digitaler Nachlass - Vereinbarkeit eines Kontos bei einem sozialen Netzwerk – Besprechung von BGH, Urteil vom 12. Juli 2018 - III ZR 183/17, NJW 2018, 3178, NJW 2018, 3146 – 3149. Zitiert: *Preuß*, NJW 2018, 3146

*Pruns, Matthias,* Anmerkung zur Entscheidung des BGH, Beschluss vom 12. Juli 2018 (III ZR 183/17) – Zur Frage der Vererbbarkeit von Benutzerkonten sozialer Netzwerke, ZAP 2018, 1245 – 1248. Zitiert: *Pruns*, ZAP 2018, 1245

*Pruns, Matthias,* Der digitale Nachlass in der Beratungspraxis nach dem Facebook-Urteil des BGH – Teil 1: Die Grundlagen der Rechtsnachfolge in das digitale Vermögen, ErbR 2018, 550 – 556. Zitiert: *Pruns*, ErbR 2018, 550

*Pruns, Matthias,* Der digitale Nachlass vor dem BGH: Zugriff der Eltern auf Facebook-Konto der verstorbenen Tochter?, AnwZert ErbR 13/2018 Anm. 2. Zitiert: *Pruns*, AnwZert ErbR 13/2018 Anm. 2

*Pruns, Matthias,* Digitaler Nachlass – Irrungen und Wirrungen um § 88 Abs. 3 TKG, ZErb 2017, 217 – 224. Zitiert: *Pruns*, ZErb 2017, 217

*Pruns, Matthias,* Digitaler Nachlass: Erfüllung des Anspruchs der Erben auf „Zugang zu dem vollständigen Benutzerkonto" der Erblasserin bei Facebook, ZErb 2020, 245 – 249. Zitiert: *Pruns*, ZErb 2020, 245

*Raude, Karin,* Der digitale Nachlass in der notariellen Praxis, RNotZ 2017, 17 – 27. Zitiert: *Raude*, RNotZ 2017, 17

*Raude, Karin,* Rechtsprobleme des digitalen Nachlasses: Der Anspruch der Erben auf Zugang zum Account des Erblassers in sozialen Netzwerken, ZEV 2017, 433 – 439. Zitiert: Raude, ZEV 2017, 433

*Rauer, Nils/Ettig, Diana,* Verkehrsfähigkeit von E-Books und anderen digitalen Werken, GRUR-Prax 2015, 202 – 204. Zitiert: *Rauer/Ettig*, GRUR-Prax 2015, 202

*Rauscher, Thomas,* (Hrsg.), Münchener Kommentar zum FamFG, Band 2: §§ 271 – 493 FamFG, IZVR, EuZVR, 3. Auflage, München 2019. Zitiert: *Bearbeiter*, in: MüKo, FamFG, §…Rn…

*Redeker, Helmut,* Das Konzept der digitalen Erschöpfung - Urheberrecht für die digitale Welt - Was eigentlich übertragen wird und weitergegeben werden darf, CR 2014, 73 – 78. Zitiert: *Redeker*, CR 2014, 73

*Redeker, Helmut*, IT-Recht, 7, Aufl., München 2020. Zitiert: *Redeker*, IT-Recht

*Remmertz, Frank*, Aktuelle Entwicklungen im Social Media-Recht, MMR 2018, 507 – 512. Zitiert: *Remmertz*, MMR 2018, 507

*Richter, Frederick,* Das Dateneigentum – Ein Wiedergänger mit Potential?, PinG 2018, 198 – 199. Zitiert: *Richter*, PinG 2018, 198

*Rieck, Jürgen,* Senioren aus Deutschland in den USA, NZFam 2017, 448 – 453. Zitiert: *Rieck*, NZFam 2017, 448

*Riesenhuber, Karl,* Rechtsvergleichung als Methode der Rechtsfindung, AcP 2018, 693 – 723. Zitiert: *Riesenhuber,* AcP 2018, 693

*Rohlfing, Hubertus,* Zugangsberechtigung zu Account eines sozialen Netzwerks im Erbfall, FamRB 2018, 364 – 367. Zitiert: *Rohlfing,* FamRB 2018, 364

*Roßnagel, Alexander,* Das Telemediengesetz – Neuordnung für Informations- und Kommunikationsdienste, NVwZ 2007, 743 – 748. Zitiert: *Roßnagel,* NVwZ 2007, 743

*Roßnagel, Alexander/Wedde, Peter/Hammer, Volker/Pordesch, Ulrich,* Digitalisierung der Grundrechte? Zur Verfassungsverträglichkeit der Informations- und Kommunikationstechnik, Opladen 1990. Zitiert: *Roßnagel/Wedde/Hammer/Pordesch,* Digitalisierung der Grundrechte

*Rott, Eberhard/Rott, Alexander,* Wem gehört die E-Mail? – Rechts- und Praxisprobleme beim digitalen Nachlass, NWB-EV 2013, 160 – 168. Zitiert: *Rott/Rott,* NWB-EV 2013, 160

*Ruffert, Matthias,* Von Lüth zum Stadionverbot – und darüber hinaus?, JuS 2020, 1 – 6. Zitiert: *Ruffert,* JuS 2020, 1

*Sachs, Michael* (Hrsg.), Grundgesetzkommentar, 8. Auflage, München 2018. Zitiert: *Bearbeiter,* in: Sachs, Grundgesetzkommentar, Art… Rn…

*Sachs, Michael/Krings, Thomas,* Das neue „Grundrecht auf Gewährleistung der Vertraulichkeit und Integrität informationstechnischer Systeme, JuS 2008, 481 – 486. Zitiert: *Sachs/Krings,* JuS 2008, 481.

*Säcker, Franz Jürgen* (Hrsg.), Telekommunikationsgesetz, 3. Aufl., Frankfurt a.M. 2013. Zitiert: *Bearbeiter,* in: Säcker, TKG, §…Rn…

*Säcker, Franz Jürgen/Rixecker, Roland/Oetker, Hartmut/Limperg, Bettina* (Hrsg.), Münchener Kommentar zum Bürgerlichen Gesetzbuch – Band 10: Erbrecht, §§ 1922 – 2385, §§ 27 – 35 BeurkG, 7. Auflage, München 2017. Zitiert: *Bearbeiter,* in: MüKo, BGB, §… Rn…

*Salomon, Pascal,* „Digitaler Nachlass" – Möglichkeiten der notariellen Vorsorge, NotBZ 2016, 324 – 331. Zitiert: *Salomon,* NotBZ 2016, 324

*Sattler, Andreas,* Personenbezogene Daten als Leistungsgegenstand, Die Einwilligung als Wegbereiter des Datenschuldrechts, JZ 2017, 1036 – 1046. Zitiert: *Sattler,* JZ 2017, 1036

*Schack, Haimo,* Anmerkung zu BGH, Urt. v. 1.12.1999 – I ZR 49/97 – Marlene Dietrich (vermögenswerte Bestandteile des postmortalen Persönlichkeitsschutz), JZ 2000, 1060 – 1062. Zitiert: *Schack,* JZ 2000, 1060

*Schack, Haimo,* Das Persönlichkeitsrecht der Urheber und ausübenden Künstler nach dem Tode, GRUR 1985, 352 – 361. Zitiert: *Schack,* GRUR 1985, 352

*Schack, Haimo*, Urheber- und Urhebervertragsrecht, 8. Aufl., München 2018. Zitiert: *Schack*, Urheberrecht

*Schack, Haimo*, Weiterleben nach dem Tode – juristisch betrachtet, JZ 1989, 609 – 615. Zitiert: *Schack*, JZ 1989, 609

*Schantz, Peter*, Die Datenschutz-Grundverordnung – Beginn einer neuen Zeitrechnung im Datenschutzrecht, NJW 2016, 1841 – 1847. Zitiert: Schantz, NJW 2016, 1841

*Schantz, Peter/Wolff, Heinrich Amadeus*, Das neue Datenschutzrecht, Datenschutz-Grundverordnung und Bundesdatenschutzgesetz in der Praxis, München 2017. Zitiert: *Bearbeiter*, in: *Schantz/Wolff*, Das neue Datenschutzrecht, Rn…

*Scherer, Stephan* (Hrsg.), Münchner Anwaltshandbuch Erbrecht, 5. Aufl, München 2018, § 50. Zitiert: *Bearbeiter*, MAH Erbrecht, §… Rn...

*Scheurle, Klaus-Dieter/Mayen, Thomas* (Hrsg.), Kommentar zum Telekommunikationsgesetz, 3. Auflage, München 2018. Zitiert: *Bearbeiter*, in: Scheurle/Mayen, TKG, §… Rn…

*Schiedermair, Stephanie*, Der Schutz des Privaten als internationales Grundrecht, Tübingen 2012. Zitiert: *Schiedermair*, Schutz des Privaten als internationales Grundrecht

*Schlitt, Gerhard/Müller, Gabriele*, Handbuch Pflichtteilsrecht, 2. Aufl., München 2017. Zitiert: *Bearbeiter*, in: Schlitt/Müller, Handbuch Pflichtteilsrecht

*Schlögel, Martina*, Das Bundesverfassungsgericht, die informationelle Selbstbestimmung und das Web 2.0 – Von der Schwierigkeit in den Weiten des Internets einen sicheren (Daten-) Hafen zu finden, ZfP 2012, 85 – 102. Zitiert: *Schlögel*, ZfP 2012, 85

*Schmitt, Thomas Rainer*, Der Online-Vertrieb von Software nach dem EuGH-Urteil „UsedSoft“, MR 2012, 256 – 260. Zitiert: *Schmitt*, MR 2012, 256

*Schmitz, Peter*, E-Privacy-VO – unzureichende Regeln für klassische Dienste, ZRP 2017, 172 – 175. Zitiert: *Schmitz*, ZRP 2017, 172

*Schneider, Jochen*, Schließt Art. 9 DS-GVO die Zulässigkeit der Verarbeitung bei Big Data aus?, ZD 2017, 303 – 308. Zitiert: Schneider, ZD 2017, 303

*Schneider, Jochen/Spindler, Gerald*, Der Kampf um die gebrauchte Software - Revolution im Urheberrecht? Das Urteil des EuGH vom 3. Juli 2012 - Rs. C-128/11 - "UsedSoft" Gebrauchtsoftware, CR 2012, 489 – 498. Zitiert: *Schneider/Spindler*, CR 2012, 489

*Schneider, Mathias*, Das Rückgriffsverbot im Datenschutz – kein “best of both worlds“?, CR 2017, 568 – 573. Zitiert: *Schneider*, CR 2017, 568

*Scholz, Jochen,* Nutzung und Weitergabe digitaler Werke nach der UsedSoft-Entscheidung des EuGH, ITRB 2013, 17 – 21. Zitiert: *Scholz*, ITRB 2013, 17

*Schömmer, Hans-Peter/Reiß, Jürgen*, Internationales Erbrecht Italien, 2. Aufl., München 2005. Zitiert: *Schömmer/Reiß*, Internationales Erbrecht Italien

*Schönberger, Simone*, Postmortaler Persönlichkeitsschutz, Bielefeld 2011. Zitiert: *Schönberger*, Postmortaler Persönlichkeitsschutz

*Schröder, Meinhard,* Neue Grundrechte für ein digitales Zeitalter?, JZ 2019, 953 – 1004. Zitiert: *Schröder*, JZ 2019, 953

*Schulze, Reiner* (Hrsg.), Bürgerliches Gesetzbuch, 10 Auflage, Baden-Baden 2019. Zitiert: *Bearbeiter*, in: Schulze, BGB, §...Rn...

*Schuster, Fabian/Hunzinger, Sven,* Vor- und nachvertragliche Pflichten beim IT-Vertrag – Teil II: Nachvertragliche Pflichten, CR 2015, 277 – 286. Zitiert: *Schuster/Hunzinger*, CR 2015, 277

*Schuster, Fabian/Reichl, Wolfgang*, Cloud Computing & SaaS: Was sind die wirklich neuen Fragen?, CR 2010, 38 – 42. Zitiert: *Schuster/Reichl*, CR 2010, 38

*Schwartmann, Rolf* (Hrsg.), Praxishandbuch Medien-, IT- und Urheberrecht, 4. Auflage, München 2017. Zitiert: *Bearbeiter*, in: Schartmann, Praxishandbuch Medienrecht

*Schwarz, Kyrill-A.*, Das Infektionsschutzgesetz und die Grundrechte – ein Lehrstück zum verfassungsrechtlichen Freiheitsverständnis bei drohenden Gefahren, JA 2020, 321-326. Zitiert: *Schwarz*, JA 2020, 321

*Seidler, Katharina,* Digitaler Nachlass, Frankfurt a. M. 2016. Zitiert: *Seidler*, Digitaler Nachlass

*Sesing, Andreas*, Eine Bestandsaufnahme zum bereichsspezifischen Datenschutz für Telemedien - Die Anwendbarkeit der §§ 11-15a TMG unter Geltung der DS-GVO, MMR 2019, 347 – 350. Zitiert: *Sesing*, MMR 2019, 347

*Sieber, Ulrich*, Informationsrecht und Recht der Informationstechnik. Die Konstituierung eines Rechtsgebietes in Gegenstand, Grundfragen und Ziehen, NJW 1989, 2569 – 2580. Zitiert: Sieber, NJW 1989, 2569

*Sieber, Ulrich*, Verantwortlichkeit im Internet, München 1999. Zitiert: Sieber, Verantwortlichkeit im Internet

*Simitis, Spiros*, Bundesdatenschutzgesetz, 8. Auflage, Baden-Baden 2014. Zitiert: *Bearbeiter*, in: Simitis, BDSG, §…Rn…

*Simitis, Spiros*, Die informationelle Selbstbestimmung – Grundbedingung einer verfassungskonformen Informationsordnung, NJW 1984, 398 – 405. Zitiert: *Simitis*, NJW 1984, 398

*Simitis, Spiros/Hornung, Gerrit/Spiecker, Indra*, Datenschutzrecht, Baden-Baden 2019. Zitiert: *Bearbeiter*, in: *Simitis/Hornung/Spiecker*, Datenschutzrecht, Art./§...Rn...

*Singer, Mark T.*, Gefragt ist die digitale Vorsorgevollmacht, NWB Nr. 45 v. 6.11.2017, 1 – 6. Zitiert: *Singer*, NWB 2017, 1

*Slizyk, Andreas*, Schmerzensgeld 2020 – Handbuch und Tabellen, 16. Auflage, München 2020. Zitiert: *Slizyk*, Hdb. Schmerzensgeld

*Solmecke, Christian/Köbrich, Thomas/Schmitt, Robin*, Der digitale Nachlass – haben Erben einen Auskunftsanspruch? Überblick über den rechtssicheren Umgang mit den Daten von Verstorbenen, MMR 2015, 291 – 295. Zitiert: *Solmecke/Köbrich/Schmitt*, MMR 2015, 291

*Solmecke, Christian/Dam, Annika*, Wirksamkeit der Nutzungsbedingungen sozialer Netzwerke, Rechtskonforme Lösung nach dem AGB-und Urheberrecht, MMR 2012, 71 – 74. Zitiert: *Solmecke/Dam*, MMR 2012, 71

*Sorge, Christoph*, Digitaler Nachlass als Knäuel von Rechtsverhältnissen – Justizministerkonferenz sieht kaum Handlungsbedarf für den Gesetzgeber, MMR 2018, 372 – 377. Zitiert: *Sorge*, MMR 2018, 372

*Specht-Riemenschneider, Louisa*, Die Entwicklung des IT-Rechts im Jahr 2019, NJW 2019, 3687 – 3692. Zitiert: *Specht-Riemenschneider*, NJW 2019, 3687

*Spelge, Karin*, Der Beschäftigtendatenschutz nach Wirksamwerden der Datenschutz-Grundverordnung (DS-GVO), DuD 2016, 775 – 781. Zitiert: *Spelge*, DuD 2016, 775

*Spilker, Bettina*, Postmortaler Datenschutz, DÖV 2015, 54 – 60. Zitiert: *Spilker*, DÖV 2015, 54. Zitiert: *Spilker*, DÖV 2015, 54

*Spilker, Bettina*, Postmortaler Schutz durch das Grundgesetz, DÖV 2014, 637 – 642. Zitiert: *Spilker*, DÖV 2014, 637.

*Spindler, Gerald/Schmitz, Peter/Liesching, Marc* (Hrsg.), Telemediengesetz, 2. Auflage, München 2018. Zitiert: *Bearbeiter*, in: Spindler/Schmitz, Telemediengesetz, §...Rn...

*Spindler, Gerald/Schuster, Fabian* (Hrsg.), Recht der elektronischen Medien, 3. Auflage, München 2015. Zitiert: *Bearbeiter*, in: Spindler/Schuster, Elektron. Medien, Gesetz §... Rn...

*Spindler, Gerhard*, Anmerkung zu BGH, Urt. v. 22.11.2001 – III ZR 5/01, JZ 2002, 408 – 410. Zitiert: *Spindler*, JZ 2002, 408

*Staudinger, Julius von* (Begr.), Kommentar zum Bürgerlichen Gesetzbuch mit Einführungsgesetzen und Nebengesetzen, Buch 2 (Unerlaubte Handlungen I – Rechtsgüter und Rechte, Persönlichkeitsrecht, Gewerbebetrieb) und Buch 5 (Erbrecht, §§ 1922-1966) Berlin 2017, Zitiert: *Bearbeiter*, in: Staudinger, BGB, §... Rn...

*Stein, Axel,* Der Schutz von Ansehen und Geheimsphäre Verstorbener, FamRZ 1986, 7 – 18. Zitiert: *Stein,* FamRZ 1986, 7

*Steiner, Anton/Holzer, Anna,* Praktische Empfehlungen zum digitalen Nachlass, ZEV 2015, 262 – 266. Zitiert: *Steiner/Holzer,* ZEV 2015, 262

*Stieper, Malte,* Anmerkung zu EuGH, Urt. v. 3. Juli 2012 (C-128/11; ZUM 2012, 661) - Zur Frage der Erschöpfung des Verbreitungsrechts an einer Programmkopie, die der Erstlizenznehmer von einem Online-Angebot des Softwareherstellers erworben hat, ZUM 2012, 668 – 670. Zitiert: *Stieper,* ZUM 2012, 668

*Streck, Michael,* Die BGH-Facebook-Entscheidung: sympathisch unaufgeregt und plausibel, ErbR 2018, 565. Zitiert: *Streck,* ErbR 2018, 565

*Streitz, Siegfried,* Telefaxtechnik, CR 1995, 55 – 58. Zitiert: *Streitz,* CR 1995, 55*Terhaag, Michael/Telle, Sebastian,* Immaterielle Erschöpfung - Gibt es den virtuellen Flohmarkt für gebrauchte Multimediadateien? Zur Frage, ob Unternehmen die Weitergabe angebotener Downloads rechtlich einschränken können, K&R 2013, 549 – 553. Zitiert: *Terhaag/Telle,* K&R 2013, 549

*Stürner, Rolf* (Hrsg.), Jauernig: Bürgerliches Gesetzbuch – mit Rom I-, Rom II-VO, EuUnthVO/HUntProt und EuErbVO, 17. Auflage, München 2018. Zitiert: *Bearbeiter,* in: Jauernig, BGB, §… Rn…

*Sydow, Gernot* (Hrsg.), Europäische Datenschutzgrundverordnung, 2. Auflage Baden-Baden 2018. Zitiert: *Bearbeiter,* in: Sydow, EU-Datenschutzgrundverordnung

*Taeger, Jürgen/Gabel, Detlev* (Hrsg.), Kommentar zum BDSG und zu den Datenschutzvorschriften des TKG und TMG, 2. Auflage, Frankfurt a.M. 2013. Zitiert: *Bearbeiter,* in: Taeger/Gabel, Kommentar zum BDSG und zu den Datenschutzvorschriften des TKG und TMG, §…Rn…

*Taeger, Jürgen/Gabel, Detlev* (Hrsg.), Kommentar zur DSGVO und zum BDSG, 3. Auflage, Frankfurt 2019. Zitiert: *Bearbeiter,* in: Taeger/Gabel, Kommentar zur DSGVO und zum BDSG, §… Rn…

*Telle, Sebastian,* Zugangsanspruch der Erben zum Facebook-Account und das Fernmeldegeheimnis, K&R 2017, 510 – 512. Zitiert: *Telle,* K&R 2017, 510

*Thiele, Daniel/Ehrenberg-Silies, Simone,* Digitale Nachlassverwaltung, Büro für Technikfolgen-Abschätzung bei Deutschen Bundestag, Themenkurzprofil Nr. 3, Mai 2016. Zitiert: *Thiele/Ehrenberg-Silies,* Digitale Nachlassverwaltung

*Thiesen, Michael,* Daten in der Erbmasse, Frankfurt a. M. 2017. Zitiert: *Thiesen,* Daten in der Erbmasse

*Tinnefeld, Marie-Theres/Buchner, Benedikt/Petri, Thomas/Hof, Hans-Joachim,* Einführung in das Datenschutzrecht. Datenschutz und Informationsfreiheit in Europäischer Sicht, 6. Aufl., Berlin 2018. Zitiert: *Tinnefeld/Buchner/Petri/Hof,* Einführung in das Datenschutzrecht

*Tinnefeld, Marie-Theres/Viethen, Hans-Peter,* Das Recht am eigenen Bild als besondere Form des allgemeinen Persönlichkeitsrechts - Grundgedanken und spezielle Fragen des Arbeitnehmerdatenschutzes, NZA 2003, 468 – 473. Zitiert: *Tinnefeld/Viethen,* NZA, 468

*Tölle, Wolf-Dieter,* Der praktische Umgang mit dem digitalen Nachlass, FF 2019, 102 – 107. Zitiert: *Tölle*, FF 2019, 102

*Traschler, Thomas,* Der Wettlauf um den digitalen Nachlass aus rechtsvergleichender Perspektive (zugleich Anmerkung zu BGH, Urteil vom 12. Juli 2018 – III ZR 183/17), ZEuP 2020, 168 – 184. Zitiert: *Traschler*, ZEuP 2020, 168

*Uhrenbacher, Pia,* Digitales Testament und digitaler Nachlass, Frankfurt a. M., 2017. Zitiert: *Uhrenbacher*, Digitales Testament und digitaler Nachlass

*Uhrenbacher, Pia*, Rechtsprobleme des digitalen Nachlasses im Hinblick auf Pflichtteilsansprüche und Testamentsvollstreckung, ZEV 2018, 248 – 251. Zitiert: *Uhrenbacher*, ZEV 2018, 248

*v. Münch, Ingo/Kunig, Philip* (Hrsg.), Grundgesetz-Kommentar, Band 2, 6. Auflage München 2012. Zitiert: *Bearbeiter*, in: v. Münch/Kunig, GG, Art…Rn…

*van Rens, Solange,* Der digitale Nachlass. Oder: Wie stirbt man digital?, Nürnberg 2019. Zitiert: *van Rens*, Der digitale Nachlass

*Veil, Winfried,* Die Datenschutz-Grundverordnung: des Kaisers neue Kleider – Der gefährliche Irrweg des alten wie des neuen Datenschutzrechts, NVwZ 2018, 686 – 696. Zitiert: *Veil*, NVwZ 2018, 686

*von Arnauld, Andreas*, Strukturelle Fragen des allgemeinen Persönlichkeitsrechts. Überlegungen zu Schutzbereich und Schranken des grundrechtlichen Persönlichkeitsschutzes, ZUM 1996, 286 – 292. Zitert: *v. Arnauld*, ZUM 1996, 286.

*von Grafenstein, Maximilian*, Das Zweckbindungsprinzip zwischen Innovationsoffenheit und Rechtssicherheit. Zur mangelhaften Differenzierung der Rechtsgüterbetroffenheit in der Datenschutzgrund-VO, DuD 2015, 789 – 795. Zitiert: *v. Grafenstein*, DuD 2015, 789

*Walker, Michael D.*, The new Uniform Digital Assets Law: Estate Planning and Administration in the Information Age, Real Property, Trust and Estate Journal, 2017, 52 – 78. Zitiert: *Walker*, The new Uniform Digital Assets Law

*Walter, Ute*, Das neue Patientenrechtsgesetz, München 2013. Zitiert: Walter, Das neue Patientenrechtsgesetz

*Wandtke, Artur-Axel/Ohst, Claudia,* Medienrecht Praxishandbuch, 3. Auflage, Berlin 2014. Zitiert: *Bearbeiter*, in: Wandtke/Ohst, Praxishandbuch Medienrecht, Kap… Rn…

*Wata, Tulsiri,* Legal measures for managing the deceased´s digital assets in online accounts, 2015. Zitiert: *Wata*, Legal measures for managing the deceased´s digital assets in online accounts

*Weichert, Thilo*, „Sensitive Daten" revisited, DuD 2017, 538 – 543. Zitiert: *Weichert*, DuD 2017, 538

*Weichert, Thilo*, Der Schutz genetischer Informationen, DuD 2002, 133 – 145. Zitiert: *Weichert*, DuD 2002, 133

*Weichert, Thilo*, Postmortaler Datenschutz, Stand 22.08.2016, Netzwerk Datenschutzexpertise. Zitiert: *Weichert*, Postmortaler Datenschutz

*Werner, Wibke*, Schutz durch das Grundgesetz im Zeitalter der Digitalisierung, NJOZ 2019, 1041 – 1046. Zitiert: *Werner*, NJOZ 2019, 1041

*Wertenbruch, Johannes,* BGB Allgemeiner Teil, 4. Auflage, München 2017. Zitiert: *Wertenbruch,* BGB Allgemeiner Teil

*Westermann, Harm Peter*, Das allgemeine Persönlichkeitsrecht nach dem Tode seines Trägers, FamRZ 1969, 561 – 572. Zitiert: *Westermann*, FamRZ 1969, 561

*Will, Michael,* Das 2. Datenschutz-Anpassungs- und Umsetzungsgesetz – alles im Einklang mit der DS-GVO?, ZD 2019, 429 – 430. Zitiert: *Will,* ZD 2019, 429

*Willems, Constantin*, Erben 2.0 – zur Beschränkbarkeit der Rechtsnachfolge in das „digitale Vermögen", ZfPW 2016, 494 – 512. Zitiert: *Willems*, ZfPW 2016, 494

*Wolf, Manfred/Lindacher, Walter/Pfeiffer, Thomas* (Hrsg.), Kommentar zum AGB-Recht, 7. Auflage, München 2020. Zitiert: *Bearbeiter*, in: Wolf/Lindacher/Pfeiffer, Kommentar zum AGB-Recht

*Wolff, Amadeus/Brink, Stefan* (Hrsg.), Datenschutzrecht in Bund und Ländern, München 2013. Zitiert: Bearbeiter, in: Wolff/Brink, Datenschutzrecht in Bund und Ländern

*Wolff, Amadeus/Brink, Stefan*, BeckOK Datenschutz, 32. Edition, München 2020. Zitiert: *Bearbeiter*, in: BeckOK Datenschutz, Art./§…Rn…

*Woodman, Faye L.*, Fiduciary Access to Digital Assets: A Review of the Uniform Law Conference of Canada´s Proposed Uniform Act and Comparable American Model Legislation, Canadian Journal of Law and Technology, Vol. 15, No. 2 (2017), 193 – 227. Zitiert: *Woodman*, Fiduciary Access to Digital Assets

*Wortmann, Florian*, Die Vererblichkeit vermögensrechtlicher Bestandteile des Persönlichkeitsrechts, Berlin 2005. Zitiert: Wortmann, Die Vererblichkeit vermögensrechtlicher Bestandteile des Persönlichkeitsrechts

*Wuermeling, Ulrich/Felixberger, Stefan,* Fernmeldegeheimnis und Datenschutz im Telekommunilationsgesetz, CR 1997, 230 – 239. Zitiert: *Wuermling/Felixberger*, CR 1997, 230

*Wunderlin, Philipp/Bielajew, Andrzej*, Digitaler Nachlass – was geschieht mit unseren „IT-Daten“ nach dem Tod?, IPRB 2014, 223 – 226. Zitiert: *Wunderlin/Bielajew*, IPRB 2014, 223

*Wüsthof, Lucas*, Anmerkung zum Urteil des KG vom 31.05.2017 - 21 U 9/16, ErbR 2017, 496 – 510. Zitiert: *Wüsthof*, ErbR 2017, 496

*Wüsthof, Lucas*, Anmerkung zum Urteil des LG Berlin vom 17.12.2015 - 20 O 172/15, ErbR 2016, 229 – 230. Zitiert: *Wüsthof*, ErbR 2016, 229

*Wüsthof, Lucas*, Von Sozialen Netzwerken, Speichermedien und der Frage der effektiven Zugangsgewährung für die Erben beim Digitalen Nachlass, ErbR 2019, 265. Zitiert: *Wüsthof*, ErbR 2019, 265.

*Yazar, Ceren/Ammerich, Florian*, Facebook, Google & Co. – Chancen und Risiken, NVwZ 2012, 1156 – 1158. Zitiert: *Yazar/Ammerich*, NVwZ 2012, 1156

*Zankl, Wolfgang/Spruzina, Claus*, Der digitale Nachlass – Implikationen für die Gesellschaft und das Notariat, 1. Auflage, Wien 2018. Zitiert: *Zankl/Spruzina*, Der digitale Nachlass – Implikationen für die Gesellschaft und das Notariat

*Zech, Herbert*, Daten als Wirtschaftsgut – Überlegungen zu einem „Recht des Datenerzeugers“, CR 2015, 137 – 146. Zitiert: *Zech*, CR 2015, 137

*Zech, Herbert*, Industrie 4.0 – Rechtsrahmen für eine Datenwirtschaft im digitalen Binnenmarkt, GRUR 2015, 1151 – 1160. Zitiert: *Zech*, GRUR 2015, 1151

*Zech, Herbert*, Information als Schutzgegenstand, Tübingen 2012. Zitiert: *Zech*, Informationen als Schutzgegenstand.

*Ziegelmayer, David*, Die Reputation als Rechtsgut - Plädoyer für die Stärkung des sozialen Geltungsanspruchs von Unternehmen im Netz, GRUR 2012, 761 – 765. Zitiert: *Ziegelmayer*, GRUR 2012, 761

*Zirfas, Julia*, Smart Health rechtsverträglich gestaltet. Ubiquitous Computing in der Gesundheitspflege und -vorsorge, Wiesbaden 2017. Zitiert: *Zirfas*, Ubiquitous Computing

*Zweigert, Konrad/Kötz, Hein*, Einführung in die Rechtsvergleichung auf dem Gebiete des Privatrechts, Band I Grundlagen, Tübingen 1986. Zitiert: *Zweigert/Kötz*, Einführung in die Rechtsvergleichung

www.ingramcontent.com/pod-product-compliance
Ingram Content Group UK Ltd.
Pitfield, Milton Keynes, MK11 3LW, UK
UKHW020712041026
15590UKWH00002B/631